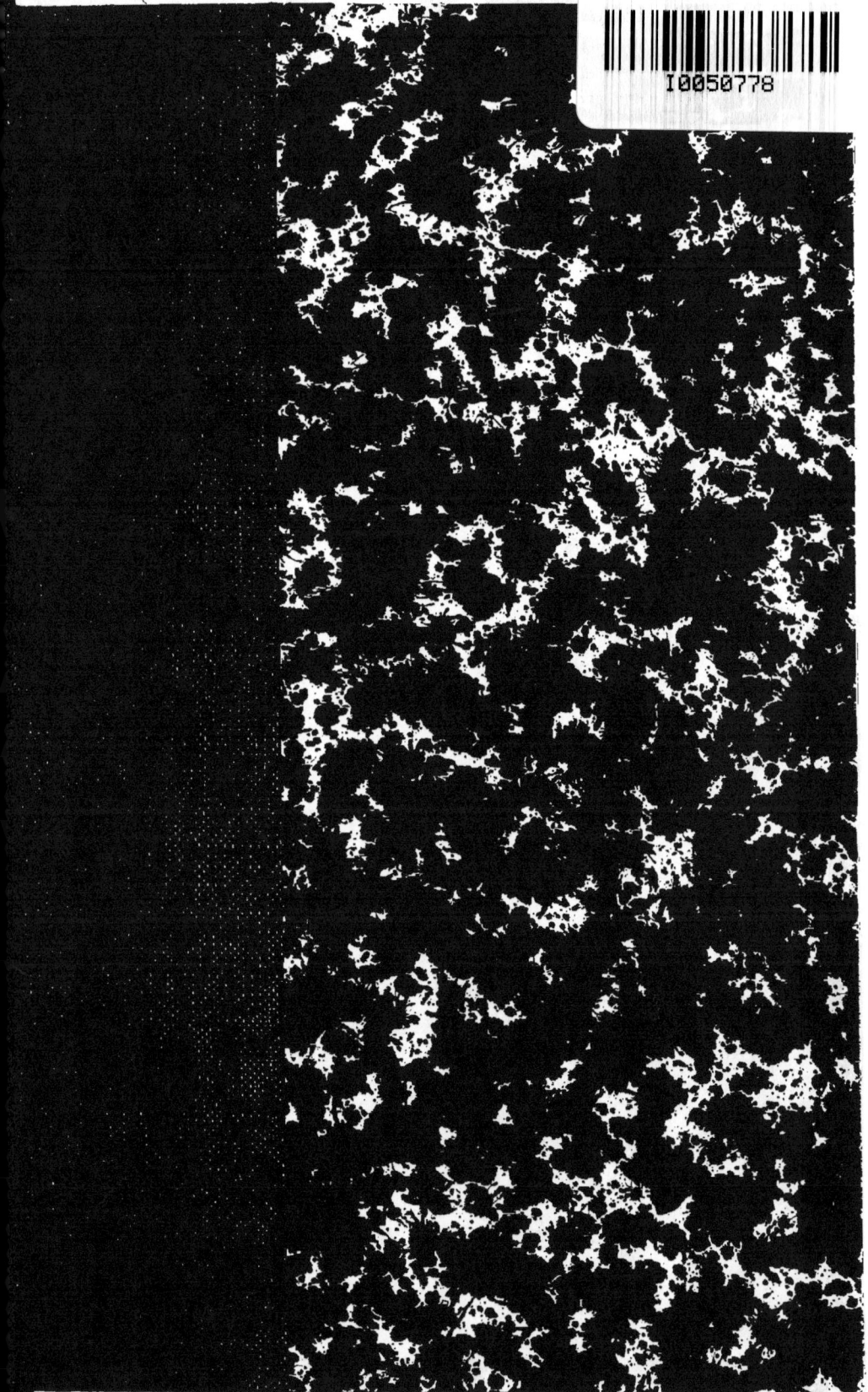

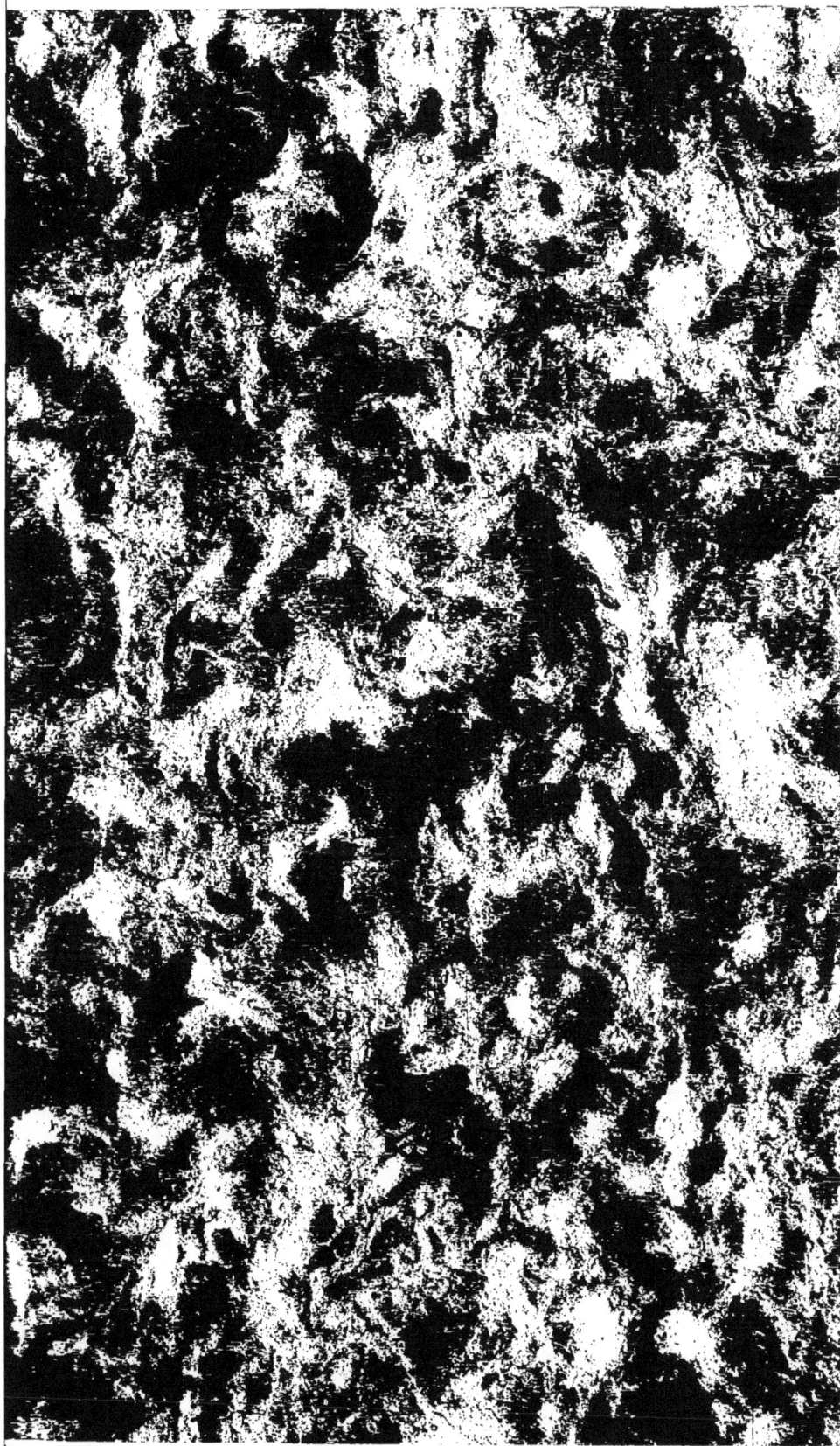

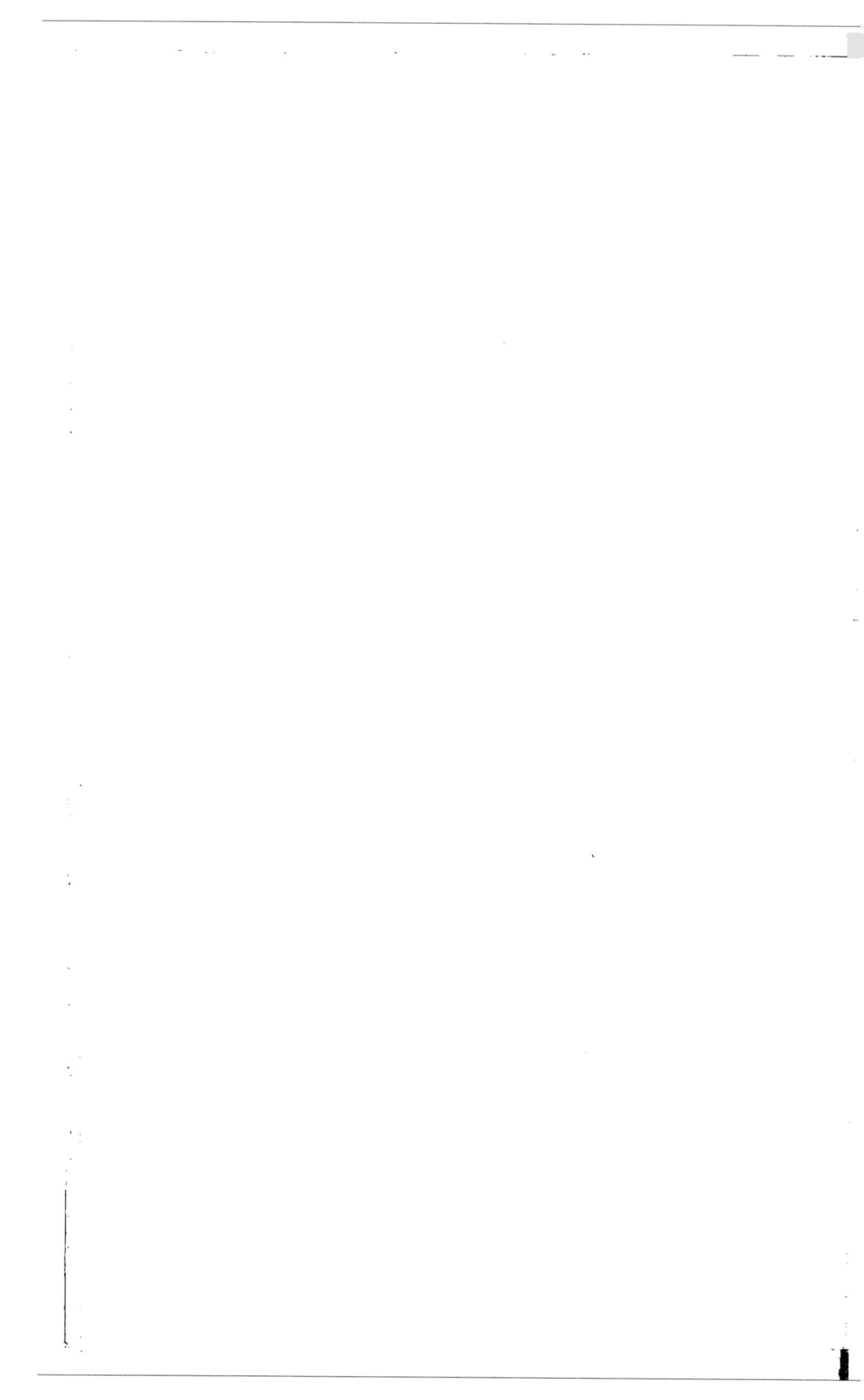

LE 2481

BARREAU ROMAIN.

LE

BARREAU ROMAIN

RECHERCHES ET ÉTUDES SUR LE BARREAU DE ROME, DEPUIS SON

ORIGINE JUSQU'A JUSTINIEN, ET PARTICULIÈREMENT

AU TEMPS DE CICÉRON ;

PAR M. TH. GRELLET-DUMAZEAU,

CONSEILLER A LA COUR D'APPEL DE RIOM.

Moulins,

P.-A. DESROSIERS, IMPRIMEUR-ÉDITEUR.

—

PARIS,

DURAND, LIBRAIRE, RUE DES GRÉS, 3.

—

1851.

PRÉFACE.

—

    Une histoire générale des antiquités romaines n'est plus possible aujourd'hui. Quel est l'homme de notre siècle qui oserait promettre trente années de sa vie à un pareil labeur ? Trente années ! c'est-à-dire plus de temps qu'il n'en faut pour faire et défaire la plupart de nos célébrités contemporaines Et d'ailleurs , lorsque le talent des petites choses suffit à procurer, dans le présent, et richesse et renommée , qui se soucierait de la gloire posthume qui n'illustre que les descendants sans les enrichir ? Ne parlons plus des grands travaux historiques, ni pour notre pays, ni même pour cette docte Allemagne où semblaient s'être réfugiées les traditions claustrales. Partout l'inquiète préoccupation des intérêts politiques succède aux recueillements de l'étude, et bientôt la discipline classique , hors de laquelle toute aptitude s'énerve et tout progrès devient impossible , aura disparu dans le tourbillon de ces révolutions quotidiennes , si funestes aux belles lettres.

    Dans le domaine de la science des anciens temps, deux voies plus courtes restent ouvertes : celle de la critique historique et celle de la monographie.

    Par Critique, nous entendons cette étude de haute portée qui

discute la valeur absolue des faits, et qui, après les avoir acceptés, en recherche le sens interne pour reconstituer les institutions dont ils sont les signes, comme les mots sont les signes
de la pensée ; qui, enfin, s'emparant vigoureusement du levier
de la synthèse, ressaisit les matériaux épars sur le sol, et rétablit
l'édifice renversé par les ravages du temps. Cette tâche est belle,
mais elle est difficile

La Monographie est à la science ce que la division du travail
est à l'industrie C'est l'œuvre patiente de ce savant, qui, renon-
çant à l'espoir chimérique d'approfondir l'histoire générale de la
nature, concentre ses efforts sur une seule espèce, et soumet à la
lentille investigatrice le corps d'un insecte dont il décrit, jusque
dans les détails les plus ténus, la structure, les formes, les mœurs,
les couleurs. Cette méthode, appliquée à l'histoire des antiquités,
devait rendre des services importants : les Allemands l'ont compris depuis longtemps, et il est peu de parcelles de ce vaste terrain qu'ils n'aient ainsi explorées, particulièrement dans ces
thèses inaugurales qui, sous des apparences modestes, ont fait
faire de si grands pas aux études historico-juridiques.

C'est un travail de ce genre que nous avons entrepris : nous
avons voulu rechercher et colliger tous les faits relatifs au ministère de l'avocat dans l'antiquité romaine

Loin de nous la pensée d'avoir tenté une étude à la manière de
Cicéron et de Quintilien : l'art oratoire a été traité par ces deux
maîtres avec une supériorité que n'ont pu atteindre leurs imitateurs, et tout a été dit par eux sur l'origine et sur les ressorts
de l'éloquence chez les anciens.

Nos prétentions ont été moins élevées.

Toutefois, nous avons pensé qu'il ne suffirait pas d'offrir des
faits nus à la curiosité du lecteur, et qu'une compilation, quelque
difficulté d'exécution qu'elle pût d'ailleurs présenter, ne nous
conduirait point au but que nous nous étions proposé. Nous
nous sommes donc efforcé de voir dans les faits autre chose que
la manifestation d'un acte isolé. Interrogeant leur signification
propre, nous leur avons demandé des notions de nature à nous

renseigner sur le barreau considéré dans ses rapports avec les
mœurs, avec l'art, avec la philosophie, aux temps divers où ils
se produisaient. Il nous a semblé qu'ils pourraient également
nous apprendre quelles étaient les relations des avocats entre
eux, leurs relations avec les parties, avec les témoins, avec les
juges. Que si, en outre, nous n'avons rien négligé de ce qui pouvait jeter quelque lumière sur le ministère de l'avocat, au point
de vue de son origine, de ses développements, de sa transformation en profession et de son exercice pratique, peut-être sera-
t-on disposé à voir dans notre livre une histoire du barreau romain. Quant à nous, en toute sincérité, nous ne l'avons pas jugé
digne de ce titre : pour le fond et pour la forme, l'histoire impose
des devoirs que nous avons réputés au-dessus de nos forces.

Notre intention a été de publier des recherches historiques,
rien de plus ; et, comme on dit au palais, nous demandons acte
de cette déclaration. Nous nous en prévaudrons spécialement
pour solliciter l'indulgence en faveur de notre goût bien décidé pour les notes et pour les renvois. Nous l'avouons, en matière d'investigations du genre de celles auxquelles nous nous
sommes livré, nous n'avons qu'une très-médiocre estime pour
les travaux de seconde main, et nous sommes disposé à réputer
tels tous ceux où les autorités ne sont pas nettement indiquées.
Si les citations sont une espèce d'épouvantail pour une certaine
classe de lecteurs, aux yeux des hommes d'étude, elles passent
pour la meilleure garantie de la conscience de l'écrivain (1).

Notre travail embrasse la longue période qui s'est accomplie
entre les origines de la cité romaine et la compilation des pandectes. Nous avions eu la pensée de le diviser en deux parties, la
première comprenant les temps écoulés entre la fondation de

(1) « Pour moi, dit Beaufort, j'indique non-seulement l'auteur, mais le
livre, la page ou le chapitre ; et lorsque le passage est important, je le mets
tout entier en marge, afin qu'on puisse se convaincre, par ses propres yeux,
si je lui fais dire plus qu'il ne dit en effet. Je crois que sur cet article, on
ne peut pousser l'exactitude trop loin » (*Républ. rom.* disc. prél. § 1).

Rome et le règne de Trajan inclusivement, la seconde s'étendant d'Adrien à Justinien. Cette division n'avait rien de capricieux, et voici les motifs qui nous l'avaient suggérée. Quoique les premiers âges de Rome ne soient pas vides de documents relatifs au barreau, cependant ces documents ne sont ni assez variés, ni assez complets pour suffire à un travail d'ensemble : Tite-Live nous a laissé des matériaux précieux pour la reconstruction de l'Etat romain, mais il nous conduit plus souvent aux comices qu'au forum, et d'ailleurs on chercherait vainement dans son livre tous ces éléments de détail indispensables à celui qui s'est imposé la tâche de travailler à la loupe. Nous ne pouvions donc essayer de renfermer une étude spéciale dans cette première période, bien qu'elle ait sa place à part dans les annales politiques. Mais vienne le VII siècle, et alors, au lieu d'une relation sèche et écourtée, se présente l'action elle-même, vive, passionnée, saisissante. Ce que Tite-Live indique, Cicéron nous le fait voir, et c'est à l'avocat plaidant en plein forum que nous demandons les règles de sa profession et le secret de ses mœurs. A cette phase si dramatique de la vie d'un grand peuple, où commencent les convulsions de la liberté romaine, les matériaux abondent, jetés par monceaux çà et là, et il suffit d'étendre la main pour les recueillir.

La fin de la République n'eût pas été toutefois une limite rationnelle de notre première division : les habitudes des orateurs, dans le siècle qui précéda sa chûte et dans le siècle qui la suivit, se rattachent par trop de liens, s'assimilent par trop de points de contact, pour qu'il soit possible de les séparer. L'époque de Trajan, à notre point de vue particulier, se rapproche plus de celle d'Auguste que de l'époque d'Alexandre Sévère; Pline-le-Jeune est plus voisin de Cicéron que du jurisconsulte Paul : Cicéron, Tite-Live, Quintilien, Pline et Tacite ne peuvent être étudiés isolément, car ils relèvent des mêmes traditions et se complètent les uns par les autres.

Le règne d'Adrien, que nous voulions prendre pour point de départ de notre seconde partie, se serait peut-être trouvé assez heureusement choisi : là, en effet, s'ouvre une ère toute nouvelle marquée par la première codification d'un texte officiel, germe fécond de toutes les compilations ultérieures, et par la sanction accordée à l'autorité des jurisconsultes.

Tel avait été notre plan primitif, et il nous a fallu de bonnes raisons pour y renoncer. Nous avons craint, d'abord, que la division des matières en deux compartiments pour ainsi dire, n'amoindrît singulièrement l'intérêt et n'entravât la marche du sujet par des redites obligées. En second lieu, il nous a paru que la plupart des motifs sur lesquels nous nous étions appuyé pour limiter notre première période au règne d'Adrien, étaient propres à la faire avancer jusque vers le milieu du VIe siècle de l'ère chrétienne. En effet, on ne sait pas assez combien le respect de la tradition fut puissant chez le peuple romain, combien les coutumes des ancêtres, surtout dans les choses de forme, furent longtemps pour lui un objet de superstitieuse vénération. Il existe un intervalle de plus de cinq siècles entre Cicéron et Justinien ; cependant que de liens unissent ces deux époques, au double point de vue des habitudes et des lois ! Quintilien assure avoir vu des vieillards qui avaient entendu Cicéron, et Pline-le-Jeune, élève de Quintilien, a pu connaître le jurisconsulte Julien, rédacteur de l'édit perpétuel : or, l'édit perpétuel, n'est-ce pas déjà le Digeste avec ses lois empruntées en partie aux jurisconsultes des plus beaux temps de la République ? C'est ainsi que se forme la chaîne des temps.

Cependant, et bien qu'il nous ait semblé convenable de renoncer à une division systématique, ce n'est pas dire que nous ayons amalgamé les faits et abandonné toute idée de méthode. Le soin que nous avons apporté à notre travail nous a permis de distinguer les phases diverses de notre sujet, de manière à prévenir toute confusion dans l'esprit du lecteur. Ainsi, les matériaux ont été recueillis et rangés dans leur ordre chronologique ; et si quelquefois la brièveté d'un sujet spécial ou des difficultés de rédaction se sont opposées à ce mode d'exposition, ce tort apparent, jugé nécessaire, se trouve immédiatement redressé par une note, ou plus souvent par un simple renvoi à l'auteur qui a fourni le document : les notes ne sont pas seulement une preuve

d'exactitude, elles ont encore l'avantage de constater une époque; présenter un fait sous l'autorité de Plaute, de Cicéron ou
de Tacite, c'est l'accompagner de sa date, ou tout au moins de
la date de son articulation, et tout homme passablement instruit
ne doit pas exiger davantage. Nous n'avons eu garde de négliger ce procédé lorsque nous avons eu recours aux compilations
de Justinien; presque toujours les auteurs des fragments ont été
cités.

Après avoir ainsi sommairement indiqué le sujet de ce livre,
nous ferons volontiers connaître les sources principales où nous
en avons puisé les éléments.

Ouvrant les auteurs latins à la première page, nous les avons
lus dans leur intégrité, la plume à la main, annotant avec patience tous les passages qui pouvaient avoir quelque rapport prochain ou éloigné avec la matière que nous avions à traiter. Notre plan étant préalablement tracé dans ses proportions d'ensemble et dans ses dispositions de détail, peu des matériaux qui
devaient concourir à son exécution ont échappé à notre vigilance.
Nos principales recherches ont porté, on le comprend, sur Cicéron,
carrière inépuisable, quoique si profondément remuée depuis
près de vingt siècles : en la fouillant jusque dans ses couches les
plus minces, nous avons pu voir combien elle récélait encore de
richesses inconnues pour la restauration de cette ruine majes-
tueuse qu'on appelle l'antiquité romaine. Les guides obligés
nous ont constamment accompagné dans cette longue explora-
tion. Asconius, Victorinus, Julius Victor, le Pseudo-Asconius, le
Scoliaste de Bobio, le Scoliaste anonyme publié par Gronovius,
ont, à des degrés différents, éclairé notre marche. Les annota-
tions (recueillies pour l'édition d'Ernesti) de Gouvea, de Lambin,
de Corrado, d'Hotman, de Grævius, de Davies et de plusieurs
autres érudits, nous ont été aussi de quelque secours.

Après Cicéron, Quintilien (qui ne peut être séparé de Spalding,
son savant interprète, ni de Dodwel, son ingénieux biographe)
est l'auteur qui nous a fourni les plus précieux matériaux, —
Quintilien, écrivain élégant et correct, que l'on aborde avec une

PREFACE.

certaine appréhension, mais qu'on est pressé de relire après l'a-
voir lu, conservateur zélé des vieilles traditions du barreau, professeur intelligent et avocat honnête homme, adorateur de Cicéron et digne de son dieu.

Au nombre des sources où nous avons utilement puisé, quoique avec moins d'abondance, nous citerons à peu près sur la
même ligne : Tite-Live, le chroniqueur le plus complet de l'ancienne Rome, plus éloquent que judicieux, plus varié que savant,
plus limpide que profond ; — Tacite, le Châteaubriand d'une autre époque de décadence, peut-être trop stoïcien et trop littéra-
teur pour être historien impartial ; — Suétone, avocat comme
Tacite, écrivain *anecdotier* (suivant l'expression d'un critique
moderne) qui semble avoir écrit la vie des Césars sur les in-
discrétions de leurs valets de chambre, et qui par de petits faits
nous met sur la voie des grandes choses ; — Pline-le-Jeune, orateur plein d'urbanité, de grâce et d'esprit, avocat amoureux de
son art qu'il honora par ses talents et par sa probité.

Viennent ensuite, mais sur un plan plus reculé : Varron, le
plus savant des Romains ; — César, qui fut grand dans tout ce
qu'il voulut être, et qui fut orateur, poète, grammairien, conqué-
rant, historien, homme d'état ; — Salluste, narrateur énergique
et concis, *qui vola les vieux mots de Caton* ; — Velléius et Florus,
tous deux abréviateurs estimables, quoique doués de mérites différents ; — Valère Maxime, qui nous a conservé d'intéressantes
anecdotes dans une compilation à laquelle le bon goût n'a pas
toujours présidé ; — Pétrone, le satyrique marseillais, *purissimœ
impuritatis* ; — Sénèque le philosophe, dont le caractère est un
problème à remettre en question, malgré le double témoignage
de Tacite et de Dion Cassius ; — Pline l'Ancien, ce magasin uni-
versel où se trouvent quelques lambeaux de pourpre mêlés à
beaucoup de guenilles ; — Apulée, avocat africain, dont le temps
(qui ne nous a rien laissé de Crassus, d'Antoine et d'Hortensius)
a épargné un curieux plaidoyer ; — Aulu-Gelle, également
homme du barreau, compilateur ingénieux et infatigable, qui
nous a transmis des documents précieux sur les mœurs et les

usages des anciens; — Macrobe, dont l'érudition indigeste a
sauvé de l'oubli des détails plus précieux encore peut-être ; — les
écrivains de l'Histoire Auguste, annalistes inintelligents d'une
époque d'anarchie, dernier terme de la dégradation du style et
de l'éloquence ; — et enfin leur continuateur, Ammien Marcellin,
l'impitoyable adversaire des avocats qu'il compare aux chiens
de Crète et de Sparte, célèbres par leur ardeur à la curée.

Les poètes ne devaient pas être exclus de nos recherches :
Plaute, Térence, Ovide, Horace, Juvénal, Perse, Martial jettent
quelquefois d'assez vives lumières sur la situation du barreau.

La lecture de quelques auteurs grecs nous était indispensable.
Polybe contient sur les institutions de Rome des documents qu'il
avait puisés aux sources avec plus de discernement que les Romains eux-mêmes ; Denys d'Halicarnasse est le complément
nécessaire de Tite-Live, et l'on trouve dans cet historien, si
curieux d'archéologie, des notions sur le patronat et la clientèle
que l'on chercherait vainement ailleurs ; Plutarque est un compagnon obligé, sinon un guide sûr, pour toute excursion faite
dans la vie publique ou privée des hommes dont il a écrit l'histoire ; on rencontre, au point de vue de notre sujet, quelques
faits intéressants dans Appien ; enfin Dion Cassius, étudié avec
circonspection, remplit les lacunes laissées par les livres perdus
de Tite-Live.

Tels sont les principaux auteurs que nous avons consultés.
Après les avoir lus, les écrivains de nos trois derniers siècles nous
devenaient à peu près inutiles. Qu'aurions-nous pu trouver de
notable dans les volumineux recueils de ces érudits dont les travaux ont embrassé l'ensemble des antiquités romaines, nous,
dont l'œil était resté incessamment ouvert sur le plus mince détail
d'une spécialité passée pour eux presque inaperçue? C'est donc
à peine si nous avons demandé quelques renseignements au
Rosin de Dempster; notre vieux Pierre Ayrault, Heineccius,
Adam et Beaufort lui-même nous ont été d'un faible secours.
Sigonius, ce judicieux esprit du seizième siècle, si heureusement
remis en lumière par M. Laboulaye, nous a fourni, dans un ap-

pendice à son livre *de Judiciis*, des notions sur le costume romain que nous avions inutilement cherchées dans les traités spéciaux de Bossius, de Baïf et de Ferrari ; mais c'est presque uniquement en cela qu'il nous a servi (1).

Il est un ouvrage toutefois qu'il nous importait de lire avec la plus grande attention, car il se pouvait que nous nous fussions rencontré avec son auteur dans le choix du sujet : nous voulons parler de l'*Histoire du forum romain*, par François Pollet, jurisconsulte du seizième siècle (2). Nous disons histoire du *Forum*, et non du *Barreau*, parce qu'en effet Pollet a voulu traiter du forum judiciaire dans son acception la plus large, c'est-à-dire du barreau à proprement parler, et en même temps des différents tribunaux où s'agitaient les causes publiques et les causes privées, au double point de vue de la compétence et des formes de la procédure. La tâche était aussi vaste que difficile, et nous ne craignons pas d'affirmer qu'elle s'est trouvée au-dessus des forces de l'auteur, mort très-jeune, au surplus, et avant d'avoir mis la dernière main à son ouvrage. L'auteur a beaucoup lu et beaucoup extrait, mais au lieu de coordonner ses notes et de les fondre en un tout homogène, il s'est contenté de les relater dans son texte, sous la rubrique des divers chapitres que la matière lui a paru comporter. Cette manière, qui était celle de son temps, sollicite peu l'intérêt et ne tarde pas à lasser l'attention. Comme la plupart de ses contemporains aussi, il s'est soigneusement étudié à effacer sa personnalité, peu soucieux de deviner ce qu'il ignore, d'éclaircir ce qui est obscur, de révoquer en doute ce qui est invraisemblable.

Mais c'est surtout par ses omissions que le livre de Pollet donne prise à la critique. Vainement on y chercherait quelques documents sérieux sur les origines du patronat et sur les trans-

(1) Sigonius et Beaufort nous ont été utiles pour l'Introduction qui précède notre travail.

(2) *Francisci Polleti Duacensis J.-C., Historia Fori romani, restituta, illustrata, etc. Francofurti*, 1676.

formations successives de cette institution ; la distinction du ministère de l'avocat en service gratuit et en profession salariée s'y trouve à peine indiquée ; il n'y est pas dit un mot du barreau considéré aux points de vue de son influence politique, de ses rapports avec les tribunaux, de sa discipline et de ses mœurs. L'auteur a séchement décrit, mais n'a rien comparé, rien jugé, de sorte que le lecteur a peu à gagner avec lui. En somme, son ouvrage est une sorte de table analytique, par ordre de matière, de tous les faits qu'il a colligés (1).

Nous avons essayé de faire autrement.

Tout en blâmant Pollet d'avoir entrepris l'histoire des juridictions comme partie intégrante de son sujet, nous ne nous sommes cependant pas dissimulé que des notions sur l'origine, l'étendue et la forme de ces juridictions étaient indispensables pour l'intelligence des choses qui touchent au barreau. Aussi avons-nous jugé nécessaire d'en présenter une esquisse, à grands traits, sans prétention aucune, et sous forme d'introduction seulement. Sigonius, Beaufort, Zimmern, Walter, et surtout l'excellent travail de M. Laboulaye sur les *lois criminelles des Romains*, nous ont guidé dans ce rapide exposé, sans nous dispenser toutefois de l'étude des textes : il existe de si étroits rapports entre les institutions judiciaires et le barreau, qu'écrire sur l'un ou l'autre sujet sans les avoir approfondis tous les deux, ce serait s'exposer aux bévues les plus grossières.

Le complément le plus naturel d'un livre sur le barreau était

---

(1) Nous avons vu dans le *Recueil de pièces sur la profession d'avocat*, publié par le savant procureur général de la cour de cassation, l'indication de deux ouvrages relatifs à cette profession : 1° Martini Husson *De advocato libri IV*, *Parisiis*, 1666 ; 2° Bourricii *Advocatus*, *sive de advocati munere et officio*, 1716.. Nous n'avons pu nous procurer ces deux traités, qui probablement ne s'occupent point du barreau ancien. Le même recueil renferme l'*Histoire abrégée de l'ordre des avocats*, par M. Boucher d'Argis, dans laquelle un chapitre est consacré à fournir quelques aperçus généraux sur l'état du barreau chez les Romains.

sans contredit l'histoire des orateurs qui l'ont le plus particulièrement illustré : ce travail a été entrepris par nous, mais nous
avons pensé qu'il convenait d'en réserver la publication pour
d'autres temps, s'il y a lieu, suivant en cela le sage conseil de
l'Italien : *Vuoi andar presto, parti con leggier bagaglio.* Néanmoins nous avons cru pouvoir nous relâcher de cette résolution
en faveur de trois notices qui seront comme le spécimen du
genre que nous avons adopté. Notre choix d'ailleurs n'a point
été fait arbitrairement : nous nous sommes adressé de préférence à des orateurs qui, à raison de l'époque à laquelle ils ont
vécu, pouvaient nous fournir l'occasion de signaler les principales
révolutions accomplies dans la manière du barreau romain.
Hortensius est une de ces grandes figures qu'on s'est accoutumé
à ne point isoler du théâtre où sa gloire le disputa à celle de
Cicéron ; Domitius Afer nous montre sous de vives couleurs le
style et les mœurs de l'ancien barreau aux prises avec toutes les
corruptions du despotisme des premiers Césars ; et enfin, dans
Régulus se trouve la désolante personnification de l'avocat, réduit au dernier degré de pervertissement moral par les hontes
de la délation et de la servitude.

L'étude qui clot cet ouvrage appelle aussi quelques mots
d'explication. Nous avions exposé, comme introduction, le tableau des juridictions devant lesquelles s'était exercé à Rome le
ministère de l'avocat : le *Procès de Clodius* est une sorte
d'épilogue ou de résumé dans lequel se trouvent sommairement
reproduites et mises en action les formes judiciaires en matière
d'accusation publique. Cette application pratique serait insuffisante sans doute pour donner une idée complète des débats criminels, mais nous ne nous étions point imposé cette tâche ; et
si nous avons fait une excursion à côté de notre sujet, c'est dans
le but unique de faciliter l'intelligence des faits qui s'y rattachent,
en éclairant tous les points qui le touchent ou l'avoisinent. Le
Procès de Clodius est une *restitution*, à la manière de celle que
le président de Brosses a faite du procès de Milon dans sa Vie de
Salluste ; mais le savant magistrat (qu'il nous soit permis de le

faire remarquer) avait tous ses matériaux préparés dans le *Pro Milone* et dans le riche commentaire d'Asconius. Les nôtres étaient épars et clairsemés, et il nous a fallu les rechercher à grand'peine. Si nous notons ce fait, c'est moins pour nous prévaloir d'un certain mérite de difficulté vaincue, que pour solliciter une petite part de cette bienveillance qui ne se refuse guère aux efforts d'un travail consciencieux.

Nous ne terminerons pas cette préface sans témoigner de notre profonde gratitude pour les hommes éminents qui ont bien voulu nous aider de leurs encouragements, convaincus qu'ils sont que le plus humble ouvrier peut concourir, dans la mesure de ses forces, à l'édifice toujours inachevé de la science. Quelle que soit la destinée de ce livre, les labeurs qu'il nous a coûtés seront, à nos yeux, largement rémunérés, s'il peut trouver grâce devant les illustres maîtres dont nous sommes l'obscur disciple.

INTRODUCTION.

Aperçu des juridictions criminelles et civiles chez les Romains.

SECTION I.

DES JURIDICTIONS CRIMINELLES.

§ I. CARACTÈRE GÉNÉRAL DES JURIDICTIONS CRIMINELLES.

Lorsqu'on se met à étudier l'histoire des juridictions criminelles chez les Romains, l'esprit est ordinairement rebuté par la confusion qui semble régner sur cette matière. Accoutumés à l'idée, qui nous paraît toute naturelle aujourd'hui, de la séparation des deux ou trois éléments que nous appelons les pouvoirs constitutionnels ; témoins depuis un demi-siècle du jeu régulier de nos juridictions dont le mécanisme se meut sans trop de frottements dans l'espace que lui ont assigné des institutions jetées dans un moule unique ; frappés à tout instant de ces formes hiérarchiques qui sont le signe extérieur de la division des attributions et de la subordination échelonnée des agents , nous ne prenons pas

garde que la cité romaine ne saurait être comparée à nos États
modernes. A Rome, le pouvoir judiciaire fut pendant plusieurs
siècles la partie vitale de la constitution, le pivot de la politique
intérieure ; et comme cette longue période ne fut en réalité
qu'une révolution prolongée, il dut nécessairement en résulter
des changements incessants dans l'ordre des juridictions, ou
plutôt dans le mode des jugements. De là cette confusion dont
on se plaint, et qui n'est au fond que l'obscurité résultant de
la multiplicité des évènements et des rapides alternatives des
partis.

Depuis la première loi Valéria (245. U. C.) qui, en fait,
dépouilla les consuls de la juridiction criminelle pour l'attribuer
au peuple, jusqu'à l'empire, c'est-à-dire pendant une période
de cinq siècles environ, la possession des tribunaux criminels
fut la grande affaire des deux factions qui se disputèrent le gouvernement, les pauvres et les riches d'abord, plus tard la classe
moyenne et l'aristocratie de naissance ou d'argent. Pour comprendre l'intérêt de cette lutte et l'importance de ses résultats
sur l'ordre judiciaire, il faut ne jamais perdre de vue, premièrement, que les magistratures étant annuelles et indépendantes
les unes des autres, l'accusation publique fut le seul moyen
d'obtenir une sanction à la responsabilité des magistrats ; se-
condement, que par ce seul moyen encore les partis purent
avoir raison entre eux de l'ambition et de la brigue : que dès
lors ce double but ne pouvait être atteint qu'à la condition
d'avoir pour soi la puissance des jugements. Là fut le grand
intérêt, et cela est si vrai, qu'on pourrait aller jusqu'à dire que
l'histoire des révolutions romaines, c'est-à-dire de Rome républicaine, devait se trouver tout entière dans les registres de ses
tribunaux.

L'étude des juridictions criminelles, pour être complète, ne
saurait donc être isolée de l'étude de l'histoire proprement dite,
dont elle fait partie intégrante. C'est là un point que nous
tenions à constater avant d'entreprendre cet exposé sommaire, uniquement destiné à faciliter l'intelligence de nos recherches sur le barreau romain.

§ II. — JURIDICTION DES ROIS (1).

Les rois, investis de tous les pouvoirs civils et religieux, quelle que fût d'ailleurs l'origine de cette attribution, durent absorber en eux, dans le principe, l'autorité judiciaire. Toutefois, nous savons que sous Tullus le procès d'Horace, accusé de haute trahison (*perduellio*) pour avoir donné la mort à sa sœur, fut jugé, soit d'abord par les Duumvirs, et ensuite, sur l'appel, par le peuple assemblé dans les comices-curies (2) ; soit par le peuple seul, qui aurait été appelé ainsi pour la première fois à connaître d'un procès criminel (3). Mais on ignore si cette attribution fut faite aux Duumvirs ou au peuple par une délégation facultative du roi ou par la loi elle-même (4). Il paraît assez positif cependant, que quelques rois se firent assister d'un conseil (5), et même que l'appel au peuple fut autorisé, mais

(1) Voy. sur cette matière, J. Rubino, *Untersuchungen über Ræm verfassung und geschichte*, Cassel, 1839. — Gœttling, *Geschicte der Ræmischen staatsverfassung*. Halle, 1840. — Th. Vœniger, *Das provocationsverfahren der Ræmer*, Leipsig, 1843. — Laboulaye, *Lois criminelles des Romains*, Paris, 1845.

(2) Tite-Live I, 26.

(3) Dion. Hal. III, p. 159, édit. Sylburg. — Sigon. *De ant. jur. Rom.* II, 18.

(4) Suivant Tite-Live, et Denis (*loc. cit.*) Tullus aurait délégué, pour ne pas assumer sur lui la responsabilité du jugement; cependant, dans le même passage, Tite-Live fait dire au roi : « J'institue, *conformément à la loi*, des Duumvirs pour juger le crime d'Horace. » Il faudrait donc admettre que le roi était maître de juger par lui-même ou par délégation. Denis dit ailleurs (IV, p. 228), que jusqu'à Servius les rois s'étaient exclusivement attribué la connaissance de tous les procès, et que ce prince fut le premier qui abandonna à des juges institués par lui, le jugement des contestations privées.

(5) Tite-Live I. 49. — Dion. Hal. II. p. 83.

seulement, selon toutes les probabilités, dans des cas exceptionnels (1).

Faisons remarquer ici que les Duumvirs qui, d'après Tite-Live, auraient jugé Horace en premier ressort, ne constituaient pas une juridiction proprement dite, mais un tribunal d'exception créé pour un cas déterminé et fonctionnant par délégation. On ne connaît que trois jugements rendus par des Duumvirs : 1º le jugement d'Horace ; 2º le jugement de Manlius, accusé d'aspirer à la royauté (2) ; 3º le jugement de Rabirius, accusé d'avoir donné la mort au tribun Saturninus (3).

Dans ce dernier procès, qui fut jugé sous le consulat de Cicéron, les Duumvirs avaient été nommés par le préteur.

§ III. — JURIDICTION DES CONSULS.

L'expulsion des rois fut une révolution faite au profit de l'aristocratie. Les consuls, choisis parmi les patriciens, investis de l'*imperium* et de la majesté royale, *regiæ majestatis* (4), héritèrent naturellement du pouvoir judiciaire : Brutus jugea les conjurés qui avaient comploté de rétablir les Tarquins (5). Mais cette puissance fut de courte durée ; la loi Valéria, rendue sur la proposition de P. Valérius, qui reçut à cette occasion le sur-

(1) Cic. *De Rep.* II. 31. Nous serions peut-être complétement édifiés sur ce point si le temps eût épargné les deux pages qui terminaient le 17e chapitre du liv. II de la *République*.

(2) Tite-Live (VI, 20) est plus disposé à penser que Manlius fut jugé par le peuple réuni en comices, *concilium populi*. Il est possible que les deux choses aient eu lieu.

(3) Cic. *Pro Rabir.*, 4.

(4) Tit.-Liv. II., 1 ; III, 9 ; IV, 2 et 3. — Cic. *De leg.* III 8.

(5) Dion. Hal. V, p. 283. Tite-Live, II. 5, se borne à dire que les traîtres furent condamnés et que le sort désigna Brutus pour assister à l'exécution. Suivant Plutarque, (*in Public. 8*), Brutus se serait borné à retenir le jugement de ses fils en vertu du droit de puissance paternelle, abandonnant les autres conjurés à la justice du peuple.

nom de Poplicola (245 U. C.), reconnut aux citoyens le droit de déférer au peuple l'appel de toute condamnation criminelle prononcée par un magistrat (1); peut-être même accorda t-elle à l'accusé le droit de recourir à la juridiction populaire avant la prononciation d'aucune sentence (2). Ce qui est certain, c'est, d'une part, que Valérius fit retirer des faisceaux consulaires le symbole de la souveraineté, la hache; et, d'autre part, que les comices furent désormais saisis directement des affaires capitales. La loi Valéria, que Tite-Live appelle *arx libertatis tuendæ* (3), *unicum præsidium libertatis* (4), ne laissa donc aux consuls qu'une juridiction purement nominale.

Cependant cette loi fut éludée ou violée, et deux Valérius, descendants de Poplicola, en renouvelèrent les dispositions en y ajoutant de plus fortes garanties, l'un en 305, l'autre en 453. La loi Clodia, qui punissait de l'interdiction de l'eau et du feu quiconque aurait fait périr sans jugement un citoyen romain, loi dirigée en réalité contre Cicéron qui avait fait étrangler quelques complices de Catilina, ne fut que le rappel passionné des lois *Valeriæ* avec une sanction plus rigoureuse ou moins équivoque (5).

(1) Tit.-Liv. II, 8. — Dion. Hal. V, p. 293. — Cicéron (*De republ.* II, 31), dit que ce fut la première loi votée par les comices-centuries.

(2) M. Laboulaye, (*Lois crim. des Rom.* p. 88, note 3), nous paraît avoir fait remarquer avec beaucoup de raison « que la *provocatio* était moins un appel que la demande d'une juridiction supérieure. » Voy. à l'appui de cette opinion, Tite-Live III, 33, 34, 36, 55, 48 et 54, surtout les chap. 33 et 34 où il est dit que la *provocatio* avait été supprimée sous les décemvirs, mais qu'il était permis d'user du droit *d'appellatio* en déférant la sentence rendue par un décemvir au jugement d'un de ses collégues.

(3) III, 45.

(4) III, 55. — Cicéron dit que la *provocatio* est la patrone de la cité, le boulevard de la liberté. (*De orat.* 48).

(5) Tit.-Liv. CIII. — Vell. Pater. II, 45. — Dio Cass. XXXVIII, 14. La personne des citoyens fut aussi protégée par une ou plusieurs lois Porcia. Cic. *De repub.* II, 31. — Sall. *Catil.*, 51. — Tit.-Liv. X, 9.

§ IV. — JURIDICTION DU SÉNAT.

Sous la République, le sénat ne posséda sur la cité romaine aucune juridiction qui lui fût propre. S'il lui arriva d'ordonner des poursuites, ce fut en employant, après une sorte d'information préalable, l'intermédiaire des magistrats chargés de provoquer auprès du peuple, dans les formes établies, soit le renvoi de l'affaire devant les tribunaux compétents, soit la création d'un tribunal spécial.

S'il fut constitué juge dans quelques cas, et s'il jugea par lui-même ou par des commissaires pris dans son sein, ce fut qu'il tint ce pouvoir d'une délégation expresse ou tacite du peuple. La condamnation des complices de Catilina fut un coup d'Etat que le sénat appuya sur la formule *caveant consules* et sur les *mores majorum* (1) ; et cependant Clodius affecta de considérer cette décision comme non avenue, et Cicéron fut exilé pour avoir fait mettre à mort sans jugement des citoyens romains.

Hors de Rome, au contraire, et pour toutes les affaires extérieures, la juridiction du sénat fut presque absolue.

Sous l'empire, le sénat fut investi par le prince, exerçant d'abord les fonctions de dictateur, d'une juridiction générale. Bientôt il devint le maître des formes judiciaires et de la peine, sous le bon plaisir de l'empereur, qui participa souvent en personne à ses décisions, lorsqu'il crut de sa politique de le faire, ou qu'il dédaigna de se retenir les affaires.

§ V. — JURIDICTION DU DICTATEUR.

La dictature, pendant sa durée, dépouillait le peuple de sa souveraineté, et par suite, de toute juridiction ; le dictateur faisait replacer la hache dans les faisceaux et jugeait sans appel (2).

(1) Quare ita ego censeo : quum nefario consilio sceleratorum civium respublica in maxima pericula venerit… more majorum supplicium sumendum. Sall *Catil* 52.

(2) Tit -Liv. II, 18.

Les patriciens profitèrent de la dictature de Cincinnatus pour faire le procès du faux témoin Volscius, que les tribuns avaient couvert de leur protection jusqu'à ce moment; mais le dictateur ne se retint pas le jugement, et ce furent les comices qui prononcèrent (1).

§ VI. — JURIDICTION DES COMICES.

Les comices furent la grande juridiction de Rome libre et révolutionnaire. On comptait trois sortes de comices : les comices par curies, les comices par centuries, les comices par tribus.

Les comices-curies (*comitia curiata*) se composaient de l'assemblée générale du peuple romain partagé en trente divisions que l'on appelait curies. Quelle était la constitution de la curie ? On n'a sur ce point que des hypothèses. L'influence patricienne y dominait-elle ? On ne le sait pas davantage, quoique plusieurs érudits, surtout parmi les modernes, aient soutenu l'affirmative. (2).

Le premier procès criminel que nous rencontrons dans l'histoire romaine, celui d'Horace, fut jugé par les comices-curies, et c'est le seul exemple d'un jugement rendu par cette assem-

(1) Tit.-Liv. III, 19.

(2) Il fallait, pour que les curies pussent se réunir en comices, que les auspices fussent favorables; or, comme les auspices étaient aux mains des patriciens, il dépendait des augures d'empêcher ces assemblées ou de les dissoudre. De plus, leurs décisions ne pouvaient avoir force de loi qu'après une ratification du sénat; d'où l'on a conclu qu'elles étaient nécessairement sous la dépendance de l'aristocratie. Cependant Denis dit en propres termes que dans ces comices le suffrage du plus pauvre avait autant de valeur que celui du plus riche, d'où il résultait que la plèbe avait toujours le dessus : ὀλίγων δὲ ὄντων, ὥς περ εἰκὸς τῶν πλουσίων, οἱ πέντες ἐν ταῖς ψηφηφορίαις ἐπεκράτουν μακρῷ πλείους ὄντες ἐκείνων. (IV, p. 224). Tite-Live tient le même langage (I. 43), et ces deux historiens s'accordent à présenter l'établissement des centuries comme un moyen destiné à faire cesser cet état de choses.

blée, qui disparut comme juridiction lors de la création des comices-centuries.

La réunion des citoyens classés d'après certaines conditions d'âge et de fortune, constituait les comices-centuries (*Comitia centuriata*). Cette organisation, combinée par Servius Tullius de manière à donner là prépondérance à la richesse, « concentra toute la puissance dans les classes supérieures, sans paraître exclure qui que ce fût du droit de suffrage »(1). Dans ces comices, les votes étaient recueillis par tête dans chaque centurie divisée en deux sections, mais chaque centurie ne comptait que pour une voix.

Les comices-tribus (*Comitia tributa*) étaient formés du peuple assemblé par tribus, c'est-à-dire par quartier. Ici l'élément démocratique domina, surtout jusqu'au temps où le système fut modifié par l'introduction dans les tribus d'une classification analogue à celle des centuries (2).

Les comices-centuries et les comices-tribus furent simultanément en possession de la juridiction criminelle ; mais il serait très-difficile de préciser en quoi différaient légalement et de fait les attributions de ces deux assemblées. Toutefois, il est certain que la connaissance des faits entraînant l'application d'une peine capitale, par exemple du crime de *perduellio*, fut toujours placée, au moins après l'abolition du décemvirat, dans les attributions des comices-centuries que l'on appelait *comitiatus maximus*. Selon toutes les vraisemblances, les comices-tribus ne prononçaient que des amendes (3).

(1) Tit.-Liv. I, 43.

(2) Tit.-Liv. IX, 45. — Cic *De leg.* III, 3.

(3) M. Laboulaye puise dans cette opinion une explication très-ingénieuse de la disparition de la peine de mort chez les Romains sans aucune abrogation légale : « Les tribus, dit-il (*Lois crim. des Rom.* p. 100) s'étant « emparées des jugements criminels et ne pouvant prononcer que des « amendes, elles trouvèrent moyen, en les exagérant, de se débarrasser par « l'exil volontaire, des citoyens qui leur portaient ombrage, sans avoir ce-

Le jugement par les comices se maintint jusqu'à l'établissement des *quœstiones perpetuœ* ; à cette époque la juridiction de ces grandes assemblées cessa de fait et ne s'exerça que par délégation, sauf pour le crime de *perduellio* dont la connaissance fut toujours dévolue au *comitiatus maximus*, comme tribunal supérieur aux Duumvirs appelés à prononcer en premier ressort. (1)

§ VII. — JURIDICTION DES QUÆSTIONES TEMPORAIRES OU SPÉCIALES ET DES QUÆSTIONES PERPETUÆ (2).

Ce fut devant les tribunaux désignés sous la dénomination de *quœstiones* que s'agitèrent la plupart des grands procès des VIe et VIIe siècles.

Nous avons vu quelle était la juridiction du peuple dans ses comices, et quelle était la juridiction de tolérance du sénat, surtout dans les procès concernant les magistrats ; en cet état de choses, il pouvait arriver que la nature d'une affaire, que sa complication et la nécessité de recueillir au loin des éléments

« pendant le droit de les retrancher de la cité par une condamnation capi- « tale. » — Cependant Salluste fait dire à César : *Leges item condemnatis* civibus animum non eripi, sed exsilium permitti jubent. (*Catil.* 51).

(1) Cic. *Pro. C. Rab.* Voy Beaufort, *La Rép. rom.* l. ch 5. — Francken, *De cur. cent. et trib. ratione*, 1824.

(2) M. Laboulaye rend le mot *quœstio* par *commission*, version adoptée par Pierre Ayrault au XVIe siècle ; mais cette expression nous paraît avoir aujourd'hui l'inconvénient de présenter à l'esprit une acception judiciaire déterminée qui pourrait induire en erreur. Beaufort se sert indifféremment de *tribunal* et de *question; tribunal* conviendrait très-bien, si ce mot n'avait en droit romain une signification spéciale de laquelle il faudrait le détourner ; et *question* est bien éloigné dans notre langue de l'acception qu'il faudrait lui donner ici. Dans cet embarras, nous avons conservé en général le mot latin, ce que M. Laboulaye a fait aussi très-souvent.

de conviction, en rendissent l'instruction longue et difficile :
dans ce cas, le peuple ou le sénat déléguaient un magistrat ou
un simple citoyen pour procéder à une information, pour rechercher les faits du procès, *ad quærendum* (1). Ce délégué fut
appelé *quæsitor* (2) ou *quæstor*. L'affaire étant instruite, le
quæsitor en faisait le rapport à qui de droit. Telle fut, selon
toutes les vraisemblances, l'origine de cette forme de procéder
qui remonte aux temps les plus reculés (3).

Plus tard, le *quæsitor* fut autorisé non seulement à informer
sur l'affaire, mais encore à la juger assisté d'un conseil, ou à
la faire juger par ce conseil (4). Ce tribunal spécial reçut le nom
de *quæstio*. L'usage de ces *quæstiones* se maintint jusqu'à la fin
de la République, mais on n'en usa, dans les derniers temps,
que pour des cas extraordinaires. Voici comment elles étaient le
plus fréquemment constituées.

Pour les faits qui étaient du ressort des comices (et c'était le
plus grand nombre), le sénat, sur la demande d'un consul, d'un
tribun ou d'un de ses membres, déclarait par un décret qu'il y
avait lieu à poursuivre tel citoyen ; quelquefois il déterminait la
composition de la *quæstio*, les formes de la procédure et même
la peine à appliquer. Puis le consul, *ex autoritate senatus*, demandait au peuple (*rogabat, rogatio*) de convertir ce décret en
loi exécutoire. Les comices adoptaient purement et simplement,
ou amendaient (5), ou rejetaient.

(1) Varr. *De ling. lat.* VI, 79. — Festus, vᵒ *Parrici*.

(2) Cicéron se sert toujours de cette expression. *Pro. Rosc. am.* 53 ; *In
Verr. prœm.* 10 ; *De orat.* II, 60. etc.

(3) Sigon. *De ant. jur. rom.* II, 18.

(4) Le *quæsitor* était-il juge ou simple président sans voix délibérative ?
Cette question est encore très-controversée. Voy. M. Laboulaye (*Lois crim.*
p. 128), et *hic*, l'opinion de MM. Burckhardt, Rubino et Geib. Il se pourrait que les deux sentiments fussent vrais, suivant les époques.

(5) C'est ainsi que les comices décidèrent, contre le projet du sénat, que

Cependant lorsque le développement de la population, les forfaitures des magistrats, l'ambition toujours croissante des citoyens et les haines qui en résultaient, eurent considérablement augmenté le nombre des procès criminels, le peuple romain comprit la nécessité de déléguer en bloc, si l'on peut parler ainsi, une souveraineté dont l'exercice dans les comices était devenu presque physiquement impossible; peut-être aussi, livré à de nouveaux intérêts, était-il las de ses prérogatives ou en appréciait-il moins l'importance. Toujours est-il qu'en 604 (140 ans avant J. C.), sous le consulat de Censorinus et de Manilius, le tribun Calpurnius Piso fit passer une loi qui institua une *quæstio perpetua* pour connaître du crime de concussion commis par les magistrats romains au préjudice des étrangers, *de pecuniis repetundis* (1).

Cette *quæstio*, présidée par un préteur sans voix délibérative, était composée d'un certain nombre de juges pris parmi les sénateurs.

Telle fut l'origine des *quæstiones perpetuæ* qui ont joué un si grand rôle dans le VIIe siècle ; et par ce mot *perpetuæ*, il faut entendre une juridiction continuée pendant un an, durée de la plupart des magistratures, par opposition aux *quæstiones* créées pour des affaires spéciales, et dissoutes après leur conclusion (2).

Plusieurs *quæstiones* permanentes furent ainsi successivement organisées : *quæstiones de majestate, de ambitu, de peculatu, de vi, de sodalitiis*, etc. La multiplicité de ces tribunaux

le préteur, président de la *quæstio* qui devait prononcer sur le sort de Clodius, accusé d'avoir violé les mystères de la Bonne Déesse, n'aurait pas le choix des juges. Voy. (*in fine*) le *Procès de Clodius*.

(1) Cic. *Brutus*, 27 ; *De offic.* II, 21 ; *In Verr.* IV, 25 ; — *Schol. Bob. pro Flac.* Orel. p. 223.

(2) En latin, *perpetuus* a constamment le sens de *non interruptus*, sans détermination de durée. C'est ainsi qu'on appelait la plaidoirie *oratio perpetua*, par opposition à *l'altercatio* qui était un colloque entre les avocats. Cic. *In Verr.* 1, 9; *Ad Attic.* 1, 16. Tel est aussi le sens d'*edictum perpetuum*

particuliers entraîna la création de nouveaux préteurs, bien que ces magistrats fussent autorisés à déléguer leurs fonctions de président à un officier public qu'on appela *judex quœstionis*.

Par l'établissement des *quœstiones perpetuœ*, les comices se trouvèrent dépouillés de fait de la connaissance des procès criminels ; il ne leur resta, comme nous l'avons dit, que le jugement des crimes de *perduellio*, et l'appréciation des décrets du sénat qui proposaient dans des cas exceptionnels la création de *quœstiones* spéciales. Néanmoins, la souveraineté des jugements leur resta toujours en principe, et ils en usèrent directement quelquefois.

Les *quœstiones* furent les dépositaires du pouvoir judiciaire pendant le septième siècle, c'est-à-dire pendant la période de dissensions intestines où les plus grandes affaires de la République se dénouèrent par des jugements : aussi les partis se disputèrent ce pouvoir avec acharnement. Voici quelle fut la composition de ces tribunaux depuis la première *quœstio perpetua* jusqu'au règne d'Octave Auguste ; cette indication, dont les éléments ne se trouvent réunis nulle part, du moins à notre connaissance, est très utile pour l'étude de l'histoire politique de ce siècle, et indispensable pour l'intelligence des plaidoyers de Cicéron. Les jugements, remis aux mains des sénateurs (sans doute selon la tradition suivie jusqu'à cette époque) par la loi *Calpurnia* portée en 604, passèrent aux chevaliers en 630, aux termes de la loi *Sempronia* de Caïus Gracchus (1). Restitués aux sénateurs par la loi *Servilia*, de Servilius Cæpio, en 647 (2), ces derniers les partagèrent avec les chevaliers, en exé-

(1) Vell. Pat. II, 32. — App. *Bell civ.* I, 22. — Plut. *in C. Gracch.* 5 ; *in Tib. Gracch.* 16.—Pseud. Asc. *in Divin.* Orel. p. 103. Voy. d'autres autorités dans l'*Index* d'Orelli, p. 226.

(2) Tacit. *Ann.* XII, 60. — Cic. *De invent.* I, 49 ; *De orat.* II, 55 ; *Pro Cluent.* 51 ; *Brut.* 43, 44, 86 et 87. Orelli a réfuté avec la vivacité un peu âpre d'un érudit écrivant en latin, l'opinion d'Ernesti et de Bach qui

cution de la loi *Livia* portée en 662 par le tribun Livius Dru-
sus (1). La loi *Plautia*, de 664, conféra à chaque tribu le droit
d'élire annuellement quinze juges pris dans son sein sans distinction de classe (2) ; cette loi, portée en haine des chevaliers
qui avaient la haute main dans les tribunaux, fut favorable aux
sénateurs dans ses résultats. Par la loi *Cornelia*, de 671, Sylla
restitua les jugements aux sénateurs, après avoir introduit trois
cents chevaliers dans le sénat (3). La loi *Aurelia*, d'Aurelius
Cotta, les partagea, en 683, entre les sénateurs, les chevaliers
et les tribuns du trésor (4). Enfin les tribuns du trésor en furent écartés par César (5).

§ VIII. — JURIDICTION DU PRINCE.

Lorsque César dictateur se fut constitué seul juge de Ligarius,
on put dire que la vieille Constitution romaine était détruite.
Dès cet instant les tribunaux criminels n'existèrent plus que de
nom. Toute équivoque disparut sous Auguste : la concentration
en sa personne du triple pouvoir des consuls, des proconsuls
et des tribuns, en le créant le chef absolu de la République, lui transféra naturellement la souveraineté des jugements. A partir de cette époque, diverses attributions, modifiées

veulent que la loi Servilia ait appelé dans les *quæstiones* les sénateurs et les
chevaliers. *Index leg. in Cic.* p. 269.

(1) Vell. Pat. II, 13. — Tit.-Liv. *Epitom.* LXX. — Cic. *Pro. Rab.* 7 ;
Pro Cluent. 56.

(2) Cic. *Pro Corn.* fragm. — Ascon. *in Corn.* Orel. p. 79. Rien n'est
moins certain que la portée et même que l'existence de cette loi.

(3) Cic. *In Verr.* proœm. 13, 16. — Ps. Asc. Orel. p. 145 et 149 ; Id.
Divin. p. 99 et 103. — Tacit. *Ann.* XI, 22. — Vell. Pat. II, 32. — Schol.
Gronov. *in Divin.* Orel. p. 384.

(4) *Ad Attic.* I, 16. — Asc. *in Pis.* Orel. p. 16 ; Id. *in Corn.* p. 67 et
78. — Schol. Bob. Orel. p. 339.

(5) Suet. *in Cæs.* 41. — Dio Cass. XLIII, 25.

dans la succession des temps, furent dévolues au sénat ; mais dans la réalité des choses, le prince fut le seul maître du pouvoir judiciaire.

§ IX. — DE QUELQUES JURIDICTIONS SPÉCIALES.

Aux juridictions dont nous venons de parler, il convient d'ajouter : 1° celle des édiles curules, qui pouvaient prononcer dans certains cas des condamnations à l'amende ; 2° et celle des *Triumviri Capitales*, chargés de la recherche des crimes, et investis du droit de punir les étrangers et les esclaves fugitifs (1).

Sous l'Empire, les préfets de la ville eurent des attributions très-larges et très-importantes ; ils connaissaient des délits commis dans l'intérieur de la cité et dans une circonscription déterminée à l'extérieur ; ils pouvaient prononcer des peines graves. (2).

Les préfets des gardes de nuit (*præfectus vigilum*), avaient dans leurs attributions certains délits intéressant la sûreté publique, et même les vols ; mais ils ne pouvaient appliquer que des peines légères.

§ X. — DU MODE DE PROCÉDER EN JUSTICE POUR L'EXERCICE DES ACTIONS PUBLIQUES, PARTICULIÈREMENT DEVANT LES QUÆSTIONES PERPETUÆ (3).

Tout citoyen avait le droit d'intenter une accusation, à moins qu'il ne fût déclaré indigne par la loi.

(1) Val. Max. VIII, 4, 2.

(2) Dig. *De off. præf. urb.* fr. 1. *passim*.

(3) Cette matière a peu gagné en clarté aux découvertes de la science, à la différence de la partie correspondante des actions civiles. Nous n'en sa-

Celui qui voulait se porter accusateur se présentait devant le préteur, en qui résidait le principe moteur de toutes les juridictions, et demandait à ce magistrat l'autorisation d'accuser la personne qu'il désignait : ce premier acte se nommait *postulatio*. Le postulant affirmait en même temps sous la foi du serment, que son action n'était point dirigée dans un esprit de calomnie, mais de bonne foi et en vue de l'intérêt public, *calumniam jurabat*. Le préteur constatait cette déclaration, faite verbalement sans doute dans l'origine, et plus tard par requête écrite ou libelle. La *postulatio* était affichée au forum, et un délai devait s'écouler avant qu'il y fût donné suite : ce délai avait pour objet de faire connaître les noms de l'accusateur et de celui contre qui la poursuite était dirigée, afin de mettre ainsi les citoyens en demeure, soit de signaler l'incapacité du poursuivant, soit de lui disputer l'accusation, soit de s'y adjoindre.

Quelquefois un deuxième accusateur se présentait et remplissait les mêmes formalités.

Il se présentait aussi des *subscriptores* qui déclaraient vouloir se joindre à l'accusateur principal, *subscriptionem postulabant* (1); mais le plus ordinairement ils s'entendaient avec ce dernier et se faisaient inscrire en même temps que lui.

Comme il ne pouvait y avoir qu'un seul accusateur en titre, si le premier inscrit ne se désistait pas en faveur du second, le

vons guère plus aujourd'hui sur la procédure criminelle des Romains, que n'en savait Sigonius, érudit du XVIe siècle, qui a été pris pour guide par tous ceux qui sont venus après lui. On trouvera dans l'*Essai sur les lois criminelles des Romains*, de M. Laboulaye, une indication et une appréciation très-exactes de la plupart des écrivains anciens et modernes qui se sont occupés du sujet. Nous devons toutefois ajouter à cette nomenclature un ouvrage que M. Laboulaye ne pouvait consulter, celui de M. Wilhelm Rein, *Das criminalrecht der Rœmer von Romulus bis auf Justinianus*, publié à Leipsig en 1844. Nous y joindrons aussi le traité d'Invernizzi *De publicis et criminalibus judiciis Romanorum libri tres*, réimprimé à Leipsig en 1846.

(1) Cic. *in Cœcil divin*. 15.

choix devait être fait par un jury composé d'un certain nombre de juges (1), après débat contradictoire. L'accusateur pouvait aussi demander la radiation des *subscriptores* dont l'intervention lui paraissait suspecte (2). Ce procès préparatoire s'appelait *divinatio*, parce que, suivant Junius Bassus, cité par Aulu-Gelle (3), le juge se trouvait en quelque sorte dans la nécessité de deviner celui sur qui son choix devait s'arrêter. On trouve plusieurs exemples de cette procédure extraordinaire (4).

Les délais de la *postulatio* étant expirés, et le procès divinatoire, s'il y en avait un, étant vidé, l'accusateur se représentait devant le préteur. Alors il était admis à dénoncer officiellement le nom de l'inculpé et la nature du crime qu'il lui imputait : c'est ce qu'on appelait *nominis et criminis delatio*. Il précisait les circonstances du fait, le qualifiait en indiquant ses caractères légaux et la peine applicable. De cette déclaration résultait une formule que le magistrat constatait par un procès-verbal, *inscriptio*, sur lequel l'accusateur d'abord, puis ses adjoints apposaient leur seing, *subscribebant*. Ce procès-verbal, que l'on pourrait comparer à nos actes d'accusation, devenait le texte sacramentel duquel étaient littéralement extraites les questions soumises au jury.

Si l'inculpé se présentait à cette phase de la procédure (5), la *delatio* avait lieu au moyen d'une formule analogue à celle qui était usitée en matière civile. L'accusateur lui faisait connaître

---

(1) Si chaque *quœstio* avait sa liste générale, c'était probablement sur cette liste que le jury de la *divinatio* était tiré.

(2) Cicéron fit décider que Cécilius, qui lui disputait l'accusation de Verrès, n'aurait pas même le droit de figurer parmi les *subscriptores*. *In Verr*. 1, 6.

(3) 11, 4.

(4) Cic. *Ad Quint. fratr*. III, 2. Quatre accusateurs s'étaient présentés dans cette affaire (Ascon. *in Mil. argum*. Orel. p. 40).

(5) L'inculpé était averti par la publication de la *postulatio*, ou peut-être par un ajournement (*vadimonium*.)

sa poursuite en ces termes . « Je dis que sous tels consuls , tel jour , vous avez commis tel crime prévu par telle loi , et pour réparation du dommage , je conclus au paiement de tant de sesterces. » Si l'inculpé avouait ou gardait le silence , il était condamné à payer la somme demandée ; s'il niait , et c'est ce qui arrivait toujours , *l'inscriptio* mentionnait sa réponse , et le préteur le déclarait en état d'accusation , *in reatu* , *reus ;* puis il fixait le jour de la comparution des parties devant le jury. Ce délai était ordinairement de dix jours , mais il pouvait être augmenté selon l'importance des affaires et la difficulté de procéder à l'information préparatoire.

Cette information était faite par l'accusateur lui-même , en vertu d'un décret du préteur qui lui conférait le pouvoir d'appeler des témoins et de recevoir leurs dépositions , de se faire présenter toutes pièces de conviction , notamment les actes publics et les registres domestiques , de prendre en un mot toutes les mesures nécessaires pour la manifestation de la vérité. Lorsque cette instruction préalable était terminée , l'accusateur pouvait renoncer à profiter de l'entier délai qui lui avait été accordé. Cicéron , qui avait obtenu cent dix jours entre la *delatio* et la comparution pour instruire contre Verrès , accomplit sa tâche en cinquante jours, et parvint ainsi à déjouer les calculs dilatoires de son adversaire (1).

Ici commençait la procédure devant les juges-jurés , c'est-à-dire le *judicium.* Au jour fixé , l'accusateur , ses adjoints , l'accusé et les juges étaient cités par le héraut du préteur (2). Si

(1) Cic *In Verr. proœm.* 2. — Pseud. Ascon. *In Verr. proœm.* arg. (Orel p. 125).

(2) M. Laboulaye (p. 352) pense que les défenseurs étaient également cités ; mais il n'existe à l'appui de cette opinion que le témoignage du faux Asconius (*In Verr.* I. 2. Orel p. 125) , qui paraît détruit par un passage de Cicéron (*Pro Rosc. amer.* 22) , duquel il résulte que l'accusateur pouvait ne pas être informé , même à l'audience, du nom du défenseur.

l'accusateur ou l'un des *subscriptores* (1) ne se présentait pas, l'affaire était rayée du rôle (2). Si l'accusé faisait défaut sans jus-tifier d'une absence légitime, il était condamné.

Les parties présentes, il était procédé publiquement au tirage du jury par le préteur président, ou, en cas d'empêchement, par un délégué qui prenait le titre de juge de la question, *judex quæstionis.*

Les jurés, *jurati homines*, étaient pris sur la liste générale annuelle (3). Il y avait un premier tirage au sort, *sortitio*, à la suite duquel l'accusateur et l'accusé récusaient dans une cer-taine mesure les juges qui ne leur convenaient pas. Venait en-suite un second tirage, *subsortitio*, pour compléter le nombre des jurés, opération pendant laquelle de nouvelles récusations pouvaient être probablement exercées (4).

Il existait un autre mode de constituer le jury, mais on n'en usait que dans certaines *quæstiones* déterminées ; il se nommait *editio*. D'après ce mode, les jurés étaient produits, *editi*, en nombre égal par l'accusateur et par l'accusé, quelquefois par

(1) Postero die, cum Cassius assedisset et citati *accusatores* non adessent, exemplum est nomen de reis Cornelii (Ascon. *In Corneli.* arg. Orel. p. 59).

(2) L'accusé n'était pas censé absous, comme le dit Beaufort. (liv. IV, ch. 5), et tout citoyen avait le droit de l'accuser de nouveau pour le même fait, même en l'absence de charges nouvelles. Son nom était simplement biffé du tableau. Voy. la note qui précède.

(3) Y eut-il dans le principe une liste générale pour chaque *quæstio* ? Sylla établit-il une liste unique ? Si cette réforme eut lieu, se maintint-elle ? Questions difficiles et non encore résolues.

(4) Quel était le nombre des jurés portés sur la liste générale ? Dans quelle forme s'exerçait le droit de récusation ? S'exerçait-il sur la masse in-distinctement, ou proportionnellement sur chacun des ordres dont le person-nel des juges était composé ? En quoi était-il modifié dans la *subsortitio* ? Sur tous ces points, la science en est encore réduite à des hypothèses. Voy. *infra* le *Procès de Clodius.*

l'accusateur seul, et les récusations s'exerçaient de diverses manières, selon les cas (1).

Le nombre des jurés de jugement était en général considérable, mais il variait suivant les *quœstiones*. Il était de 56 dans le procès de Clodius. Les jurés non récusés ayant pris place sur leurs siéges, ils prêtaient serment (de là leur nom de *jurati*) et les débats commençaient.

L'accusateur et souvent les *subscriptores* étaient entendus; après eux l'accusé, par lui-même ou par l'organe de ses avocats (il en avait ordinairement plusieurs), présentait sa défense. Les témoins, qui prêtaient serment par Jupiter, déposaient après les discussions, quelquefois pendant la plaidoirie de l'accusateur, au fur et à mesure de l'exposé des faits. La loi *Pompeia*, portée à l'occasion du procès de Milon, disposa que les preuves seraient produites dès l'ouverture des débats ; dans la suite, les usages furent très-divers sur ce point.

Dans certaines affaires, la cause devait être plaidée une deuxième fois après un jour franc d'intervalle ; cette seconde action se nommait *comperendinatio*.

Après les plaidoiries, l'audition des témoins tant à charge qu'à décharge et les observations que leur témoignage pouvait suggérer, les débats étaient clos. Alors le préteur ou le juge de la *quœstio* distribuait aux jurés des tablettes sur lesquelles ils écrivaient secrètement ou un **A** (*absolvo*), ou un **C** (*condemno*), ou un **N** et un **L** (*non liquet*). Ces tablettes étant déposées dans une urne, le président en faisait le dépouillement sans désemparer. Si la majorité des voix était pour l'absolution, le magistrat déclarait que l'accusé ne paraissait pas avoir commis le crime qui lui était imputé, *fecisse non videtur*. La formule contraire était prononcée en cas de condamnation, *fecisse videtur*. Si les tablettes portant *non liquet* (l'affaire n'est pas claire) empêchaient que la majorité absolue fût acquise soit pour l'absolu-

(1) Même obscurité sur l'*editio*.

tion, soit pour la condamnation, le procès était renvoyé de plein droit à un plus ample informé (*ampliatio*), que le préteur déclarait par ce mot, *amplius*.

Telles étaient, en abrégé, les formes de procédure suivies devant les *quæstiones perpetuæ*. Les formes observées devant les comices-centuries et les comices-tribus étaient à peu près les mêmes, si ce n'est en ce qui concerne la composition du tribunal et le mode d'émettre le vote.

SECTION II.

DES JURIDICTIONS CIVILES.

§ I. CARACTÈRE GÉNÉRAL DES JURIDICTIONS CIVILES.

Ce qui frappe d'abord, en passant des juridictions criminelles aux juridictions civiles, c'est de retrouver le préteur (depuis la création de cette magistrature jusqu'à une époque assez avancée de l'empire), en possession suprême (1) de la force d'autorité par laquelle se meuvent tous les rouages de l'action privée. C'est que cette action, si compliquée en apparence et si multiple, obéissait en réalité à une impulsion unique, foyer puissant de lumières, principe fécond de transformations et de développements successifs. Un point qu'il est essentiel de ne pas perdre de vue pour bien comprendre le mécanisme de l'administration de la justice civile, à la belle époque du droit, c'est qu'en général le préteur n'était point un juge, mais une espèce de ministre de la justice, investi de quelques-uns des pouvoirs du législateur, surtout en ce qui touchait les formes de la procédure. Ordinairement il ne jugeait pas, mais il préparait la décision

----

(1) Toutes réserves faites aux usurpations impériales, qui s'attaquèrent peu d'abord aux jugements privés.

du juge en lui renvoyant les questions à juger arrêtées et fixées par lui, contradictoirement avec les parties. C'était là ce qu'on appelait la procédure, l'instance *in jure*.

Un autre point important, c'est que le juge (juge proprement dit, arbitre ou récupérateur), était toujours convenu entre les parties, soit qu'elles le choisissent elles-mêmes, soit qu'elles écartassent par voie de récusation celui qui leur était proposé; car c'était un principe admis dès les premiers temps de la République, au témoignage de Cicéron (1), que nul ne pouvait être jugé que par un juge de son choix.

La *postulatio judicis* des parties et la *datio judicis* du préteur n'étaient donc au fond que des formalités ingénieuses destinées à régulariser et à assurer l'exercice de la liberté du citoyen par l'intervention du droit de souveraineté, agissant dans la personne du magistrat revêtu de l'*imperium*. Il n'était fait exception à cette règle que dans un seul cas, celui où la contestation se rattachait au droit de propriété quiritaire ou à la liberté, c'est-à-dire, à des questions d'ordre public; alors le procès devait être renvoyé au tribunal permanent des centumvirs qui lui-même était le produit de l'élection.

Le préteur restait donc étranger à tout ce qui se passait hors de son tribunal; et, par opposition à l'instance poursuivie *in jure*, celle qui avait pour objet d'arriver à l'obtention de la sentence devant le juge chargé d'en recueillir les éléments et de la prononcer, était dite s'accomplir *in judicio*.

Sous la République, toutes les sentences étaient en dernier ressort, parce que les magistratures se mouvant dans une sphère qui leur était propre, ne relevaient point les unes des autres. Mais le droit de *veto*, reconnu par la vieille constitution romaine à tout magistrat revêtu de l'*imperium* ou de la *potestas*, pouvait venir empêcher la constitution d'un *judicium*, ou en arrêter la marche, ou en paralyser les conséquences. Il n'y avait

(1) *Pro Cluent.* 43.

donc point d'appel, comme nous l'entendons, c'est-à-dire, recours à un juge supérieur pour obtenir réparation des griefs
résultant de la sentence rendue par un juge inférieur, mais
intercession auprès d'une autorité d'un autre ordre, agissant
avec indépendance et dans les seules limites de sa propre responsabilité.

Enfin, la portée et l'exécution des jugements présentaient à
la même époque un caractère qui doit également fixer l'attention.
Toutes les condamnations étaient pécuniaires, quel que fût l'objet de la demande, et l'exécution qui d'abord ne pouvait être
poursuivie que sur la personne du défendeur, mais qui put l'être
plus tard sur ses biens, avait lieu par le créancier lui-même sans
autre intervention du magistrat que celle que semblait exiger
l'intérêt du débiteur : exemple remarquable, au point de vue de
la puissance publique, du respect des institutions pour la liberté
et pour la fortune des citoyens.

§ II. — JURIDICTION DU PRÉTEUR.

Comme les rois qui les avaient précédés, les consuls jugèrent
d'abord les causes privées; mais les procès étant devenus trop
nombreux pour qu'il leur fût possible de suffire aux besoins de
la justice, un magistrat annuel fut désigné par le peuple
(389, U. C.) pour s'occuper de ce soin; on lui donna le nom de
préteur. Magistrat unique dans le principe, on lui adjoignit
plus tard, en 510, un collègue qui reçut la mission de juger
les différends entre étrangers et citoyens romains ; ce dernier
fut appelé *prœtor urbanus*. Ce nombre fut élevé dans la suite
à quatre, puis à six, et enfin successivement jusqu'à seize ou
dix-huit.

Le préteur était le chef de l'administration de la justice (1).

(1) Cic. *De legib.* III, 5.

Avant d'entrer en fonctions, il publiait une sorte de manifeste , un *édit*, dans lequel il faisait connaitre le système adopté par lui pour l'interprétation et l'application des lois pendant le cours de sa magistrature. Son autorité s'etendait sur toutes les juridictions, sans cependant enchainer leur indépendance , et ses pouvoirs se résumaient dans cette devise sacramentelle : *Do, dico , addico* : *do*, je donne l'action ; *dico*, je dis droit , je promulgue l'édit; *addico*, j'investis le juge du droit de juger (1).

Il était tenu de juger lui-même certains procès , assisté d'un conseil qu'il se choisissait, peut-être dans une catégorie limitée de jurisconsultes destinés à lui servir d'assesseurs, et qu'on appelait décemvirs (2) ; il en renvoyait d'autres, et c'était le plus grand nombre , devant un juge , un arbitre , des récupérateurs , ou les centumvirs.

Sous l'Empire , les attributions du préteur passèrent peu à peu au préfet du prétoire et au préfet de la ville, de sorte que le magistrat dont l'autorité, dans l'origine , marchait de pair avec celle des consuls , ne conserva guère de ses anciennes fonctions que la direction des spectacles publics.

§ III.—JURIDICTION (3) DU JUGE.

Lorsque le procès n'était pas de ceux dont le préteur ou les centumvirs devaient nécessairement connaitre , ce magistrat renvoyait les parties devant un *judex* choisi par elles sur la liste affichée ; si elles ne parvenaient point à s'entendre , le préteur le proposait, ou le tirait au sort. Les parties avaient un droit de

---

(1) Nous adoptons ici l'interprétation de Zimmern , mais elle est très-contestable.

(2) Cette opinion émise avec circonspection par Beaufort (liv. V , ch. 2), n'a pas été détruite par les hypothèses si variées de nos érudits modernes.

(3) Cette expression est plutôt prise dans son sens usuel que dans un sens purement juridique.

récusation fort étendu, mais on ignore dans quelle forme et dans quelles limites il était exercé.

Le juge recevait du préteur une formule qui précisait tous les points du litige et devenait sa règle de conduite ; il ne lui était pas permis de s'en écarter, il accueillait la demande ou la rejetait purement et simplement et sans pouvoir la modifier.

Il prêtait serment.

Il se faisait assister de quelques jurisconsultes ses amis, ordinairement au nombre de trois (*consilium*) qui émettaient leur avis consultativement. Si le procès lui paraissait trop obscur pour qu'il pût prononcer en parfaite connaissance de cause, il lui était permis de s'abstenir en jurant *sibi non liquere* (1).

§ IV. — JURIDICTION DE L'ARBITRE.

Il y avait deux sortes d'arbitres, ceux que les parties nommaient par un compromis, et ceux qui leur étaient donnés par le préteur : nous ne voulons parler que de ces derniers.

L'arbitre, comme le juge, pouvait connaître de tous les litiges ordinaires ; comme le juge, il recevait une formule ; mais elle ne le limitait pas *ad certam summam*, comme celle du juge, et il pouvait prononcer *ex æquo et bono*. En voici une que Cicéron nous a conservée: *Ce qui sera le plus équitable et le meilleur, accordez-le* (2).

On a beaucoup disserté sur les différences qui pouvaient exister entre les attributions de l'arbitre et celles du juge; suivant nous, les difficultés sont résolues par la définition de Festus : *Arbiter est qui totius rei arbitrium habet et potestatem* (3). Toute la différence était dans la formule et dans ses consé-

---

(1) On induit cette faculté d'un chapitre très-remarquable d'Aulu-Gelle sur les devoirs du juge. XIV. 2.

(2) Cic. *Pro Q. Rosc. 4.* Quantum æquius melius, id dari.

(3) V° *Arbiter.*

quences, et l'*arbiter* n'était au fond qu'un *judex* avec des pouvoirs moins limités.

Comme le juge, il se faisait assister d'un conseil.

§ V. — JURIDICTION DES RÉCUPÉRATEURS.

Le préteur donnait également aux parties des *recuperatores*. Tout porte à croire que le nom de ces juges leur était venu de la nature de leurs attributions originaires, *juris recuperatio* (1). Etablis, selon toutes les apparences, pour juger les différends élevés entre les citoyens romains et les étrangers (2) sur des questions de possession, ils furent appelés à vider des procès de cette espèce, sans distinction de personnes; leur juridiction fut même étendue à des litiges portés devant les juges ordinaires (3 , ce qui a fait croire à Beaufort que l'unique différence existant entre ces derniers et les récupérateurs, consistait en ceci : que lorsque le préteur nommait trois juges pour le même procès, on les appelait *recuperatores,* tandis que lorsqu'il n'en donnait qu'un, on l'appelait simplement *judex* (4).

Zimmern a adopté cette opinion, en ajoutant que les récupérateurs étaient pris en-dehors de la liste des *judices selecti*, et que leur ministère n'était accordé que dans les affaires sommaires ou requérant célérité (5). Au surplus, les opinions les

---

(1) Cic. *Pro Cœcin.* 1 et 3. Le procès de Cécina fut jugé par les récupérateurs.

(2) Festus. V° *Recuperatio.*

(3) Cic. *In Verr.* III, passim. Aul.-Gell. XX, 1.

(4) Liv. V. ch 2. Cette opinion se trouverait singulièrement corroborée par plusieurs passages de Gaius où les *recuperatores* sont opposés à *l'unus judex.* M. Hugo, qui a remarqué cette opposition, en a tiré une induction moins vraisemblable. *Hist. du dr. rom.* 1. p. 498 de la trad. franç.

(5) IIᵉ partie, ch. 1, § 37. (Etienne).

plus divergentes ont été émises sur l'origine et sur les attributions de ces officiers (1).

§ VI. — JURIDICTION DES CENTUMVIRS.

On ne connait pas l'origine de cette juridiction perma-
nente (2)

Selon Festus (3), le tribunal des centumvirs se composait de
cent cinq juges élus annuellement dans les trente-cinq tribus,
chacune d'elles ayant le droit d'en choisir trois dans son
sein (4). Au temps de Pline le Jeune, le nombre des juges s'élevait à cent quatre-vingt (5).

Les centumvirs étaient divisés en quatre chambres présidées,
selon toutes les probabilités, par un décemvir, du moins depuis
Auguste. Ces chambres jugeaient séparément, mais il est vraisemblable qu'elles se réunissaient pour le jugement de certaines
affaires. Un passage célèbre de Cicéron nous donne la nomenclature des affaires qui ressortissaient de cette juridiction (6).
On sait que sous les deux premiers systèmes de procédure, elle
connaissait spécialement des affaires introduites par l'*actio sacramenti*.

(1) Ces opinions se trouvent résumées dans Collman, *De romano judicio
recuperatorio Comment.* Berlin. 1835.

(2) Niebuhr la fait remonter au roi Servius Tullus (T. II, p. 108. Golbery)
en se fondant sur un passage rien moins que concluant de Denis d'Halicarnasse (IV, p. 23). *Voy.* ci-dessous la note 4.

(3) Vᵒ *Centumviri.*

(4) D'où Sigonius (*De ant. jur. civ. rom.* II. 18) et Beaufort (Liv. V,
ch. 2.) ont conclu à tort peut-être que l'institution ne remontait pas au-delà
de 512, date de l'annexe qui compléta le nombre de trente-cinq tribus.

(5) *Epist.* VI 23.

(6) Cic. *De orat.* I. 38. *Voy* sur ce sujet, Siccama *De judicio centumvirali*, avec les additions de Zepernick, 1776; — Schneider, *De centumvirali
judicii apud Romanos origine liber singularis* 1835;—Zumpt, *Ueber urs-
prung form und bedeutung des centumviralgerichts in Rom*, 1838.

§ VII. — JURIDICTION DU JUGE PÉDANÉ.

Les juges pédanés, dont on ne connait ni l'origine précise ni les attributions déterminées, apparaissent pour la première fois sous la troisième période de la procédure civile. Justinien en fit un collége permanent et régla leur juridiction (1).

§ VIII. — DU MODE DE PROCÉDER EN JUSTICE POUR L'EXERCICE DES ACTIONS PRIVÉES (2).

La procédure civile subit l'influence de trois systèmes distincts, qui furent 1° le système des actions de la loi ; 2° le système formulaire ; 3° le système de procédure extraordinaire.

SYSTÈME DES ACTIONS DE LA LOI. — Les actions de la loi (*legis actiones*) ainsi nommées parce qu'elles étaient accommodées aux termes des lois elles-mêmes, et, comme elles, frappées d'immutabilité (3), étaient au nombre de cinq, savoir :

1° L'*actio sacramenti;* 2° la *judicis postulatio;* 3° la *condictio;* 4° la *manus injectio*; 5° la *pignoris capio.*

I. L'action *sacramenti* tirait son nom du dépôt fait par chacune des parties (entre les mains des pontifes dans l'origine) d'une somme d'argent déterminée, avec la clause pénale que la

---

(1) *Voy.* Tigerstroem, *De judicibus apud Romanos*, 1826.

(2) La précieuse découverte du manuscrit de Vérone a jeté les plus vives lumières sur cette matière, et c'est aux Institutes de Gaius, déjà plusieurs fois traduites en français, que nous devons les savants travaux récemment publiés sur la procédure romaine. Parmi les plus utiles à consulter, nous citerons : *Traité des actions ou théorie de la procédure civile privée chez les Romains*, par Zimmern, traduit de l'Allemand, par M. Etienne, 1843 ; — *Histoire de la procédure civile chez les Romains*, par Walter, traduite de l'Allemand, par M. Laboulaye, 1841 ; — *Traité des actions ou exposition historique de l'organisation judiciaire et de la procédure civile chez les Romains*, par M. Bonjean, 5° édition 1846.

(3) Gaius, *Comment.* IV, 11.

somme du plaideur qui perdrait son procès demeurerait confisquée au profit du culte, *ad sacra publica*. Cette action était réelle et personnelle, et s'appliquait à toutes les matières du droit pour lesquelles la loi n'avait pas spécifié d'actions particulières.

Lorsqu'elle était action réelle, voici comment on procédait.

Si la demande avait pour objet une chose mobilière qui pût être facilement déplacée, cette chose était apportée devant le préteur et revendiquée en sa présence de la manière suivante : le premier revendiquant, muni d'une baguette (*vindicta, festuca*), saisissait l'objet lui-même (*manuum consertio*), par exemple un esclave, et s'exprimait ainsi (1) : « Je dis que cet homme est mien d'après le droit des Quirites, selon qu'il se comporte ; ainsi que je l'ai dit, je pose sur lui la vindicte ; » et en même temps il posait la baguette sur l'esclave (*vindicatio*). L'adversaire à son tour disait et faisait de même. Après cette double revendication manifestée par un combat simulé, le préteur disait : « Lâchez tous deux cet homme, » et les plaideurs le lâchaient. Alors celui qui avait revendiqué le premier interrogeait l'autre en ces termes : « Je demande que vous me disiez pour quelle cause vous avez revendiqué. » Celui-ci répondait : « J'ai exercé mon droit en imposant la vindicte. » L'autre reprenait : « Comme vous avez revendiqué sans droit, je vous provoque par un *sacramentum* de cinq cents as d'airain. » L'adversaire répondait : « Je vous provoque de même. »

Ensuite le préteur accordait, à son choix, la possession provisoire (*vindiciæ*) à l'une des parties, excepté dans les causes où la liberté était contestée, cas dans lequel, d'après la loi des XII tables, les *vindiciæ* devaient toujours être données *secundum libertatem*. Le possesseur intérimaire était tenu de four-

(1) Les parties, incapables de se reconnaître dans ce dédale de formalités, se faisaient représenter par des jurisconsultes, quelquefois par un seul qui remplissait les deux rôles.

Cic. *Pro Muren.* 11 et 12.

nir des garants pour la chose et les fruits (*prœdes litis et vindiciarum*). Des répondants étaient aussi exigés pour le paiement du *sacramentum* (*prœdes sacramenti*), qui devait être versé dans le trésor public (1).

Ces formalités accomplies, les parties demandaient qu'il leur fût donné un juge (*iudicis datio*). Sur cette demande, le magistrat les remettait à trente jours ; ce délai expiré, elles se représentaient et le juge leur était accordé.

Dans l'origine, quand les parties voulaient revendiquer un immeuble ou une chose difficile à déplacer, elles devaient se transporter (*deductio*), avec le préteur, sur le lieu où se trouvait l'objet en litige. Là se faisait le combat fictif de la *vindicatio* avec la baguette. Plus tard, le magistrat, empêché par le grand nombre des affaires, se borna à envoyer les contendants sur le terrain en les faisant assister de témoins (*superstites*). Ils revenaient devant lui porteurs d'une parcelle de la chose en contestation, d'une motte de terre par exemple, après avoir simulé le combat sur le lieu même, et il était procédé au surplus des formalités, en présence du préteur.

Enfin, et au commencement du septième siècle, selon toutes les probabilités, la *deductio* se fit sans l'intervention du préteur. Les adversaires, après s'être munis privativement de la parcelle nécessaire, comparaissaient *in jure* ; là avait lieu une *deductio* symbolique dont Cicéron s'est très-spirituellement moqué (2) ; puis la *vindicatio*, le *sacramentum* et la *datio ju-*

(1) Dans le principe, comme nous l'avons dit, le *sacramentum* était consigné d'avance et versé dans le trésor pontifical.

(2) *Pro Muren.* 12. Voici le passage : La chose aurait pu parfaitement se passer ainsi : Le fonds Sabin est à moi — Non, il est à moi. Puis le jugement. Ils n'ont pas voulu de cela *Le fonds*, dit le revendiquant, *qui est dans un champ, lequel champ s'appelle le champ Sabin....* — Assez de verbiage, mais enfin soit ; et après ? — *Ce champ, je dis qu'il est à moi d'après le droit des Quirites.* — Achevez donc ! — *En conséquence, je vous appelle au combat de la* manus consertio *sur le terrain litigieux.* — A l'apostrophe

dicis s'accomplissaient comme pour les chos es purement mobi-
lières et transportables.

L'action *sacramenti*, qui remonte aux origines de la cité romaine, se maintint très-long temps dans les affaires de la compétence des centumvirs, mais comme action réelle seulement,
et sans doute avec des modifications qui durent tendre à en sim-
plifier les formalités. Cette action, en tant qu'action personnelle,
ayant disparu beaucoup plustôt, on ignore à peu près complètement quelles étaient ses formules.

II.—La perte d'un feuillet du manuscrit de Vérone nous a
privé du commentaire de Gaius sur l'action *per postulationem
judicis*. Nous ne connaissons de la procédure qui lui était
propre que la formule suivante conservée par Valerius Probus :
J. A. V. P. U. D., c'est-à-dire, *judicem arbitrum ve postulo
uti des* ; encore est-il contesté qu'elle s'appliquât aux actions
de la loi. On pourrait penser que la *postulatio judicis*, qui se
trouve d'ailleurs comprise dans l'action *sacramenti*, était employée lorsqu'il s'agissait de droits incorporels ou indéterminés,
comme le mandat, la tutelle, etc., genre de contestations dans
lesquelles la *vindicatio* ne pouvait avoir lieu.

III.—La *condictio*, troisième action du même système, a été
créée par la loi Silia. Cette loi l'établit pour la réclamation d'une

---

de ce querelleur bavard, l'autre ne sait que répondre. Alors le même jurisconsulte passe du côté de ce dernier, comme un joueur de flute latin, et
dit : *Du lieu où vous m'avez appelé au combat de la* manus consertio, *je
vous rappelle devant le préteur*. Cependant, de peur que le préteur ne fût
tenté de se croire un habile homme et un improvisateur heureux, on lui a
également fait son thème, aussi absurde que celui des parties, surtout en
ceci : *Devant vos témoins, ici présents, je vous indique ce chemin, partez*.
Notre savant jurisconsulte est tout prêt à leur montrer le chemin. *Revenez*,
dit le préteur, et ils reviennent avec le même guide. J'imagine que nos ancêtres, tout porteurs de longues barbes qu'ils étaient, devaient trouver passablement ridicule que des plaideurs, bien placés dans le lieu où ils se trouvaient, reçussent l'ordre de le quitter, puis immédiatement d'y revenir.

somme d'argent déterminée (*certa pecunia*). La loi Calpurnia
l'étendit à la demande de toute chose certaine (*certa res*). Gaius
nous apprend qu'on se demandait de son temps quel pouvait
avoir été le but de cette action, puisqu'il était possible d'arriver
aux mêmes résultats par les deux actions précédentes.

On ignore la procédure suivie dans la *condictio*.

IV.—On entendait, en général, par *manus injectio* le fait
d'appréhender une personne ou une chose hors la présence du
magistrat : l'action *per manus injectionem* autorisait cette
main-mise devant le préteur. Alors on distinguait trois espèces
de *manus injectio*, 1° *la manus injectio judicati* pour assurer
l'exécution des jugements ; 2° celle *pro judicato*, établie en faveur du *sponsor* contre celui pour lequel il avait payé, si le
remboursement n'avait pas lieu dans les six mois ; 3° la *manus
injectio pura*, qui, à la différence des deux précédentes, permettait au défendeur de se défendre sans l'intervention d'un
représentant (*vindex*) et n'entraînait pas l'*addictio*.

Le débiteur poursuivi en vertu des deux premières, qui ne
trouvait pas de représentant, était conduit dans la maison de
son créancier, et enchaîné (*addictus*) ; il était vendu comme esclave, si dans le délai de soixante jours sa dette n'était pas
acquittée. Si les créanciers ne trouvaient pas d'acquéreurs ou ne
parvenaient point à s'entendre sur les conditions de la vente,
ils avaient le droit de donner la mort à leur débiteur et de se
partager son cadavre proportionnellement à leur créance (1).

V.—La cinquième action de la loi, appelée *pignoris capio*,
était un mode d'exécution sur les biens; elle constituait un gage.
Elle ne s'exerçait point devant le préteur, et n'avait lieu que
dans les cas spéciaux déterminés par les lois ou par la coutume,
notamment pour le recouvrement des impôts, ou de quelques
redevances analogues.

(1) On a fait beaucoup d'efforts pour trouver un sens figuré dans l'article
de la loi des XII tables qui renferme cette disposition barbare; mais les textes
ont résisté.

Sous l'empire des actions de la loi, le demandeur appelait son adversaire en justice (*vocatio in jus*) en le sommant verbalement de le suivre chez le préteur (*in jus eamus, in jus te voco*): s'il résistait, il pouvait être contraint par corps, à moins qu'il ne fournît un répondant (*vindex*). En présence du magistrat, les parties accomplissaient les formalités particulières à l'action dont il était fait usage. Si l'affaire ne se terminait pas le même jour, elles promettaient de se représenter (*vadimonium*).

Elles s'ajournaient également à comparaître devant le juge désigné par le préteur. Au jour fixé, elles présentaient d'abord un sommaire du procès, en manière de conclusions, puis leurs avocats plaidaient, et le juge prononçait.

SYSTÈME FORMULAIRE. — Ce système, conséquence graduelle du progrès de la démocratie, ne fut en réalité qu'une modification du système précédent, débarrassé en partie de ses formes mystérieuses et sacramentelles Peu à peu la formule se dégagea de la symbolique inventée par les patriciens, et les arcanes de la procédure devinrent plus accessibles, non pour les plaideurs eux-mêmes, mais pour les jurisconsultes ou pour les praticiens chargés de les diriger. Le système nouveau consistait particulièrement dans une formule que le préteur écrivait sur l'exposé et sur la demande des parties, et qui était remise au juge pour servir de règle à sa décision ; car dans cette période, comme dans la précédente, le procès se divisait généralement en deux instances, dont l'une s'accomplissait devant le préteur (*in jus*) et l'autre devant le juge (*in judicio*). L'édit augmenta bientôt le nombre des formules puisées d'abord dans les actions de la loi; le magistrat prit même sur lui d'en créer pour des cas particuliers.

La formule renfermait quatre parties distinctes (*partes*), la *demonstratio*, l'*intentio*, l'*adjudicatio* et la *condemnatio*.

La *demonstratio* indiquait le fait à l'occasion duquel s'était élevé le litige : *Attendu qu'Aulus Agérius a vendu un esclave à Numérius Négidius.*

L'intentio énonçait la prétention du demandeur et fixait le point de droit compris dans la *demonstratio* : *s'il appert* (si *paret*), *que Numérius Négidius doit donner à Aulus Agérius dix mille sesterces.*

Par l'*adjudicatio*, le juge était autorisé à adjuger à l'une des parties sa part dans la chose commune : *Juge, adjugez à Titus la part qui lui revient.*

La *condemnatio* donnait au juge le pouvoir de condamner ou de renvoyer de la demande : *Juge, condamnez Numérius Négidius envers Aulus Agérius; s'il n'appert pas, renvoyez-le de la demande.*

Ces quatre *partes* ne se rencontraient pas ensemble dans une même formule, mais on y trouvait ordinairement la première, la seconde et la dernière. Quelquefois la formule était précédée de certaines demandes ou de certaines réserves, favorables à l'une ou à l'autre des parties ; on les appelait *præscriptiones*, parce qu'elles étaient écrites en tête de cette formule.

Sous le système formulaire qui marqua la belle époque de la jurisprudence romaine, comme sous les actions de la loi, l'ajournement (*vocatio in jus*) eut lieu, d'abord verbalement, puis par écrit libellé (*litis denuntiatio*). Le défendeur qui refusait de suivre le demandeur ou de donner caution de se représenter au jour convenu, était condamné à une amende. S'il ne comparaissait pas, le magistrat pouvait envoyer le poursuivant en possession de ses biens. Lorsque les parties étaient *in jure*, le demandeur désignait l'action dont il voulait faire usage (*editio actionis*), et la demandait à haute voix (*actionis postulatio*); l'adversaire exposait ses moyens de défense et faisait connaître la clause d'exception dont il réclamait l'insertion. Si le préteur accordait la formule, il la rédigeait et désignait le juge. Ainsi se liait la contestation (*litis contestatio*), qui opérait novation dans le droit et rendait perpétuelles les actions temporaires.

Après la délivrance de la formule, les parties s'ajournaient à trois jours devant le juge, si ce délai était suffisant ; au jour fixé, la cause était plaidée, les témoins étaient entendus et in-

3

terrogés par les avocats qui discutaient avec vivacité leurs dépositions (*interrogatio*, *altercatio*); enfin le juge prononçait
publiquement une sentence motivée en présence des parties ou
de leurs représentants (*procuratores* ou *cognitores*). S'il ne se
trouvait pas suffisamment éclairé, il pouvait déclarer *sibi non
liquere*, et l'affaire était plaidée une seconde fois (*ampliatio*).

Il est à remarquer que dans le système formulaire, la condamnation prononcée devait toujours être d'une somme d'argent
déterminée.

SYSTÈME DE PROCÉDURE EXTRAORDINAIRE.—Pendant le règne
de la procédure formulaire, l'usage s'était introduit de procéder
exceptionnellement (*extra ordinem*) devant le magistrat, sans
avoir recours à l'intervention du juge, et par conséquent à la
rédaction d'une formule : ce mode de jugement se nommait
judicium extraordinarium. Dioclétien transforma cet usage en
règle générale ; il établit que les parties seraient assignées devant les présidents ou devant les juges inférieurs, suivant les
limites de leur compétence respective. L'ajournement se fit,
comme dans le système formulaire, au moyen de la *litis denuntiatio*; mais cet acte perdit son caractère privé sous Constantin, et la rédaction en fut attribuée à un officier public.
Dans les causes sommaires, où la *litis denuntiatio* n'était pas
exigée, l'ajournement était donné par un huissier (*viator*) commis sur requête. L'instance put aussi être introduite sur un rescrit du prince. Le demandeur qui ne se présentait pas, encourait
la déchéance ; si c'était le défendeur, il était traité comme
contumace, à moins qu'il ne justifiât dans un délai déterminé
d'une excuse légitime. Les preuves étaient administrées, et les
plaidoiries avaient lieu comme sous le système précédent, et le
jugement produisait les mêmes effets.

Dans ce rapide aperçu, nous n'avons rien dit des *interdicta*,
procédure particulière, organisée par l'édit pour suppléer à l'insuffisance des moyens fournis par les actions ordinaires ; toucher à cette matière eût été nous exposer à ne pas être compris

ou à dépasser la limite que nous nous sommes tracée. Aussi bien notre pensée n'a point été , nous ne saurions trop le répéter , de faire connaître à ceux qui nous liront l'histoire des juridictions et des divers systèmes de procédure qu'elles ont successivement comportés , mais d'en présenter un sommaire destiné à servir en quelque sorte de vestibule à notre modeste édifice.

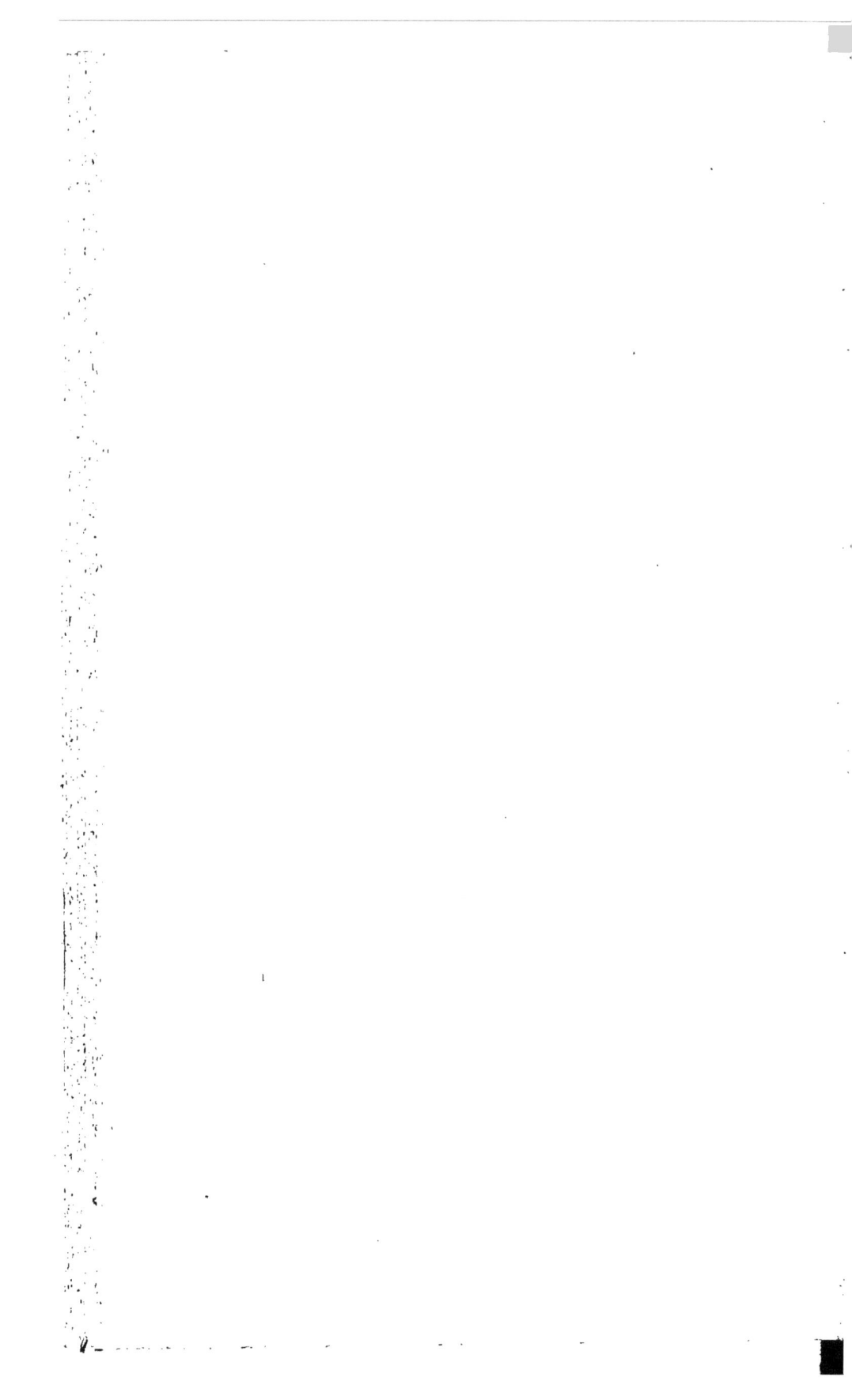

1

LE BARREAU ROMAIN.

I.

Origines du Barreau Romain. — Patronat et clientèle.

On lit dans tous les livres où il est question du barreau, que la profession d'avocat a puisé son origine aux sources des antiquités romaines ; que dans le premier âge de Rome les patriciens, généreux et dévoués, assistèrent gratuitement les plébéiens devant les tribunaux, se tenant pour suffisamment rémunérés par la reconnaissance que le *client* vouait à son *patron;* qu'enfin le noble exercice de la plaidoirie ne devint une profession salariée que lorsque les vieilles mœurs républicaines se furent effacées sous la funeste influence du luxe et de la vénalité.

Pour savoir à quoi s'en tenir sur ces allégations traditionnelles, il est nécessaire d'étudier l'institution du patronat et de rechercher avec soin le véritable caractère des rapports qui existèrent entre les patrons et les clients. Cette étude ne nous apprendra pas d'une manière absolue l'origine du ministère de l'avocat, car elle est probablement contemporaine du premier procès et du premier tribunal; mais elle nous fera connaître par quelles phases diverses ce ministère a passé chez les Romains, quelles ont été d'abord les conditions de son exercice, et comment il s'est successivement transformé par suite des révolutions politiques et sociales.

§ 1er. — DU PATRONAT ET DE LA CLIENTÈLE.

S'il faut en croire les traditions recueillies par les historiens, le premier soin de Romulus, après avoir posé la pierre angulaire de son empire, fut de créer cent sénateurs auxquels il donna le nom de *Pères* (1). Sept ans après, et par suite de l'association de Tatius au trône, cent *Pères* nouveaux, choisis parmi les plus nobles Sabins, élevèrent au double le nombre des sénateurs, qui fut enfin porté à trois cents par Tarquin l'ancien. Les Pères institués par Romulus et par Tatius s'appelèrent *Patres majorum gentium;* les autres furent appelés *Patres minorum gentium:* ces deux variétés d'une même classe devinrent la souche

---

(1) Centum erant senatores : sive quia is numerus satis erat, sive quia soli centum erant qui creari patres possint. Tit.-Liv., 1, 8. Sall., *Catil.* 6.

des premières races nobles *(gentes)* ; et la différence
d'origine ou de date qui avait déterminé cette distinction conserva pendant plusieurs siècles une importance que la vanité aristocratique des Romains peut
seule expliquer (1).

Tous les citoyens exclus de la classe des Pères, ou
des patriciens, leurs descendants, formèrent la classe
des plébéiens.

Les patriciens, selon Denis d'Halicarnasse (2), rem-
plissaient les fonctions du sacerdoce, géraient les
magistratures, rendaient la justice, administraient
l'État et veillaient aux intérêts de la cité. Quant aux
plébéiens, ils cultivaient les terres, prenaient soin des
troupeaux et exerçaient les travaux manuels. Comme
les patriciens étaient ainsi investis de l'autorité et de
toutes les prérogatives qui s'y rattachent, le chef de
l'état, prévoyant des conflits entre la classe des privi-
légiés et celle qu'il avait reléguée dans un rang subalterne, imagina de les rapprocher par un lien qui,
en associant des intérêts opposés, devait prévenir
l'antagonisme résultant de l'inégalité des conditions :
il créa l'institution du patronat.

Voici les renseignements que les anciens nous ont

(1) Cette division des Pères en *races majeures et mineures* est attribuée
à Servius Tullius par Servius, le commentateur de Virgile (*ad Æneid.*, I,
426); à Tarquin-l'Ancien par Cicéron (*De Republ.*, II, 20), par Tite-Live
(I, 35) et par Denis d'Halic. (III, p. 199); à Brutus par Tacite (*Ann.*,
XI, 25).

(2) II, p. 83. Nous nous sommes constamment servi de l'édition de Sylburg; Francfort, 1586.

laissés sur cette institution. Chaque plébéien fut
tenu (1) de désigner un Père avec qui il pourrait former un contrat d'association réglé d'après les bases
suivantes : le plébéien s'engageait à fournir toutes les
choses nécessaires à l'entretien de la maison du patricien, à doter ses filles, à payer sa rançon et celle de
ses fils quand ils étaient pris par l'ennemi, à acquitter
pour lui le montant des condamnations judiciaires de
toute nature, en un mot, à subvenir à toutes ses dépenses, eu égard aux dignités dont il était revêtu. De
son côté, et par réciprocité, le patricien contractait
l'obligation de veiller aux intérêts du plébéien présent
ou absent, de protéger sa personne et ses biens, *et
particulièrement de le défendre en justice contre toute
espèce de trouble apporté à la jouissance de ses droits.*
Par ces conventions, il s'établissait une sorte de famille civile régie en grande partie d'après le droit
qui réglait les rapports entre le père et ses enfants.
Les associés ne pouvaient s'accuser entre eux, porter
témoignage l'un contre l'autre, combattre dans des
camps opposés, émettre des votes contraires. Ce contrat était sacré ; celui qui le violait était puni de la
peine des traîtres ; il était permis de lui courir sus,

---

(1) C'est à tort que quelques écrivains ont considéré la clientèle comme
facultative dans son origine. Denis dit positivement que chaque plébéien
reçut l'injonction de se choisir un patron (II, 83) Suivant Cicéron, le patronat faisait partie intégrante du système gouvernemental, et toute la plèbe
devait être classée dans la clientèle des grands : *Et habuit plebem in clien-
telas principum descriptam* (*De Repub.*, II, 9). Cicéron ajoute qu'il fera
voir plus tard combien cette mesure fut utile. Malheureusement le passage
n'a pas été retrouvé.

et de le tuer comme une victime dévouée aux dieux infernaux (1).

Le *Pater*, au point de vue de ses rapports avec le plébéien ainsi placé sous sa protection, fut appelé *Patronus*, patron; le plébéien, dans la même corrélation d'idées, reçut le nom de *Cliens*, client.

Pour peu que l'on réfléchisse sur les obligations réciproques du patron et du client, telles qu'elles paraissent résulter de ces documents, on est frappé tout d'abord de l'inégalité qu'elles consacreraient, et l'on se prend à douter de leur exactitude. On se demande avec surprise comment des historiens respectables ont pu voir dans le patronat ainsi défini une grande institution, sublime expression de la fraternité des anciens temps (2). Serait-il possible qu'un peuple se fût rencontré, chez lequel les lois eussent permis au riche de se faire nourrir par le pauvre, à la condition que le pauvre trouverait dans le riche, sans bourse délier, un avocat pour ses procès? car telle est l'obligation dominante du patron. Se pourrait-il qu'il eût existé, d'une part, des nobles assez puissants et assez iniques pour imposer de pareilles con-

---

(1) Dion. Halic., *loc. cit.* C'est avec raison que Niebuhr appelle Denis *l'auteur classique* en cette matière. Lui seul, en effet, nous a transmis l'ensemble des faits que nous venons de reproduire. *Voy.* Plut., *in Romul* , 15; Macrob., *Noct. att.*, V, 13.

(2) Le naïf abbé de Vertot parle avec complaisance de la *sainteté de ces offices réciproques*, de la *sagesse de ce tempérament* qui attirait de tous côtés de nouveaux citoyens dans Rome, etc. (*Révol. rom.*, t. 1, liv. I, p. 16).

ditions; de l'autre, des prolétaires assez dégénérés de leur nature d'homme et assez lâches pour les accepter? Évidemment ces documents sont tronqués et incomplets, et nous ne connaissons pas toutes les clauses du contrat. En effet, il en est une que les annalistes n'ont pas exprimée, peut-être parce qu'ils l'ignoraient, peut-être parce qu'ils ont pensé qu'il était inutile d'en parler, tant elle semblait naturelle. Vico, si nous ne nous trompons, est le premier qui l'ait vue dans l'abandon fait au client des terres composant le patrimoine du patron, comme équivalent de la redevance qui constituait la principale charge de la clientèle (1). Ce lumineux aperçu, qui recule de plusieurs siècles les origines de la féodalité, a frappé les regards de Niebuhr et des historiens plus nouveaux qui sont entrés dans la voie ouverte par ce célèbre sceptique (2); mais aucun d'eux ne s'est occupé de donner à l'heureuse intuition de Vico tous les développements critiques dont elle est susceptible; et cependant il y aurait là matière à un beau livre!

L'étymologie du mot *patronus* n'a pas besoin d'explications; et, bien que plusieurs auteurs, au rapport de Plutarque (3), aient voulu trouver son origine dans le nom d'un prétendu compagnon d'Évandre, appelé Patronus, qui aurait institué le patronat à

---

(1) *Scienz. nuov.*, lib. II. C'est à tort que Niebuhr (t. II de la trad. franç.) a attribué à Blackstone l'honneur d'avoir découvert les rapports de l'ancienne clientèle et du vasselage.

(2) *Voy.* notamment M. Michelet, *Hist. rom.*, I, 2, p. 140.

(3) *In Romul.*, 15.

Rome, il est évident que ce mot n'est qu'une modification de *pater*, dénomination appliquée aux premiers sénateurs par Romulus, et qu'ils ont toujours portée.

Quant au mot *cliens*, il nous paraît être identiquement le même que *colens*, cultivateur, colon. « *Clientes*, dit Heineccius (1), *quasi colentes.* » Si Heineccius, qui, après beaucoup d'autres, a emprunté cette assimilation au grammairien Servius (2), ne voit dans *colentes* qu'une expression figurée destinée à indiquer la position de déférence du client, tenu d'honorer son patron comme un fils est tenu d'honorer son père, c'est qu'il n'a pas compris le caractère primitif du contrat. L'expression πελάτης, dont les Grecs se servent invariablement pour rendre le *cliens* des Latins, signifie mercenaire, homme de service, travailleur pour le compte d'autrui (3).

Le client n'était donc, dans l'origine, qu'un colon d'une espèce particulière.

Ces rapports sont établis par des témoignages historiques, peu perceptibles lorsque l'esprit est préoccupé par l'idée fausse qui longtemps a eu cours sur la nature du patronat, mais manifeste quand il est placé *à priori* dans la voie ouverte par Vico. On com-

---

(1) *Antiq. rom.*, lib. I, tit II, § 18.

(2) *Ad Æneid.*, VI, 605.

(3) Vico fait observer qu'il existe la plus grande analogie entre les clients et les vassaux, entre les clientèles et les fiefs, et que les savants, pour désigner les vassaux et les fiefs, ne se servent jamais que des mots *clientes* et *clientelæ* (*Scienz. nuov.* I, clem.).

prend, d'ailleurs, que ces témoignages puissent ne pas être directs et explicites. L'institution du patronat remonte à l'époque la plus reculée, et les auteurs qui en font mention dans les termes que nous connaissons, se bornent à rapporter des traditions puisées, selon toutes les vraisemblances, à la source des *annales*, compilations indigestes, qui se bornaient ordinairement à la nomenclature chronologique des faits (1).

A quels titres les clients possédaient-ils les terres des patriciens? Ces derniers eurent-ils, dans le principe, le domaine quiritaire de tout le sol composant le territoire romain? Les réformes de Servius leur enlevèrent-elles le domaine utile? La clientèle était-elle temporaire, viagère ou perpétuelle? La volonté des contractants pouvait-elle influer sur sa durée et sur son étendue? Le contrat était-il résoluble dans des cas déterminés? La rente était-elle rachetable? Le nombre des clients que chaque patricien put s'attacher fut-il illimité ou réglé par l'étendue de ses possessions? Quels étaient les droits civils et politiques des clients? Quels furent les rapports de l'ancienne clientèle avec le colonat du Bas-Empire? Ce sont là des questions importantes qui s'éloignent de notre sujet, et que nous n'essaierons pas de résoudre; il nous suffit d'avoir constaté le caractère essentiel du patronat à son origine, et mis en saillie le premier germe de l'assistance judiciaire, comme dérivant

---

(1) Cic., *De leg.*, 1, 2; Quintil, VIII, 2, X, 2.

d'une de ses principales obligations. Nous allons maintenant le suivre rapidement dans sa décadence.

§ II. — CAUSES DE LA DÉCADENCE DU PATRONAT.

Nous avons vu qu'à l'époque de la fondation de la cité, l'entière population de Rome se composa de patrons et de clients; soit que la clientèle fît partie intégrante de la *gens*, soit qu'elle constituât une classe à part sous le nom de *plebs*. Mais cet état de choses ne pouvait se maintenir longtemps. A côté de la clientèle dut venir se placer immédiatement une classe nouvelle, qui ne put trouver accès dans le cadre déjà rempli de l'organisation première; d'autre part, des bourgs voisins furent bientôt annexés à Rome, soit par libre accession, soit par la conquête. A la vérité, la création, à deux époques diverses, de deux cents *pères*, avait eu sans doute pour objet et pour résultat de classer en partie ce surcroît de population, en le rattachant à pareil nombre de *gentes* nouvelles; mais, quoi qu'on put faire, il resta toujours, en dehors de la clientèle, une masse flottante qu'il fut impossible d'absorber dans le patronat. Cette masse, que Niebuhr appelle la *commune*, constitua exclusivement, suivant cet écrivain, ce que les historiens grecs et romains ont appelé la plèbe (1). L'opinion du savant Danois, en ce qu'elle a d'absolu, peut difficilement se soutenir en présence des témoignages

(1) *Hist. Rom.*, II, p. 69 et 135.

contraires de Cicéron, de Tite-Live et de Denis. Que l'on donne à la partie de la plèbe placée en dehors du patronat légal, une allure plus libre, un caractère plus décidé et plus entreprenant, des airs de *commune* enfin, rien de mieux, car cela est vrai; mais nous ne croyons pas qu'il soit parfaitement exact d'ajouter que « toutes les révolutions romaines s'ac-« complirent entre cette commune et les *gentes* (1). En fait, à côté de la clientèle organisée par Romulus et étendue par ses successeurs, vint se juxtaposer une autre clientèle, purement facultative en apparence, mais en réalité aussi forcée que la première. Attiré à Rome par le besoin d'y chercher un asyle, ou amené par la conquête, qui ne lui avait laissé que la liberté, le plébéien nouveau dut nécessairement se trouver à la merci du patricien, possesseur presque exclusif du sol. Sa condition fut d'être journalier, homme de peine, colon ; de sorte que, par la force des choses, il se soumit aux charges les plus dures du client, sans pouvoir prétendre aux avantages de la clientèle. Tel fut, pendant longtemps, le sort du plébéien non classé dans l'institution du patronat (2).

En somme, clients proprement dits et simples colons ou colons libres, ne tardèrent pas à faire cause

---

(1) *Ibid.*, p. 137 et 143.

(2) Denis rapporte qu'à la mort de Romulus il se trouvait déjà un déclassement de population, résultant de l'arrivée dans la ville d'un grand nombre d'étrangers. « Cette partie de la plèbe, dit-il, pauvre et sans lares, était ennemie acharnée des grands, plus encore par nécessité que par volonté, et la plus portée aux innovations : καὶ νεωτερίζειν ἑτοιμότατον. (II, p. 123). »

commune, au moins par les vœux; car leur position devint également insupportable et par les mêmes causes.

On peut rigoureusement admettre que le contrat
qui lia le patron et le client fut équitable dans son
principe, quoiqu'il soit assez difficile de supposer des
conventions consenties dans un juste esprit de réciprocité entre le riche et le pauvre, entre le fort et le
faible ; mais l'équilibre, dans tous les cas, ne pouvait
se maintenir longtemps. La possession des magistratures devint pour les patriciens un sujet de rivalités
et de brigues ; les dépenses de la maison s'en accru-
rent et par suite la redevance du client; celle du simple colon fut augmentée dans la même proportion.
Arriéré dans ses paiements , obligé d'avoir recours à
des emprunts pour se libérer, il se vit bientôt chargé
de dettes; l'usure acheva de le ruiner, et une horrible
contrainte par corps vint mettre le comble à sa dé-
tresse, trop heureux encore s'il pouvait racheter sa
personne en devenant le fermier de ses propres biens
vendus aux enchères publiques (1).

Une pareille situation était intolérable; des plaintes
éclatèrent d'abord , puis des menaces et enfin l'insurrection. Temporisation habilement ménagée , de-
mi-mesures, concessions partielles, tout fut inutile :
la plèbe ne descendit du Mont-Sacré qu'après avoir
obtenu du Sénat par un même décret la création du
tribunat et l'abolition des dettes.

Essayons d'apprécier les conséquences de ce double

(1) Dion. Halic., IV, p. 375.

événement sur l'institution du patronat; mais voyons
d'abord s'il est vrai que les dettes eussent pris naissance à l'occasion des redevances censuelles: rien n'est
plus vraisemblable Au profit de qui ces dettes avaient-
elles été contractées? au profit des nobles, puisqu'ils
s'opposaient à ce qu'elles fussent remises, et qu'eux
seuls d'ailleurs étaient en position de prêter. Or, comment expliquer que la masse des plébéiens fût ainsi
devenue débitrice des patriciens, si l'on ne fait pas
dériver cet état de choses des conséquences du fer-
mage? Chez un peuple agricole, c'est par l'arriéré de
la rente que la classe qui cultive s'endette envers la
classe qui possède. Le laboureur travaillant pour le
compte d'autrui n'emprunte pas, car il trouve toujours
à vivre sur ses produits; ou s'il emprunte, par exception, c'est pour payer le propriétaire du sol. Mais alors
il ne s'adresse point aux grands, peu disposés à lui
venir en aide par la voie du prêt. Que disaient les
plébéiens à l'appui de leurs prétentions? Ils disaient:
que le peuple n'avait jamais joui de plus d'aisance et
de plus de liberté que sous le gouvernement des rois (1);
que la haine des nobles pour Tarquin était née des

---

(1) Les rois avaient fait beaucoup d'efforts pour améliorer la condition des
colons soumis à des redevances foncières. Tullus Hostilius fit distribuer une
partie du domaine royal aux pauvres, et les affranchit ainsi de la nécessité de
demander du travail aux riches. (Dion. Halic., III, p. 137.) « Il me paraît
juste, disait Servius à la plèbe, que vous ne soyez point assujétis au salaire de
la servitude, et que vous ne cultiviez pas les champs d'autrui, mais les vôtres
propres : ἵνα μὴ θητεύητε ὄντες ἐλεύθεροι, μήτε τὰς ἀλλοτρίας κτήσεις, ἀλλὰ
τὰς ἰδίας γεωργῆτε. (Dion. Halic., IV, p. 215.) Il nous serait facile de multiplier les citations de ce genre.

efforts tentés par ce prince pour arracher la plèbe à
la domination du patricien ; que les plébéiens ayant,
contre leur intérêt bien entendu, contribué à l'expulsion des Tarquins et à la défaite des armées étrangères
qui se présentaient pour les rétablir sur le trône, ils
avaient reçu la promesse par serment de voir leur sort
amélioré par l'abolition des dettes ; mais que, le danger
une fois passé, tous les serments avaient été oubliés (1).
De pareils discours n'indiquent-ils pas clairement la
situation ? Ne prouvent-ils pas que les dettes n'étaient
point le résultat d'emprunts ordinaires de particulier
à particulier, mais de certains rapports de classe à
classe ? que la racine du mal n'était pas dans un fâcheux concours de circonstances accidentelles et tran-
sitoires, mais dans un fait permanent, continu, so-
cial ? Cela résulte encore, très-nettement, du discours d'Appius Claudius au sénat : « Dis-moi, Valérius, si j'ai réduit quelque plébéien en esclavage à
cause de ses dettes ?... Tant s'en faut que j'aie réduit
en servitude aucun citoyen, qu'au contraire, j'ai
donné beaucoup du mien à plusieurs, et que je n'ai
point usé de rigueur envers aucun de ceux qui m'ont
frustré (2). » S'il fallait enfin une dernière preuve du
caractère de la sédition qui détermina l'abolition des
dettes, on la trouverait dans la disette dont Rome fut
affligée après la création du tribunat, et qui fut la
conséquence de l'abandon général des terres par ceux
qui les cultivaient (3).

(1) Dion. Halic., VI, p. 402.
(2) *Id.*, VI, p. 386.
(3) Oros., II, 5.   4

Les exigences de la plèbe, appréciées dans le sens vulgaire et littéral de la tradition, constitueraient une odieuse violation des contrats, une sorte de vol à main armée, dont le peuple romain ne se montra jamais capable, même dans ses plus mauvais jours; considérées à notre point de vue, elles ont le caractère d'une révolution, contraire aux lois existantes, sans doute, mais avouée par les principes éternels de l'équité : ce fut la remise forcée d'une prestation excessive que les travaux de la guerre n'avaient pas permis de fournir.

Niebuhr a soutenu avec beaucoup d'insistance que la clientèle était restée complètement étrangère à l'insurrection du Mont-Sacré (1). Nous croyons qu'elle n'y prit point une part considérable, mais il serait difficile d'admettre qu'elle ne s'y trouva pas mêlée « Si vous faites des concessions, disait Appius aux patriciens, les exigences s'accroîtront sans cesse, et les plébéiens finiront par vous chasser de la ville, ainsi que cela est arrivé dans plusieurs cités, et tout

---

(1) T. II, p. 146 et *passim*. Niebuhr, pour faire prévaloir cette opinion, qui se rattache d'ailleurs à tout un système, s'est appuyé sur plusieurs passages de Denis, desquels il résulte que les patriciens se seraient fait assister de leurs clients pour résister aux entreprises des plébéiens. Mais le docte critique ne nous paraît pas avoir pris garde que la clientèle se composait de colons attachés à la culture des propriétés rurales et de serviteurs domestiques attachés à la personne. Ces derniers, placés sous l'influence directe du maître, n'avaient pas les mêmes griefs que les tenanciers ; ce furent eux qui prirent les armes avec leurs patrons, lors de la retraite du Mont-Sacré. Denis le dit en propres termes : σὺν τοῖς ΟΙΚΕΙΟΙΣ ἕκαστοι πελάταις (VI, p. 376).

récemment à Syracuse, où les propriétaires du sol
ont été expulsés par leurs propres clients (1). » Poussant, au contraire, à une transaction, Valérius parlait
ainsi dans une conjoncture analogue : « Bientôt vous
souhaiterez que les patrons eussent eu la même manière de voir que moi (2). » Ces passages et beaucoup
d'autres que nous pourrions citer, prouvent, ou que
les clients avaient pris part à la révolte, ou que
les insurgés étaient des colons assimilés aux clients ;
et c'est le point que nous tenons particulièrement à
établir ici. Comme clients libres, ainsi que nous les
avons déjà appelés, les plébéiens étaient naturellement sous la dépendance des patriciens, aussi bien
que les clients proprement dits. L'institution du tribunat fut le point de départ d'une émancipation commune ; et dès cet instant on vit la plèbe entrer en
lutte avec le patriciat. Chaque combat amenant pour
elle une victoire, l'influence des grands s'amoindrit
dans une proportion décroissante continue ; la clientèle, en la supposant d'abord étrangère à ces débats,
ce qui est peu vraisemblable, nous le répétons, dut en
être fortement ébranlée ; comme le reste de la plèbe,
elle aspirait à la liberté du citoyen et s'y trouvait
poussée par les circonstances et par l'exemple. D'un

---

(1) Dion. Halic., VII. p. 388 : καὶ τὰ τελευταῖα ἐν Συρακούσαις αἷς οἱ
γεωμόροι πρὸς τῶν πελατῶν ἐξηλάθησαν. Que si l'on veut traduire πελατῶν par
colons, il résultera toujours de ce passage que les dettes étaient bien le résultat de l'arriéré de la rente.

(2) Tit.-Liv., II, 31 : Non placeo, inquit, concordiæ auctor; optabitis,
medius fidius, propediem, ut mei similes romana plebes patronos habeat.

autre côté, l'abolition intégrale des dettes était une
mesure peu rassurante pour le patronat, et beaucoup de contrats durent se dissoudre ou se reconstituer sur des bases nouvelles.

A ces causes qui entamèrent nécessairement l'institution, il convient d'en ajouter une autre, puisée
dans un ordre d'idées tout différent. Il n'existait pas
d'esclaves à Rome, lors de sa fondation, et pendant
une longue suite d'années le besoin d'accroître la
population valut le droit de cité au prisonnier de
guerre qui consentait à s'incorporer dans la société
nouvelle ; mais, depuis longtemps déjà, la situation
n'était plus la même ; les vaincus subissaient la loi la
plus rigoureuse de la conquête, et les patriciens,
toujours empressés de prendre une large part au bu-
tin, avaient peuplé leurs maisons d'esclaves. A ce
point de vue, les clauses du contrat qui investissaient
le colon du droit d'exploiter les terres nobles, leur
étaient préjudiciables, car ils pouvaient actuellement
les faire cultiver d'une façon plus profitable pour eux.
Il ne serait donc pas impossible que l'extrême rigueur déployée contre les tenanciers en retard de se
libérer, eût été, pour quelques patrons, un moyen d'a-
mener une résiliation désirée. S'il en fut ainsi, les
patriciens atteignirent leur but, mais au prix de sacrifices plus lourds qu'ils n'auraient voulu.

Enfin, assignons encore comme cause à l'affaiblis-
sement du patronat, l'extinction des *gentes,* qui dut
s'opérer naturellement pendant une période de plus
de deux siècles.

Quoi qu'il en soit, le patronat ne périt pas, mais il se modifia d'une manière sensible ; et la clientèle, considérée, surtout jusqu'à cette époque, comme un service foncier, tendit constamment à devenir purement personnelle.

Le peuple romain n'avait point de lois écrites, ou n'en avait qu'un très-petit nombre ; les procès étaient réglés, en général, par des coutumes dont l'origine remontait aux temps les plus reculés : *mores majorum*. Ces coutumes étaient incomplètes, obscures, souvent contradictoires, et ouvraient un vaste champ à l'arbitraire. Le dépôt en était confié aux patriciens, qui étaient en possession exclusive des jugements ; car la loi *Valeria*, sur l'appel au peuple, était tombée en désuétude, ou restait inexécutée. Les plébéiens avaient donc un grand intérêt à se ménager les bonnes grâces des nobles, puique ces derniers disposaient de la justice, non-seulement comme juges, mais encore comme jurisconsultes, et qu'ils en usaient trop souvent selon leurs caprices ; en outre, ils restaient grands propriétaires, possesseurs de la richesse, et à ce titre, il importait de ne pas s'aliéner leur crédit.

D'un autre côté, la création du tribunal rendait au peuple l'influence qu'il avait perdue dans les comices, et son autorité ne pouvait que s'accroître. Les grands avaient donc aussi intérêt à s'entourer de créatures, soit pour se maintenir dans les magistratures, soit pour opposer une plus vive résistance à la guerre déclarée à leurs priviléges.

Par suite de ces considérations diverses, le patronat continua de subsister, mais avec des conditions en rapport avec des intérêts nouveaux. Les baux créés ou renouvelés le furent avec des clauses plus équitables, qui, en faisant disparaître les redevances indéterminées, assimilèrent le client à un fermier ordinaire, c'est-à-dire au colon libre. L'assistance gratuite devant les tribunaux était à la fois un puissant moyen d'influence pour le patron, et une nécessité pour le client : elle dut être maintenue.

Le monopole de la richesse territoriale, la possession exclusive des hautes magistratures, l'application arbitraire des coutumes, tenues cachées avec soin, étaient donc désormais les seules garanties des priviléges du patriciat. Nous allons voir comment le peuple les battit en brêche.

Les tribuns avaient pour toute attribution le droit d'opposer leur *veto* aux décrets du sénat; mais leur pouvoir ainsi limité ne tarda pas à s'accroître. Ainsi, on les voit successivement se créer deux auxiliaires parmi les plébéiens, sous le titre d'édiles; conquérir le droit de convoquer le peuple en assemblée, et enfin, substituer le vote par tribus au vote par centuries, mesure politique qui fit passer entre leurs mains l'autorité souveraine du sénat. Mais le coup le plus fatal porté au patriciat fut, sans contredit, la proposition de la loi agraire.

Les nobles s'étaient enrichis par l'usurpation des terres conquises et laissées dans le domaine public; des fortunes considérables, transmises par contrats ou par successions à une longue suite de générations,

n'avaient pas d'autre origine. Un consul soupçonné
d'aspirer à la royauté, Spurius Cassius, proposa de
faire la recherche de ces biens, et de les partager
par égales portions entre tous les citoyens. De là une
immense querelle qui ne fut jamais complètement
vidée, mais qui acheva de ruiner les priviléges des
patriciens par les concessions qu'elle entraîna.

Le décemvirat fut sa première conséquence. Un
tribun convoqua l'assemblée du peuple, et exposa :
« Que la république n'avait point encore de lois civiles; que les vieilles ordonnances des rois, et des
coutumes non moins anciennes, renfermées dans les
livres sacrés dont les patriciens seuls avaient le droit
de prendre connaissance, ne pouvaient point suffire
à l'administration de la justice; que dans les procès
entre nobles et plébéiens, ces derniers, toujours victimes, n'avaient pas même la consolation de connaître
les motifs de leur condamnation; que la confusion
des lois était un sujet de sédition, et que, lorsque la
sédition éclatait, les jugements étaient indéfiniment
suspendus; qu'un pareil état de choses était intolérable; qu'il fallait que des lois destinées à servir de
règle uniforme aux magistrats, fussent faites avec le
concours du peuple, et rendues publiques, afin que
chacun fût en mesure de connaître la limite de son
droit, et que l'opinion pût exercer son contrôle sur
la sagesse des jugements (1). » En conséquence, ce
tribun proposait de choisir, dans le sénat et parmi le

_____

(1) Dion. Halic., X, p. 629, 645.

peuple, un certain nombre de citoyens qui seraient chargés de rédiger un corps de lois. On sait la résistance que cette proposition éprouva. Longtemps ajournée sous différents prétextes, toujours reproduite avec plus d'insistance, elle finit par triompher, et amena la loi des XII Tables (1).

Des pouvoirs qui constituent un gouvernement régulier, le pouvoir judiciaire est, sans contredit, le plus important; les peuples comprennent cette vérité à mesure qu'ils se familiarisent davantage avec la connaissance des droits politiques; aussi, pourrait-on dire avec raison qu'à partir de cette époque de la cité romaine, la possession de ce pouvoir fut, en réalité, le but de toutes les révolutions. La vulgarisation des lois devait avoir pour conséquence plus ou moins éloignée d'en dépouiller l'aristocratie, et dès ce moment elle commençait à s'échapper de ses mains. Le patricien, qui avait cessé d'être seigneur terrien, était encore seigneur justicier; s'il ne statuait pas personnellement, son influence n'en était pas moins toute puissante dans les jugements. Dans tous les cas, son assistance, comme nous l'avons fait remarquer, était indispensable au client et au colon, puisque, seul, il pouvait être jurisconsulte et avocat. La promulgation d'un code ruina ce monopole, en rendant la connaissance et l'étude des lois accessibles à tous les citoyens.

C'est ici qu'il convient de placer l'origine du mi-

_____

(1) En 502 de Rome.

nistère de l'avocat, comme profession indépendante et *sui generis*. La loi connue, il fut permis à chacun d'en requérir l'application et de se choisir un défenseur. Le procès de Virginie, jugé par le décemvir Appius, offre un exemple remarquable de cette révolution dans les formes judiciaires Virginie, injustement réclamée comme fille d'une femme esclave, comparaît assistée de Numitorius, son oncle, et d'Icilius, son fiancé. Numitorius fait valoir lui-même les moyens de défense qui touchent aux choses les plus délicates du droit ; il réclame un sursis de deux jours pour faire prévenir le père de Virginie, retenu hors de Rome pour le service de la république, et demande que sa nièce lui soit provisoirement confiée, à la charge de donner bonne et valable caution de la représenter au jour fixé pour sa comparution ; il ajoute que cette prétention est littéralement conforme à la loi des **XII Tables**, laquelle dispose qu'avant le jugement définitif, le défendeur est maintenu de droit en possession (1). C'est ainsi que le patricien Appius se vit arrêté dans ses odieux desseins par sa propre loi, et forcé d'en ordonner l'exécution sur la plaidoirie d'un simple plébéien.

Ce même procès nous fournit un renseignement précieux sur la situation de la clientèle à cette époque. Cette institution, si belle à son origine et si respectée, se trouve maintenant ravalée à l'état de domesticité. Lorsque Marcus Claudius, le client du

(1) Tit-Liv., III, 44 ; Dion. Halic., XI, p. 709.

fier Appius, revendique Virginie devant le tribunal
de son noble patron, il supplie que sa parole ne soit
pas moins écoutée que celle de ses adversaires, *quoiqu'il soit client et d'humble condition* (1). La clientèle
avait autant perdu en considération que la plèbe avait
gagné en liberté.

En fixant à cette époque l'origine de la profession
d'avocat, nous ne voulons pas dire que cette profession se dessina immédiatement telle qu'elle devait
exister plus tard, caractérisée par la fréquentation
habituelle du barreau, par l'assistance accordée sans
distinction de personnes, enfin par le salaire. Le premier résultat de la publication des lois fut de faire
passer l'assistance judiciaire des mains du patricien
en celles des parents et amis du plaideur. Les uns et
les autres se rendirent d'abord devant le tribunal du
magistrat, faisant escorte à celui qui comparaissait,
et se présentant comme *appelés* par lui; ils formaient l'*advocatio*. Tite-Live rapporte que Virginie
parut devant le décemvir *cum ingenti advocatione*.
Mais comme bientôt certains hommes se livrèrent
d'une manière spéciale à l'étude de la législation, en
dehors des patriciens, il arriva tout naturellement
qu'on les consulta avant d'intenter un procès, comme
le client consultait son patron. Un plaideur n'ayant
ni parents ni amis capables de défendre ses intérêts,
appela son conseil à se charger lui-même de la cause,

_____

(1) Dion. Halic., XI, p. 711 : ὅτι πελάτης ἦν καὶ ταπεινός.

et la gagna. Encouragés par ce succès, d'autres l'imitèrent; et c'est ainsi que la profession se forma.

Toutefois, l'émancipation de la plèbe en général,
et du client en particulier, n'était pas encore complète sous le rapport des intérêts judiciaires; l'avocat
chargé de l'exposé des faits et de la partie oratoire
du procès, pouvait avoir acquis assez de connaissances pour la discussion du point de droit, mais cela
ne suffisait pas. La loi des XII Tables, qui avait mis
à la portée de tous les principales dispositions du
droit civil, ne s'était point expliquée spécialement
sur les règles de la procédure. Ces règles se divisaient
alors en deux catégories principales. La première
comprenait la nomenclature des jours, des heures
même de certains jours durant lesquels il était exclusivement permis de citer en justice, de plaider et de
juger; le tout à peine de nullité : le tableau de cette
nomenclature se nommait les *fastes*. La seconde catégorie se composait des règles relatives aux formes à
suivre pour l'introduction des actions. Ces formes
devaient être si rigoureusement observées, qu'un
plaideur, poursuivant en justice la réparation d'un
dégât commis dans ses vignes, perdit son procès pour
avoir employé dans son ajournement les mots *vignes
coupées*, lorsque la loi des XII Tables ne prévoyait le
délit que sous la dénomination d'*arbres coupés* (1).
Les fastes et les actions, assimilés aux choses de la
religion, étaient restés comme un dépôt sacré entre

(1) Gaius, IV, 11. *Voy. Pro Muren*, 12.

les mains des pontifes, qui tous étaient jurisconsultes ; de sorte qu'il fallait nécessairement avoir recours à leur ministère dans tous les procès, sous peine de s'exposer à voir rejeter sa demande pour vices de forme.

Ce puissant moyen d'influence échappa encore au patriciat, non comme concession à une insurrection, mais par suite de la mauvaise humeur d'un scribe blessé dans sa vanité. En 429, Cnéius Flavius, greffier des pontifes, publia un formulaire des actions, et afficha les fastes en plein Forum : *Ut quando lege agi posset sciretur,* dit Tite-Live (1).

Ce dernier acte complète l'affranchissement de

(1) IX, 46 ; Val Max., II, V, 2. — Tite-Live et Valère Maxime ont écrit que Flavius avait divulgué les fastes et le *droit civil ;* cela n'est pas exact. Le droit civil avait été rendu public par la loi des XII Tables, et les pontifes n'étaient, tout au plus, restés dépositaires que des traditions coutumières connues sous la dénomination de *mores majorum.* Au surplus, ces écrivains n'avaient fait qu'exprimer une opinion généralement accréditée, et dont la conséquence logique était de faire vivre Flavius à une époque antérieure à la loi des XII Tables : cette opinion a été réfutée par Cicéron. Ce dernier, ayant communiqué à Atticus les six livres de sa *République,* pour avoir son avis sur cet ouvrage, Atticus prétendit qu'il avait commis un anachronisme dans la fixation du fait attribué à Flavius, puisque celui-ci n'avait pu porter les règles du droit civil à la connaissance du public qu'avant la promulgation de la loi des XII Tables. A quoi Cicéron répond que Flavius n'a pu exister avant les décemvirs, puisqu'il exerça l'édilité curule, magistrature créée longtemps après le décemvirat ; que, d'ailleurs, il a puisé ses renseignements à bonne source (*ad Attic.,* VI, 1). Il est vrai que Cicéron ne dit pas, comme Tite-Live et Valère Maxime, que Flavius révéla le *jus civile* et les fastes, mais seulement qu'il publia les fastes, et composa des modèles d'actions toutes formulées : *Fastos protulisse et actiones composuisse (loc. cit.).* Le passage de la *République* où il est question de Flavius, est perdu.

l'avocat et du jurisconsulte. Dès cet instant, le plaideur fut libre de choisir, en dehors de la classe dominante, les hommes qu'il jugea les plus capables de
conduire ses affaires; et les liens du patronat, au
point de vue de l'assistance judiciaire, furent rom-
pus de fait : le ministère de l'avocat se trouva constitué comme spécialité.

§ III. — TRANSFORMATION DE LA CLIENTÈLE.

Si nous avions à étudier le patronat, considéré
comme institution politique, dans toutes ses phases
de dépérissement (et cette étude serait remplie d'intérêt), il nous faudrait passer en revue toutes les entreprises de la démocratie contre la noblesse ; suivre
pas à pas ses conquêtes successives , longtemps dis-
putées, mais toujours consolidées après le succès ;
insister sur les actes divers qui amenèrent, dans une
progression d'une merveilleuse régularité, l'abolition
des priviléges, la confusion des classes, l'égalité politique des conditions. Mais cette excursion alongerait
notre route outre mesure, et une ligne nous a été
tracée. Bornons-nous à dire que vers le milieu du
VIe siècle les vestiges de l'ancienne clientèle
avaient presque entièrement disparu, pour faire place
à un nouveau mode de relations entre le fort et
le faible, le riche et le pauvre. Déjà les dépouilles
des nations vaincues avaient gorgé de richesses le
vainqueur ; la vieille austérité romaine faisait place

aux appétits sensuels; l'amour des dignités succédait au désintéressement, et les magistratures, accessibles à tous, devenaient le but de toutes les ambitions. Dans cette situation de la société politique, le système électif, développé sur ses bases les plus larges, rendant les masses toutes puissantes, la brigue devait tendre incessamment à se les rendre favorables. C'est, en effet, de ce côté que furent dirigés les efforts des citoyens appelés par leur naissance, par leur fortune, par leur mérite ou par leur audace, au maniement des affaires publiques, et le barreau leur parut toujours la voie la plus sûre pour y parvenir : depuis les Gracques, la république fut gouvernée par des avocats.

L'avocat, prenant alors la place de l'ancien patricien, se créa patron par le fait seul de l'exercice de son ministère; mais son patronage, issu de l'assistance judiciaire qui était un démembrement du patronat primitif, ne s'étendit pas seulement sur la classe infime où se recrutait l'ancienne clientèle; il attira à lui patriciens et plébéiens, riches et pauvres, en raison des services rendus. Le préteur Verrès devint le client d'Hortensius, et le consul Muréna celui de Cicéron. De là date l'acception restreinte de *patronus* dans le sens d'*avocat*, et l'acception de *cliens* avec la signification que nous donnons aujourd'hui au mot *client*.

Toutefois, il ne faut pas s'y méprendre; la nouvelle clientèle ne fut pas seulement attachée à l'assistance judiciaire; bientôt on la vit se grouper, débris corrompu de l'ancienne institution, autour de l'homme riche et puissant. Recrutée dans tous les rangs de la société romaine, et même parmi les peuples vaincus, elle se composa, d'une part, de ceux dont les besoins matériels non satisfaits avaient quelque chose à gagner au contact de l'opulence ; de l'autre, de ceux à qui des services de toute espèce avaient été ou pouvaient être rendus par le citoyen en crédit (1). Elle donnait ou promettait en échange déférence et dévouement. C'est par elle que l'homme public se frayait le chemin des honneurs et des emplois.

Au temps de Cicéron, on comptait trois principales variétés de clients : ceux qui venaient, dès le point du jour, saluer le patron à son domicile, *salutatores*; ceux qui l'escortaient au Forum, *deductores*; ceux qui le suivaient partout, *assectatores* (2). Quintus Cicéron, dans un des documents les plus curieux que l'antiquité nous ait laissés, trace à son frère Tullius, candidat au consulat, le plan de conduite qu'il convient d'adopter avec ces différentes sortes de clients, dans l'intérêt de son élection. « Les salutateurs, lui dit-il, sont les plus nombreux, et se prodiguent plus que les autres ; vous devez tâcher de leur persuader que leur assiduité, toute banale qu'elle soit, vous est fort agréable ; faites-leur comprendre que vous les remarquez; faites-le voir à leurs amis, qui ne man-

(1) Cic., *Pro Rosc. amer.*, 46.

(2) On distinguait aussi les *gratulatores*, les *anteambulones*, les *togatuli*, etc. Mart., *Epigr.*, X 74.

queront pas de les en instruire; dites-le-leur souvent
à eux-mêmes. Il arrive fréquemment que les clients
habitués à se présenter chez plusieurs candidats, se
donnent à celui qui paraît faire le plus de cas de
leurs hommages, abandonnent ses compétiteurs, et
de partisans tièdes, deviennent des électeurs dévoués,
sûrs et actifs. Si vous apprenez ou si vous vous aper-
cevez vous-même que le client qui a promis, vous
joue sous jambe, comme on dit vulgairement (1),
gardez-vous bien de lui en rien laisser paraître. Si
quelqu'un, se considérant comme suspect à vos yeux,
provoque une explication, affirmez que vous n'avez
jamais douté de ses intentions, et que vous n'avez
aucune raison d'en douter; car celui qui se croit
soupçonné de froideur ne fera jamais preuve de dévouement. Toutefois, attachez vous à connaître la
pensée de chacun, afin d'être fixé sur le degré de
confiance qu'il doit inspirer. Les hommages des
clients qui accompagnent sont plus flatteurs que ceux
des clients qui viennent saluer à domicile; aussi,
montrez-leur que vous y attachez plus de prix, et,
autant que possible, choisissez une heure marquée
pour descendre au Forum avec eux. Une escorte
nombreuse et journalière rehausse beaucoup dans
l'opinion, et ajoute singulièrement à la considération.
Quant aux clients de la troisième espèce, ceux qui
suivent en tous lieux, attachez-vous à leur bien faire
comprendre que cette déférence, lorsqu'elle est pu-

(1) Si eum, qui promiserit, fucum (ut dicitur) facere audieris...

rement volontaire de leur part, est un titre à votre
éternelle reconnaissance ; s'ils vous la doivent, exigez
qu'ils ne vous quittent point, autant du moins que
leur âge et leurs occupations le permettent, et que
ceux qui ne peuvent s'acquitter de ce devoir en personne, se fassent remplacer par des parents ou par
des amis. Dans l'intérêt de votre candidature, je vous
veux toujours accompagné d'une foule nombreuse.
En dehors, d'ailleurs, de cette dernière considération,
on acquiert toujours beaucoup de gloire et de crédit
à se laisser voir au milieu de ceux qu'on a défendus
devant les tribunaux, et sauvés d'une accusation.
Réclamez nettement cet office de ces derniers, comme
la seule récompense qu'ils puissent vous donner des
soins que vous avez gratuitement consacrés à la conservation de leurs propriétés, de leur honneur, de
leur vie, de leurs biens de toutes sortes (1). »

Ce passage, où nous trouvons des renseignements
si intéressants sur les mœurs électorales du septième
siècle, nous fournit aussi des notions précieuses sur
la composition et sur les offices divers de la clientèle
à la même époque. Nous y voyons que toute distinction de classe a disparu entre le patron et le client ; il
n'est plus question de patricien et de plébéien, et Cicéron, homme nouveau, peut prétendre aux hommages du consulaire Balbus, membre de la famille
des Cornéliens. La clientèle n'a plus ces airs de personnalité et de réciprocité exclusives qui en étaient

(1) *De petit consul.*, 9.   5

autrefois le signe caractéristique; elle gît maintenant dans une manifestation extérieure de déférence envers le personnage que sa richesse, ses dignités ou son talent ont rendu puissant. Le dévouement qu'elle comporte a sa mesure dans l'intérêt; elle peut se partager; enfin, elle est purement facultative, si ce n'est de la part d'une seule catégorie, qui se composait probablement des affranchis du patron. Mais, dans ce dernier cas, le patronat puisait ses droits dans un autre ordre d'idées, et trouvait dans la loi elle-même la sanction de ses exigences (1).

Ainsi groupée autour du candidat, de l'accusé ou du conspirateur, la clientèle devint bientôt une garde personnelle qui porta le désordre dans les comices, enleva des acquittements de haute lutte, et engagea des combats dans l'intérieur de la cité. Sous l'empire, alors que la concentration de la richesse dans un petit nombre de maisons eut démesurément accru la misère du peuple, elle ne fut plus qu'une tourbe immonde, véritable type du *lazzarone* italien, courant chaque matin de porte en porte pour y mendier la sportule, c'est-à-dire une petite pièce de monnaie ou quelques bribes du festin de la veille, et mettant son dévouement à ce prix :

> Nunc sportula primo
> Limine parva sedet, turbæ rapienda togatæ (2).

---

(1) *Voy.*, *Dig.*, XXXVII, tit. 15; XXXVIII, tit. 1. — Cod. VI, tit. 3 et 6.

(2) Juven., *Satyr.* I, 95 *et passim*. Mais le poëte a certainement exagéré, quand il fait demander la sportule à un préteur et à un tribun.

Quoi qu'il en soit, patronage et clientèle demeurèrent toujours deux choses plus particulièrement cor-
rélatives à la position respective de l'avocat et du
plaideur, et cela dut suffire pour qu'elles conservas-
sent la tradition de leur origine.

À côté de l'orateur, cherchant dans les luttes du
Forum un moyen d'influence pour arriver aux magistratures, et dans ce but plaidant le plus souvent à
titre de bon office et gratuitement, vint se placer l'a-
vocat faisant de l'exercice de son ministère une véritable profession salariée : celui-ci eut aussi sa clientèle
composée des plaideurs dont il avait défendu les
intérêts. Le nombre et l'assiduité du personnel qui la
composait, fut la mesure du talent et de la considération du patron.

Tels furent l'origine, les transformations successives et le dernier état du patronat dans ses rapports
avec l'assistance judiciaire. En résumé, le patronat
était primitivement une institution féodale destinée à
maintenir l'ordre dans un état naissant, par la combinaison des intérêts opposés de l'aristocratie et du
prolétariat, d'après des principes de solidarité. Détournée bientôt de sa voie légitime par l'esprit de domination et par l'avarice du patriciat, cette institution
ne tarda pas à devenir pour la plèbe une cause de
misère et d'oppression. Alors, battue en brèche par
toutes les forces vives de la classe assujétie, elle tomba
en dissolution, laissant un de ses débris à chaque période réputée historique dans les diverses phases des
révolutions romaines. Le principal privilége du pa-

tron, à notre point de vue particulier, consistait dans
la possession exclusive du code des lois civiles et des
arcanes de la procédure : il se le vit arracher par la
promulgation de la loi des XII tables, et par l'indis-
crétion d'un agent subalterne. Dès cet instant, l'assistance devant les tribunaux cessa d'être un monopole, et la profession d'avocat fut constituée. Cette
assistance, qui avait été un des points saillants et
usuels de l'institution originaire, s'était maintenue
comme moyen d'influence et de crédit longtemps après
qu'elle eut cessé d'être obligatoire : en elle vint s'absorber le souvenir traditionnel d'un passé dont il ne
restait plus guère que ce vestige; de sorte qu'elle laissa
à un ordre de relations essentiellement différentes,
aux relations existant entre le plaideur et son avocat,
entre le protégé et son protecteur, les anciennes dénominations de client et de patron (1).

(1) La clientèle, dans toutes les phases que nous avons signalées,
quelles qu'aient été ses modifications, même avec le caractère particulier
qu'elle a revêtu dans nos mœurs nouvelles, relativement au barreau, a toujours placé le client dans une position de dépendance, ou du moins constamment impliqué de sa part un devoir de dévouement, de gratitude ou de
déférence, résultant d'une infériorité de position ou d'un service rendu.
C'est donc par une étrange interversion de rôles, que certains industriels,
même d'un ordre infime, qui ne peuvent vivre et prospérer que par la faveur
du public, ont imaginé de transformer leur achalandage en clientèle, leurs
pratiques en clients. C'est là une de ces ridicules innovations de la vanité,
dont une des faiblesses est de vouloir grandir de petites choses à l'aide de
mots prétentieux.

II.

Importance de la parole chez les Romains, et considération de l'Avocat.

Idolâtrie des Romains pour la parole. — Ils en font un dieu. — L'enfant destiné au Forum dès le berceau. — Son éducation oratoire. — Son premier acte en prenant la robe virile. — Le citoyen initié aux devoirs civils par la plaidoirie. — Le peuple enthousiaste des orateurs. — L'Italie à l'audience. — Plaidoyers expédiés dans les provinces. — Crédit des avocats. — La parole les investit d'une sorte de magistrature perpétuelle.

La parole est l'acte extérieur qui distingue l'homme de la brute. Comme manifestation directe de la pensée, elle est une preuve éclatante du lien de transition qui le rattache à l'intelligence souveraine, et c'est par elle qu'il est constitué roi de la création. C'est que la parole est la pensée elle-même, c'est-à-dire la vie dans ce qu'elle a de plus intime et en même temps de plus puissant. C'est elle qui persuade, qui commande et qui gouverne, parce qu'elle assimile les volontés, leur impose et les domine. La parole parlée l'emporta sans conteste sur la parole écrite, comme les chairs vives l'emportent sur le marbre inanimé, tant que la presse et la diffusion des lumières n'eurent pas donné à l'ubiquité de la communication muette la prééminence sur la communication agissante, mais localisée et circonscrite. Toutefois, cette supériorité de la parole artificielle eût été peu sensible chez les nations anciennes dont le gouvernement fut renfermé dans les murs d'une cité. Pendant plusieurs siècles, le peuple romain tout entier entoura la tribune où se discutaient les titres de ses magistrats, où s'élaboraient les actes de sa législation, où se décidaient les questions de paix et de guerre, et c'est là qu'il contracta cette idolâtrie de la parole qui en fit un peuple d'orateurs. Toute son histoire atteste son culte pour cette puissance de l'homme sur l'homme, à laquelle il décerna les honneurs divins sous le nom expressif d'Aïus-Loquens (1).

A Rome, dès que l'enfant commençait à bégayer, la sollicitude paternelle interrogeait avec anxiété ces premières articulations, comme pour y découvrir le secret de son avenir oratoire. Il parlait à peine, que déjà on s'attachait à faire disparaître les vices de prononciation, à diriger la position de la figure, le mouvement des lèvres, l'attitude de la tête. Bientôt des maîtres de palestrique recevaient la mission de corriger les mauvaises dispositions du geste, d'imprimer de

(1) L'origine donnée à ce dieu par Cicéron (*De divinat.*, II, 52), et par Tite-Live (V, 50), nous paraît tout-à-fait fabuleuse. On l'appelait aussi Aïus Locutius : c'était la parole personnifiée.

la grâce au développement des bras et au mouvement des mains, de la noblesse à la tenue, de l'harmonie à toutes les parties du corps. C'est qu'il ne tombait pas sous le sens qu'un Romain placé dans une condition libérale ne voulût pas destiner ses enfants au barreau. « Qu'un homme, dit Quintilien, du moment où il devient père, applique ses soins les plus persévérants à l'espoir de faire un orateur de son fils (1). » Les douze livres de l'illustre rhéteur n'ont qu'un objet : former un orateur; son ouvrage prend l'homme au berceau, et ne le laisse qu'au Forum : c'était là l'éducation du citoyen. Aussi, quelle douleur pour le père dont l'enfant, disgracié de la nature, ou rebelle aux leçons du maître, devait rester impropre aux luttes de la parole! Lucius Manlius, surnommé Impériosus, chassa son fils de sa maison et le réduisit à la condition d'esclave, parce qu'il était bègue : *Quia infacundior sit et lingua impromptus* (2). Auguste, à son lit de mort, dit, à la suite d'un long entretien qu'il eut avec Tibère : « Que je plains le peuple romain d'avoir bientôt affaire à d'aussi lentes mâchoires (3)! » Auguste ne laissait point passer un seul jour sans s'exercer à bien parler, et il eut à ses côtés, pendant toute sa vie, un maître d'euphonie (4).

(1) *Orat. instit* , 1, 1 et 2. Cic., *De orat.*, III, 15.

(2) Tit -Liv., VII, 4.

(3) Suét., *in Tiber.*, 21. Si Auguste voulait faire allusion à la cruauté de Tibère, cependant peu soupçonnée encore, cette allusion n'en était pas moins voilée sous la forme d'un reproche adressé à la pesanteur du langage de son fils adoptif.

(4) Suét., *in August.*, 84.

Dès que l'enfant montrait de l'intelligence, l'éducation domestique tendait tout entière à développer en lui le germe du talent oratoire. La géométrie et la musique lui étaient enseignées : la géométrie, parce qu'elle redresse le jugement et donne de la précision au langage ; la musique, parce qu'elle rectifie les intonations et communique du rythme à la parole (1). A peine âgé de quatorze à quinze ans, il était mis sous le patronage d'un avocat en renom, qu'il ne quittait plus, en quelque sorte, jusqu'à ce qu'il fût en état de se présenter lui-même dans la lice, armé de toutes pièces. Il fréquentait sa maison, et profitait de ses conversations ; il le suivait aux rostres et au barreau, assistait ponctuellement à ses discours politiques, à ses plaidoyers, même aux débats que soulevaient l'audition des témoins et la discussion des preuves. Spectateur attentif des luttes réelles du Forum, mêlé au public, dont il recueillait les critiques et les éloges, familiarisé avec les formes par des exemples sans cesse renouvelés, il acquérait rapidement une facilité d'élocution et une expérience pratique qui le plaçaient, dès le début, à la hauteur des causes les plus difficiles (2).

Il arrivait ainsi à sa dix-septième année : c'était l'âge où s'accomplissait une grande fête de famille. Le jeune homme, accompagné de ses parents et des amis de sa maison, était conduit avec solennité au Capitole

(1) Quintil., I, 10.
(2) Auct. Dial. orat. 34.

où il déposait la robe de l'enfance pour revêtir la robe virile : il devenait homme et citoyen. Et quel était son premier acte de virilité ? c'était de courir au Forum, comme pour prendre possession du droit d'y faire entendre sa parole (1) : coutume caractéristique, plus précieuse pour l'histoire que le récit de vingt batailles.

Le barreau était en si grand honneur à Rome, que la plaidoirie y fut longtemps considérée comme une sorte d'initiation aux devoirs civils (2), comme un stage préalable aux magistratures. Les hommes de noble race devaient passer par cette épreuve, comme nos gentilshommes d'autrefois par l'épreuve des armes. Les Claudiens, les Cornéliens, les Quintiens, les Manliens, les Jules, les Antoines comptèrent parmi eux des générations d'avocats célèbres. Les princes eux-mêmes subirent cette loi : Tibère, avant d'arriver à l'empire, avait plaidé plusieurs causes devant le tribunal d'Auguste (3); Caligula composait des plaidoyers qu'il prononçait devant l'ordre des Chevaliers (4); Germanicus avait paru fréquemment au Forum, et ses succès oratoires n'avaient pas peu contribué à sa popularité (5). Claude, dans sa jeunesse, recherchait toutes les occasions de parler en public (6).

---

(1) Suet. *in August.* 26 ; *in Neron.* 7. Val.-Max. V, IV, 4.
(2) Suét. *in Tiber.* : civilium officiorum rudimenta.
(3) Suét. *Ibid.*
(4) Id. *in Calig.* 53.
(5) Id. *Ibid.*, 3.
(6) Id. *Claud.*, 4.

Il ne faut pas croire que les avocats, illustres par le talent ou par la position sociale, fissent du barreau une sinécure ou n'y parussent que dans les grandes causes politiques : Hortensius et Cicéron défendaient des filous (1), et Asinius Pollion, le protecteur de Virgile et l'ami d'Auguste, plaidait des procès de mur mitoyen (2).

Les luttes de l'audience excitaient le plus grand intérêt dans toutes les classes de la cité. On y accourait comme à un spectacle ; souvent le Forum était trop étroit pour contenir la foule, et alors les curieux envahissaient les galeries supérieures des édifices particuliers, les portiques des temples et jusqu'aux chapiteaux à feuilles d'acanthe. Aux beaux jours d'Antoine, d'Hortensius et de Cicéron, des débats solennels étaient une fête à laquelle affluaient les étrangers, comme plus tard aux combats du cirque et aux naumachies gigantesques. Une partie de l'Italie assista aux procès de Cornélius Balbus, de Scaurus, de Milon, de Bestia et de Vatinius (3). Telles étaient la passion de la multitude pour ces joûtes de la parole, et son aptitude instinctive à s'en constituer le juge, qu'on la voyait signaler avec un rare discernement toutes les délicatesses de l'art, et couvrir de ses acclamations la chûte d'une période heureusement cadencée (4). Le peuple connaissait les avocats par leur nom et les

(1) Cic. *In Verr.*, sec. act. I, 10.
(2) Quintil. IV, 1.
(3) Auct. *Dial. orat.*, 39.
(4) Cic. *Orat.*, 53.

désignait du doigt lorsqu'ils passaient. Il n'est point un orateur venant de plaider, disait Quintilien, qui ne trouve une foule prête à faire cercle autour de lui (1). Les étrangers venus à Rome les recherchaient avec empressement, ne fût-ce que pour voir les traits de leur visage (2). Lorsqu'un plaidoyer avait du succès, les jeunes avocats se hâtaient de l'écrire, et en expédiaient les passages les plus remarquables dans les provinces (3).

La maison de l'orateur célèbre était incessamment remplie de visiteurs : riches, nobles, plébéiens s'y pressaient en foule pour solliciter l'assistance de sa parole; car les Romains n'avaient si petite affaire qu'ils n'eussent recours au ministère d'un avocat : ils en menaient un devant le censeur lorsqu'ils avaient à rendre compte de leur conduite à ce magistrat, et cet usage subsista jusqu'à Claude, qui l'abolit (4). D'autre part, dans les procès importants, chaque partie en désignait plusieurs, souvent un pour chaque division classique du plaidoyer, quelquefois un plus grand nombre. Les avocats en renom étaient même appelés hors de Rome : Cicéron alla plaider pour les Réates contre les habitants d'Interamne (5).

La Constitution romaine avait fait naître ces mœurs et les avait développées, car elle livrait au

(1) XII, 10.
(2) Auct. *Dial., orat.*, 7.
(3) Id. *Ibid* , 20.
(4) Suet. *in Claud.*
(5) Cic. *Epist. ad* Attic., IV, 15.

pouvoir de la parole les magistratures et les autres charges publiques : la voix des comices ne fut guère que l'écho de la tribune aux harangues. En chassant les rois, Rome s'était donné une reine, l'Éloquence, *ista præclara gubernatrix civitatum* (1). Combien fut éclatant le rôle de ses favoris, leur empire absolu ! l'édilité, la préture, le consulat venaient en quelque sorte les trouver ; les plus grands personnages de la cité recherchaient leur alliance et leur amitié ; les souverains des plus vastes royaumes sollicitaient leur protection ; les nations alliées briguaient leur patronage. Pompée, César et Crassus, les trois hommes les plus puissants de la République, flattèrent Cicéron, homme nouveau, pour gagner son appui ou pour tempérer son opposition. Le roi Déjotarus implora son assistance pour désarmer la colère de César dictateur ; la Sicile se jeta dans ses bras pour obtenir justice des exactions de Verrès. Rentraient-ils dans la vie privée, ils semblaient avoir conservé leur magistrature, car au sénat, dans les comices, au Forum, leur avis était l'oracle de la majorité.

Sans éloquence, au contraire, il fallait se résigner à

---

(1) Cic. *De orat.* I, 10.— Quintilien l'appelle aussi *Regina rerum* (I, 12). A ces deux définitions, on peut opposer celle que rapporte le même auteur : « L'éloquence est un art qui arrache le coupable à la peine qu'il a méritée ; qui, par ses artifices, amène quelquefois la condamnation des innocents ; qui fait juger les tribunaux de travers ; qui n'excite pas seulement les mouvements populaires et les séditions, mais encore les guerres les plus funestes ; dont l'usage le plus ordinaire est de faire prévaloir le mensonge sur la vérité. » (II, 16).

vivre dans l'obscurité, presque dans le mépris; car l'éloquence encore, suivant Caton-l'Ancien, c'est la vie intelligente de l'homme (1). Nécessaire pour s'élever, elle ne l'était pas moins pour se maintenir dans la position que la naissance ou la richesse avait faite : au sénat, les opinions se formulaient avec des développements, et l'homme qui ne savait point parler était privé de toute considération parmi ses collègues.

Un ancien a dit que la grande éloquence est fille de la licence (2). Ce mot est profondément vrai. Jamais on ne vit l'éloquence s'élever aussi haut que dans les temps de crise où Rome fut livrée aux désordres des séditions, aux déchirements de l'anarchie, aux fureurs de la guerre civile. Les discours des Gracques étaient des chefs-d'œuvre d'audace, d'énergie et de passion. Le patriotisme, la colère, l'indignation, le mépris, n'ont rien enfanté de plus magnifiquement beau que les Catilinaires et les Philippiques. C'est qu'alors il n'existait ni crainte des lois, ni respect des magistrats, ni égards pour les personnes.

La tribune aux harangues s'écroula avec la république : il ne resta plus à la parole que le barreau, dépouillé de son importance et de sa splendeur. L'intervention du prince dans les comices et son usurpation de la puissance tribunitienne firent disparaître

(1) Plut. *in Caton*., 2.
(2) Auct. *Dial. orat*. : sed est magna illa et notabilis eloquentia alumna licentiæ.

tous ces procès de brigue qui amenaient tour-à-tour
sur le banc des accusés les plus hauts personnages
de l'État. Plus de ces luttes corps à corps entre les
candidats heureux et les candidats vaincus, entre
Sulpicius et Muréna, Torquatus et Sylla, Laterensis
et Plancius, Célius et Sempronius. Plus de ces débats
solennels, attendus avec tant d'impatience par l'Italie
tout entière, si féconds en péripéties émouvantes;
plus de plaidoiries en plein air; plus de Forum ré-
chauffé par ce soleil étincelant que regrettait Cicéron
lorsqu'il parlait dans la maison de César pour le roi
d'Arménie (1). Autour des orateurs, transportés par
des acclamations enthousiastes, plus de couronnes
populaires, refoulées en ondulations jusque sous les
portiques des temples de Saturne, de Vesta, de Castor
et Pollux. A la place de tout cela, des accusations
de lèze-majesté proposées par la délation à la vengeance ou à la cupidité du prince, recherchées par la
servilité ou par l'ambition, imposées quelquefois par
la terreur. Pour auditoire, les lambris du sénat ou la
chambre à coucher de l'empereur (2); pour auditeurs,
des juges sans indépendance, ou des affranchis. Et
cependant, tel était le culte du peuple romain pour la
parole, qu'elle fut encore le moyen le plus puissant
de considération et de renommée, et qu'elle continua
d'investir ses favoris d'une sorte de magistrature perpétuelle : l'éloquence de Domitius Afer fit presque

(1) Cic. *Pro rege Dejot.*, 2.
(2) Suét. *in August.*, 33.

oublier qu'on l'accusait d'être le ministre des vengeances de Tibère.

Sous Vespasien et ses successeurs, les causes publiques disparurent presque complètement; quelques gouverneurs de provinces seulement étaient appelés de loin en loin à rendre compte devant le sénat des concussions qui leur étaient imputées. L'éloquence y perdit de son lustre, mais elle se fit plus judiciaire en se réfugiant dans les quatre chambres des centumvirs, où s'opérait la transition de l'ancien Forum à nos tribunaux modernes. Là s'agitaient encore quelques grandes causes privées sur des questions d'état et sur des interprétations de testaments.

Si l'éloquence fut toujours honorée à Rome, il n'en fut pas ainsi de la profession d'avocat. Tant qu'elle fut exercée avec honneur, aucun genre de gloire ne lui manqua; mais lorsque le luxe eut engendré un besoin excessif de jouissances matérielles, lorsque le métier de délateur fut devenu un moyen infaillible de s'enrichir, la déconsidération qui atteignit la personne de l'avocat fut si rapide, qu'elle s'étendit bientôt à la profession elle-même.

III.

Dénominations diverses des Avocats.

———

Patronus. — Advocatus. — Causidicus. — Togatus — Rabula. — Latrator. — Vitilitigator — Clamator, proclamator. — Leguleius. — Formularius. — Monitor. — Morator. — Cognitor.

Tant que l'assistance en justice fut un privilége des patriciens, comme conséquence du patronat, l'avocat ne dut pas avoir d'autre nom que celui du titre en vertu duquel il remplissait un devoir, ou exerçait un droit : on l'appela patron, *patronus*. Nous savons que les nobles, après avoir vu se briser quelques liens du patronat par des lois d'émancipation, avaient conservé longtemps encore le monopole de la défense, grâce à la possession exclusive des connaissances juridiques et du secret des actions : il en résulta que peu à peu le ministère du défenseur parut être la seule fonction du patron à l'égard du client, et que le mot *patronus* finit par ne plus présenter qu'une signification technique, celle que nous donnons dans notre langue au mot *avocat*.

La profession d'avocat étant née avec la loi des XII tables, ce fut aussi à cette époque que l'on commença à se servir d'expressions propres à rendre compte des modifications introduites dans le barreau par un nouvel ordre de choses. Lorsque le droit civil eût été mis à la portée de tous, il arriva, dans les causes publiques surtout, que l'accusé appela ses proches et ses amis à lui tenir lieu de patrons et à venir le défendre : le concours de ces défenseurs officieux se nomma *advocatio*, et ils furent désignés eux-mêmes sous le nom d'*advocati*. Virginie, traduite devant le tribunal du décemvir, n'eut point de *Patronus*, mais seulement des *advocati*, parents et amis de son père (1).

Bientôt l'*advocatio* prit un caractère plus précis ; elle s'entendit, par opposition, au rôle général du *patronus* chargé de plaider la cause, de la réunion de tous ceux qui recueillaient les documents du procès, avançaient les frais, préparaient les moyens de défense et les communiquaient au patron, enfin des témoins eux-mêmes (2). Le jeune Messala fut le plus zélé des *advocati* de Roscius d'Amérie, dont Cicéron était le *patronus* (3). Les personnages influents qui assistaient aux débats dans le but de témoigner de l'intérêt qu'ils portaient à une partie, étaient aussi

(1) Tit.-Liv. III, 5 et 44.
(2) Dans le troisième acte du Pænulus, Plaute désigne ordinairement les témoins sous le nom d'*advocati*. La loi Cornelia *de falsis* ne les comprend pas dans l'*advocatio*. *Dig.*, lib. XLVIII, tit. 10, fr. 1.
(3) Cic. *Pro Rosc. Amer.*, 5.

6

compris dans l'*advocatio* (1). Cette dernière expression présentait une idée essentiellement collective :
dans ce sens, *advocati* n'est jamais employé au singulier.

L'avocat plaidant fut très-généralement désigné
sous le nom de *patronus* jusqu'à la fin du VIIe siècle
de l'ère romaine; Cicéron s'en sert exclusivement
dans ses plaidoyers, et c'est en 698 seulement, si nos
observations sont exactes, qu'il désigna pour la première fois l'avocat sous le nom d'*advocatus* (2).

Dès le commencement du règne d'Auguste, *advo-
vocatus*, détourné de son acception primitive, était
devenu tout-à-fait synonyme de *patronus* : Tite-Live
emploie indifféremment l'une ou l'autre expression.
Un peu plus tard, *advocatus* devint plus usuel, et
advocatio, prenant un sens corrélatif que notre langue
ne peut rendre qu'imparfaitement à l'aide d'une pé-
riphrase, signifia l'office de l'avocat dans toutes les
parties de l'exercice de son ministère, *latissimo sensu*,
et cette acception s'est toujours maintenue. On disait
postulare advocationem, solliciter du juge l'autorisation de défendre un accusé (3); *præstare advocationem*,
remplir le ministère de l'avocat (4); *instruere advocationem, litem instruere advocatione*, agir par manœuvres
frauduleuses auprès d'un avocat pour perdre un inno-

---

(1) Cic. *Pro Rosc. com.* 5.
(2) Cic. *De orat.* II, 70. Sederetque *advocatus* reo Bestiæ.
(3) Senec. *Apokolok*, 14.
(4) Ulp Dig. *De Postul.* fr. 6, § 3.

cent ou pour gagner un mauvais procès (1) ; *uti advocatione*, exercer comme avocat (2). Le ministère de l'avocat fut appelé *officium, munus advocationis*.

Quintilien était trop enthousiaste de la langue de Cicéron pour ne pas donner la préférence à *patronus;* toutefois il emploie assez fréquemment *advocatus*, qui était plus usité de son temps. Pline le Jeune se sert le plus souvent de cette dernière expression. Dans ses écrits, *advocatio* est opposé à *consilium :* l'un s'applique au ministère de l'avocat plaidant , l'autre au ministère de l'avocat consultant : *multos advocatione, plures consilio juvat* (3).

Ce fut sous le règne de Domitien que la dénomination de *causidicus*, dont Cicéron s'était servi deux fois (4), commença à devenir usuelle. Suivant Apulée, les avocats auraient été appelés *causidici* parce qu'ils expliquent pourquoi chaque chose a été faite (5); mais c'est aller chercher bien loin une étymologie qu'on a sous le main : *causidicus* vient évidemment de *causam dicere* , plaider un procès. Quintilien nous apprend qu'on appelait communément *causidicus* l'avocat qui, malgré sa médiocrité, suffisait néanmoins à la défense des intérêts du plaideur (6). Juvénal et

---

(1) Marcian.—Dig. *De leg. corn. de fals.* fr. 1, § 1. Hermog. *Ibid.* fr. 20.

(2) Cod. Justin. *De assess.* fr. 13.

(3) *Epist.* I, 9 et 22.

(4) *De orat.*, 1, 49 ; *Orat* 5.

(5) *In Apolog.*

(6) XII, 1 : Non inutilem sane litium advocatum , quem denique causidicum vulgo vocant.

Martial, qui n'emploient guère que ces expressions, s'en servent presque toujours en mauvaise part (1), aussi bien que la plupart des écrivains qui leur sont antérieurs.

Dans le cours des IIme et IIIme siècles, les diverses nuances entre *patronus*, *advocatus* et *causidicus* s'effacèrent; néanmoins *advocatus* fut plus particulièrement en usage, et *patronus* s'appliqua plutôt à l'affaire qu'à la personne : on disait fréquemment *patronus causæ*, et c'est ainsi que ce mot est presque toujours employé dans les constitutions impériales. Ulpien se sert *d'advocatus*, et il définit les *advocati : omnes omnino qui causis agendis quoque studio operantur* (2). Paul se sert de la même dénomination (3) Un rescrit de Valentinien et Valens contient dans trois lignes les trois appellations dans une acception synonyme : *Quisquis vult esse causidicus non idem in eodem negotio sit advocatus et judex : quoniam aliquem inter arbitros et patronos opportet esse delectum* (4).

Dès le commencement de l'empire, lorsque la toge cessa d'être le costume usuel des Romains, les avocats qui ne pouvaient plaider sans en être revêtus, furent appelés *togati*, robins ; cette dénomination prit un sens officiel dans les constitutions des Ve et VIe

---

(1) Juven. *Saty.* VII et VIII, passim. — Martial. *Epigr.* I, 98; II, 64 ; IV, 8; V, 16, 33; VI, 8, 19 ; XI, 30 ; XII, 68.

(2) Dig., *De extraor. cognit.*, fr. 11.

(3) Dig., *Locat.* fr. 39, §1.

(4) Cod. Just , *De postul.*, fr. 6.

siècles, où on lit fréquemment *togati; consortium, corpus, ordo, collegium togatorum* (1).

Indépendamment de ces noms, il en était d'autres qui s'appliquaient à une certaine classe d'avocats dans une pensée de dénigrement et de mépris. On les appelait *rabulæ* (2), de *rabies*, rage, ou de *radere aures*, déchirer les oreilles (3), ou plutôt de *ravis*, voix enrouée; *latratores* (4), aboyeurs; *vitilitigatores* (5), mot composé par Caton de *vitiis* et de *litigare; clamatores* et *proclamatores* (6), braillards. Ces noms divers se donnaient presque indistinctement à tous les avocats qui se faisaient remarquer par leur ignorance, leur effronterie ou leur rapacité.

A ces indications, quelques auteurs qui ont écrit sur les antiquités romaines en ajoutent d'autres qui s'appliquent moins aux avocats proprement dits qu'à certains individus remplissant un ministère spécial en usage au barreau à diverses époques : nous voulons parler des *leguleii*, des *formularii*, des *monitores*, des *moratores* et des *cognitores*.

Le *leguleius* et le *formularius* avaient entre eux la plus grande affinité, ou plutôt ces dénominations désignaient deux espèces du même genre. L'un et l'autre

(1) Cod. Just., *De postul*, fr. 8 ; *De advoc. div. judici*, fr. 3, 5, 7 ; *De advoc. div. judicum*, fr. 7.

(2) Cic., *De orat.*, I, 49 ; *Orat.* 7. Quintil. XII, 9.

(3) Festus, *hoc verbo*.

(4) Cic., *De orat* III, 21 : Latrare ad clepsydram.

(5) Plin. Avunc., *Hist. nat.*, in præfat.

(6) Cic., *De orat.*, 54.

étaient des jurisconsultes de second ordre qui venaient
en aide aux plaideurs et même aux avocats étrangers
au droit civil. Le *leguleius*, comme le *formularius*,
s'attachait à l'étude de la lettre de l'édit et des formes
de la procédure : *Cautus et acutus,* dit Cicéron, *præco
actionum, cautor formularum, auceps syllabarum* (1).
Ces juristes peu considérés, *minores advocati*, se re-
crutaient généralement parmi les avocats qui avaient
échoué au barreau ou qui avaient reculé devant les
travaux qui font l'orateur (2). Les Grecs les appelaient
πραγματικοί, praticiens (3).

Le *monitor* était un *leguleius* qui assistait certains
avocats à l'audience, avec mission de leur suggérer à
l'improviste des moyens de droit ou des réponses aux
questions posées par l'adversaire. On avait surtout
recours à eux pour l'altercation, espèce de plaidoirie
dialoguée relative à la discussion des preuves, et dans
laquelle l'avocat peu versé dans l'étude du droit civil
était plus exposé à se voir embarrassé. Dans l'exercice
de ce double office, le *monitor* était aussi désigné sous
les noms de *ministrator* et de *subministrator*, parce
que *tela agentibus subministrabat* (4). Quelquefois on le
chargeait de figurer seul dans l'altercation, l'avocat
craignant de se compromettre dans cette lutte corps

---

(1) Cic., *De orat.* I, 55.
(2) Cic., *Pro Muren.*, 13 ; Quintil. XII, 5.
(3) Cic., *De orat.* I, 45.
(4) Quintil. XII, 3.

à corps, et alors il pouvait être plus utile à la partie
que l'orateur lui-même (1).

Le *monitor* remplissait un autre emploi, celui d'un
véritable souffleur de comédie (2). Il se tenait derrière
l'avocat, un cahier à la main, et venait au secours de
sa mémoire en défaut. A raison de la position qu'il
occupait on le nommait *monitor posticus*, moniteur de
derrière (3).

On désignait sous le nom de *morator* un avocat de
dernier ordre, dont le ministère consistait à prendre
la parole pour laisser à l'avocat en titre le temps de
se reposer (4), et quelquefois aussi pour faire traîner
l'affaire en longueur (5).

Le *cognitor* était une sorte de mandataire que le
plaideur se substituait dans la poursuite ou la défense
d'un procès (6). Il était maître de la cause et avait
qualité pour faire en son nom les actes de la procédure. Son ministère pouvait ne pas être gratuit (7).
Gaïus nous apprend que l'usage général des *cognitores*
est postérieur aux actions de la loi, parce que, durant
ce système, il n'était permis d'agir au nom d'autrui
que pour le peuple et dans les causes où s'élevaient des
questions de liberté (8) La constitution des *cognitores*

(1) Quintil. VI, 4.
(2) Festus, *hoc verbo.*
(3) Cic., *In Cæcil. divin.*, 16.
(4) Pseudo-Ascon., *In divin.*
(5) Cic., *In Cæcil. divin.*, 15.
(6) Cic., *Pro Rosc.*, com. 11.
(7) Cic., *Ibid.*, 16 ; *In Cæcil. divin.*, 4.
(8) Instit., IV, 82.

était soumise à certaines formalités ; le demandeur
disait à son adversaire présent : Attendu que je veux
plaider avec vous, je nomme Lucius Titius pour *cognitor* dans cette affaire. Le défendeur pouvait exercer
le même droit en usant d'une formule analogue. Si le
cognitor n'était pas présent, il fallait qu'il acceptât le
mandat. Ce mandat différait de celui du *procurator*,
notamment en ce que ce dernier pouvait être constitué sans formule déterminée et à l'insu de l'adversaire (1).

Le *cognitor*, admis par le code théodosien (2), a été
repoussé par le corps de droit de Justinien. Il n'a été
assimilé à un avocat que parce que le Pseudo-Asconius le met au rang de ceux qui défendent autrui en
justice (3).

---

(1) *Ibid.*, 83 et 84. Festus, V° *cognitor*.
(2) Lib. II, tit. XII, c. 7.
(3) *In Cæcil divin.*: Qui defendunt alterum in judicio.

IV.

Des Avocats comme corporation.

Premières traces d'organisation. — Cicéron parle de son ancien Institut. —
— Traditions, usages. — Corporation probable au temps d'Ulpien. —
Certaine sous Théodose et ses successeurs.

L'ancien barreau romain n'eut pas d'institutions
proprement dites. Les droits et les devoirs de l'avocat ne furent déterminés dans l'origine par aucune
loi, par aucun réglement, et l'on comprend qu'il en
dut être ainsi pour peu qu'on veuille se reporter à ce
que nous avons dit des relations existant entre le
patron et le client La pensée d'unir les avocats par
un lien quelconque, de les constituer en collége et de
les soumettre à des réglements créés soit dans leur
propre intérêt, soit dans l'intérêt public, ne put
naître qu'après la dissolution du patronat, et alors
seulement que leur ministère fut devenu indépen-
dant et professionnel. C'est en effet ce qui arriva. Il
paraît certain que bien avant le VIIe siècle de l'ère

romaine, le barreau fut collectivement placé sous l'empire de règles communes. Cicéron parle à plusieurs reprises de son *ancien institut* : *Veteri instituto solus peroravi* (1); *manere in instituto meo videor* (2). Il vante son lustre et son indépendance : *Tu aliquem patronum invenies, hominem antiqui officii qui splendorem nostrum et gratiam negligat* (3). Ces règles étaient-elles écrites? l'agrégation avait-elle le caractère d'une institution organisée, comme le collége des augures, par exemple? Nous ne le pensons pas. Il est probable que la tradition fut longtemps la seule loi invoquée et acceptée, et que l'unité fut plutôt le résultat de l'esprit de corps que du fait de l'existence légale du corps lui-même. Des devoirs s'établirent par le sentiment des convenances et se maintinrent par l'usage, autorité si puissante chez les Romains. D'autres devoirs, puisés dans le souvenir des clauses souvent incomprises de l'ancien patronat, s'étaient imposés à titre de *mores majorum*, notamment la gratuité de l'assistance, tradition généreuse sans doute, mais qui puisait son principe dans une fausse notion du passé.

Quoi qu'il en soit, nous savons que le ministère de l'avocat fut soumis durant la période républicaine à certaines conditions d'exercice, à des incompatibilités, à des injonctions, à des mesures disciplinaires;

(1) *Pro Cluent.*, 70.
(2) *In Cœcil. divin.*, 2.
(3) *Pro Quint.*, 12.

c'est assez pour prouver qu'il fut quelque chose de
distinct dans l'Etat, s'il ne fut pas un ordre proprement dit.

Cette intervention de la loi positive, que nous ne
saisissons pas encore dans les réglements destinés à
fixer la position de l'avocat, considéré comme membre d'une corporation, se laisse mieux apercevoir à
mesure que son ministère revêt plus nettement le
caractère d'une profession. Ainsi cette profession
commence à se dessiner sous Caton l'ancien, et la
loi Cincia vient prohiber les honoraires. Au temps
de Cicéron, la défense est obligatoire sur la désignation faite d'office par le juge (1). Plus tard, Auguste (2), Claude (3), Néron (4), et Trajan (5) publient
successivement des décrets destinés à confirmer ou à
modifier la loi Cincia. Le tribunal des centumvirs
n'admet à plaider devant lui pour la première fois
que sur la présentation d'une personne de distinction (6); le sénat s'attribue le pouvoir de prononcer
des suspensions (7) : ce sont là sans doute autant de
signes indiquant la personnalité collective. Cependant
ce caractère ne devint manifeste que sous le règne
d'Alexandre Sévère et de ses successeurs. Ulpien ,

(1) Cic., *Pro Mur.* 2 et 3. — Plin., *Epist.* II, 14.
(2) Dio, IV, 18.
(3) Tacit., *Ann.*, XI, 1 et 8.
(4) Suet., *In Ner.*, 17.
(5) Plin., *Epist.* IV, 14.
(6) Plin, *Epist.* II, 14.
(7) Plin., *Epist.* V, 14.

dans son premier livre *de officio proconsulis*, nous apprend que nul ne peut plaider sans y être autorisé par un édit de magistrat (1) : une prohibition de cette nature implique la nécessité d'une organisation, car elle ne peut avoir d'effet qu'à cette condition; cependant ce n'est que dans des documents bien postérieurs qu'il nous est donné de puiser des détails précis sur cette organisation.

Sous les empereurs Théodose et Valentinien, Marcien, Léon, Anthemius, Justin et Justinien, la corporation des avocats est réglementée avec le plus grand soin. Elle est appelée *collegium* (2), *ordo* (3), *consortium* (4), *corpus* (5), *toga* (6), *advocatio* (7), *matricula* (8). Les avocats, autorisés par une permission expresse à exercer leur ministère devant les tribunaux, étaient inscrits sur un tableau par rang d'ancienneté (9) ; leur nombre était déterminé et limité (10); ils étaient soumis à des épreuves et à un temps de stage (11) ; ils jouissaient de priviléges spéciaux (12);

---

(1) Dio, *De offic. procons.*, fr. 9, § 2.

(2) Cic. *De adv. div. jud.*, 7.

(3) *Ibid.*, § 3.

(4) Cod , *De postul.*, 8.

(5) Cod., *De adv. div. jud.*, 3.

(6) *Ibid.*, 7.

(7) *Ibid.*, 8.

(8) *Ibid.*, 15.

(9) *Ibid.*

(10) *Ibid.*

(11) *Ibid.*, 11, § 1.

(12) *Ibid.*, 5 et 6.

ils pouvaient être suspendus et interdits (1) ; enfin, près de certaines juridictions supérieures, la profession d'avocat constituait un véritable monopole (2).

Après ces notions générales, nous allons rechercher, en prenant pour point de départ les temps les plus reculés, quelles furent l'origine et les conditions de l'organisation à ses divers points de vue.

(1) Cod., *De postul.*, 5 et 6. § 2.
(2) Cod., *De adv. div. jud.*, c. 8.

V.

Personnes à qui la plaidoirie était interdite.

Les seuls patriciens avocats dans l'origine. — Sourds et affranchis. — Infâmes. — Il est défendu aux femmes de parler hors de la présence de leurs maris. — Amesia Androgyne. — Caïa Afrania. — La fille d'Hortensius. — Femmes composant des mémoires sur procès. — A quel âge les avocats célèbres commencèrent à plaider. — Les novices. — Incompatibilités.

Sous les rois et dans les premiers temps de la République, lorsque le ministère de l'avocat était un privilége en même temps qu'un devoir, la plaidoirie ne fut sans doute permise qu'aux patriciens, seuls en possession d'avoir des clients. Plus tard, après la promulgation de la loi des XII Tables, le concours des parents et des amis s'étant substitué à l'assistance exclusive du patron, il y a lieu de penser que le Forum ne fut fermé qu'aux esclaves. Les prohibitions de plaider ne durent se produire qu'au fur et à mesure de la transformation du ministère en profession. Elles furent absolues ou relatives. Ainsi, certaines personnes furent frappées d'une interdiction qui ne souffrait aucune exception et dont on ne pouvait être relevé

même par le consentement de la partie adverse (1) ;
d'autres furent admises à plaider dans leur propre
intérêt seulement ; d'autres pour elles-mêmes et pour
une classe de personnes déterminées. Il y eut enfin des
cas où le droit de plaider se trouva suspendu par des
interdictions temporaires ou par des incompatibilités.

Nous examinerons dans leur ordre ces diverses catégories.

§ I. — SOURDS ET AFFRANCHIS.

L'édit du préteur, adopté par Justinien, interdisait
la plaidoirie à l'homme atteint de surdité complète,
par le motif que celui qui est dans l'impossibilité
d'entendre la sentence du juge, serait exposé à ne
pas obtempérer à ses prescriptions (2).

Un rescrit impérial, de 225, étendit cette prohibition aux affranchis (3).

§ II. — INFAMES.

Ne pouvaient plaider pour autrui : celui qui s'était
volontairement prostitué *(qui corpore suo muliebria
passus est)*; celui qui avait été condamné à une peine
infamante, en y comprenant la peine du calomniateur ; celui qui avait fait métier de combattre avec
les bêtes pour en retirer un lucre, ou même gratui-

---

(1) Gaïus, Dig., *De postul.* fr. 7.
(2) Dig., *De postul.*, fr. 1, § 3.
(3) C. Justin., *De postul.*, const. 2.

tement, s'il avait accepté quelques dons des spectateurs à titre honorifique (1) ; enfin, les condamnés
pour crime de concussion, par application de la loi
Julia (2).

§ III. — FEMMES.

Il n'a jamais été interdit aux femmes de plaider
dans leur propre cause. Cependant, une loi de Numa,
si l'on en croit Plutarque, défendait aux femmes de
parler hors de la présence de leurs maris, même des
choses les plus nécessaires. Une femme ayant osé
plaider en plein Forum dans un procès qui lui était
personnel, la ville fut si étonnée de cette nouveauté,
que le sénat envoya consulter l'oracle d'Apollon pour
savoir quel présage il fallait y voir (3).

L'histoire nous a conservé le souvenir d'Amésia
Sentia, dame romaine qui se défendit d'une accusation dirigée contre elle sous le consulat de Cn. Octavius et de C. Scribonius Curio. Son plaidoyer fut remarquable par la méthode, la netteté et la force : elle
fut acquittée presque à l'unanimité. Comme elle ca-
chait un cœur d'homme sous les traits d'une femme,
on la surnomma Androgyne (4).

Caïa Afrania, femme du sénateur Buccio, se fit
une détestable réputation par sa passion pour la chi-

(1) Dig., *De postul.*, fr. 1, § 6.
(2) Dig., *De leg. Jul. repet.*, fr. 6, § 1.
(3) *Paral. de Lyc. et de Numa*, 7.
(4) Val. Max. VIII, 3, § 1.

cane. En procès avec tout le monde, elle plaida elle-
même sa cause devant le préteur, au grand scandale
du public, tant il y avait d'injustice dans ses prétentions et d'impudence dans son langage ; ce qui fit
infliger son nom, en manière de dicton, à toutes les
femmes acariâtres. Valère Maxime, en nous faisant
connaître l'époque de sa mort, qui eut lieu sous le
consulat de César et de P. Servilius (48 ans avant
J.-C), ajoute qu'il vaut mieux consigner dans l'histoire la date de la disparition d'un pareil monstre
que la date de sa naissance (1). Il paraît qu'Afrania
ne se bornait pas à plaider ses procès personnels, car
elle donna lieu à une disposition de l'édit par laquelle le préteur fit défense aux femmes de postuler
pour autrui : *Et ratio quidem prohibendi, ne contra
pudicitiam sexui congruentem, alienis causis se immis-
ceant; ne virilibus officiis fungantur mulieres. Origo
vero introducta est à C. Afrania, improbissima femina,
quæ inverecunde postulans et magistratum inquietans,
causam dedit edicto.* Cette prohibition passa de l'édit
dans les Pandectes (2).

Cinq ans après la mort d'Afrania, Hortensia, fille
du célèbre avocat Q. Hortensius, se présenta devant
les triumvirs pour parler en faveur des dames romaines qu'ils avaient frappées d'un impôt très-oné-
reux. Son discours, digne du nom qu'elle portait,
obtint un succès éclatant, et la taxe fut considéra-

(1) Id., *Ibid.*, § 2.
(2) Ulp. Dig. *De postul.*, fr. 1, § 5.

blement réduite (1). Il ne résulte pas de ce dernier
fait que la prohibition de l'édit lui soit postérieure,
car Hortensia parlait probablement dans son propre
intérêt, et d'ailleurs l'affaire n'avait point les caractères d'un litige ordinaire.

Juvénal assure que de son temps, sous Domitien,
les femmes suscitaient les procès, composaient des
mémoires pour les avocats, et s'inscrivaient comme
accusateurs; mais il est à remarquer qu'il ne les fait
point plaider en personne :

> Nulla fere causa est, in qua non femina litem
> Moverit. Accusat Manilia, si rea non est.
> Componant ipsæ per se formantque libellos ,
> Principium atque locos celso dictare paratæ (2).

§ IV. — AGE.

Cornélius Népos, auteur d'une vie de Cicéron
dont il fut l'ami, nous apprend que ce grand orateur
avait vingt-trois ans lorsqu'il plaida pour Roscius
d'Amérie, et que ce fut là son début. Aulu-Gelle,
de qui nous tenons cette particularité (3), fait observer que l'indication de Népos est nécessairement erronée, puisque, d'une part, la cause de Roscius ne
fut jugée qu'un an après celle de Quintius, et que,
d'autre part, le débat de ce dernier procès n'eut lieu

---

(1) Val. Max., *Ibid.* § 3. — Quintil., I, 1. — App., *Bell. civ.*, IV.
(2) Sat., VI, V. 343.
(3) *Noct. att.*, XV, 28.

que sous le consulat de M. Tullius et de C. Dolabella, alors que Cicéron était dans sa vingt-sixième
année. Plutarque veut, comme Népos qu'il avait probablement pris pour guide, que le plaidoyer pour S.
Roscius ait été le début de Cicéron (1). Nous nous
rangeons à l'opinion d'Aulu-Gelle, et nous croyons
pouvoir signaler la cause de l'erreur qu'il a relevée. Dans le *Pro Roscio Amerino*, Cicéron dit lui-
même, en effet, que ce fut là sa première cause ;
mais Népos et Plutarque n'ont pas pris garde qu'il
détermine la nature de cette cause et qu'il l'appelle
publique, c'est-à-dire criminelle : *Quod antea causam
publicam nullam dixerim* (2). Un passage du *Brutus*
a pu donner lieu à la même confusion ; l'orateur y
dit encore que son premier plaidoyer dans une affaire
criminelle, celui pour S. Roscius, fut assez goûté pour
qu'il se crût digne désormais de tous les procès qu'on
pourrait lui proposer (3). Ces deux passages n'excluent
donc pas l'antériorité du discours pour Quintius,
dont l'affaire était toute privée ou civile. Cette affaire,
au surplus, n'était pas encore la première où Cicéron
se fût fait entendre, car dans son exorde il se plaint
d'avoir été pris au dépourvu, lui sans expérience, et
d'être privé de la ressource qu'il avait l'habitude
d'appeler à son aide dans les autres causes : l'étude et
le travail (4).

(1) *In vita Cic.*, 6.
(2) *Pro Rosc. Amer.*, 21.
(3) *Brut.*, 90.
(4) *Pro Quint.*, 1.

Un autre document va pleinement confirmer ces données.

Nous lisons dans Plutarque (1) qu'après la défense de S. Roscius, dans l'intérêt de qui il avait violemment attaqué un favori de Sylla, Cicéron fit un voyage en Grèce pour se soustraire à la colère du dictateur. Cicéron, en parlant de ce voyage qu'il explique par le besoin de rétablir sa santé altérée, nous dit qu'il l'entreprit après avoir plaidé pendant deux ans (2) : or, l'affaire de Roscius ayant été incontestablement jugée sous le consulat de Tullius et de Dolabella, alors que Cicéron était dans sa vingt-sixième année, il s'ensuivrait qu'il avait de 23 à 24 ans lorsqu'il fit son entrée au barreau, ce qui confirme l'opinion de Népos quant au fait principal qu'il voulait constater. Mais nous inclinerions à penser qu'en énonçant qu'il plaidait depuis deux ans, Cicéron n'a voulu parler que du temps durant lequel il s'était adonné à la plaidoirie d'une manière suivie, sans vouloir fixer rigoureusement la date de son début. Il dit ailleurs, en effet, qu'étant encore *adolescentulus,* il parla contre Cotta, dans l'intérêt d'une femme d'Arretium à qui l'on contestait la liberté (3). Cette expression d'*adolescentulus* nous paraîtrait improprement appliquée à un jeune homme de 23 à 24 ans.

Hortensius avait paru pour la première fois au bar-

(1) *In vita Cic.*, 7.
(2) Cic., *Brut.* 88 in calce, 91, 96; *Orator* 42.
(3) *Pro Cæcin* 33 ; voyez *In Cæcil.* 1 et 2.

reau à l'âge de dix-neuf ans, en présence des consuls Licinius Crassus et Mucius Scévola, dont il enleva les suffrages (1).

Crassus avait 19 ans, César 21, Asinius Pollion et Calvus 22, lorsqu'ils prononcèrent les plaidoyers qui firent l'admiration des siècles suivants, savoir: Crassus contre Carbon, César contre Dolabella, Pollion contre Caton, et Calvus contre Vatinius (2).

Sous Néron, les jeunes gens étaient poussés au barreau de très-bonne heure, ce qui a fait dire à Pétrone qu'on emmaillotait d'éloquence des enfants encore au berceau (3).

Pline le jeune nous apprend lui-même qu'il plaida sa première cause à 19 ans (4), comme Hortensius et Crassus.

Quintilien n'assigne à celui qui veut s'essayer aux luttes du barreau, d'autres conditions, quant à l'âge, que celle de consulter ses propres forces (5).

Faut-il conclure de ce qui précède que jusqu'à cette époque, aucune condition d'âge n'avait été déterminée, soit par des réglements, soit par l'usage ? Un passage très-explicite de Cicéron ne permet pas d'adopter cette opinion; ce passage nous fait connaitre que le jeune Messala prit un grand intérêt au procès

---

(1) Cic. *Brut.*, 64.

(2) Auct. *Dial. orat.*, 24.

(3) *Satyric.* 4 : Cruda adhuc studia in Forum impellunt, et eloquentiam, quæ nihil esse majus confitentur, pueris induunt adhuc nascentibus.

(4) *Epist.* V, 8.

(5) XII, 6.

de Roscius d'Amérie, qu'il en surveilla la marche, qu'il prépara les moyens de défense, qu'enfin il fit partie de *l'advocatio*, mais qu'il ne put plaider, *quoniam ad dicendum impedimento est aetas* (1). L'âge pouvait donc être un empêchement. Mais quel était le nombre d'années requis pour que cet empêchement disparût? Nous croyons qu'il cessait à l'expiration de la seizième année, c'est-à-dire, au moment où l'homme, sorti de l'enfance, prenait la robe virile. Ce changement d'état se faisait avec beaucoup de solennité : le récipiendaire, après avoir déposé la prétexte au Capitole, était conduit au forum, accompagné des amis et des clients de sa maison; on le désignait sous le nom de *tiro*, qui signifie *recrue* ou *novice*, appellation empruntée au vocabulaire des camps et que l'on appliqua toujours à l'avocat débutant dans la carrière du barreau. M. Cotta, dit Valère Maxime, le jour même où il prit la robe virile et à peine sorti du Capitole, appela en justice Cn. Carbon qui avait provoqué une condamnation contre son père et le fit condamner lui-même, inaugurant ainsi avec éclat les débuts de sa jeunesse et de son talent (2). Il est évident que Cotta n'avait attendu pour agir le jour du *tirocinium* que parce que son âge avait été un obstacle jusqu'à ce moment; et s'il est vrai, comme le rapporte Quintilien sur une simple tradition (3), que quelques enfants eussent paru au forum avec la

(1) *Pro Rosc. amer.*, 51.
(1) V, 4, § 4.
(2) XII, 6.

robe prétexte, ce ne pouvait être que pour y faire entendre des discours étrangers aux matières judiciaires,
comme fit Auguste, cité par le même auteur, qui, à
12 ans, prononça devant les rostres l'éloge de son
aïeule (1).

L'édit du préteur n'autorisa la plaidoirie qu'à l'âge
de dix-sept ans accomplis ; et comme il motivait cette
disposition sur l'état d'enfance (*pueritiæ*), on pourrait
en conclure que la robe virile était prise à l'expiration et non au commencement de la dix-septième année. L'opinion contraire s'appuie sur un passage de
Suétone, duquel il résulte qu'Octave Auguste déposa
la robe prétexte à seize ans (2) ; mais il se pouvait
que ce fût par dérogation à la règle générale, comme
il en existe plusieurs exemples (3).

La disposition de l'édit fut adoptée par Justinien (4).

§ V. — INTERDICTION TEMPORAIRE OU LOCALE.

L'avocat à qui la plaidoirie avait été interdite pour
un temps déterminé, pouvait reprendre l'exercice
de sa profession à l'expiration du délai de l'interdiction (5).

(1) Suétone attribue ce fait tout à la fois à Auguste et à Caligula. *In Aug*.
8 ; *in Calig.*, 10.

(2) *In Octav. Aug.*, 8

(3) Tacit. *Ann.*, XII, 41. Capitol. *in Marc. Anton. phil.*, 4.

(4) Dig., *De postul.*, fr. 1, § 3. — Voyez Nov. Valent. III, liber II,
tit. XI, *De postul.*, § 2.

(5) Papin, D. *Ibid.*, fr. 8.

Il en était de même de l'exilé après son rappel (1).

Celui contre qui l'interdiction avait été prononcée pour une cause non infamante, avait le droit de plaider dans une province autre que celle où résidait le magistrat de qui émanait l'interdiction (2).

§ VI. — EXCEPTIONS.

Celui à qui la plaidoirie n'était pas interdite d'une manière absolue, le mineur de 17 ans, par exemple, pouvait plaider suivant les termes des lois, plébiscites, sénatus-consultes, édits ou décrets qui lui étaient relatifs, pour ses père et mère, pour son patron et sa patronne, ainsi que pour les enfants, père et mère de ces derniers; pour ses enfants, son frère, sa sœur, sa femme, son gendre, sa bru, le second mari de sa mère ou la seconde femme de son père, son beau-fils, sa belle-fille, ses pupilles; pour les personnes atteintes de démence (3) ou d'imbécillité (4), et en général pour tous ceux à qui la loi accorde des tuteurs ou des curateurs, comme les muets, les sourds, les prodigues, les mineurs (5), les malades (6), les incurables (7).

(1) Papin., D. *Ibid.*, fr. 8.
(2) Id , *Ibid.*, fr. 9.
(3) Ulp. *Ibid.*, fr. 1, § 6.
(4) Gaïus, *Ibid.*, fr. 2.
(5) Ulp., *Ibid.*, fr. 3, § 2 et 3.
(6) Paul., *Ibid.*, fr. 4.
(7) Ulp., *Ibid.*, fr. 5.

§ VII. — INCOMPATIBILITÉS.

Les incompatibilités entre des situations différentes naissent d'un sentiment de dignité ou de la conscience de certaines exigences d'ordre public, deux choses qu'on ne peut guère rencontrer en dehors d'un corps organisé; aussi voyons-nous que l'on ne commença à s'en préoccuper au barreau romain que lorsque le ministère de l'avocat, devenu une fonction, sinon une véritable profession, eut pris un caractère qui lui fut propre et une sorte de personnalité. Mais tant que le principe d'agrégation résida dans le fait et non dans le droit, dans la tradition et non dans la règle écrite, les incompatibilités furent arbitraires et facultatives, à défaut de sanction. Toutefois, les mettre en question et les discuter, c'est reconnaître qu'il peut en exister; et lorsque nous voyons surgir des difficultés de cette nature, nous pouvons affirmer que le barreau a pris sa place dans l'État, et qu'il est bien près de se constituer s'il ne l'est déjà.

Sylla ayant été accusé de détournement de deniers publics par un tribun en exercice, le tribunal, présidé par le préteur Orchinius, collègue de Cicéron, ajourna l'affaire à une époque indéterminée, en se fondant sur ce que l'accusé plaiderait avec trop de désavantage contre un adversaire revêtu d'un pouvoir si redoutable (1). Cette mesure était remplie de

(1) Cic., *Pro Cluent.*, 34.

sagesse, mais elle resta isolée, et Cicéron, qui peut-
être l'avait conseillée, se garda bien d'en suivre l'esprit. Lorsqu'il prit la défense de Muréna, accusé de
brigue et désigné pour lui succéder au consulat,
Caton, l'un des accusateurs, soutint que le ministère de défenseur devait être incompatible avec la dignité de consul. Cicéron combattit avec beaucoup
d'habileté cette prétention qui s'appuyait au moins
sur de puissantes considérations. « Je vous le demande, Caton, dit-il, par qui un consul pourrait-il
être plus naturellement défendu que par un consul?
A qui puis-je et dois-je être plus attaché dans la république qu'à celui qui recevra, en quelque sorte, la
république de mes mains, et qui devra lui donner
son appui, comme je l'ai fait moi-même, au prix des
plus grands efforts et de périls de tous genres (1)? »
Mais Cicéron savait très-bien que l'autorité du consul
pouvait exercer une influence dangereuse sur l'esprit des juges. Aussi, lorsqu'il accusa Verrès, mit-il
tout en œuvre pour empêcher l'affaire de traîner en
longueur jusqu'à l'entrée en charge d'Hortensius,
consul désigné, son adversaire. Les suffrages des comices lui paraissaient déjà un obstacle à l'indépendance de la justice, et voici, sur ce point, le langage
qu'il prêtait à de très-honnêtes gens, *honestissimis
hominibus :* « Il est manifeste qu'il n'existe plus de
tribunaux. L'accusé qui hier (avant la désignation du
consul) se croyait déjà condamné, se considère au-

---

(1) *Pro Muren.*, 2.

jourd'hui comme absous, parce que son défenseur a été fait consul. Quoi donc! toute la Sicile, tous les Siciliens, tous les négociants de cette province, tous les actes privés et publics, tout cela est à Rome, et cependant sera compté pour rien? — Oui, pour rien, s'il plaît au consul désigné. — Et les juges! ils ne seront liés ni par les crimes de Verrès, ni par les témoins qui l'accusent, ni par l'opinion du peuple romain? — Non, tout cela sera à la disposition d'un seul homme (1). » Comme on ne connaît guère le procès de Muréna que par le plaidoyer de Cicéron, on ne saurait dire si l'acquittement fut dû à l'absence de charges ou à l'éloquence des défenseurs (2), ou à l'influence du consul. Toutefois, la haute intégrité des deux principaux accusateurs, Caton et Sulpicius, et surtout quelques mots de Plutarque (3), seraient propres à laisser supposer que l'accusation n'était pas dépourvue de fondement.

Cicéron défendit aussi Rabirius pendant son consulat (4). Il était préteur quand il plaida pour Cluentius.

A cette époque, la profession d'avocat n'était pas incompatible avec le commerce, du moins dans les provinces (5).

Il faut franchir un large espace et arriver au règne

(1) *In Verr. prim.*, 7.
(2) Muréna fut défendu aussi par Hortensius et M. Crassus.
(3) *In vita Cat.*, 26.
(4) *Pro Rabir.*, 1.
(5) Cic., *In Verr. sec. act* II. 28, 29.

de Domitien pour trouver un document relatif au sujet qui nous occupe. A cette époque, un avocat, Pompéius Falconius, consultait Pline sur la question de
savoir si la plaidoirie était compatible avec les fonctions de tribun. La réponse de Pline est de nature à
piquer la curiosité, nous la reproduisons tout entière :

« Vous me demandez s'il est convenable, dans mon
opinion, que vous plaidiez pendant votre tribunat. Il
importe beaucoup que je sache ce que vous pensez
du tribunat, et si vous considérez cette dignité comme
une ombre vaine et un titre sans valeur, ou comme
un pouvoir sacré; à quel rang vous croyez qu'elle est
placée dans l'esprit des autres et à quel rang vous
la placez vous-même. Quant à moi, pendant mon
tribunat, je me suis cru quelque chose, par erreur
peut-être; mais enfin, abusé ou non, j'ai voulu m'abstenir de plaider. En premier lieu, il me paraissait
contraire à toutes les bienséances que le magistrat
devant qui tout le monde se lève, à qui tout le monde
doit la première place, se tînt debout en présence de
tout un public assis; que celui qui a le droit d'imposer
silence à qui bon lui semble, mît sa parole à la merci
de la clepsydre; que celui qu'il n'est pas permis d'interrompre, fût exposé à s'entendre dire des injures et
à passer pour lâche s'il les supportait, pour violent
s'il en tirait vengeance. J'y voyais ensuite un autre
inconvénient. Supposez que mon client ou son adversaire en eût appelé à mon autorité : serais-je inter-
venu, aurais-je prêté mon assistance ? ou bien au-

rais-je dû m'abstenir et ne pas répondre, abdiquant ainsi en quelque sorte la magistrature dont j'étais revêtu, pour redescendre volontairement au rang de simple particulier? Mû par ces considérations, j'ai mieux aimé me montrer le tribun de tous que l'avocat de quelques-uns. Mais pour vous, je le répète, tout dépend de l'idée que vous vous faites du tribunat et du personnage que vous croyez remplir, personnage, au surplus, dont le rôle doit être pris au sérieux par un homme prudent, pour qu'il puisse le mener jusqu'au bout (1). »

Les motifs d'abstention, à plusieurs points de vue, sont parfaitement indiqués dans cette lettre qui nous fournit de si précieux renseignements sur la situation du tribunat à la fin du Ier siècle; mais ils semblent prouver que le barreau n'était pas encore réglementé à cet égard, et que l'avocat restait seul juge de l'opportunité de plaider ou de s'abstenir, même dans les conjonctures où l'ordre public pouvait être intéressé, comme dans celles où des considérations d'affection ou d'intérêt privé pouvaient lui faire craindre de blesser quelques susceptibilités (2).

A dater de l'édit perpétuel, quelques cas d'incompatibilité s'inscrivirent successivement dans les lois. Ulpien enseigne que le préteur doit déléguer sa juridiction dans les affaires dont il aurait connu comme

(1) *Epist.*, I, 25.
(2) Plin., *Epist.*, IV, 17.

avocat avant son entrée en magistrature (1); mais qu'il peut, après sa sortie de charge, plaider devant son successeur la cause déjà portée à son tribunal (2).

Un édit de Valentinien et Valens déclara l'incompatibilité entre les fonctions de juge et le ministère d'avocat dans la même affaire (3). Allant plus loin, une constitution de Justinien prohiba, d'une manière absolue, le cumul de ces deux offices, se fondant sur ce que chacun d'eux suffisant pour occuper une personne, les deux ne pouvaient être remplis en même temps (4).

Il y avait encore incompatibilité entre les fonctions de gouverneur de province et la profession d'avocat ; mais les gouverneurs pouvaient reprendre l'exercice de cette profession après la cessation de leurs fonctions s'ils les avaient remplies avec honneur (5).

Telles furent les incompatibilités prévues. On voit qu'elles sont de nature, sauf la dernière, à laisser penser qu'elles avaient été consacrées par un usage général avant de l'être par des dispositions formelles (6).

---

(1) Dig., *De jurisdict.*, fr. 17.
(2) Dig , *De postul.*, fr. 6, § 1.
(3) C. Justin., *De postul.*, const. 6. — C. Theod., lib. II, tit. X, *De postul.*, c. 2.
(4) C. Just., *De assessor.* constit. 13.
(5) C. Justin., *De advoc. div. judici.* const. 9.
(6) Voir en outre, Dig., *De postul.*, fr. 10 et § 1 et 11.

VI.

Conditions d'admission. Études préparatoires.

———

Lorsqu'il n'existait aucun empêchement absolu ou relatif de la nature de ceux que nous avons passés en revue, eu égard à chacune des époques que nous embrassons, l'aspirant avait-il à remplir quelques conditions pour être admis à la plaidoirie ?

Sous l'empire de l'institution du patronat, il suffisait sans doute que l'avocat justifiât de son titre de patron.

Pline nous apprend qu'à une époque antérieure à son enfance, les jeunes gens appartenant même aux familles les plus illustres, n'étaient admis à plaider devant les centumvirs, que sur la présentation d'un personnage consulaire (1); il ajoute que cet usage était tombé en désuétude de son temps, et que, par

(1) *Epist.* II, 14.

suite, ce tribunal était encombré d'écoliers sans talent, déclamateurs obscurs dont l'irrévérence et la présomption faisaient dire avec raison à Attilius que les enfants débutaient à l'école par Homère, comme ils débutaient au barreau par les centumvirs, c'est-à-dire, par ce qu'il y a de plus difficile. Il résulterait de ce passage qu'alors même qu'une présentation avait lieu, c'était plutôt par sentiment des convenances qu'en exécution d'un réglement positif, et que la défense restait affranchie de cette formalité dans les causes publiques.

Des conditions obligatoires d'admission ne furent réellement imposées que lorsque le barreau eût été constitué en corporation, et le ministère de l'avocat érigé en une sorte de fonction publique.

Justinien, dans sa première préface des Pandectes, nous fait connaitre la matière et la durée des études exigées des jeunes gens qui se destinaient à la profession d'avocat avant la publication de son corps de droit. L'enseignement embrassait une période de quatre années environ; la première était consacrée à l'examen de six livres de lois parmi les deux mille qui existaient alors et qui contenaient environ trois millions de versets ou paragraphes. Dans ces six livres étaient compris les Institutes de Gaïus et quatre traités particuliers sur la dot, les tutelles, les testaments et les legs. Dans le cours de la seconde année, les élèves voyaient des fragments assez considérables de ce que l'on appelait la Première partie des lois (πρῶτα), puis quelques titres des Jugements et des Choses. Les titres omis sur ces deux dernières matières, auxquelles on ajoutait huit livres des réponses de Papinien, faisaient le sujet des travaux de la troisième. Enfin les étudiants terminaient leur cours dans la quatrième année, après s'être livrés en leur particulier à l'étude des Réponses du jurisconsulte Paul.

Justinien changea ce mode d'enseignement, qui laissait beaucoup à désirer pour la méthode et pour le choix des matières. Il ordonna que la première année serait employée à l'étude de ses Institutes composées exprès pour être mises entre les mains de la jeunesse, et de la première partie des lois (πρῶτα). Les élèves de ce cours étaient appelés depuis longtemps *dupondii* (expression que nous pourrions traduire par *hommes de 2 sous ou hommes de 32 onces*) par allusion au peu de valeur ou à la légèreté de leur bagage scientifique : l'empereur substitua à ce ridicule sobriquet le nom de *Jeunes Justiniens* ou *Justinianistes*. Les études de seconde année durent comprendre les sept livres des Jugements ou les huit livres des Choses, en alternant d'une année à l'autre, et, en outre, un livre sur la Dot, un livre sur les Tutelles et Curatelles, un livre sur les Legs et fidéicommis. Les élèves de cette classe étaient appelés *Edictales* (*ex edicto*) : ils conservèrent cette dénomination. Pendant la troisième année, l'enseignement embrassait les livres des Jugements et des Choses que les étudiants n'avaient pas vus l'année précédente ; on y joignait le traité de la Formule hypothécaire, le

8

traité sur l'Édit des édiles, dans sa partie relative à l'action rédhibitoire, aux évictions et à la stipulation du double, et enfin, la plus grande partie des livres de Papinien. Les élèves de troisième année conservèrent le nom de Papinianistes, et furent invités à continuer de célébrer une fête en l'honneur de ce grand jurisconsulte, le jour où ses ouvrages étaient remis entre leurs mains. Le cours de la quatrième année se composait de l'examen de dix livres tirés des 4e et 5e parties du Digeste. Les élèves devaient se bien pénétrer, en leur particulier, de la 6e et de la 7e partie. On leur conserva le nom de Λύται, *Lytæ*, *quasi jam à nodis legumque œnigmatibus solvendi* (1).

Enfin, une cinquième année, pendant laquelle les jeunes gens, entièrement abandonnés à eux-mêmes, prenaient le nom de Πρόλυται, *omnino soluti*, était consacrée à l'étude du Code des constitutions impériales (2).

Tel était le programme de l'enseignement du droit, avant Justinien et sous ce prince, dans les écoles de Rome et de Béryte, les seules dont l'existence fût autorisée. Nul ne put être inscrit sur le tableau des avocats *(consortio sociari)* s'il ne justifiait de ce temps d'études, et n'établissait en outre, dans un examen spécial, qu'il en avait profité (3).

(1) Voyez Erasm., *Adag.*, Chil. III, cent. V, 54. — Gentius, *Adag.*, 14, in Erasm.

(2) Dig., *Præf. prim.* const. 2.

(3) Cod. Justin *De adv. div. judicum*, c. 5, Anastas. — Id *De adv. div. judici*, c. 11, Leon.

À ces conditions d'aptitude, une constitution des empereurs Léon et Anthémius, en 468, ajouta l'obligation d'être pénétré des saints mystères de la religion catholique, sous peine, en cas d'infraction, d'être puni d'un exil perpétuel et de la confiscation des biens (1).

Enfin, l'admission à la plaidoirie fut encore subordonnée à la permission spéciale du représentant du prince (2) ou du prince lui-même (3).

La réception avait lieu sans frais (4).

Ces garanties de capacité par diplôme et de moralité religieuse par intimidation ne produisirent ni Catons, ni Scévolas, ni Cicérons, et la science du jurisconsulte, étouffée sous les subtilités de l'esprit grec, alla rejoindre l'art oratoire perdu depuis longtemps.

De Constantin à Justinien, les avocats étaient divisés en deux classes : les avocats en titre *(statuti)*, et les surnuméraires *(supernumerarii)* (5). Les premiers seuls étaient inscrits sur le registre matricule, et faisaient partie du collége établi près de chaque juridiction. Les surnuméraires n'étaient attachés à aucun barreau, et pouvaient fixer leur résidence où il leur plaisait; ils remplaçaient les titulaires au fur et à mesure des vacances, car le nombre de ces derniers était limité.

(1) C. Justin., *De postul.*, c. 8.
(2) Dig., *De offic. proc*, fr. 9.
(5) C. Just., *De postul.*, c. 6, § 6.
(4) C. Just., *De adv. div. jud.*, c. 5.
(5) C. Just., *Ibid.*, 11, 13.

Théodose fixa à 150 le nombre des avocats de la préfecture prétorienne d'Orient; le même nombre fut attaché par Zénon à la préfecture d'Illyrie, placée sur la même ligne. Il y en eut aussi 150 à chaque préfecture de Rome et de Constantinople; mais ce nombre fut réduit à 80 par Justin. On en comptait 50 au barreau d'Alexandrie, 40 au barreau du comte d'Orient, 30 au barreau de Syrie, 16 ou un plus grand nombre dans les barreaux provinciaux. Les avocats qui n'étaient point compris sur ces listes privilégiées faisaient néanmoins partie de l'ordre, et pouvaient plaider devant certains tribunaux inférieurs (1).

(1) *Voy.* Passim C. Justin., *De adv. div. judicum*, et *De adv. div. judicium*. — Novel. Theod. II, lib. I, tit. X, *De postul.*, § 2.

VII.

Discipline et Privilèges.

Prévarication. — Peine de la suspension. — Avocat désigné d'office. — Radiation du tableau. — Défense d'injurier et de diffamer. — Cession de droits litigieux. — Pactes avec le client. — Serment de ne pas plaider les mauvaises causes. — Résidence obligée. — Priviléges. — L'avocat gouverne le monde. — On le nomme comte du premier ordre.

A proprement parler, le barreau n'eut pas de statuts disciplinaires, tant qu'il ne fut pas constitué en corporation. Cependant, dès l'année 549 de Rome, la loi Cincia, dont nous parlerons ailleurs plus amplement, défendit aux avocats de rien recevoir à l'occasion de l'exercice de leur ministère, soit à titre d'honoraires, soit à titre de présent. Cette prohibition, qui s'appliquait aux fonctionnaires de tous les ordres, et peut-être même aux simples particuliers, rentrait plus spécialement dans la classe des lois somptuaires; toutefois elle avait, à l'égard des avocats, un caractère disciplinaire qui se rencontre également dans les règlements d'Auguste, de Claude et de Néron, relatifs aux honoraires (1).

La prévarication de l'avocat, c'est-à-dire le fait d'avoir trahi la cause d'un client par suite de ma-

(1) *Voy.* chap. IX infra.

nœuvres frauduleuses, et notamment d'une corruption pratiquée dans l'intérêt de l'adversaire (1), fut
toujours considérée comme un acte criminel; mais
c'est sous l'empire seulement que nous voyons poursuivre un fait de cette nature; car nous ne voulons
pas parler ici de la prévarication de l'accusateur, qui
rentre dans un ordre d'idées différent. Sous le règne
de Nerva ou de Trajan, l'avocat Tuscilius Nominatus
s'était chargé de défendre les Vicentins contre Solers,
ancien préteur, qui plaidait devant le sénat pour obtenir l'autorisation d'établir des marchés sur ses terres,
au détriment de ses adversaires. L'affaire, portée à
une première audience, fut renvoyée à un autre jour
pour entendre Nominatus ; mais celui-ci ne parut
point, et les Vicentins l'accusèrent de les avoir abandonnés. Mandé à la barre du sénat, sous l'inculpation
de prévarication , l'avocat présenta lui-même sa défense. Tout en protestant de son dévouement à ses
clients, il avoua que le cœur lui avait manqué jusqu'au dernier moment ; il affirma qu'il était sorti
de chez lui avec l'intention de venir plaider, et qu'on
l'avait même vu au palais ; mais qu'ensuite il s'était
retiré, effrayé par les propos de ses amis ; qu'en effet, on l'avait averti de ne pas résister avec tant de
ténacité, surtout dans le sénat , aux prétentions d'un
sénateur qui ne faisait plus du procès une question
de marché, mais une question de crédit, de considération et de dignité ; qu'autrement il s'exposerait aux

---

(1) *Voy.* la définition d'Ulpien. — *De prævaric.*, fr. 1.

conséquences redoutables d'un prompt ressentiment.
Il paraît que Nominatus disait la vérité. La fraude
n'ayant pas été constatée, il fut absous, un seul sénateur ayant opiné pour une suspension de deux
ans.

Il résulte des lettres de Pline, où nous puisons ces
renseignements (1), qu'à cette époque les prévarications étaient fréquentes, et qu'elles avaient toutes
leurs causes dans une sordide cupidité. Aussi pensa-
t-on qu'il suffirait, pour remédier à ce mal, de remettre en vigueur les anciens réglements sur les honoraires, ou d'en créer de nouveaux (2). Mais cette
mesure, déjà employée dans des circonstances analogues par l'empereur Claude (3), fut impuissante à
extirper le vice qu'elle voulait atteindre.

Il est à croire, toutefois, que déjà l'édit du préteur
punissait ce genre d'infraction d'une peine arbitraire,
et que l'avis du sénateur qui opina pour la suspension de Nominatus s'appuyait sur cette disposition,
renouvelée par Marc-Aurèle (4), et introduite dans le
Corps de Droit de Justinien (5).

L'usage de désigner d'office un avocat à la partie
qui n'en avait pas, remonte à une époque reculée;
car, d'après l'institution du patronat, nul citoyen de

(1) V, 4 et 14.
(2) *Ibid.*, V, 21.
(3) Tacit., *Ann.* XI, 1 à 8; XIII, 42.
(4) C Justin , *De adv. div. judici*, c. 1.
(5) Id., *Ibid.* — D. *De prævar.*, fr. 1, § 1.

la classe infime ne devait rester sans défenseur (1). Il
paraît même que, dans certaines cités, une désignation de ce genre avait lieu pour tous les accusés, sauf
à eux, sans doute, à opter pour un avocat de leur
choix (2). Les nominations d'office avaient lieu fréquemment sous l'empire; elles étaient faites par le
juge (3) et par la voie du sort (4). Le préteur disait
dans son édit : *Si non habent advocatum, ego dabo*; et
en s'exprimant ainsi, il n'avait pas seulement en vue
celui à qui son indigence ne permettait pas de payer
son défenseur, mais encore celui qui aurait pu se
trouver privé d'assistance par suite du crédit de son
adversaire (5). Enfin, une constitution de Valentinien
et de Valens, allant plus loin, chargeait le magistrat
de veiller à ce que les avocats distingués par leur expérience ou leur talent ne fussent pas accaparés par
la même partie. S'il ne s'en trouvait qu'un petit
nombre de ce rang dans l'auditoire, ils devaient être
répartis de manière à ce que les plaideurs fussent
défendus avec des chances égales. L'avocat ne pouvait, sans motifs légitimes, refuser la cause qui lui
était dévolue, sous peine d'être rayé du tableau, avec
défense de se livrer désormais à l'exercice de la plaidoirie (6). Cette condamnation était sujette à appel (7).

(1) Cic., *Pro Muren.*, 4.
(2) Id., *Ibid.*, 2.
(3) Plin, *Epist.* II, 11 ; III, 9.
(4) Id., *Ibid.*, X, 20.
(5) Ulp D. *De Postul.* fr. 1, § 4.
(6) C. Justin., *De postul.*, c. 7.
(7) Id., *Ibid.*, c. 1.

Tout porte à croire qu'aux époques antérieures, une peine quelconque était aussi encourue par les avocats qui refusaient d'obtempérer à la désignation d'office, surtout lorsqu'elle émanait du juge.

Une autre constitution des mêmes empereurs enjoignait aux avocats d'être réservés dans leurs plaidoiries et de s'abstenir de tous propos injurieux ou diffamatoires étrangers aux besoins de la cause (1).

Il leur était interdit d'incidenter frustratoirement sur les procès, et de se rendre cessionnaires de droits litigieux (2). Ceux qui exigeaient des sommes excessives à titre d'honoraires, ou qui se faisaient remettre une partie de la chose en litige, encouraient la radiation. Il leur était également défendu de faire aucun traité avec le client (3).

Justinien fit de sages réglements sur la profession. Dans l'intérêt des justiciables, il ordonna que les avocats des deux parties, après le procès engagé, après le récit des faits et les objections auxquelles ces faits pouvaient donner lieu, jureraient, la main sur les saints évangiles, d'employer à la défense de leurs clients toutes les ressources de leur savoir et de leur talent, de ne négliger volontairement aucun moyen dans la mesure de ce qu'ils croyaient juste et vrai. Il leur prescrivait, en outre, de refuser les causes qu'ils savaient être mauvaises, et même de les abandonner, s'ils les reconnaissaient telles après les dé-

(1) Id., *Ibid.*, c. 6. § 1.

(2) D. *De offic. proc.*, fr. 9, § 2.

(3) C. Justin., *De post.*, c. 5 et 6. — C. Theod., lib. II, tit. X. *De post.*, c. 1.

bats commencés. Dans ce dernier cas, il était interdit à un autre avocat de reprendre l'affaire, *ne melioribus contemptis, improba advocatio subrogetur.* Si le plaideur avait choisi plusieurs défenseurs, et que un ou plusieurs d'entr'eux eussent déclaré ne pas pouvoir se charger de la cause, ceux qui restaient étaient admis à la plaider, mais les renonçants ne pouvaient être remplacés (1).

Il était défendu aux avocats de s'absenter plus de cinq ans avec un congé du magistrat, et plus de deux ans sans congé, sous peine de cesser de faire partie de l'ordre (2).

Après avoir parlé des réglements qui organisèrent la discipline du barreau, disons quelques mots de ses priviléges.

Les plus beaux priviléges des avocats ne furent jamais écrits, et ils existèrent surtout à l'époque où la profession n'était point encore réglementée, ou ne l'était que d'une manière très-incomplète. Pendant une longue période de temps, toutes les magistratures de Rome et de son empire se recrutèrent dans le barreau. A la fin du VIe siècle, les avocats gouvernaient le monde.

Les priviléges proprement dits, qui ne sont ordinairement que le salaire de la servitude, ne se produisirent que lorsque le barreau, cessant d'être accessible à tous, devint une sorte de fonction concédée nominativement par le prince et limitée dans

(1) C. Justin., *De judic.*, c. 12.
(2) Id., *De adv. div. judic.*, c. 9.

le personnel appelé à la remplir. Toutefois, il faut reconnaitre qu'ils puisèrent aussi leur origine dans des services rendus et dans la haute idée que le prince conçut de la science du droit et du talent de la parole appliquée à l'assistance judiciaire. « Les avocats, disait l'empereur Léon, les avocats qui pénètrent le sens caché des contrats, qui, par la puissance de leur argumentation dans les affaires publiques et privées, relèvent des ruines ou les préviennent, ne sont pas moins utiles au genre humain que s'ils donnaient leur sang dans les combats pour leur patrie et pour leur famille. A nos yeux, les défenseurs de notre empire ne sont pas seulement ceux qui combattent avec le glaive, le bouclier et la cuirasse: les avocats le servent aussi, eux qui, avec la modestie qui convient à la véritable éloquence, rendent l'espérance au malheureux qui souffre, protègent sa vie et ses enfants (1). »

Ce fut surtout dans le Ve siècle de l'ère chrétienne, époque à laquelle ils furent particulièrement érigés en corporation et placés sous la surveillance des magistrats, que les avocats obtinrent divers priviléges. Plusieurs constitutions les exemptaient des charges municipales qui constituaient un très-lourd fardeau, et de certains offices publics, tels que inspections, répartitions d'impôts, surveillance de travaux, vérifications de dépenses (2). Ce qu'ils gagnaient dans

(1) C. Justin., *De adv. div. judicior.*, c. 14
(2) C. Justin., *Ibid.*, c. 5 et 6. — Novel. Theod. II, lib. I, tit. X, *De postul.*, § 4.

l'exercice de leur profession, était assimilé au pécule
castrense et leur appartenait en propre (1). Leurs fils
étaient admis au tableau de l'ordre avant les surnuméraires qui les précédaient par rang d'ancienneté (2).
Deux constitutions de Léon accordèrent aux avocats
exerçant près le préfet du prétoire, depuis le premier
inscrit jusqu'au soixante-quatrième inclusivement,
et aux avocats exerçant près le préfet de la ville,
depuis le premier jusqu'au quinzième, aussi inclusivement, les priviléges considérables dont jouissait l'a-
vocat du fisc (3). Enfin l'empereur Anastase conféra
la dignité de comte du premier ordre (*clarissimi
primi ordinis comitis dignitas*) aux avocats des barreaux
du comte d'Orient et du proconsul d'Asie, après
qu'ils se seraient retirés de la plaidoirie (4).

Le premier inscrit sur le tableau portait le titre de
Primat (5).

Le collége des avocats étant assimilé sous le Bas-
Empire aux corporations organisées et réglementées,
il est probable qu'il jouissait à ce titre de certains
droits particuliers sur la nature desquels nous n'a-
vons que des notions incomplètes (6).

---

(1) Id., *Ibid.*, c. 4 et 8.— C. Theod., lib. II. tit. X, *De postul.*, c. 3.—
Nov. Valent., lib. II, tit. XI, § 4.

(2) Id., *Ibid.*, c. 6 et 13.

(3) Id., *Ibid.*, c. 15 et 16.

(4) Id., *De adv. div. judicum*, c. 1.

(5) Id., *Ibid.*, c. 3 et 5.

(6) C. Justin., *De incert. pers.* : c. unic.; id. *De adv. div. judicum*, c. 7,
§ 1. — C. Theod., lib. XIV, tit. II, *De privil. corp.*

VIII.

Costume de l'Avocat.

La toge. — La tunique. — Le laticlave et l'angusticlave. — Le manteau grec. — Les *penulati*. — Origine des vestiaires. — Maître Jacques plaidant devant l'empereur Claude. — Les Robins. — Coquetterie d'Hortensius. — Les varices de Cicéron.

Le peuple romain attacha toujours, surtout pendant la République, une grande importance aux signes extérieurs propres à indiquer la classification sociale des citoyens entre eux. Le vêtement fut spécialement par sa forme, par sa couleur, par sa contexture, un de ces signes distinctifs.

La toge (*toga*) était le costume national des Romains, et il leur fut particulier à ce point que les étrangers les désignaient, et qu'ils se désignèrent eux-mêmes sous le nom de *togati* et de *gens togata* (1). Longtemps ils ne purent la quitter pour prendre un vêtement étranger, même momentanément, sans violer la loi et sans abdiquer en quelque sorte le titre de citoyen : Cicéron fit beaucoup d'efforts pour justifier Rabirius Postumus d'avoir pris le manteau grec

(1) Romanos rerum dominos, gentemque togatam. Virg. *Æneid.* V, 286. — Cic., *In Verr.* II, 166.

(*pallium*) à Alexandrie (1) ; le même orateur avait reproché ce fait au préteur Verrès, comme un acte d'impudence (2). Pour effacer une distinction blessante entre les vainqueurs et les vaincus, alors tous citoyens romains, Auguste distribua des toges aux Grecs, des manteaux aux Romains, et les invita à s'en revêtir (3).

La toge était une sorte de robe sans manches, ouverte par devant (4), et quelquefois bordée de franges à sa partie inférieure appelée *lacinia* (5). Abandonnée à elle-même, elle tombait jusqu'aux pieds (6, ; mais une agraffe, placée un peu au-dessous des bras, la relevait ordinairement en l'assujétissant : la partie supérieure, rendue bouffante par cette espèce de ceinture, *cinctus*, se nommait les plis, ou le sein, *sinus*. Lorsque la ceinture n'était pas serrée, la toge traînait par terre, et cette tenue était efféminée ; on connait ce mot de Sylla à Pompée sur César : Défiez-vous de ce jeune homme qui met si mal sa ceinture (7).

Le costume du simple citoyen était la toge pure,

(1) *Pro Rab. Post.*, 9.
(2) *In Verr.*, IV, 24 ; V, 33.—Sigon., *De judic.*, cap. 18.
(3) Suet., *in Aug.*, 98.
(4) Val. Max. III, 2, 17.—Plut., *in Tib. Grac.*, 24.
(5) Val. Max. II, 7, 9.—Vell Pat. II, 3.
(6) Cic., *Pro Cluent.*, 40.
(7) Macr., *Saturn*, II, 3. Il paraît même que César ne portait la ceinture que sur la tunique. — Suét, *in Cæs.*, 45. Après le triomphe définitif de César, on demandait à Cicéron pourquoi il n'avait pas embrassé son parti : La ceinture m'a trompé, répondit-il. — Macr., *Ibid.*

toga pura; on l'appelait aussi toge virile. Elle était blanche, *alba*, et par ce mot, on désignait la couleur de la laine à l'état naturel. La toge de l'aspirant aux charges publiques conférées par l'élection, était rendue d'un blanc plus éclatant par l'emploi d'une sorte de craie, *toga candida*, *cretata*. La toge prétexte, *prœtexta*, était la toge pure avec des bandes de pourpre sur ses bords (1) : elle était le vêtement distinctif des enfants âgés de moins de seize ans, des prêtres et des magistrats. Il y avait encore la toge brune, *pulla*, qui servait pour les funérailles ; la toge brodée de pourpre, *picta*, *palmata*, *purpurea*, que revêtaient les triomphateurs et les empereurs ; la toge unie ou à poil ras, *pexa*, *rasa*, *vitrea*, etc. (2).

La tunique, *tunica*, se portait sous la toge. C'était le vêtement en contact immédiat avec la chair, une espèce de juste-au-corps. Elle était blanche dans l'origine et garnie de manches plus ou moins courtes ; sa longueur varia suivant les époques et suivant les goûts. Comme insigne de la classe à laquelle ils appartenaient, les sénateurs et les chevaliers avaient dans la partie antérieure de leur tunique une bande de pourpre présentant la forme d'un clou, *clavus*, ou d'un cône renversé ; sur la tunique des sénateurs, cette bande était appelée *laticlave*, parce qu'elle avait plus d'ampleur que la bande affectée à l'ordre des chevaliers, et qu'on nommait, par opposition, *angus-*

(1) Macr., *Saturn.*, I, 6.
(2) Hier. Bossius, *De toga romana commentar.*, p. 13, édit. 1614.

ticlave. La tunique privée de cette marque distinctive était la tunique droite, *recta* (1). Les anciens Romains ne portaient que la toge (2); les statues de Romulus et de Tatius dans le Capitole, celle de Camille aux rostres n'avaient point de tunique, et c'est dans ce costume que Caton d'Utique se présentait, l'été, au forum (3).

La toge blanche, *pura*, étant le vêtement légal du citoyen, fut aussi le costume de l'avocat. Cependant l'usage de cette toge commença à se perdre dans la classe inférieure dès le temps de Caton l'ancien, et il était presqu'entièrement tombé en désuétude à la fin de la République, excepté parmi les sénateurs et les chevaliers. A ce vêtement, incommode par son ampleur et par sa couleur salissante, on avait substitué une tunique plus longue, *tunica talaris*, et surtout un manteau de couleur brune qui se posait sur la tunique, *lacerna, penula coloris pulli*. Quelques avocats, fidèles aux anciennes traditions, continuaient de porter la toge, mais les praticiens de toutes sortes, les *leguleii*, les *formularii*, les *monitores* avaient adopté la tunique longue ou le manteau, ce qui les fit désigner sous la dénomination de *pullata turba*, *penulati* (4).

(1) A vrai dire, on ne sait pas au juste en quoi consistait le laticlave et l'angusticlave Les traités indigestes de Bossius (*De toga romana commentarius*) et de Baïf (*De re vestiaria*) ne fournissent aucune lumière sur ce point. D'une autre part, les textes recueillis par Sigonius (*De judiciis*, cap. 19) présentent souvent des énonciations contradictoires.

(2) Aulu. Gel. VII, 12.

(3) Ascon., *In Scaurian.* in fine. *Voy.* les notes de Beier et de Madvig, dans Orelli.

(4) Quintil., VI, 4 Auct., *Dialog. orat.*, 39.

Auguste s'efforça de ramener à l'ancien costume.
Il ordonna en conséquence aux édiles de tenir la
main à ce que personne ne parût au Forum ou dans
le cirque sans être vêtu de la toge, *ne quem posthac
paterentur in foro circove, nisi positis lacernis, togatum
consistere* (1). Telle fut l'origine des vestiaires : les
avocats qui ne portaient point habituellement la toge,
et le nombre en devint chaque jour plus grand, en
avaient une en dépôt à la basilique et la prenaient
avant d'entrer à l'audience. On l'appelait *toga foren-
sis* (2).

Quoique la toge fût abandonnée par une partie notable de la population, elle n'en resta pas moins pendant plusieurs siècles encore le costume national, et
les Romains se montrèrent toujours jaloux du droit
de la porter, à l'exclusion des étrangers. Sous Claude,
la question s'éleva de savoir si un particulier, à qui la
qualité de citoyen était contestée, serait admis à plaider dans sa propre cause en toge ou en manteau grec :
l'empereur, juge du procès, décida qu'il prendrait le
manteau pendant le plaidoyer de son adversaire, et
la toge pendant toute la durée de sa défense (3).

Adrien, essayant de remettre en honneur le costume
du citoyen, défendit aux sénateurs et aux chevaliers
de paraître en public sans être revêtus de la toge,

(1) Suét, *In Octav. Aug.*, 40.
(2) Petr., *Satyr.*, 56.
(3) Suét., *In Claud.*, 15. — *Voy.* D. *De jure Fisci*, fr 32.

à moins qu'ils ne revinssent d'un repas (1); mais l'édit fut impuissant contre l'usage. Bientôt la toge ne se montra plus que dans les tribunaux; de sorte que l'expression de *togati*, par laquelle Cicéron et Virgile avaient désigné le peuple romain, devint exclusivement le nom, habituel d'abord, puis, un peu plus tard, tout-à-fait officiel, des avocats (2). Un vêtement de couleur brune et à larges manches, transaction entre la toge et la tunique longue, finit enfin par l'emporter; et c'est encore le costume de la plupart des barreaux modernes. On retrouve dans la robe des juges de nos tribunaux civils la toge antique avec l'indication de la tunique; la robe rouge que portent les magistrats de nos cours souveraines, n'est autre que la prétexte *(toga purpurea)* des hautes magistratures romaines sous le régime impérial.

Au beau temps de l'éloquence, les avocats ne négligeaient rien de ce qui pouvait, dans la disposition du vêtement, accroître le prestige de la parole : Hortensius s'aidait d'un miroir pour faire sa toilette, et donnait le plus grand soin à l'arrangement de sa ceinture. On raconte qu'il porta plainte en injure contre un de ses confrères qui, dans un passage étroit, avait dérangé par mégarde la symétrie de son ajustement (3). Quintilien entre dans des détails curieux sur les rapports du costume avec l'art ora-

(1) Spartian., *In Adrian.*
(2) *Voy.* au chap. III, DÉNOMINATIONS DIVERSES DES AVOCATS.
(3) Macr., *Saturn.*, II, 9.

toire. Il nous apprend que dans les temps anciens,
on ne donnait point d'ampleur à la toge, ce qui laissait au geste plus de liberté, le bras étant serré par
le vêtement; plus tard, elle reçut des développements
successifs et forma des plis. De son temps, l'orateur
qui n'avait pas le droit de porter le laticlave se
ceignait de manière à laisser descendre le bord de
la tunique un peu au-dessous du genou par-devant,
et par derrière, au milieu des jarrets; sa toge, ar-
rondie et bien coupée, ne formait aucun pli contraint
et disgracieux; le devant s'arrêtait à mi-jambe, le
derrière était un peu plus relevé, suivant en cela la
direction de la ceinture. Le pli, qu'il disposait obli-
quement de l'épaule droite à l'épaule gauche, en manière d'écharpe, n'était ni étranglé ni flottant. Il
retroussait les manches, qui alors étaient longues
autant que cela était nécessaire pour qu'elles ne gê-
nassent pas le mouvement de l'action en retombant
sur l'avant-bras; puis il jetait un pan sur l'épaule en
évitant de trop la couvrir, afin de ne pas étriquer le
vêtement et perdre ainsi la prestance que donne l'ampleur de la poitrine. Tous ces soins ne se prenaient
qu'au début de la plaidoirie; lorsque la discussion
s'animait, l'orateur prêtait moins d'attention à son
ajustement, et si le pan de sa toge venait à tomber
de dessus l'épaule, il lui arrivait quelquefois de le
relever sous le bras gauche, ce qui donnait à son
allure une sorte de résolution dégagée favorable à la
chaleur du discours. Enfin il n'était pas mal qu'il la
laissât flotter en désordre, au moment où, couvert de

sueur, il s'abandonnait à l'entrainement d'une péroraison passionnée (1).

Telle était, sous les derniers des Césars, la tenue de l'avocat dans le cours de la plaidoirie. Quintilien nous apprend encore que les anciens ne relevaient point la toge au moyen de la ceinture, et que cet usage subsista même postérieurement à Cicéron, ce qui détruit le reproche adressé à cet orateur par Pline l'oncle, de n'avoir pris l'habitude de laisser traîner sa toge que pour cacher ses varices (2).

(1) Quintil., XI, 5.

(2) Id., *loc. cit.*

IX.

Des Honoraires.

On répète depuis des siècles que le ministère de
l'avocat fut exercé gratuitement chez les anciens Romains, et que l'usage des honoraires ne s'introduisit
à Rome que bien longtemps après la chûte de la république; puis de cette proposition on conclut que
l'assistance du défenseur perdit de son lustre en cessant d'être désintéressée, et qu'elle dégénéra de son
caractère primitif en devenant une profession salariée.

Cette opinion est erronée en beaucoup de points,
et il importe de rectifier les idées sur lesquelles elle
s'appuie.

Selon nous, jamais le ministère de l'avocat ne fut

moins gratuit que dans les premiers âges de la cité romaine. Rappelons en peu de mots ce que nous avons dit du patronat, institution reposant sur des bases essentiellement aristocratiques. Le père ou patron était propriétaire des terres et maître des pouvoirs publics ; autour de lui vinrent se grouper, d'abord la famille naturelle, en second lieu une sorte de famille civile composée d'hommes à qui leur faiblesse fit sentir la nécessité d'une protection ; ces derniers se firent serviteurs et ils cultivèrent les terres : on les appela *colentes, clientes,* clients. Peut-être aussi la puissance terrienne et politique ne fut-elle concédée à un petit nombre, lors de la fondation de la cité, qu'à la charge d'une tutelle efficace au profit de la classe assujétie. Quoi qu'il en soit, de cette alliance dérivant de la convention ou de l'institution, naquit un véritable contrat dont les lois déterminèrent les effets.

Or, au premier rang des droits reconnus au client, figurait celui d'être défendu en justice par son patron ; mais il s'en fallait de beaucoup que cette assistance fût gratuite, et nous avons vu qu'en échange de ce service le client était soumis à des charges qui ne tardèrent pas à rendre sa position insupportable. Cependant, les progrès du luxe et l'émancipation des esprits ayant modifié les mœurs sous l'empire desquelles s'était constitué le patronat, les liens de cette institution, fondée sur un système de réciprocité apparente, s'étant relâchés par suite de l'abolition successive des priviléges du patriciat, le patron ne tarda pas à se considérer comme affranchi de ses obligations. L'assistance qu'il avait fournie en exécution d'un contrat, désormais sans lien de droit, il ne l'accorda plus qu'en vue de la conservation d'un moyen d'influence et d'une sorte de suprématie honorifique.

D'autre part, la procédure, longtemps secrète, s'échappait de ses langes mystérieux et se vulgarisait; la science du droit prenait un corps; des jurisconsultes plébéiens se formaient, et les anciens clients commençaient à comprendre que leurs intérêts pouvaient être remis en des mains plus habiles que celles de leurs patrons : de là le ministère de l'avocat *(advocatus)*, dont le nom emporte avec soi l'idée de choix et d'appel volontaire.

Ainsi dépouillé du droit exclusif d'assistance judiciaire, qu'il considérait avec raison comme un de ses plus précieux priviléges; forcé de se faire lui-même avocat, en subissant les nouvelles conditions d'exercice de ce ministère, le patron n'osa pas d'abord réclamer un salaire que l'ancienne institution proscrivait, et que sa fierté aurait regardé comme une sorte d'humiliation; mais il fut tacitement convenu, entre lui et le client, qu'il lui serait fait un *don* à titre de rémunération. Le jurisconsulte, qui, dans les premiers temps, ne pouvait diriger la procédure qu'en se présentant avec le titre de patron, n'exigea point, en échange de ses services, un salaire incompatible avec cette qualité; mais il stipula à son profit un présent honorifique; ce *don*, ce *présent*, furent appelés, suivant les époques, *honorarium*, *xenium*, *solatium*, *merces*, expressions qui impliquent toutes la pensée d'une offrande libre et spontanée. On y ajouta plus tard le *palmarium*, qui était, ainsi que le mot l'indique, un don d'une nature particulière offert à titre de *palme* à l'avocat dont les efforts avaient été couronnés de succès.

Quoique, dès le Ve siècle, le patronat eût subi des altérations radicales, les lois de son institution n'en restaient pas moins debout, nominalement du moins. Or, comme il existe, à toutes les époques de la vie des peuples, des hommes qui croient à la possibilité de remonter les âges par la compression des mœurs, des efforts furent tentés pour maintenir à la défense devant les tribunaux son caractère apparent d'assistance gratuite : ils devaient rester sans résultat, parce que, d'une part, le patron ne retrouvait plus avec le client les avantages qui étaient entrés dans les conditions du contrat primitif; et parce que, d'autre part, les changements survenus dans l'administration de la justice avaient profondément modifié la nature et l'étendue des obligations de l'avocat à l'égard du plaideur.

Ici vient naturellement se placer l'examen de la loi Cincia.

En l'an de Rome 549, le tribun du peuple Marcus Cincius Alimentus proposa et fit accepter une loi dont la rubrique seule est parvenue jusqu'à nous ; elle était intitulée : *De donis et muneribus* (1). Quelles

---

(1) Cic., *De senect.*, 4 ; Id., *De orat.* II, 71. Festus V^o *Muneralis*. Un grand nombre de compilateurs d'antiquités romaines, sur la foi d'un passage

étaient ses dispositions? prohibait-elle d'une manière absolue les dons et les présents (1)? s'appliquait-elle aux avocats spécialement, ou les comprenait-elle dans une mesure générale? la prohibition n'avait-elle lieu que dans l'intérêt des plaideurs indigents? Toutes ces questions ont été controversées, mais l'on comprend que la solution en soit impossible. Voici sur l'ensemble de la loi, ce qui nous parait le plus vraisemblable.

Lorsque les richesses se furent introduites à Rome, l'usage s'établit d'échanger des cadeaux, et devint bientôt général. La vanité et la cupidité poussèrent cet usage à un tel excès d'extravagance (2), que les hommes sages durent en concevoir de l'inquiétude, car des familles se ruinaient, et les nobles en abusaient au point de se créer ainsi un véritable impôt sur les plébéiens. La loi Cincia eut pour objet principal de mettre un terme à cet abus : Caton nous l'apprend positivement par l'organe de Tite-Live : *Quid legem Cinciam de donis et muneribus nisi quia vectigalis jam et stipendiaria plebes esse senatui cœperat* (3).

---

de Tacite (*Ann.* II), et d'une épigramme d'Ausonne (Kahl, V° *Lex Titia*), citent une loi Titia *de donis et muneribus;* mais on doit tenir pour constant, ce nous semble, qu'une erreur de copiste a donné lieu à un double emploi, et que Tacite n'a voulu parler que de la loi Cincia ou Cintia.

(1) Les dons qui avaient une cause s'appelaient *munera*, d'où *rémunératoire;* les autres, *dona*. Ulp. D. *De verb. sign.* fr 194.

(2) Sur ces cadeaux, *voy.* Térence, *Phormio*, 1, 3, 5. — Suét., *in Octav.* 57 ; Id., *in Tiber.*, 34. — Martial, VIII, 32. — Macrob., *Saturn.* VII. — Gaïus, II, 9, 4.

(3) Tit.-Liv. XXXIV, 4.

Lorsque Cincius proposa son projet, un sénateur du nom de Caïus Cento lui dit ironiquement : Eh! que demandez-vous là, mon cher Cincius? Je demande, répondit le tribun, que vous achetiez les choses dont vous voulez user, mon cher Caïus (1). Nous savons que la prohibition s'appliquait aux fonctionnaires publics. Un certain Bassus, accusé de concussion, se défendait en soutenant qu'il s'était borné à recevoir des présents : *sed lex*, écrit Pline qui le défendait, *munera quoque accipi vetat* (2). Il n'est pas douteux non plus que la loi n'eût eu en vue les avocats : La loi Cincia, dit Tacite, dut son origine à la licence des avocats (3).

Il semble résulter de ces autorités que le but du législateur fut une interdiction absolue pour les hommes revêtus de fonctions publiques ou agissant dans un caractère public, de recevoir des présents ou honoraires en cette qualité : nous disons en cette qualité, car Cicéron, qui avait la prétention de se montrer rigide observateur de la loi, nous apprend qu'il crut pouvoir accepter d'un ami le don d'une bibliothèque, après avoir soumis ses scrupules à Cincius (4). En ce qui touche les avocats, quelques

(1) Cic., *De orat.*, II, 71.

(2) *Epist.*, IV, 9.

(3) *Ann.*, XV, 20 ; XI, 5.

(4) *Ad Attic.*, I, 20. — Ce Cincius était un descendant du tribun. Les familles conservaient dans leurs archives l'exposé des motifs des lois proposées par leurs ancêtres. L'honneur d'avoir donné son nom à un acte législatif était un patrimoine auquel la famille attachait le plus grand prix. — *Voy.* Tite-Live, V, 11.

docteurs ont pensé que la prohibition n'avait été établie qu'en faveur des clients pauvres, et qu'elle ne
s'appliquait point aux honoraires qui pouvaient être
réclamés des plaideurs en état de les payer : Brummer,
qui a fait un commentaire sur la loi Cincia, rejette
avec raison cette distinction (1).

Voici, au surplus, en quels termes était probablement conçue la disposition relative aux avocats : *Ne
quis ob causam orandam donum munusve accipiat* (2).

La loi Cincia, en ce qui concerne cette disposition
particulière, était un anachronisme. Dirigée contre
l'abus des honoraires exagérés, contre la *licence* des
avocats, comme dit Tacite, elle aurait pu produire de
bons résultats : absolue dans ses prohibitions, elle ne
fut respectée que par un petit nombre d'orateurs
intéressés à faire parade d'une générosité qui leur
profitait. L'assistance en justice était devenue une
véritable profession exigeant des études spéciales, un
travail de tous les instants, et la plupart des avocats
continuèrent à recevoir une rémunération. La loi fut
même impuissante à réprimer les abus, et à une
époque où le barreau romain brillait d'une éclatante
splendeur, on vit P. Clodius et C. Curion tarifer leur
ministère à un taux excessif (3). Tout le monde connait

---

(1) Frid. Brummeri lipsiensis, *Commentarius ad legem Cinciam.*—Paris,
1668.

(2) Cic., *De orat.* II, 71 ; *De legibus*, III, 4; *De senect.*, 4. — Tit.-Liv.,
XXXIV, 4.

(3) Tacit., *Ann.*, XI, 7.

le mot piquant de Cicéron sur le sphinx de grand
prix donné par Verrès à Hortensius son défenseur (1).

M. Licinius Crassus, dont la fortune s'éleva à 76
millions de francs (2), imposait des pactes honteux à
ses clients (3); Cicéron lui-même, qui ne laisse échapper aucune occasion de vanter son respect pour la loi
Cincia (4), et que ses admirateurs enthousiastes ont
présenté comme un modèle de désintéressement, est
fortement soupçonné de n'avoir pas toujours mis en
pratique les principes qu'il professait. Il faut avoir
peu de confiance dans la diatribe passionnée, longtemps attribuée à Salluste, dans laquelle il est traité

(1) Plut., *in Cic.*, 10. Je ne comprends rien à ces énigmes, disait Hortensius dans le procès de Verrès. — Comment! répartit Cicéron, n'avez-
vous pas le sphinx chez vous ?

(2) Plin., *Hist. nat.*, XXXIII, 10, 5 et 47.

(3) Cic., *Parad.*, VI, 2.

(4) *Pro leg. manil.* 1; *De pet. cons.* 9; *De offic.*, III. — M. Wolf, dans
la notice qu'il a donnée de Varron, d'après Schneider, en tête de sa traduction du *De agricultura* de cet auteur (collect. Nisard) fait dire à Cicéron :
« M. Terentius Varron éprouva de grandes pertes et se jeta dans la carrière
du barreau avant les changements survenus dans la république. Il s'y distingua par sa probité autant que par ses talents, *regardant comme très honorable et très-légitimement acquis le gain qu'il tirait de sa profession.* » (*Ad
famil.* XIII, 12). Voici le passage de Cicéron: « Deindè versatus in utrisque
subseliis optima fide et fama, jam ante hanc commutationem reipublicæ, pe-
titioni sese dedit, honoremque honestissimum existimavit fructum laboris
sui. » M. Wolf a fait tenir à Cicéron un langage directement opposé à sa
pensée, car ce dernier a écrit : « M. Terentius Varron, après avoir fait
preuve de conscience sur le siége du juge et sur le banc de l'avocat, se livra
aux candidatures avant les derniers changements survenus dans la République, *et toujours l'honneur lui parut le fruit le plus précieux de ses travaux.* »

d'avocat vénal, et où il est dit que ses mains sont
rapaces et sa gueule insatiable (1); c'est à tort, sans
aucun doute, qu'on lui a imputé d'avoir prévariqué
avec Verrès sur le chiffre des dommages-intérêts
réclamés au nom des Siciliens, quoique le Pseudo-
Asconius déclare n'être pas suffisamment éclairé sur
ce point (2) : mais il existe beaucoup de raisons de
penser que la somme d'un million de sesterces (deux
cent mille francs) qu'il reçut de Publius Sylla, alors
accusé, et qu'il consacra à l'acquisition d'une maison,
ne fut, pour le tout ou pour partie, que le prix de son
assistance, dissimulé (comme cela se pratiquait souvent) sous la forme d'un emprunt clandestin. On lui
reprocha cet emprunt prétendu, en indiquant à
l'avance sa destination; il le nia : « Qu'il soit vrai,
dit-il, que j'ai reçu de l'argent de Sylla, si j'achète
cette maison! » Il l'acheta cependant; et comme ses
ennemis lui rappelaient son mensonge en plein sénat:
« Singuliers personnages que vous êtes! leur répondit-
il, ne savez-vous donc pas qu'un bon père de famille
doit cacher son intention d'acheter, de peur de la
concurrence (3) » Dans une autre circonstance, Clodius Pulcher lui imputa à crime cette même acquisition; mais, cette fois encore, une plaisanterie qui mit

____

(1) Mercenarius patronus, cujus nulla pars corporis turpitudine vacat,
lingua vana, manus rapacissimæ, gula immensa, pedes fugaces. Sallust., *in
Cic. orat. invectiv.* Paris, 1541.

(2) An gratiamne Hortensii, an suam, an etiam conniventia Ciceronis ip-
sius, parum comperimus. Orel., p. 152.

(3) Aulu-Gel. XII, 2.

les rieurs de son côté le dispensa de s'expliquer (1).
Enfin, quelques passages de sa correspondance avec
Atticus, rendus obscurs à dessein, nous disposeraient
à croire qu'il reçut de l'argent, à titre d'honoraires,
sur le prix provenant de la ferme ou de la vente des
biens de Milon (2).

Cicéron, homme nouveau, s'était présenté au barreau sans le prestige de la naissance; mais son talent l'avait bientôt élevé au premier rang. Remarqué
de Sylla, chargé de défendre les intérêts des plus
hauts personnages de la cité, mis en relief par les
candidatures, un désintéressement absolu pouvait
être pour lui une spéculation bien entendue; car en
excitant l'admiration du peuple et la reconnaissance
de sa clientèle, il se ménageait des suffrages, et plaçait
ainsi à gros intérêt ses fatigues et son travail. Si pourtant, dans cette position tout-à-fait exceptionnelle, il ne
s'abstint pas toujours, comme cela paraît vraisemblable (3), de recevoir des honoraires, ne doit-on pas rester
convaincu que des avocats d'un ordre inférieur, les
Cépasius, les Erucius, les Attius, qui exerçaient à
ses côtés une véritable profession sans avenir, en retiraient un salaire qui les faisait vivre? Il en était ainsi,
en effet, et nous l'apprenons de Cicéron lui-même, en

---

(1) Cic., *Ad Attic.*, I, 16.

(2) *Ad Attic.*, VI, 4 et 5. Remarquez surtout ces mots τὰ μὲν διδόμενα,
qui sont le commencement d'un dicton grec qui peut se traduire par notre
proverbe : A cheval donné, on ne regarde pas la bride.

(3) Aux présomptions que nous avons énumérées, il faut ajouter celle-ci :
dans un discours qu'il fait tenir à un certain Silius, Tacite vante le désinté-

ce qui touche Erucius (1) et les frères Cépasius (2).
Si donc la loi Cincia prouve, par le fait même de son
existence, que le ministère de l'avocat n'était pas
gratuit vers le milieu du VIe siècle, les documents
que nous avons recueillis démontrent qu'il ne le fut
pas davantage dans le siècle suivant.

Et cependant nous n'avons encore rien dit du
moyen le plus fréquemment employé pour échapper
à la loi prohibitive : nous voulons parler des libéralités testamentaires. La loi défendait d'accepter le
cadeau du plaideur; mais les morts n'ont plus de
procès, et elle n'annulait point le legs fait par le client
à son avocat. Les legs de cette nature furent même
réputés honorables lorsqu'ils n'étaient pas le produit
de la fraude et de la captation; à ce point, que Cicéron se glorifiait d'en avoir recueilli pour plus de 20
millions de sesterces (4 millions de francs) (3). Pourtant, il est bien évident que lorsqu'ils étaient faits en
faveur d'un homme du barreau, comme témoignage
d'estime et de reconnaissance, ils ne devaient être,
dans la plupart des cas, qu'une rémunération posthume de services rendus (4). Ils devinrent, au surplus, une des sources principales de ces immenses

---

ressement d'Asinius Pollion et de Messala, avocats contemporains de Cicéron (*Ann.* XI, 7) : Pourquoi n'a-t-il pas parlé de ce dernier, plus illustre
que ses deux confrères?

(1) *Pro S. Rosc.*, 21, 29.
(2) *Pro Cluent.*, 20.
(3) *Philipp.*, II, 16.
(4) Horat, *Satyr.*, II, v. 27. — Martial., II, 32.

fortunes qui précipitèrent la ruine de la république par le développement excessif des ambitions individuelles, et par la corruption qui en était la conséquence naturelle.

Parmi les faits scandaleux auxquels ces legs donnèrent lieu, même avant la démoralisation de l'ère impériale, il en est un qui compromit à un haut degré deux célèbres avocats contemporains de Cicéron. Un certain Minucius Basilus, homme très-riche, étant mort en Grèce, un faussaire lui attribua un testament dans lequel il eut l'habileté d'instituer héritiers Crassus et Hortensius, dont le crédit était alors tout puissant; il espérait assurer ainsi l'exécution de cet acte frauduleux où il figurait lui-même comme légataire d'une forte somme, et il réussit : Crassus et Hortensius, quoiqu'ils n'eussent jamais vu le prétendu testateur, consentirent à accepter le fruit d'un crime qui frappait tous les yeux (1).

Dans les derniers temps de la République, les exigences des avocats ne connaissaient plus de bornes, et la plaidoirie était devenue l'objet d'un véritable trafic (2). Auguste essaya de remédier à cet état de choses : il remit en vigueur la loi Cincia, et fit décréter par un sénatus-consulte que l'avocat convaincu d'avoir reçu de ses clients une rétribution quelconque, serait condamné à la restitution du quadruple (3).

---

(1) Val. Max. IX, IV, 1. — Cic., *De offic.*, II, 18. — Amm. Marc., XXX
(2) Cic., *Parad.*, VI, 2.
(3) Dio, IV, 18.

C'était là une détestable mesure : si l'on avait eu le tort, en 549, de ne pas comprendre que l'institution du patronat n'existait plus que de nom, et que l'assistance en justice était devenue une profession à laquelle devait être accordé un salaire honnête, du moins, à cette époque, les formes républicaines permettaient encore à l'orateur de retrouver dans les charges conférées par le suffrage populaire le prix de ses efforts et de ses travaux ; mais deux siècles plus tard, et alors que l'autorité souveraine était concentrée entre les mains du prince, l'avocat se voyant privé de la perspective d'une rémunération qu'une ambition légitime lui permettait d'espérer, eut recours à la délation pour vivre : de sorte qu'une réforme tentée sans discernement devint une cause nouvelle de démoralisation.

Mais l'avidité des avocats, un instant comprimée, n'en devint que plus audacieuse. Sous le règne de Claude, un chevalier romain, nommé Samius, avait compté 400,000 sesterces (80,000 francs) à l'avocat Suilius qui s'était chargé de le défendre. Ce dernier, corrompu par une somme plus forte, colluda avec l'accusateur de son client qui, de désespoir, se donna la mort. Indigné de cette odieuse prévarication, le sénat réclama contre le coupable l'application de la loi Cincia. Suilius soutint, en présence de l'empereur, que cette loi était tombée en désuétude, et qu'on ne pouvait lui en faire l'application sans une sorte de rétroactivité; il en combattit ensuite les dispositions et s'efforça de démontrer que toute profession

10

doit fournir aux besoins de celui qui l'exerce; que
l'avocat doit vivre de son talent, comme le soldat de
la guerre, et le laboureur de son champ ; que si l'on
avait vu des hommes déjà riches faire preuve de
désintéressement au barreau, il était facile d'en citer
d'autres moins favorisés de la fortune, qui avaient
retiré un prix élevé de leurs plaidoiries; qu'enfin pri-
ver le travail et le talent de la juste rémunération qui
leur est due, ce serait les décourager et les anéantir.
Claude, touché de ces considérations, laissa de côté
la loi Cincia et se borna à décider qu'à l'avenir, les
avocats ne pourraient recevoir, sous peine de concussion, au-delà de dix mille sesterces (2,000 fr.) (1).

S'il faut en croire Tacite, ce tempérament équitable, qui sanctionnait pour la première fois la légitimité des honoraires, et en fixait le maximum à un
taux modéré, aurait été improuvé par Néron, qui se
serait empressé, dès son avènement à l'empire, de
remplacer l'édit de Claude par la disposition abrogée
de la loi Cincia : *Multaque arbitrio senatus constituta
sunt : ne quis ob causam orandam mercede aut donis
emeretur* (2). Mais ce fait est trop en opposition avec
les mœurs du temps pour être vraisemblable, et nous
avons plus de confiance en Suétone, dans lequel on
lit que Néron avisa à ce que les avocats ne pussent

---

(1) Tacit., *Ann.*, XI, 1 à 8. D'après un autre passage du même auteur
(XIII, 42), la loi Cincia aurait été remise en vigueur ; ce qui serait inconciliable avec la décision de l'empereur.

(2) *Ann.*, XIII, 5.

rien réclamer des plaideurs au-delà d'un salaire convenable et déterminé (1). Il y a lieu de penser que ce réglement se maintint longtemps, car il était fait pour une époque où les meilleurs esprits reconnaissaient la légitimité des honoraires. Quintilien exprime, sur ce point, des idées très-judicieuses. Selon lui : « Il serait plus digne, sans doute, de ne pas vendre une assistance qui peut paraître vile, par cela seul qu'on y met un prix. Mais si l'avocat ne trouve pas dans son patrimoine de quoi suffire à ses besoins, il doit lui être permis de souffrir qu'on reconnaisse ses soins. Dans ces conditions, un salaire est donc non-seulement équitable, mais même nécessaire, et toute la difficulté consiste à savoir quelle somme l'avocat doit recevoir. » Quintilien pense que les honoraires ne doivent excéder ni les ressources de celui qui les paie, ni les besoins de celui qui les touche, et qu'en définitive il convient de ne les considérer que comme le signe d'un échange de services (2).

Les édits de Claude et de Néron étaient propres à concilier tous les intérêts honnêtes, mais ils furent impuissants à extirper les abus. Le luxe, en créant chaque jour de nouveaux besoins, donnait tant d'at-

---

(1) *In Neron.*, 17. Cautum ut litigatores pro patrociniis certam justamque mercedem darent.

(2) XIII, 7. Sénèque a dit, avec beaucoup de raison : Emis à medico rem inæstimabilem, vitam ac valetudinem bonam : a bonarum artium præceptore studia liberalia et animi cultum. Itaque his non rei pretium, sed operæ solvitur, quod deserviunt, quod a rebus suis avocati nobis vacant ; mercedem non meriti sed occupationis suæ ferunt. *De benef.*, VI, 15.

traits aux richesses, que tous les moyens de se les procurer furent acceptés comme bons à mettre en pratique. Le scandale était à son comble sous les règnes de Domitien, de Nerva et de Trajan : à cette époque, Marcellus Eprius et Vibius Crispus se créaient, par l'exercice de leur profession, une fortune de 300 millions de sesterces (1). Martial est rempli de sarcasmes qui laissent voir jusqu'à quel degré de déconsidération la profession d'avocat s'était ravalée de son temps : « Tu veux devenir riche, dit-il, fais-toi avocat (2). — Si je voulais vendre ma parole aux accusés suppliants, dit-il ailleurs, ma robe serait bientôt salie par de l'argent venu de tous les côtés (3). » A un avocat, ancien boulanger, il reproche d'avoir exigé de son client 200,000 sesterces (40,000 fr.) (4) ; à un autre, de vouloir absorber avec le juge plus que le procès ne vaut (5). Suivant lui, si l'on veut entendre résonner de l'argent, c'est au Forum qu'il faut aller (6). A la vérité, ce ne sont là que des épigrammes ; mais

(1) 60 millions de francs. Auct. *Dial. orat.*, 8.

(2) *Epigr.*, II, 30.

(3) *Ibid.*, V, 16.

(4) *Ibid.*, VIII, 16 et 17.

(5) *Ibid.*, II, 13 et 30.

(6) *Ibid.*, I, 17. Martial donne une nomenclature très-curieuse des cadeaux que les avocats recevaient sous le nom de *saturnalia* et de *natalicia*. C'étaient des tablettes, du linge, des tapis, des fèves, des olives, des figues, du vin, des pierres précieuses, des vases, des statues, des vêtements de prix, etc. (IV, 46 ; VII, 53 ; X, 87.) Sous Vespasien, les clients faisaient hommage à leurs avocats de l'image de ces derniers (Auct., *Dial. orat.*, 11). Sur la vénalité des avocats, *voy.* Horace, *Satyr.*, II, 5 ; Senec., *De ira*, II, 7 ; Juven., VIII, v, 68 ; Perse, III, 63 et suiv.

Pline nous prouve, par des faits, qu'elles sont une peinture fidèle du barreau de l'époque. Voici l'incident qu'il raconte (1) :

Les habitants de Vicente plaidaient devant le sénat contre le sénateur Solers qui avait la prétention d'établir des foires sur ses terres, et ils avaient choisi Nominatus pour leur avocat. Au jour fixé pour la discussion, Nominatus ne comparut pas, et les Vicentins se plaignirent d'avoir été trompés par lui ; ils déclarèrent, en outre, qu'ils lui avaient compté, d'avance et en deux fois, une somme de 10,000 sesterces (2,000 fr.). Le préteur Népos requit que Nominatus fût traduit à la barre du sénat. Il comparut, et fut absous, sur des explications présentées avec beaucoup d'habileté, à la charge de restituer ce qu'il avait reçu. Mais à cette occasion, Nigrinus, tribun du peuple, lut un Mémoire éloquent et substantiel, dans lequel il se plaignit de la vénalité du ministère des avocats, de leurs collusions à prix d'argent avec les adversaires de leurs clients, des traités frauduleux qu'ils passaient entre eux, de leur ardeur à se créer des revenus énormes avec les dépouilles des citoyens. Il rappela les anciennes lois sur la matière, cita les sénatus-consultes, et termina en exprimant le vœu que le prince avisât aux moyens de réprimer d'aussi grands désordres. Peu de jours après, l'empereur écrivit au sénat, en termes sévères, mais modérés,

---

(1) Nous avons déjà parlé de cette affaire à un autre point de vue, ch. VII, *Discipline* et *privilèges*.

qu'il s'en remettait sur lui du soin de prendre les
mesures convenables pour faire cesser les abus signalés (1). Le sénat rendit un décret par lequel, entre
autres dispositions, il enjoignit à tous les plaideurs,
quelle que fût la nature du procès, d'affirmer par serment, avant toute plaidoirie, qu'ils n'avaient rien
donné, rien promis, rien fait promettre à qui que ce
fût, au sujet de l'affaire. Le sénat prohibait, en outre,
tout marché relatif à la plaidoirie, et néanmoins autorisait l'avocat à recevoir jusqu'à concurrence de 10
mille sesterces après le jugement définitif du litige.
Népos fit connaître par un édit sa ferme résolution
de tenir la main à la rigoureuse exécution de ce décret. Eh bien! chose étrange! cet acte du magistrat
rencontra de la désapprobation, comme si la résolution du sénat, abandonnée à elle-même, n'eût été
qu'une lettre morte : on lui reprocha de vouloir in-
nover, de montrer trop de zèle, et de se poser, sans
nécessité, en réformateur des mœurs publiques (2).

Arrivés à ce point, nous perdons la trace de notre
sujet jusqu'au règne d'Alexandre Sévère. A cette
époque si florissante de la science du droit, l'étude
avait, à ce qu'il paraît, épuré les mœurs des avocats
devenus jurisconsultes; le désintéressement qu'ils
montraient leur mérita la bienveillance du prince qui
accorda un traitement convenable à ceux dont le mi-

(1) Pline, *Epist.*, V. 4 et 14.
(2) Id. *Ibid.*, V, 21 · Invenimus qui curva corrigeret. Quid? Ante hunc
prætores non fuerunt? Quis autem hic est, qui emendet publicos mores.

nistère s'exerçait gratuitement (1). Toutefois, il était
admis que les avocats pouvaient légitimement recevoir
des honoraires jusqu'à concurrence de cent pièces
d'or dans chaque affaire (2). Un rescrit décidait même
expressément que le plaideur était non recevable à
répéter des héritiers de son avocat les avances qu'il
aurait pu faire avant la plaidoirie, parce qu'il n'avait
pas dépendu de ce dernier que le procès ne fût plaidé
et jugé (3). Toute convention définitive faite sur les
honoraires avant la plaidoirie, était frappée de nullité; mais elle était valable, quoique intervenue avant
le jugement et quoique basée sur l'hypothèse du gain
du procès, pourvu que la somme promise, réunie à
celle qui aurait pu être payée d'avance, n'excédât pas
le maximum du taux déterminé (4). Si aucune convention n'avait eu lieu, les honoraires étaient taxés par
le magistrat, eu égard à la gravité de l'affaire, au talent de l'avocat *(advocati facundiœ)*, aux usages du
barreau et à l'importance du siége (5).

Un rescrit de Constantin (en 326) ordonna de
rayer du tableau de l'ordre l'avocat qui, sous le nom
d'honoraires, se serait fait donner ou promettre des
sommes excessives ou une partie déterminée de la
chose en litige (6).

Une constitution de Valentinien et Valens (en 368)

---

(1) Lampr. *Alex. Sev.*, 43.

(2) Ulp. D., *De extr. cogn.*, fr. 1, § 12.

(3) Id. *Ibid.*, § 13. — Paul. D., *Locat.* fr. 58, § 1.

(4) Ulp. D. *De ext. cogn.* fr. 1, § 12.

(5) Id. *ibid.*, § 10.

(6) C. Just. *De postul.*, c. 5; *ibid.*, *mandat.*, c. 20.

défendit en termes absolus de faire aucun pacte sur les honoraires (1), et enjoignit aux avocats de ne rien exiger au-delà de la somme qui leur serait spontanément offerte (2). Elle disposait en outre qu'ils auraient la faculté de parler aussi longtemps qu'ils le désireraient, à la condition toutefois de ne pas abuser de cette latitude en vue d'une augmentation de salaire (3).

Les honoraires furent assimilés par Honorius et Théodose au pécule castrense (4). Justinien ordonna qu'ils seraient passés en taxe, sur l'affirmation de la partie qui les aurait avancés (5).

De ces recherches, nous croyons pouvoir conclure, contre l'opinion commune, qu'en aucun temps, le ministère de l'avocat ne fut exercé à titre purement gratuit, parce que, dans les premiers âges de Rome, l'assistance du patron ne fut qu'une compensation insuffisante des services du client; que la loi Cincia, qui eut la prétention d'exiger de l'avocat une abnégation complète des intérêts les plus légitimes, de lui *couper les mains* (6), avait été portée dans l'ignorance

(1) C. Just. *De postul.*, c. 6 ; § 2.
(2) Id. *ibid.*, § 3.
(3) Id. *ibid.*, § 4 et 5.
(4) *De adv. div. judicio.*, c. 4.
(5) Id. *De judic.*, c. 13.
(6) Notre Etienne Pasquier faisait faire son portrait aux Grands Jours de Troyes ; l'artiste l'ayant peint sans mains, le spirituel avocat fit écrire ce distique autour de son image :

Nulla hic Pascasio manus est : lex Cincia quippe
Caussidicos nullas sanxit habere manus.

(*Recherches sur la France*, t. II, Mélanges.)

des véritables caractères de l'ancien patronat dont il
ne restait alors que de faibles vestiges, et qu'elle ne
fut jamais rigoureusement exécutée, pas plus que les
actes ultérieurs qui tentèrent de la remettre en
vigueur sans modifications.

Nous ne voulons pas prétendre cependant qu'il ne
se soit rencontré aucun orateur dont les services aient
été complètement gratuits. Ainsi Pline nous apprend,
et nous le croyons digne de foi, qu'il s'abstint de
recevoir aucune espèce de présent, même à titre
d'étrennes; mais Pline était dans une position tout-à-
fait exceptionnelle. D'une naissance illustre, élevé
par Quintilien dans la prévision d'un avenir brillant,
héritier du grand nom de son oncle et de ses richesses, appelé aux plus hautes dignités, favori de
Trajan, le barreau ne pouvait être pour lui une profession. En plaidant gratuitement, il travailla pour
sa gloire, et un salaire eût compromis ses intérêts au
lieu de les servir. Remarquons, au surplus, qu'il prend
le soin de nous faire savoir que, de tous les avocats
de son temps, il était le seul à comprendre ainsi son
ministère (1).

En résumé, pendant les deux ou trois premiers
siècles de la fondation de Rome, la profession d'avocat
n'exista pas et ne pouvait exister, puisque la défense
devant les tribunaux était une charge politique im-
posée par les institutions à une classe de personnes ;
durant cette période il ne put donc être question

(1) *Epist.*, V, 14.

d'honoraires. La profession d'avocat dut son origine
à la dissolution du patronat, à la vulgarisation des
formules et au développement de la science du droit.
Parmi les hommes qui fréquentèrent le barreau à
partir de cette époque, les uns tirent de la plaidoirie
un exercice oratoire, un moyen de se créer une position politique, un marchepied pour s'élever aux magistratures ; les autres en firent une destination définitive, un état. Ceux-là exercèrent quelquefois leur
ministère gratuitement dans un intérêt d'ambition ;
ceux-ci reçurent la rémunération de leur travail, et
trop souvent sacrifièrent leur considération au désir
de faire une fortune rapide. C'est ainsi qu'on a pu
dire tout à la fois, en n'envisageant les faits qu'à un
seul des deux points de vue, que la profession d'avocat
existait ou n'existait pas dans l'ancienne Rome, et
que le ministère de l'avocat fut gratuit ou ne le fut
pas. Chacune de ces propositions, vraie relativement,
est fausse dans un sens absolu : nous croyons l'avoir
suffisamment démontré.

X.

Où les plaidoiries avaient lieu.

Plusieurs sortes de *fora*. — Forum où se rendait la justice. — Plaidoirie
en plein air. — Ressemblance d'un avocat avec un magot d'enseigne.
— Le professeur d'éloquence réclamant une salle pour parler. — Le
milieu du Forum. — La basilique de Tarquin. — Un accusé sauvé par
la pluie. — La litière et le lit d'Auguste. — Les assises des Cent-
Chambres. — *Secrétariat*.

C'est une question encore peu étudiée que celle
de savoir où et dans quelles conditions de publicité
avaient lieu les débats des procès chez les Romains.

On croit avoir tout dit quand on a désigné le *Forum;*
mais cette indication laisse sans solution plusieurs
difficultés. Qu'est-ce que c'était que le Forum? Dans
quelle partie de son enceinte siégeait le tribunal? De
quelle nature était le contact des juges et des avocats
avec le public? L'instruction des affaires et les plaidoiries avaient-elles lieu en plein air? Si ce mode de
rendre la justice a été suivi, à quelle époque a-t-il
été modifié et abandonné? Tels sont les divers points
que nous nous proposons d'examiner.

On sait ce que les *fora* étaient à Rome : des places
publiques ordinairement renfermées dans l'intérieur

de la ville, et destinées à une exposition de marchandises : c'étaient des marchés (1). Ainsi, Varron parle du *forum boarium* (marché aux bœufs), du *forum olitorium* (marché aux légumes), du *forum piscarium* (marché aux poissons) (2).

Dans l'origine, la ville n'avait qu'un forum ; on l'appela dans la suite *forum vetus*, *forum romanum*, et il donna son nom à la huitième région (3). C'était une vaste place entourée de portiques élevés sur des emplacements concédés par Tarquin à des particuliers pour cette destination (4). On édifia successivement, sur la ligne de cette circonférence plus ou moins régulière, les temples de Saturne, de Castor et Pollux, de Vesta et de la Concorde (5). On y voyait aussi le palais du sénat (la Curie), les Rostres, le *Comitium* (6), et les degrés Auréliens (7), construits vers 686. Sur un point de la surface, on remarquait un certain espace

---

(1) Varr. *De ling. lat.*, V, 145. Cet auteur fait venir *forum* de *ferre* : Quo conferrent suas controversias, et quæ vendere vellent quo ferrent, forum appellarunt. — Le premier terme de cette origine renferme, selon nous, un de ces anachronismes qui échappent si souvent aux étymologistes. Il nous paraît évident que *forum*, tribunal, vient de *forum*, place publique, et que le lieu où l'on rend la justice n'a été ainsi dénommé que par une figure de mots très-commune dans toutes les langues, et dont la nôtre, en particulier, offre de nombreux exemples.

(2) Il. *ibid.*, 146. Festus indique six acceptions au mot *forum* (V° *Forum*).

(3) Sext. Ruf. *De region. urb. Rom*. Reg., VIII.

(4) Tite-Live, I, 35. — Dion. Hal., III, p. 200, éd. 1586.

(5) Cic. *Pro Mil.*, 1 ; Ascon.. *ibid.*

(6) Cic. *Pro Dejot.*, 2.

(7) Cic. *Pro Cluent.*, 34.

vide, de forme circulaire, et clos par une muraille :
ce lieu consacré se nommait le lac Curtius, en mémoire de celui qui s'était précipité dans un gouffre
pour le salut de ses concitoyens (1).

C'est sur cette place que fut rendue la justice dès
le premier âge de la cité romaine. Les rois, les consuls
ou les préteurs faisaient porter (2) leur siége ou leur
tribunal dans le point central *(foro medio)*, et prononçaient leurs sentences en plein air *(sub dio)*, entourés de la foule des citoyens. Mais il paraît difficile d'admettre que ces formes patriarcales se soient
maintenues longtemps dans leur simplicité, et il
vient tout naturellement à l'esprit que les orages, fréquents à Rome, durent faire sentir aux juges et aux
justiciables la nécessité d'un abri. Cependant, il est
un fait incontestable, c'est qu'au temps de Cicéron
les débats des causes publiques ou criminelles avaient
encore lieu en plein air et en vue de toutes les parties du Forum : les documents abondent à cet égard.
Dans le discours qu'il prononça dans la maison de
César pour le roi Déjotarus Cicéron exprime le regret de ne pouvoir *contempler le Forum, et prendre le
ciel lui-même à témoin* (3). Dans son plaidoyer pour
Milon, le même orateur parle de la multitude qui, de
toutes les parties du Forum, a les yeux fixés sur le

(1) Il existait sur ce fait des traditions diverses. *Voy.* Varr. *De ling. latin.*,
V, 148, 149 et 150.

(2) Dion Halic., XI, p. 714.

(3) *Pro rege Dejot.*, 2 : Intueror forum, cœlum denique testarer ipsum.

tribunal (1). Plaidant pour Marcus Scaurus, il montre
du doigt aux juges le temple de Castor et Pollux élevé
par un des ancêtres de l'accusé (2). César Strabon
avait pour adversaire Helvius Mancia, qui le fatiguait
de ses clameurs. « — Si vous ne cessez, s'écria César,
je vais dire qui vous êtes. — Dites! répartit Mancia. »
Alors César indiqua par un signe l'enseigne d'une
boutique représentant la figure grotesque d'un Gau-
lois : cette figure ressemblait beaucoup à celle de
l'avocat, ce qui excita l'hilarité de l'auditoire (3).
Crassus, plaidant contre Brutus, vit passer le convoi
de Junia, et tira de cette circonstance fortuite une
apostrophe véhémente à l'adresse de son contradicteur : *Tu lucem adspicere audes! tu nos intueri! tu
in foro, in urbe, in civium esse conspectu* (4). Porcius
Latro, le premier qui professa l'éloquence avec distinction à Rome, voulut plaider au Forum ; mais,
peu accoutumé à parler en plein air, il demanda que
le tribunal fût transporté dans la basilique voisine,
ita illi cœlum novum fuit, ut omnis ejus eloquentia con-

---

(1) *Pro Mil..*, 1 : Reliqua vero multitudo, quæ quidem est civium, tota
nostra est ; neque eorum quisquam, quos undique intuentes, unde aliqua
pars fori adspici potest, et hujus exitum judicii videtis expectantes.

(2) Ce plaidoyer ne nous est point parvenu ; mais le passage suivant a été
conservé par Asconius : Ipse Metellus, avus hujus, sanctissimos deos illo
constituisse in templo videtur, in vestro conspectu, judices, ut salutem a
vobis nepotis sui deprecaretur.

(3) Cic. *De orat.*, II, 66 ; Id. *orat.*, 38 ; Quintil. VI, 3.

(4) Cic. *De orat*, II, 55. *Voy.* un autre exemple d'un convoi passant sur
le forum au moment d'une plaidoirie, *ibid.*, II, 70.

tineri tecto ac parietibus videretur (1). Enfin, on peut lire dans Valère Maxime deux anecdotes dans lesquelles il est question de pluie survenue pendant des débats criminels (2).

Comment donc concilier ces documents avec un état de choses rendu probable par toutes les vraisemblances? nous croyons que cela n'est pas impossible.

Une lettre de Cicéron nous apprend un fait important, c'est qu'il existait de son temps au milieu du forum, IN MEDIO FORO, une basilique remontant à la plus haute antiquité, et dont Paulus opéra la restauration en faisant usage des anciennes colonnes (3). Le nom de cet édifice, aussi bien que son ancienneté, attestent son origine et indiquent évidemment un édifice construit par les rois. Or, s'il est constant que les basiliques élevées dans les derniers temps de la République, et particulièrement sous l'Empire, eurent pour destination principale l'administration de la justice, ainsi que cela est attesté par Vitruve (4), et par tous les auteurs contemporains (5), n'en faut-il pas conclure que le nom de basilique, alors qu'il n'y avait plus de rois à Rome, ne leur fut donné que par une assimilation tirée de l'usage auquel servait le vieux monument dont parle Cicéron? Ce simple

(1) Quintil. X, 5.
(2) Lib. VIII, 1, 4 et 6. — Cic. *In Vatin.*, 14.
(3) *Epist. ad Attic.*, IV, 16 : Paullus iu medio foro basilicam jam pœne texuit iisdem antiquis columnis.
(4) *De architect.*, V, 1, et les notes de Perrault.
(5) Quintil., Plin. nep., Martial, *passim.*

rapprochement suffirait pour porter à penser que la justice se rendait en ce lieu; mais un autre passage de Cicéron vient donner une bien plus forte consistance à cette opinion. Cet orateur écrit à son frère qu'il a plaidé pour Bestia IN FORO MEDIO (1); or, c'est précisément *in medio foro*, ainsi que nous l'a déjà appris la même autorité, que l'ancienne basilique était située : c'est donc nécessairement dans son enceinte que l'avocat a plaidé, s'il a réellement plaidé *au milieu du forum*.

Mais s'il en est ainsi, pourquoi le lieu des audiences n'était-il pas désigné à cette époque sous le nom de basilique? Cela se comprend parfaitement, si l'on se reporte à la nature du monument et à sa configuration. La vieille basilique était un vaste quadrilatère formé de doubles portiques à deux rangs de colonnes largement espacées, et entre lesquelles il était facile de circuler; ces colonnes étaient surmontées d'architraves supportant des galeries; l'intérieur, accessible par les entre-colonnements, formait une espèce de place découverte ou de vaste cour, du centre de laquelle la vue pouvait s'étendre et rayonner dans toutes les parties du forum. Ce plan, qui n'emprunte rien à la fantaisie, était de tous points celui des *fora* grecs, comme on peut s'en convaincre dans Vitruve (2). Nous n'hésitons pas à penser qu'il fut

---

(1) *Ad Quint., fratr.*, II, 3 : Dixi pro Bestia de ambitu, in foro medio maximo conventu.

(2) *De architect.*, V, 1 : Græci in quadrato amplissimis et duplicibus porticibus *fora constituunt,* crebrisque columnis et lapideis aut marmoreis epistyllis adornant, et supra ambulationes in contignationibus faciunt.

mis à exécution par Tarquin l'ancien, dont le père
était né à Corinthe, et qui créa la place du Forum et
l'embellit de monuments nombreux. Cette forme
grecque de l'édifice et l'origine grecque du prince
qui le fit élever, expliquent très-bien pourquoi il fut
appelé βασιλικη, mot qui signifie tout à-la-fois *palais
royal* et *palais de justice.*

Mais ce nom, à raison de son caractère étranger,
dut rester impopulaire; de plus l'édifice, qui par sa
construction et sa forme nouvelles ne ressemblait à
rien de ce qu'on voyait alors, ne pouvait trouver,
pour le peuple, une dénomination dans une analogie:
il emprunta son nom vulgaire du lieu qu'il occupait;
par un trope familier on l'appela *forum medium.* Et l'on
continua aussi d'appeler *forum medium* et *forum* la
partie centrale de l'ancien forum que la basilique
renfermait entre ses quatre pans comme une barrière
monumentale.

Cette interprétation, qui explique de la manière la
plus satisfaisante les deux passages de Cicéron, est
pleinement confirmée par Suétone, lequel raconte
que l'empereur Claude fut un jour assiégé *in medio
foro* par la multitude, et obligé de fuir par une issue
de derrière (1).

(1) *In Claud.*, 18. Detentus quondam *medio foro* a turba, conviciisque et
simul fragminibus panis ita infestatus, ut ægre, nec nisi postico, evadere in
palatium valuerit. — Les traducteurs, n'ayant pas compris ce que signifiait
medio foro, ont écrit que Claude ne put rentrer dans son palais que par une
porte *de derrière*, tandis que, d'après la construction grammaticale de la
phrase, *postico* se rapporte plus naturellement à *medio foro.* Il est vraisemblable que des salles plus ou moins vastes avaient été pratiquées, soit ancien-

11

Elle donne aussi la solution de la principale difficulté que nous nous étions proposée : les débats des
grandes causes criminelles s'agitaient à ciel découu-
vert, *sub Jove frigido aut torrido*, dans la vaste cour
intérieure de la basilique, en présence du peuple,
dont la foule s'étendait de l'enceinte du tribunal aux
portiques, et des portiques aux extrémités de la vaste
place du Forum ; mais si la pluie survenait, le tribunal était transporté, soit dans les entrecolonnements, soit dans une salle de la basilique, où juges et
plaideurs trouvaient un abri. Cette allégation n'est
pas contredite par Valère Maxime, lorsqu'il rapporte
qu'à l'instant où l'on allait aux voix dans le procès
intenté contre Lucius Pison, un orage ayant éclaté
subitement, l'accusé se souilla la figure de boue en
baisant les pieds de ses juges, spectacle déchirant qui
excita la pitié du tribunal, et convertit la sévérité en
indulgence (1) : en disant que la pluie tomba subitement et avec une grande force au moment même où
l'affaire se terminait, l'auteur explique lui-même
pourquoi le tribunal ne fut pas déplacé.

_____

nement, soit depuis la reconstruction de Paullus, dans quelques entrecolonnements de la partie du quadrilatère qui se trouvait le moins en vue, et qui,
par cela même, pouvait être réputée *de derrière*. Quoi qu'il en soit, le mot
detentus suffit pour prouver que le *medium forum* n'était point une partie
nue de la place du Forum. — Suétone emploie encore les expressions *medium forum* dans *Néron*, 5.

(1) Cum tristes sententiæ de eo ferrentur, repentina vis nimbi incidit,
cumque prostratus humi pedes judicum oscularetur, os suum cœno replevit,
quod conspectum, totam quæstionem a severitate ad clementiam et mansue-
tudinem transtulit VIII, 1, 6.

Notre hypothèse rend aussi parfaitement compte de la démarche de Porcius Latro, à qui *le ciel fut si nouveau*, qu'il trouva tout naturel de demander que les bancs fussent transportés dans la basilique : *uti subsellia in basilicam transferrentur*. Au surplus, le *forum medium* n'était pas un lieu tellement obligatoire pour les débats des affaires criminelles, qu'on ne pût les vider ailleurs. Nous voyons, en effet, que le procès de Flaccus fut jugé aux gradins Auréliens, monument peu connu, qui se trouvait dans une autre partie du Forum (1).

Ce mode d'instruire et de juger les procès se comprend très-bien dans un état naissant, fondé sur des institutions démocratiques, restreint dans l'enceinte d'une cité peu populeuse, et favorisé d'ailleurs d'un climat doux et serein ; mais on s'étonne qu'il ait pu se concilier ultérieurement avec des formes judiciaires plus perfectionnées, alors surtout que la population s'était considérablement accrue, et que les progrès du luxe, du commerce et de l'industrie eurent nécessairement établi un mouvement incessant et une circulation bruyante. Cependant, tel était l'attachement des Romains pour les coutumes de leurs ancêtres, pour les formes établies, qu'ils considérèrent longtemps la plaidoirie en place publique comme une de leurs plus précieuses garanties.

Nous avons vu que la basilique de Tarquin fut réédifiée par Paullus sur ses anciennes colonnes; mais Paullus ne se borna pas à cette restauration; Cicéron

(1) Cic. *Pro Flac*, 28.

nous apprend qu'il y adjoignit un édifice de la plus
grande magnificence. Cette construction, que Sextus
Rufus appelle *basilique de Paullus* (1), et qui se trouve
désignée ailleurs sous le nom de *basilique Emilia* (2),
fut augmentée et poussée jusqu'au portique de la Liberté, aux frais de Cicéron et d'Oppius, qui consa-
crèrent à cet objet une somme de 60 millions de sesterces (12 millions de francs). Les termes dans lesquels ce fait est rapporté nous disposent à penser que
cette dernière construction est la même que celle que
nous connaissons sous le nom de *forum Cæsaris* ou de
basilique Julia, et qu'elle reçut ce nom, soit à cause
de la participation de César aux dépenses, soit à
cause des flatteries dont le futur dictateur était déjà
l'objet (3).

Après la chute de la République, lorsque la souveraineté eût été déplacée de fait, lorsque la plupart
des pouvoirs du peuple eurent été remis entre les
mains du prince, la publicité des jugements fut toujours en déclinant. On plaida encore sur la place publique, malgré le bruit *de deux cents charrettes se
mélant aux sons discordants des trompettes de trois*

(1) *De reg. urb., Rom.* Reg., VIII.

(2) Ce Paullus était un Paul Emile, d'abord préteur en Macédoine, puis
consul, qui se vendit à César pour une somme d'argent considérable, employée par lui aux travaux dont il est ici question.

(3) Cic. *Ad Attic.*, IV, 16 : Itaque Cæsaris amici (me dico et Oppium,
dirumparis licet) in monumentum illud , quod tu tollere laudibus solebas,
ut forum laxaremus, et usque ad atrium Libertatis explicaremus, contemp-
simus sexcenties H. S.

convois funèbres (1); mais ce ne fut plus qu'en considération des formes extérieures d'une constitution détruite, de ces formes qui, en plusieurs choses, se
maintinrent si singulièrement pendant les phases du
despotisme le plus absolu, et jusqu'à l'époque où l'Empire romain acheva de s'écrouler sous la massue des
barbares. César avait rendu la justice hors du forum,
mais dans des causes où il avait plutôt à statuer
comme chef politique que comme juge : ce fut dans
sa maison qu'il prononça sur le sort de Ligarius (2) et
du roi Déjotarus (3). Auguste jugeait quelquefois dans
l'ancien forum, même la nuit, en cas d'urgence; et
lorsqu'il n'était pas bien portant, il restait dans sa
litière qu'il faisait placer devant le tribunal. Il rendait aussi la justice dans son palais, au lit (4), ou à
Tibur, sous les portiques du temple d'Hercule (5).

Il y avait alors deux forums destinés aux jugements des procès, le *forum medium* ou l'ancien forum,
et celui de César, que nous avons cru pouvoir confondre avec la basilique Julia. Auguste en fit construire un troisième, rendu nécessaire par l'accroisse-

---

(1) Hor., Sat. I, 6, vers 42 :

> At hic, si plaustra ducenta,
> Concurrantque foro tria funera, magnaque sonabit,
> Cornua quod vincatque tubas.

(2) Cic. *Pro Ligar.*, 6.
(3) Cic. *Pro reg. Dejot.*, 2.
(4) Suét. *In August.*, 33.
(5) Id. *ibid.*, 72.

ment du nombre des procès (1). Mais déjà, et par suite d'une de ces dérivations si fréquentes dans toutes les langues, le forum n'était plus, judiciairement parlant, la partie de la place publique entourée de portiques où s'étaient agités les procès criminels de la vieille Rome : ce mot, reçu dans une acception figurée et technique, signifiait tout lieu quelconque où siégeait un tribunal et ce tribunal lui-même. Aussi n'est-ce point une place entourée de portiques et livrée à la circulation, qu'Auguste fit établir, mais une vaste salle, une espèce de palais de justice placé dans l'enceinte du temple de Mars (2). Le prince, dans son impatience, ordonna que l'on procéderait aux débats des affaires criminelles dans le nouveau forum, quoique le temple ne fût pas achevé (3). Nous ne croyons pas qu'aucune cause publique, à partir de cette époque, ait été jugée dans l'ancien forum.

Deux autres forums sont restés célèbres dans l'ancienne Rome : le forum de Nerva, commencé par Domitien (4), achevé par son successeur, et embelli

---

(1) Mart. *Epig.*, III, 38 ; VII, 65. Les trois Forums étaient situés dans la huitième région.

(2) Suét. *In August.*, 29 ; Pline, *Nat. hist.*, XXXVI, 15 ; Ovid. *Fast.*, vers 545. *Voy.* la description que donne Vitruve du tribunal qu'il fut chargé de construire dans le temple d'Auguste pour la colonie Julienne de Fano. *De architect.*, V, 1.

(3) Plusieurs citoyens accusés par Cassius Sévérus, avaient été absous : « Je voudrais bien, dit Auguste, que Cassius eût accusé mon Forum. » L'achèvement de cet édifice traînait en longueur par la faute de l'architecte, et Auguste jouait spirituellement sur le double sens du mot *absolutus*, qui signifie tout à la fois *absous* et *terminé.* Macr., *Satur.*, II, 2.

(4) Suét. *in Domit.*, 5.

par Alexandre Sévère (1) ; et le forum de Trajan, au milieu duquel s'élevait la colonne destinée à recevoir les cendres de ce prince. On l'appelait aussi le forum Ulpien, du nom d'Ulpius, que portait Trajan avant son adoption par Nerva. Nous n'avons vu nulle part que ces deux forums aient été le théâtre de luttes judiciaires, et c'est à tort, suivant nous, qu'ils ont été assimilés sous ce rapport aux trois précédents par les auteurs qui se sont occupés d'antiquités romaines. Si les lieux où se plaidaient les causes criminelles étaient appelés des forums, surtout au temps d'Auguste, ce nom n'en était pas moins resté affecté aux places publiques et particulièrement à celles où se tenaient les marchés. Les forums de Nerva et de Trajan étaient des places ornées de portiques, de colonnes d'airain ou de marbre et de statues ; ils étaient édifiés à titre monumental et sans destination spéciale. Aussi nous savons que Trajan rendait la justice tantôt dans le forum d'Auguste, tantôt dans la galerie de Livie (2), et qu'il tenait une sorte d'assises dans son palais des *Cent-Chambres* que l'on croit avoir existé sur l'emplacement actuel de Civita-Vecchia (3).

Voici ce que nous croyons pouvoir conclure des recherches qui précèdent. Sous les rois, les débats judiciaires eurent lieu d'abord sur la place du mar-

---

(1) Lampr. *in Alex.*, 27.

(2) Xiphil. *Hist. Aug.* Trajan, notes.

(3) *Voy.*, sur ces sessions judiciaires, une lettre de Pline, remplie de détails intéressants, VI, 31. — On comptait plusieurs autres Forums : *Voy.* Sextus Rufus, *De reg. urb. Rom.*

ché, au milieu du libre concours de la population. Plus stard, Tarquin l'Ancien, instruit des coutumes grecques, et porté à les imiter, fit construire au milieu de cette place un portique tétragone, destiné à servir d'encadrement au tribunal, et à fournir, dans ses entrecolonnements, un abri contre le mauvais temps : cet édifice prit le nom de *Basilique*, du titre et de l'origine de son fondateur (1); de *Forum*, du nom de sa place sur laquelle il était construit, et de *Forum medium*, du lieu de sa situation sur cette place.

En 700 et années suivantes, la basilique de Paullus et le forum de César, ou basilique Julienne, monuments clos et couverts, furent ajoutés à l'ancienne construction, qui ne servit plus exclusivement aux jugements des causes publiques; enfin, dans les premiers temps de l'empire, les causes de cette dernière espèce, celles du moins qui ne relevaient point du sénat, furent transportées dans le forum d'Auguste, et c'est à cette époque que les débats judiciaires disparurent définitivement de la place publique.

Nous ne nous sommes occupé du Forum, comme lieu où se tenaient les débats judiciaires, qu'au point de vue des affaires publiques ou criminelles, et particulièrement au temps où ces affaires étaient déférées à des juges-jurés, choisis tour-à-tour ou simultanément parmi les sénateurs, les chevaliers et les tribuns du trésor. Avant cette époque, mais postérieurement

---

(1) Basilica, ἀπὸ τοῦ βασιλικίος, hoc est rege dicta. (Festus, Vº *Basilica*.)

aux rois, ces affaires étaient jugées dans le *Comitium*,
dans le cirque de Flaminius (1), et quelquefois dans
le Champ-de-Mars (2). C'était au *Comitium* qu'étaient
portés les rares appels au peuple des jugements
rendus par les duumvirs. Dans ces cas divers, les débats avaient également lieu en plein air.

Il existe beaucoup d'obscurité en ce qui concerne
le lieu où siégeaient les différentes juridictions qui
connaissaient des affaires civiles, surtout aux époques
reculées. Lors de la promulgation de la loi des XII
Tables, le préteur siégeait probablement dans le *Comitium;* c'est du moins ce qu'on peut conclure de ce
passage de la IIIe table : *Intra eos dies trinis nundinis
continuis ad prætorem in comitium producitor* (3). Les
débats privés ne touchant point directement aux intérêts généraux, il est à croire qu'on ne tarda guère
à les transporter du *Comitium* dans une basilique. Au
temps de Cicéron, le préteur, ou le juge qui le remplaçait, siégeait avec son conseil dans un lieu clos et
couvert. Il en était de même des récupérateurs et des
centumvirs. Ce dernier tribunal, composé de quatre
chambres, tint ses audiences dans la basilique Julia
depuis sa construction (4). On peut penser qu'il siégeait auparavant dans la basilique Porcia élevée par
Caton-le-Censeur.

(1) Plut, *In Marcel.*, 32.
(2) Tite-Live, VI, 20.
(3) Recens. Car. Giraud, *Hist. du Dr. rom.*, p. 472. Voy. le *Pœnul.* de
Plaute, act. III, sc. vi, vers 806.
(4) Quintil. XII, 5. — Pline, *Epist.*, V, 21.

Sous le Bas-Empire, les juges ordinaires siégeaient dans des salles appelées *secretaria*. Le public y était admis; mais entre le tribunal et les auditeurs se trouvaient des rideaux *(vela)* que l'on fermait lorsque les juges allaient aux opinions (1).

(1) C. Theod. *De proxim. comit.*, lib. VI, tit 26, c 5 et 16.

XI.

Des jours pendant lesquels la plaidoirie était interdite.

Jours fastes. — Jours néfastes. — On plaide le 1ᵉʳ janvier pour plaider toute l'année. — Jours *intercisi*. — Loi Hortensia. — Divulgation des fastes. — Moyens dilatoires. — Vacances de moissons et de vendanges. — Vacances de septembre et d'octobre.

Il existait chez les Romains, comme chez nous, des jours où il était interdit de rendre la justice et de vaquer aux plaidoiries; on les appelait *néfastes* parce que, pendant leur durée, il n'était pas permis au préteur de prononcer *(fari)* les trois mots sacramentels qui résumaient l'autorité judiciaire de ce magistrat : *do, dico, addico.*

Ille nefastus erit per quem tria verba silentur (1).

Les jours fastes, par opposition, étaient ceux durant lesquels la justice avait son libre cours :

Fastus erit, per quem lege licebit agi (2).

Les jours de fête publique *(festi)* étaient néfastes;

---

(1) Ovid. *Fast.*, 1, V, 47 et 59.
(2) Id. *ibid.* — Varr., *De ling. lat.*, VI, 29, 53.

les jours marqués par un présage funeste *(religiosi)* l'étaient également; et c'est de là qu'est venue pour le vulgaire, suivant l'observation d'Aulu-Gelle (1), l'habitude vicieuse de toujours prendre le mot *néfaste* en mauvaise part.

Le premier jour de l'année, quoique férié, n'était cependant pas néfaste; Ovide en donne pour raison la crainte que l'année, commencée sous les auspices de la paresse, ne s'écoulât tout entière dans l'oisiveté (2). Cette tradition était encore observée sous Alexandre Sévère; mais les tribunaux vaquaient le 31 décembre (3).

Certains jours étaient en partie néfastes et en partie fastes; on les nommait *intercisi*, entrecoupés. Toutes les affaires étaient suspendues pendant l'immolation d'une victime; on pouvait les reprendre entre l'immolation et l'offrande; elles étaient de nouveau suspendues jusqu'à la consécration inclusivement (4).

Il s'était élevé, entre les jurisconsultes, de longs débats sur la question de savoir si les jours de marché, *nundinæ*, étaient fastes ou néfastes. La difficulté fut tranchée par la loi Hortensia, qui les déclara fastes, afin que les habitants des campagnes, qui venaient à Rome tenir les marchés, pussent profiter

---

(1) *Noct. Attic.*, IV, 9; V, 17. Cette accepti:.. 'u mot *néfaste*, existait déjà du temps de Cicéron : *Quæ augur injusta*, nefasta, *vitiosa. De leg.*, II.

(2) *Fast.*, I, v, 164.

(3) Ulp. D. *De fer. et Dilat.*, fr. 5.

(4) Ovid. *Fast.* I, vers 49 — Macrob. *Saturn*, I, 16.

de cette occasion pour s'occuper de leurs procès (1).

Les jours fastes se divisaient eux-mêmes en diverses catégories affectées à l'introduction de certaines procédures, à l'exclusion de certaines autres. Les jours *comperendini* étaient consacrés aux assignations, *vadimoniis;* les *stati* aux instances entre les citoyens et les pérégrins; les *prœliales* aux revendications (2).

L'ordre qui réglait ainsi les fastes, beaucoup plus compliqués que nous ne voulons l'indiquer ici, fut tenu longtemps caché par les pontifes, et très-peu de jurisconsultes étaient en mesure de répondre sur ce point aux plaideurs, si intéressés cependant à ne pas se voir écartés du Forum par une fin de non-recevoir. On comprend donc facilement toute la popularité que dut s'acquérir le greffier Cn. Flavius, qui révéla le premier ces arcanes de la procédure (3).

Les jours fériés *(festi)* étaient très-nombreux à Rome, et ils fournissaient d'excellents moyens dilatoires au plaideur qui avait intérêt à retarder la solution de son procès, soit qu'il espérât obtenir une modification dans le personnel du tribunal, par suite d'une incompatibilité survenue à l'un des juges, soit qu'il voulût arriver à l'expiration de la magistrature du préteur. Quelquefois la longueur des jeux publics, et la rapidité avec laquelle ils se succédaient, amenaient la suspension du cours de la justice pendant des mois entiers. La première plaidoirie de Cicéron

(1) Macr. *Saturn.*, I, 16.
(2) Id. *ibid.*
(3) Cic. *Ad Attic.*, VI, 1 — Tite-Liv., IX, 46.

contre Verrès eut lieu le 5 août; grâce aux jours néfastes résultant des jeux votifs de Pompée, des jeux
de la Victoire, des jeux Romains et des jeux Plébéiens,
l'accusé espéra pouvoir atteindre le 1er janvier, jour
de l'entrée en fonctions du nouveau préteur, qui lui
était dévoué, et Cicéron eut de la peine à déjouer ce
calcul (1).

En l'an de Rome 675, la loi Lutatia permit d'instruire et de juger les procès *de vi publica,* sans distinction de jours fastes et néfastes (2).

Auguste rendit à l'administration de la justice plus
de trente jours que lui enlevaient les jeux honoraires,
c'est-à-dire les jeux donnés par des magistrats, et non
par l'État; d'un autre côté, il institua des vacances
de deux mois, pendant novembre et décembre (3).

L'empereur Claude, qui aimait beaucoup à juger,
rendait la justice, même les jours fériés (4).

Une ordonnance d'Antonin le philosophe régla tout
ce qui était relatif à cette matière. Ce prince augmenta le nombre des jours fastes et néfastes, et fixa
à 230 par année ceux pendant lesquels il fut permis
de plaider (5). Il établit des vacances de moissons et
de vendanges, et détermina la nature des affaires qui
pourraient être instruites les jours fériés (6).

---

(1) *In Verr.,* I, 10.
(2) Cic. *Pro Cælio,* 1.
(3) Suét., *In Oct. Aug.,* 32.
(4) Suét , *In Claud.,* 14.
(5) Capitol. *In Anton. phil.,* 10.
(6) Ulp. D. *De fer. et dilat.,* fr. 1, 2 et 5.

Un rescrit de Théodose-le-Grand décida que les vacances de moissons s'étendraient du 24 juin au 1er août, et les vacances de vendanges du 23 août au 15 octobre (1) ; d'où il faut probablement conclure que les vacances de novembre et de décembre, instituées par Auguste, avaient été supprimées par Antonin. D'après le même rescrit, les affaires étaient suspendues penndant les jours de Pâques, de Noël et de l'Epiphanie, ainsi que pendant les sept jours qui précédaient et qui suivaient la première de ces fêtes. Il était permis d'émanciper et d'affranchir le dimanche.

Les empereurs Valentinien, Valens et Gratien autorisèrent le jugement des causes publiques ou fiscales pendant les vacances de moissons et de vendanges (2). Peu de temps après, la poursuite des affaires criminelles fut interdite pendant le temps du carême (3). Enfin une constitution de Valentinien, Théodose et Arcadius, portée en 389, régla en principe que tous les jours seraient juridiques, *juridicos*. Furent exceptés les deux mois de vacances, consacrés, l'un *à se reposer des grandes chaleurs de l'été*, l'autre *à cueillir les fruits de l'automne* : telle est l'origine de nos vacances de septembre et d'octobre. L'exception comprit également la veille du 1er janvier, les jours anniversaires de la fondation de Rome et de Constantinople, la

(1) C. just. *De feriis*, 1.
(2, ld. *ibid.*, 5.
(3) ld *ibid.*, 6.

quinzaine de Pâques, les jours de Noël et de l'Epi-
phanie·, et le dimanche de chaque semaine (1). Les
vacances de moissons et de vendanges furent abolies.

(1) Id. *ibid*., 7, 8 et 9. *Voy.* les autres constitutions rapportées au Code
sous le même titre.

XII.

Préparation des plaidoiries.

Exercices préparatoires. — La Basoche. — Un écolier de soixante ans. — Mémoires sur procès. — La plupart des avocats ne savaient pas le droit. — Etude du dossier. — Improvisation. — Le meilleur moyen d'acquérir ce talent. — L'avocat et son souffleur — Notes d'audience. — Mémoire d'Hortensius. — L'esprit argent comptant.

Le barreau étant pour les Romains le théâtre le plus propre à mettre en évidence, la voie la plus sûre pour arriver aux honneurs; l'intérêt et la curiosité du public étant incessamment appelés sur les débats judiciaires où venaient se dérouler solennellement les actes politiques des citoyens les plus illustres, on comprend toute l'importance que l'orateur dut attacher à la plaidoirie, au triple point de vue de l'ambition, de la considération et de la vanité. Ne soyons donc point étonnés de tous les travaux auxquels se livrèrent les grammairiens et les rhéteurs pour rechercher les éléments de l'éloquence, pour en déterminer les règles, pour en rehausser la valeur. L'art de la parole devenant ainsi l'art par excellence, il ne

12

fut plus permis de mal parler, sous peine d'être réputé impuissant ou inutile.

Les études de celui qui se destinait au barreau
avec la ferme volonté de s'y faire un nom, étaient
longues et difficiles, car les grands maîtres enseignaient
avec raison que tous les arts se prêtent une mutuelle
assistance. La géométrie, la musique, la peinture
elle-même étaient regardées comme un accessoire
utile de la rhétorique (1). Aux études générales et
classiques, particulièrement dirigées vers le but qu'il
s'agissait d'atteindre, succédaient les études spéciales
destinées à préparer à la plaidoirie. Les jeunes gens
n'entraient dans l'arène qu'après avoir longtemps
médité sur les moyens d'y paraitre avec honneur.
Organisant des luttes factices, avant d'oser se hasar-
der aux luttes sérieuses, ils composaient des discours
sur des espèces réelles ou imaginaires, et simulaient
entr'eux les combats du forum (2). Des avocats con-
sommés ne dédaignaient pas de se livrer à ce genre
de travail : Brutus composa un plaidoyer pour Milon,
uniquement dans le but de s'exercer (3), et Pline
parle d'un orateur célèbre de son temps, qui, à
soixante ans, fréquentait encore les écoles (4).

---

(1) Quintil., 1, 10.—Cic. De orat., 1, 59.

(2) Cic., De orat., 1, 33.

(3) Quintil., III, 7 ; X, 1. — Ascon. In Milon. Arg, — Cicéron avait
plaidé que le meurtre de Clodius avait eu lieu en état de légitime défense ;
Brutus soutenait que Milon avait fait une action digne d'éloges en tuant un
mauvais citoyen.

(4) Epist., II, 3.

De la théorie passons à la pratique, de la basoche au barreau, et voyons comment l'avocat se préparait à la plaidoirie.

Dans les causes privées, il était d'usage que la partie remît à son défenseur, en même temps que les pièces du procès, un mémoire rédigé par un jurisconsulte (1); le point de droit était traité dans cette consultation destinée à servir de guide pour la marche de l'action, èt à indiquer les moyens propres à figurer avec avantage dans la discussion; car, chose étrange! des orateurs très-recherchés des plaideurs, savaient tout, excepté le droit civil. Cicéron, qui ne doit pas être placé dans cette catégorie, étudiait ses causes à l'avance. Pris au dépourvu dans une affaire, il se plaignait vivement d'avoir été privé d'une ressource qu'il était dans l'habitude de toujours appeler à son aide, le travail (2). Au temps de Vespasien, le juge ne refusait jamais une remise à l'avocat qui déclarait n'être pas suffisamment préparé (3); toutefois cette faveur s'obtenait difficilement au tribunal des centumvirs (4). Quintilien raille avec esprit ces avocats insouciants ou vaniteux qui, dédaignant de conférer avec le client, se font gloire de n'ouvrir le dossier qu'à l'audience, débitent effrontément des lieux communs étrangers à l'affaire, ou se traînent servilement

(1) Cic. De orat., 58. — Quintil. XII, 8.
(2) Pro Quint. 1.
(3) Quintil., X, 7.
(4) Plin., Epist. 1, 18.

sur le mémoire du praticien , et se retirent couverts de sueur au milieu du cortége des admirateurs (1).

On attachait beaucoup de prix au discours improvisé, *non compositum domi*; l'improvisation était l'objet des plus vives sollicitudes de l'orateur et de ses désirs les plus ardents ; mais l'exercice de cette précieuse faculté fut d'une extrême difficulté pour les Romains, accoutumés à donner les soins les plus exagérés à l'arrangement des mots et à la symétrie de la période. Auguste apprenait par cœur tous ses discours ; il les lisait dans les dernières années de sa vie, et avait même pris l'habitude d'écrire jusqu'à ses conversations , lorsqu'elles devaient rouler sur des sujets importants (2). Les discussions du sénat étaient presque toujours préparées, et il n'était pas rare de voir des orateurs, qui s'étaient communiqué leurs discours à l'avance, se réfuter par écrit dans la même séance (3). Suétone signale comme un fait rare la facilité que Titus avait à s'exprimer, et il ne croit pas pouvoir en donner une plus haute idée qu'en disant qu'elle allait jusqu'à l'improvisation, *usque ad extemporalitatem* (4).

Les avocats s'appliquaient donc avec un soin tout particulier à acquérir cette faculté ou à la développer,

(1) XII, 8. — Ce chapitre renferme d'excellents conseils dont nos avocats ne sauraient trop se pénétrer.
(2) Suet. *In Octav.*, 84.
(3) Cic. *Philipp.*, II, 19; VI, 2. — Plin. *Epist.*, VI, 5.
(4) Suet. *In Tit.*, 3.

et il n'est sorte d'études auxquelles ils ne se livrassent pour y parvenir. Tantôt ils choisissaient un sujet de plaidoyer qu'ils coordonnaient et prononçaient sans témoins; tantôt ils s'entouraient d'un petit nombre d'auditeurs recrutés parmi leurs amis, et simulaient devant eux une accusation ou une défense. C. Carbon ne laissait jamais passer un seul jour sans s'exercer à parler, même lorsqu'il se trouvait en présence de l'ennemi (1). Cicéron conseillait de ne jamais causer avec négligence, et de donner à la conversation le degré de perfection que comporte la matière qui en fait le sujet. Mais le moyen réputé le meilleur pour arriver à l'improvisation était d'écrire beaucoup (2), et Cicéron disait : *Nulla res tantum ad dicendum proficit quantum scriptio* (3).

Quelques orateurs, fort habiles d'ailleurs, écrivaient des dissertations sur les généralités qui se produisent le plus fréquemment dans les débats judiciaires, et les apprenaient par cœur, afin de pouvoir en faire usage dans l'occasion (4); d'autres se meublaient la mémoire de synonymes pour ne pas toujours répéter les mêmes mots (5).

Au barreau, quelques avocats récitaient leurs plaidoyers (6), en se faisant, par précaution, assister

(1) Quintil X, 7.
(2) Plin. *Epist.*, VI, 29.—Quintil, X, 7.
(3) *Brut.*, 24.
(4) Quintil. II, 4.
(5) Quintil. X, 1.
(6) Plin. *Epist.*, II, 19; VI, 2.—Quintil., IV, 1; VI, 1; X, 3, *in fine.*

d'un souffleur qui se plaçait derrière eux (*monitor posticus*); mais il faut dire qu'ils étaient pour leurs confrères un sujet de railleries (1). Un jeune avocat demanda à Cassius Sévérus, contre qui il plaidait, pourquoi celui-ci le regardait de travers. — Moi! répondit Cassius, je proteste qu'il n'en est rien, mais cela était écrit sur votre papier, voilà (2)! Plusieurs lisaient, en intercalant de temps en temps dans le discours quelques phrases improvisées; la plupart se bornaient à consigner des notes sur des tablettes qu'ils tenaient à la main et auxquelles ils avaient recours au besoin (3). Quintilien conseillait d'écrire, autant que cela était possible, dût-on laisser son manuscrit de côté en plaidant (4).

Cicéron, accablé sous le poids des affaires, écrivait les parties les plus importantes de ses plaidoyers, notamment le commencement de chaque division, puis il abandonnait le surplus au travail de la méditation (5); mais il n'en était arrivé là qu'après s'être livré à de laborieux exercices dans le silence du cabinet (6), et encore ne commençait-il jamais à plaider sans éprouver une très-vive émotion (7). Ces notes

(1) Cic., *In Cœcil.*, 14 et 16.
(2) Quintil. VI, 7.
(3) Quintil. X, 6 et 7.
(4) Quintil. XII, 9.
(5) Quintil. X, 7.
(6) Cic. *Brut.* 93.
(7) Cic. *Pro Cluent.* 18 : Semper equidem magno cum metu incipio dicere; quotiescumque dico, totius mihi videor in judicium videre.

préparatoires se nommaient *commentarii* (1) ; celles
de Cicéron furent publiées après sa mort par Tiron,
son affranchi (2). Les *commentarii* de Servius Sulpicius furent également publiés, et ils étaient si ache-
vés que Quintilien les croyait écrits en vue de la
postérité (3).

Hortensius se préparait par la réflexion, et telle
était la puissance de sa mémoire, qu'il pouvait reproduire mot pour mot les phrases qu'il avait arrangées
dans sa pensée (4).

Pline le jeune, qui fut aussi un modèle de grâce,
de goût et d'esprit, n'improvisait que lorsqu'il y était
contraint par la nécessité. Suivant lui, il n'est qu'un
moyen d'arriver à bien parler : c'est de beaucoup lire,
de beaucoup écrire et de beaucoup méditer (5).

Asinius Pollion fut peut-être, de tous les avocats
célèbres, celui qui parut le plus heureusement doué
du talent de l'improvisation, cependant il disait :
« J'ai plaidé souvent, parce que je plaidais avec facilité; mais à mesure que j'ai plaidé plus souvent, j'ai
plaidé avec moins de facilité »; voulant exprimer par
là que la trop grande facilité nuit au jugement et

(1) C'est dans ce sens modeste que doit être entendu le titre du célèbre
ouvrage de César sur la *Guerre des Gaules.*

(2 et 3) Quintil X, 7.

(4) Cic. *Brut.* 88. Sa mémoire était si prodigieuse, qu'ayant assisté à une
vente publique, il énuméra successivement. après l'opération, la nature et
le prix de chaque objet vendu, et le nom de l'acheteur. (Quintil. XI, 2.)

(5) *Epist.* 29.

donne à l'orateur plus de témérité que de véritable force (1).

On disait, comme chez nous, des orateurs qui improvisaient, qu'ils avaient de l'esprit argent comptant: *ingenium in numerato habere* (2).

Après avoir ainsi montré l'avocat se préparant à la plaidoirie dans le silence du cabinet, et appelant à son aide le secours du travail et de la méditation, nous allons maintenant le suivre à l'audience.

---

(1) Id. *Ibid.* : Commode agendo factum est ut sæpe agerem : sæpe agendo, ut minus commode.
(2) Quintil. VI, 3.

XIII.

L'Avocat à l'audience.

Cortége des clients. — Sacs à procès. — Heures des audiences. — Disposition du tribunal. — Stentor plaidant. — Promenade de l'avocat. — La parole à la toise. — Inconvénients du geste pour les voisins. — L'orateur pendule. — Curion chassant les mouches. — Petites misères. — Le verre d'eau. — La buvette. — L'œil du demandeur et l'œil du défendeur. — Les émissaires. — Exhibitions sentimentales. — Le mari cacochyme. — Ma péroraison ou la mort. — Les claqueurs. — La réplique.

Dès le point du jour, les clients se rendaient chez l'avocat et encombraient le vestibule de sa maison (1); ils lui faisaient cortége, lorsqu'il sortait pour aller au forum (2); les plus empressés portaient ses sacs à procès (3).

Les audiences se tenaient à des heures réglées. Il y avait les audiences du matin et celles de l'après-midi. Aux centumvirs, les premières s'ouvraient de six à neuf heures, selon les saisons (4); celles du soir

(1) Horat. *Sat.* I, 1; V, 9. *Epist.* II, 1; V, 104.
(2) Cic. *Ad Attic.* I, 18; *De Pet Conf.* 9.
(3) Mart. *Epig.* X, 88, *argum.*
(4) Mart. *Epig.* IV, 8.

étaient consacrées aux affaires les plus importantes (1). Lors des causes de cette nature, les gradins, disposés circulairement (2), étaient envahis par
le public longtemps à l'avance, de sorte que juges et
avocats avaient beaucoup de peine à se frayer un
passage (3). Au forum, la chaise curule du préteur
était placée sur une estrade élevée, devant une pique
(hasta) et un glaive, symboles de l'*imperium* et de la
force : cette estrade constituait le tribunal. Plus bas,
se trouvaient les sièges des juges (*subsellia*), rangés
en demi-cercle. L'accusé et ses défenseurs s'asseyaient
à leur gauche, à une distance de six pas environ et un
peu en avant; les accusateurs occupaient le côté opposé (4). Les sièges des avocats se nommaient aussi
subsellia.

L'orateur prenait place au barreau, assisté de son
secrétaire (5) et du jurisconsulte qui avait donné son
avis sur l'affaire (6). Les parents et les amis de la
partie se tenaient aussi à ses côtés.

Le juge, dans les causes privées, l'huissier, dans
les causes publiques, le préteur, lorsqu'il siégeait,
donnaient la parole à l'avocat (7). Celui-ci parlait de-

(1) Cic. *Ad fam.* VIII, 9, *argum.*
(2) Plin. *Epist.* VI, 33. — Cic. *Brut.* 51.
(3) Plin. *Epist.* IV, 16.
(4) Quintil. XI, 3.
(5) Cic. *In Verr.* II, 10.
(6) Cic. *Pro Cæcin.* 24 et 59.
(7) Quintil. XI, 3.

bout (1); cependant il ne lui était pas interdit de parler assis, mais il n'usait de cette faculté que dans les causes de peu d'importance (2) ou devant des juges d'un ordre inférieur (3).

La nécessité de se faire entendre d'un public nombreux, de faire pénétrer la parole dans les couches profondes de la foule impatiente, seul moyen de commander l'attention et le silence, avait habitué l'orateur à donner à sa voix tout le développement dont elle était susceptible; on pourrait donc dire qu'il criait plus qu'il ne parlait. Cette habitude se maintint au barreau, même lorsque les débats eurent été transférés de la place du forum dans la basilique: Trachalus, plaidant dans une des salles des centumvirs, se faisait comprendre et applaudir des trois salles voisines (4).

Il arrivait quelquefois à l'avocat de quitter sa place pendant le cours de son plaidoyer, et de marcher dans l'espace resté libre entre le barreau et les sièges des juges. Quintilien autorisait cette espèce de promenade (*ambulatio, incessus*), mais seulement pour laisser aux témoignages d'approbation le temps de

---

(1) Cic. *Pro Cluent*. 18. — Plin. *Epist*. I, 23.

(2) Quintil. XI, 3.

(3) Quintil. IX, 1. Sous l'empire, et particulièrement au temps de Valentinien et de Valens, il y a lieu de penser que l'avocat était tenu de parler debout, car un rescrit de ces princes caractérise le droit de juger par les mots *jus sedendi*, opposé à *stare*, qui s'applique à l'avocat. (C. Justin. *De postul*. fr 6, § 6.)

(4) Quintil. XII, 5.

s'épuiser (1). Cicéron voulait qu'on en usât rarement (2), et il loue Crassus de ne s'être jamais éloigné
de son banc (3). Quelques avocats s'avançaient jusqu'aux pieds des juges, et comme il n'était pas de la
bienséance de leur tourner le dos, ils se retiraient à
reculons (4). D'autres allaient au banc de leur partie
adverse, ce qui fit demander plaisamment par Cassius
Sévérus que l'on mît une barrière entre son contradicteur et lui. Un certain Virginius s'informait un
jour combien un avocat qui se promenait en parlant,
avait plaidé de mille pas (5).

Le geste, chez un peuple méridional, devait avoir
une grande part à l'action : aussi voyons-nous qu'il
était en grand honneur à Rome, qu'il faisait le sujet
d'études particulières, et qu'une disposition naturelle
à en abuser ne permettait pas toujours d'en bien
régler l'usage. Il n'était pas rare de voir des orateurs,
même distingués, lever le bras verticalement, le tendre horizontalement dans toute sa longueur, ou le
mouvoir en tous sens avec une violence inquiétante
pour les voisins. D'autres agitaient la main de haut
en bas et de bas en haut, les doigts étendus, et la
paume de côté, comme s'il s'agissait de trancher
quelque chose, ou la rejetaient en arrière à la ma-

---

(1) Quintil. XI, 3.
(2) *Orator.*, 18.
(3) *Brut.* 43.
(4) Quintil. XI, 3.
(5) Cic. *Brut.* 43. — Quintil. *loc. cit.*

nière de celui qui lance une pierre pardessus sa tête,
ou encore s'en servaient pour s'essuyer le nez, en la
faisant glisser à plat du menton jusqu'au front. Quelques-uns faisaient claquer leurs doigts, se meurtris-
saient la poitrine, mugissaient, les yeux élevés vers
le ciel. Se frapper le front et la cuisse était un geste
fort usité, et Cicéron reproche à Calidius de n'avoir
pas su s'en servir (1). Curion se dandinait en parlant, oscillant à droite et à gauche comme un pendule,
ce qui fit demander par un de ses auditeurs quel
était cet avocat qui parlait dans une barque (2). Un
jour qu'il plaidait à côté d'Octavius, qui était couvert d'emplâtres, Sicinius dit à ce dernier : Que de
grâces vous devez à Curion ! sans lui, les mouches
vous auraient dévoré (3).

Ce barreau si célèbre n'était pas à l'abri des petites misères qui viennent se jeter à travers la plaidoirie. On voyait des avocats tousser et faire les
contorsions d'un homme suffoqué par le rhume,
lorsque la mémoire ou la pensée leur faisait défaut ;
d'autres s'emporter contre eux-mêmes, quand leur
langue s'embarrassait dans la prononciation d'un
mot (4).

Quelques membres du barreau se faisaient remarquer par leurs bizarreries. Un certain Régulus, dont

(1) Quintil. II, 12 ; XI, 3.
(2) Cic. *Brut.* 60 ; *Orat.* 18.
(3) Quintil. XI, 3. — Cic *Brut.* 60.
(4) Quintil. *loc cit.*

Pline parle beaucoup, se couvrait l'œil droit d'un bandeau, s'il plaidait pour le demandeur, l'œil gauche, s'il plaidait pour le défendeur (1).

Si l'orateur se sentait fatigué, il buvait un verre d'eau, et il y a lieu de supposer que quelque ingrédient venait corriger l'insipidité du liquide, car Martial, plaisantant un bavard qui abusait de sa soif, lui conseille d'avaler l'eau de la clepsydre pour en finir (2). L'avocat ne se bornait pas à boire, il suspendait le cours de son plaidoyer pour manger. Cet usage parait si étrange qu'on y croirait difficilement, si Quintilien, qui le réprouve, n'affirmait qu'il était très-commun autrefois et qu'il subsistait encore de son temps (3).

Pendant la plaidoirie, l'adversaire plaisantait avec ses voisins, levait les épaules ou hochait de la tête en signe d'improbation, prenait des notes, écrivait des billets et expédiait des émissaires aux personnes dont il jugeait la présence utile (4). Quelquefois il interrompait pour demander des explications ou pour répondre à des objections (5), et alors il interpellait son confrère par son nom et en usait très-familière-

---

(1) Plin. *Epist.* VI, 2. Cette habitude, née d'une idée superstitieuse, rappelle ce que raconte Lampride (*In Diadum,* IV, 2) de certains avocats qui, pour gagner leurs causes, achetaient la membrane que les enfants apportent quelquefois sur la tête en naissant.

(2) *Epigr.* VI, 35.

(3) *Loc. cit.*

(4) Cic. *Pro S. Rosc.* 22.

(5) Cic. *De Orat.* II, 65 ; *Pro Rosc.* 17.

ment avec lui (1). L'orateur s'interrompait lui-même
pour faire lire des pièces (2), ou pour laisser aux
juges le temps de les examiner (3). Souvent l'interruption venait du juge lui-même : Pline le jeune
plaidait pour des habitants de la Bétique qui accu-
saient leur gouverneur de concussion ; comme les
juges l'arrêtaient à chaque instant pour lui faire des
objections favorables à l'accusé : laissez-moi donc tout
dire, s'écria-t-il impatienté, cet homme n'en sera pas
moins innocent (4).

Lorsque le public voulait manifester son approbation dans le cours de la plaidoirie, il l'exprimait par
ces mots : *bene! præclare! belle! festive! non potest
melius* (5)! Parfois les juges mêlaient leurs félicitations à celles de la foule (6).

Les divisions du discours étaient rigoureusement
observées, surtout après l'introduction des méthodes
grecques : tout plaidoyer avait l'exorde, la narration,
la confirmation, la réfutation et la péroraison.

La péroraison était le moment de l'action où l'avocat faisait appel à tous ses moyens, et il n'était sorte
d'artifices qu'il n'employât pour émouvoir ses juges.
L'un tenait un enfant entre ses bras et le promenait
autour du tribunal ; l'autre mettait à découvert les

(1) Plin. *Epist.* 1, 5.
(2) Cic. *In Verr.* III, 10.
(3) Cic. *In Verr.* II, 42.
(4) Plin. *Epist.* III, 9.
(5) Cic. *De Orat.* III, 26. — Horat. *Ad Pis.* V, 428.
(6) Cic. *Pro Balb.* 1. — Plin. *Epist.* II, 11 ; III, 9 ; IX, 23.

plaies purulentes de son client; celui-ci, voyant l'accusateur brandir un glaive ensanglanté, s'enfuyait en simulant l'épouvante, puis, revenant, la figure à demi cachée par le pan de sa robe, demandait si le meurtrier avait disparu; celui-là exhibait des ossements et des vêtements souillés de sang; quelques-uns appendaient au-dessus de la statue de Jupiter un tableau représentant les principales circonstances du crime. Un avocat plaidait pour une jeune fille que la partie adverse refusait de reconnaître pour sa sœur; le moment de la péroraison venu, l'orateur porte sa cliente vers le banc du frère dénaturé et fait le simulacre de la jeter dans ses bras; mais ce dernier avait furtivement quitté l'audience, et force fut à l'avocat déconcerté de remporter gravement son malencontreux fardeau. Un autre, plaidant pour une veuve, avait aposté derrière lui des agents chargés d'exhiber sentimentalement le portrait du mari défunt. Les compères ne sachant ce que c'était qu'une péroraison, élevaient la toile chaque fois que l'avocat tournait les yeux de leur côté, ce qui déjà excitait l'hilarité de l'auditoire; mais ce fut bien autre chose lorsque le portrait, entièrement découvert, laissa voir au public un vieillard cacochyme et difforme (1).

L'anecdote, qualifiée conte par Quintilien (2), que Cicéron rapporte sur l'aîné des frères Cepasius, est des

---

(1) Quintil. VI, 1.
(2) Quintil. VI, 1 et 3. — Cicéron pose comme une règle, dans son *Traité de l'Orateur* qu'il est permis d'inventer pour faire rire aux dépens de son adversaire (*De Orat.* II, 59); mais ici ce n'était pas le cas.

plus plaisantes. Ce Cepasius défendait C. Fabricius accusé par Cluentius : « Regardez, juges, s'écria l'orateur, regardez l'inconstance de la fortune, regardez les fluctuations de la destinée humaine, regardez les cheveux blancs de Fabricius.... » A ces mots il regarda lui-même, mais ô douleur! Fabricius confus avait faussé compagnie, et le public de rire aux éclats. L'avocat, ajoute le malicieux conteur, se trouva tellement estomaqué (*stomachari*) de voir ainsi avorter son mouvement oratoire, que peu s'en fallut qu'il ne courût après son client et ne le saisît à la gorge avec injonction de revenir pour lui laisser achever sa péroraison (1).

C'était surtout à la péroraison, que l'orateur avait recours à cette figure, usitée dans notre vieux barreau, par laquelle l'avocat s'identifie avec la personne de son client : « Vous possédez mes biens, moi je vis par la commisération d'autrui ; ma maison vous est ouverte, elle m'est fermée (2). »

La plaidoirie terminée, les clients et les amis de l'avocat se pressaient autour de lui et le complimentaient (3). Le public, s'il avait été fortement impressionné, le saluait de ses acclamations, il l'applaudissait même quelquefois, quoique ce mode bruyant d'approbation fût considéré comme peu décent, sur-

---

(1) Cic. *Pro Cluent*. 20, 21.
(2) Cic. *Pro S. Rosc.* 50.
(3) Quintil. XII, 10.

tout lorsque les débats eurent cessé d'avoir lieu sur
la place publique (1).

Mais l'abus qu'on fit de ces manifestations leur enleva toute espèce de valeur. Il s'établit, sous Néron,
une entreprise préposée au succès des plaidoyers ; son
personnel se composait de gens du bas peuple dépourvus de toute instruction, auxquels s'adjoignaient
quelques esclaves recrutés çà et là pour une séance.
Ces individus se réunissaient dans la basilique même.
Avant l'ouverture de l'audience, ils entouraient les
avocats, qui marchandaient sans pudeur leurs ignobles
services. Le prix convenu était une modique somme
d'argent ou un repas qu'ils consommaient immédiatement et sur place, d'où leur était venu le nom de
laudicœni. Les portes ouvertes, ils se précipitaient
dans l'auditoire et envahissaient les gradins ; leur chef
(μεσόχορος), placé au centre de la phalange, donnait
le signal des murmures approbateurs, des trépigne-
ments, des approbations louangeuses, des hurlements
d'admiration. « Si vous passez près de la basilique,
écrit Pline le jeune, et que vous vouliez savoir comment plaident nos jeunes avocats, ne vous donnez pas
la peine de monter dans l'enceinte, et ne vous embar-
rassez pas d'écouter ; vous devinerez facilement du
dehors : celui qui parle le plus mal est, à coup sûr, ce-

(1) Il en était même ainsi du temps de Cicéron. Quintilien rapporte que ce
grand orateur fut applaudi pendant son plaidoyer pour Cornélius Balbus,
par des auditeurs *velut mente captos et quo essent in loco ignaros* (VIII, 3,
— Plin. *Epist.* II, 14 *in fine* ; VII, 6. — Mart. *Epigr.* III, 46.)

lui qui excite les plus chaudes acclamations (1). »
Largius Licinius introduisit le premier cet usage ; mais
il est juste d'ajouter qu'il recrutait lui-même ses auditeurs. Domitius Afer, plaidant un jour devant les
centumvirs, entend des clameurs immodérées dans
une salle voisine : il s'arrête ; le silence s'étant rétabli, il reprend sa plaidoirie : nouvelle clameur, nouvelle suspension ; le bruit s'appaisant encore, il continue ; interrompu une troisième fois, il demande quel
est l'avocat qui plaide à l'autre chambre ; on lui répond que c'est Licinius : « Centumvirs, s'écrie-t-il
alors, c'en est fait de l'art oratoire. » Cet art, ajoute
Pline, qui rapporte cette particularité, commençait
seulement à s'éteindre, mais aujourd'hui c'est à peine
s'il en reste une faible lueur (2).

Lorsque l'accusateur ou le demandeur avait parlé,
il s'asseyait. Le défenseur ou le défendeur se levait
à son tour et plaidait ; quelquefois il puisait son exorde
dans les dernières paroles de son adversaire (3).

Les mêmes formes étaient observées.

Après les plaidoiries, l'huissier déclarait la cause
entendue (4) par ce mot *dixere* (5).

La réplique proprement dite n'exista à Rome ni

---

(1) *Epist.* II, 14. — Cet usage immonde avait été transporté du théâtre
au barreau. Nos théâtres modernes ont aussi leurs *claqueurs*, et le nom de
Romains, sous lequel on les désigne quelquefois, est peut-être une trace
curieuse de leur origine.

(2) *Loc. cit.*

(3) Cic. *Epist. ad fam.* XII, 18.

(4) Cic. *In Verr.* II, 30.

(5 Quelques grammairiens voyaient dans ce mot un duel s'appliquant,

comme droit, ni comme usage : nous en trouvons la
preuve, du moins pour les matières civiles, dans le
procès de Quintius. Névius se prétendait créancier
de Quintius ; en l'absence de ce dernier, Névius l'a-
journa devant le préteur, prit défaut contre lui, obtint
l'envoi en possession de ses biens, et en poursuivit la
vente publique. Quintius, de retour à Rome, fut de
nouveau assigné par son créancier, aux fins d'avoir
à fournir caution de la somme dont il pourrait être
ultérieurement débiteur ; mais il s'opposa vivement
à cette prétention, en excipant de la nullité de la saisie.
Le préteur renvoya les parties à plaider sur la vali-
dité de cette saisie, et Quintius fut constitué *demandeur en nullité*, quoiqu'il se bornât à opposer une exception, et qu'il fût évidemment défendeur au fond.
Cicéron, qui plaidait sa cause, se plaint énergiquement de cette situation faite à son client par le
magistrat, lequel, dit-il, contre l'usage suivi par tous
ses prédécesseurs, a insisté pour faire vider la question d'honneur avant la question d'argent (1). Or,
pourquoi tant de vivacité dans les réclamations de
l'avocat? parce qu'il est forcé de parler le premier ;
parce que, chargé de détourner les traits dirigés contre
Quintius, il sera forcé de l'entreprendre avant qu'aucun trait n'ait été lancé ; parce que le moment ac-

---

comme chez les Grecs, à deux personnes. Cette opinion est réfutée par
Quintilien (1, 5). Selon le Pseudo-Asconius *(in Verr.)*, l'avocat terminait
son plaidoyer par *dixi*. Ce mot, dont Cicéron n'a jamais fait usage, ne se
trouve que dans l'*Apologie* d'Apulée, qui est du IIe siècle.

(1) Cic. *Pro Quint.* 2.

cordé à l'adversaire pour porter ses coups a été choisi de manière à ce que tout pouvoir de les parer soit enlevé à sa victime; parce que s'il plait à cet adversaire de jeter en avant quelque crime imaginaire comme une flèche empoisonnée, il sera trop tard pour guérir la blessure qu'il aura faite (1). Il résulte évidemment de ce passage important, qu'une fois le plaidoyer prononcé, le demandeur avait bouche close et que toute réplique lui était interdite.

Il en était de même dans les causes publiques : *Accusabo, respondebis; testibus editis, ita mittam in consilium* (2).

On a cru voir une sorte de réplique dans les *altercations* et dans l'action qui succédait quelquefois à une première action; en fait, il y a du vrai dans cette opinion, mais un examen attentif des mots et des choses nous fera voir sous quelles réserves elle peut être acceptée (3).

---

(1) Ita fit ut ego, qui tela depellero et vulneribus mederi debeam, tum id facere cogar, quum etiam telum adversarius nullum jecerit : illis autem id tempus impugnandi detur, quum et vitandi illorum impetus potestas adempta nobis erit; et si qua in re, id quod parati sunt facere, falsum crimen quasi venenatum aliquod telum jecerint, medicinæ faciendæ locus non erit. (*Pro Quint*. 2 — *Voy*. 8,9, 22 et 31.)

(2) Cic. *In Verr*. I, 9.

(3) Les Romains avaient une réplique, *replicatio;* mais ils appelaient ainsi l'exception opposée à une exception, *exceptio contraria*. (Paul. D· *De Salv. interdict*. fr. 22. § 1.)

XIV.

De l'Interrogation et de l'Altercation.

Ce que c'était que l'interrogation. — Comment Cicéron en usait avec ses ennemis. — L'altercation. — Elle dégénère en dispute. — Son importance. — La plaidoirie supprimée par Néron, puis rétablie.

Contrairement à ce qui se pratique chez nous, les témoins n'étaient ordinairement produits et entendus qu'après la plaidoirie. Au moment de sa comparution, chaque témoin était interrogé, d'abord par la partie qui l'avait appelé, ensuite par la partie adverse : cette partie du débat s'appelait *interrogatio*, partie importante, à l'étude de laquelle l'avocat Domitius Afer avait consacré deux livres (1). Dans la plaidoirie, les témoins étaient attaqués à l'avance ou défendus par des généralités, par des lieux communs tirés particulièrement des différentes natures de preuves et du plus ou moins de confiance qu'elles méritent. Dans l'interrogatoire, l'attaque ou la défense devenait plus per-

(1) Quintil. V, 7.

sonnelle et s'attachait à la spécialité de chaque fait, que l'accusateur avait la faculté d'exposer avant la déposition (1); et quoiqu'elle ne dût pas dégénérer en discussion, il arrivait souvent qu'elle en prit les allures et les proportions. Ainsi nous voyons que l'interrogation de Vatinius, appelé à déposer dans le procès de Sextius, fut pour Cicéron le prétexte d'une véritable accusation contre le témoin, en même temps qu'une défense de l'avocat et des actes de sa vie publique (2).

Les avocats auxquels les méthodes du stoïcisme étaient familières, excellaient dans l'interrogation, à cause de la brièveté de leur parole et de leur habileté à manier le syllogisme (3).

Le témoin ne pouvait être interrogé qu'une seule fois sur le même fait (4).

Après la déposition des témoins, s'ouvrait un nouveau débat qu'on nommait *altercatio*. L'altercation était une succession de plaidoiries courtes et discontinues, procédant par forme de dialogue, et consacrées à la discussion des preuves de toute sorte. Cette partie de la cause était regardée comme la plus délicate, en ce qu'elle exigeait beaucoup de finesse, de circonspec-

---

(1) Cic. *In Verr. proœm.* 11.

(2) Cic. *In Vatin.* — Voici en quels termes Cicéron constate lui-même le fait (*ad famil.* I, 9.) : Tota vero interrogatio mea nihil habuit nisi reprehensionem illius tribunatus : in quo omnia dicta sunt libertate animoque maximo, de vi, de auspiciis, de donatione regnorum.

(3) Cic. *De finib.* IV, 3 ; — *Acad.* II, 15 et 16.

(4) Cic. *Pro Font.* 9.

tion et de présence d'esprit (1). Le gain du procès dépendait souvent de la manière dont elle était menée, et le juge y apportait une grande attention. Certains avocats, peu versés dans le droit civil, mais qui néanmoins plaidaient les causes privées avec distinction, venaient échouer à l'altercation : aussi plusieurs d'entre eux se faisaient assister par des jurisconsultes chargés de leur souffler des réponses (2). D'autres, voulant éviter l'espèce de honte qui résultait de cette assistance, affectaient de considérer l'altercation comme un accessoire peu digne de leur renommée, et en abandonnaient le soin à des confrères d'un rang subalterne, ou même à des praticiens de bas étage, *pullatæ turbæ* : d'où était né l'usage pour les plaideurs d'avoir deux avocats, l'un pour la plaidoirie continue (*oratione continua* ou *perpetua*), l'autre pour les preuves (*probationibus*). Cela se pratiquait surtout dans les causes privées, où les questions de droit se présentaient plus fréquemment que dans les causes publiques (3).

L'altercation dégénérait souvent en dispute violente, car elle prêtait aux apostrophes directes, aux démentis et aux personnalités de tout genre : dans ces moments de lutte acharnée, où l'on voyait les adversaires frapper de la pointe (*mucrone pugnari*), le président pouvait interposer son autorité,

(1) Quintil. II, 4 ; VI, 4, — Plin. *Epist.* III, 9.
(2) Quintil. XII, 3.
(3) Quintil. VI, 4.

soit d'office, soit sur la réquisition des parties (1).

Philippe, initié à toutes les finesses du génie grec, était très-habile et très-redouté dans l'altercation (2); cependant il le cédait à Crassus qui n'eut jamais d'égal dans ce genre d'escrime (3). Mais cette supériorité attribuée à Crassus par Cicéron, Quintilien déclare qu'elle doit appartenir à ce dernier (4).

L'interrogation et l'altercation ne venant qu'en dernier lieu, on comprend combien une réplique, prononcée à la suite des plaidoiries, devenait inutile. Les arguments que l'avocat avait omis de faire valoir dans sa première discussion, quelquefois à dessein et pour tendre un piége (5), trouvaient naturellement leur place · dans ces colloques sans cesse renouvelés, et dont la durée dépendait uniquement de l'appréciation du juge. L'altercation, par la contradiction qu'elle suscitait, se prêtait merveilleusement à cette argumentation de détail que le discours d'apparat ne peut guère comporter. La plaidoirie était pour le public, dans l'intérêt de l'avocat; l'altercation était surtout pour la cause, dans l'intérêt du client; et telle était son importance que Quintilien l'appelle un combat décisif, *pugnam decretoriam* (6). On peut

---

(1) Le lecteur a déjà constaté l'origine du sens que notre langue attache au mot *altercation*.

(2) Cic. *Brut.* 47.

(3) Cic. *Brut.* 43.

(4) VI, 3.

(5) Cic. *Pro Rosc. amer.* 29. — Quintil. VI, 4.

(6) *Loc. cit.*

donc dire avec raison que l'interrogation et l'altercation tenaient lieu de réplique, mais il ne faut pas
perdre de vue que l'interrogation n'était possible que
dans les causes où une preuve par témoins devait être
produite, et que tout porte à penser que l'altercation
dépendait de la même condition.

Lorsque les témoins étaient entendus avant la
plaidoirie, ce qui pouvait avoir lieu en exécution de
la loi spéciale qui organisait la *quæstio* (1), ou parce
que les besoins de la cause exigeaient qu'il en fût
ainsi (2), alors l'interrogation précédait naturellement
la discussion, mais il est probable que l'altercation se
confondait avec elle.

Néron, sans doute en vue d'affaiblir la puissance
des orateurs, supprima la plaidoirie continue, et ordonna que toutes les causes se discuteraient en manière d'altercation, c'est-à-dire, au fur et à mesure
de chaque question et sur chacune de ces questions
en particulier (3). Cette innovation ne fut pas maintenue par ses successeurs.

(1) Ascon. *In Mil. arg.* Orel. p. 40.
(2) Cic. *Pro Flac.* 10; *In Verr. proœm.* 18.
(3) Suét. *In Ner.* 15.

XV.

De l'Ampliation et de la Compérendination.

Ampliation. — *Non liquet* — La même cause plaidée sept fois. — L'ampliation est abolie en matière de concussion. — Compérendination. — En quoi elle différait de l'ampliation. — Elle était à charge aux avocats. — Comment ils s'en affranchissaient.

A une époque qu'il serait difficile de préciser, l'usage s'était introduit dans les tribunaux préposés à l'examen des contestations privées, de ne pas toujours prononcer sur la première plaidoirie des parties (1). Lorsque le procès présentait de l'obscurité et laissait matière au doute, le juge déclarait qu'il n'était pas suffisamment éclairé, et l'affaire était renvoyée à un plus ample informé : ce renvoi se nommait *ampliatio*. Cette mesure de prudence était particulièrement usitée dans les cas graves, ceux où

---

(1) Cic. *Pro Cœcina*, 2 : Quod quoniam jam in consuetudinem venit, et id viri boni, vestri similes, in judicando faciunt.

l'honneur des parties pouvait se trouver compromis; par exemple, dans les contestations nées d'un dol allégué en matière de tutelle, de société, de mandat, de fidéi-commis (1), d'interdit restitutoire (2). Les récupérateurs pouvaient y avoir recours (3).

L'ampliation pouvait avoir lieu également dans les causes publiques ou criminelles. Et Cicéron, tout en rendant justice à la sagesse de cette coutume *(consuetudine)*, blâme néanmoins l'application abusive qui en était faite dans des affaires qui, à raison de leur gravité et des intérêts qu'elles mettaient en question, semblaient exiger une prompte solution (4).

La faculté d'ordonner l'ampliation était-elle absolue? s'appliquait-elle à toutes les matières et à toutes les juridictions? On l'ignore. Ce que l'on sait de plus positif à cet égard, c'est qu'elle fut expressément autorisée en 652 par la loi Acilia *de pecuniis repetundis*. Aux termes de cette loi, les accusés de concussion en pays étrangers pouvaient être, comme par le passé, acquittés ou condamnés sur une plaidoirie unique; mais les juges, s'ils ne se réputaient pas suffisamment éclairés, pouvaient provoquer un plus ample informé (5).

---

(1) Cic. *ibid*, 3.

(2) Cic. *ibid*. 8. — Gaïus, IV, 162, 163.

(3) Le procès de Cécina fut jugé par des récupérateurs.

(4) Cic. *ibid*. 2 : Nam ut quæque res est turpissima, sic maxime et maturissime judicanda est; at ea, in qua existimationis periculum est, tardissime judicatur.

(5) Cic. *In Verr*. 1, 9 : Ampliandi faciebat potestatem.

Voici comment on arrivait à ce résultat : après les plaidoyers, après l'interrogation et l'altercation, toutes choses qui constituaient l'*action* dans son sens le plus large, une tablette était remise à chacun des juges, sur laquelle il inscrivait ou un **A** (*absolvo*) ou un **C** (*condemno*) (1). Si le juge avait écrit : *non liquet (la chose n'est pas claire)*, l'ampliation avait lieu de plein droit (2), et le préteur ou le juge de la *quæstio* était tenu de la prononcer.

Pour que l'ampliation fût déclarée, suffisait-il qu'elle fût demandée par un seul juge, ou fallait-il que, par suite des *non liquet*, la majorité absolue ne fût acquise ni pour la condamnation ni pour l'acquittement ? Il est peu probable qu'un seul *non liquet* eût la puissance d'entraîner l'ampliation ; car, eu égard à l'état de corruption où était descendu l'ordre judiciaire dans les derniers temps de la République, aucune condamnation n'eût été possible. Mais on sait, à n'en pas douter, que l'ajournement avait lieu lorsque les voix, étant égales pour l'acquittement et pour la condamnation, d'autres voix se déclaraient pour le plus ample informé. Dans le procès dirigé contre Oppianicus, la condamnation tint à une voix, et Cicéron reprocha à Fidiculanius Falcula, qui n'avait pas assisté à tous les débats, d'avoir mieux aimé condamner qu'absoudre, lorsqu'il dépendait de lui de faire

(1) Sous l'empire, lorsque la condamnation entraînait la peine de mort, le C était remplacé par un T H grec, Θ, première lettre de Θάνατος, *mort*. (Pers. *Sat.* IV, 13. — Mart. *Epig.* VIII, 57.)

(2) Cic. *Pro Cæcin.* 10 et 33.

prononcer l'ampliation en disant *sibi non liquere* (1).

Lorsque l'ampliation avait lieu, la cause, après un délai de quelques jours (2), d'un seul jour quelquefois (3), était reportée devant les mêmes juges (4). Les témoins pouvaient sans doute être entendus de nouveau, et il devait être permis de produire des preuves nouvelles; mais ordinairement les dépositions entendues dans la première action étaient rappelées de mémoire ou à l'aide de notes tenues par le *notarius* (5). Il n'était pas indispensable que la cause fût replaidée par le même avocat. (6).

L'ampliation donnait lieu à une *secunda actio*; et comme il n'était pas enjoint aux juges de statuer définitivement après la deuxième plaidoirie, on ne tarda pas à voir des *tertia actio*, des *quarta actio*, etc. S'il faut en croire Valère Maxime, il y en eut sept dans le procès intenté contre Cotta par Scipion Emilien (7).

Un tel état de choses était évidemment abusif : ces ajournements répétés, en éternisant les procès, fa-

---

(1) Cic. *Pro Cæcin.* 10.

(2) Cic. *Brut.* 21 : Paucis diebus interpositis, iterum Lælium multo diligentius meliusque dixisse.

(3) Cic. *ibid.* : Unum quasi comperendinatus medium diem fuisse, quem totam Galbam inconsideranda causa componendaque posuisse.

(4) Cic *Pro Cæcin.* 2 : Quum autem vestram in judicando dubitationem considero quanquam ego mihi sic persuadeo, recuperatores, non vos tam propter juris obscuram dubiamque rationem bis jam de eadem causa dubitasse. (Id. *ibid.* 4. — Quintil. IV, 1, *initio*)

(5) Cic. *Pro Syl.* 14 ; *pro Cæcin.* 9 et 10.

(6) Cic. *Brut.* 22.

(7) VIII, 1, 11 : Septies ampliata, et ad ultimum octavo judicio absoluta est.

cilitaient la corruption, émoussaient outre mesure la vivacité des impressions, lassaient les accusateurs et amenaient presque toujours l'impunité. C. Servilius Glaucia y mit ordre vers 634 ; la loi Servilia, *de pecuniis repetundis*, abolit l'ampliation en matière de concussion, et la remplaça par la *compérendination*.

La compérendination était le renvoi au surlendemain, après un jour franc d'intervalle (1), d'une cause déjà plaidée pour être plaidée une seconde fois, *bis ut causa dicatur* (2).

Elle différait de l'ampliation en deux points essentiels; celle-ci était facultative et dépendait de l'appréciation du juge ; celle-là était instituée par la loi et obligatoire ; l'une pouvait être indéfiniment réitérée, l'autre ne devait avoir lieu qu'une fois.

D'après quelques érudits, il existerait un troisième point de dissemblance. Dans la seconde action de l'ampliation, qui n'était que la réitération de l'action précédente, l'accusateur parlait le premier, et l'accusé le dernier. Le Pseudo-Asconius, intervertissant les rôles, prétend que dans la seconde action de la compérendination, la parole était donnée en premier lieu à l'accusé, et en second lieu à l'accusateur (3). Cette opinion, embrassée sans examen par plusieurs au-

---

(1) Aul. Gel. X, 24. — Fallait-il appeler le jour de la compérendination, le *troisième jour* ou le *surlendemain*? *Voy. Pro Mur.* 12.

(2) Cic. *In Verr.* I, 9.

(3) *In Verr.* I, Orel. p. 163 : Nam si accusator dixerit, respondit prima actione defensor : et rursum comperendinato judicio dicit prior defensor, et defensionem tanquam duplicem in medio positam obruit ultimus accusator.

teurs, notamment par Sigonius (1), Rosinus (2), et Heineccius (3), est combattue par M. Laboulaye, qui s'étonne qu'une pareille erreur ait pu se maintenir aussi longtemps (4). En effet, le texte équivoque de Cicéron sur lequel repose cette fausse interprétation (5), est contredit par une foule de passages du même auteur, desquels il résulte qu'il n'était pas dérogé dans la seconde action au principe de justice qui veut que l'accusé ait la parole le dernier (6).

Sauf les deux différences que nous venons de signaler, il existait une très-grande analogie entre l'ampliation et la compérendination, qui ne fut, en réalité, qu'une transaction entre deux facultés discrétionnaires du juge, celle de juger sur la première plaidoirie, et celle de ne juger qu'après un nombre illimité de plaidoiries. Dans un cas comme dans l'autre, des témoins nouveaux pouvaient être entendus (7); et, bien que la seconde action, dans la com-

(1) *De Judic.* II, 20.

(2) *Antiq. rom* IX, 23, 24.

(3) *Antiq. rom.* IV, III, 30.

(4) *Lois crim. des Rom*, p. 380.

(5) *In Verr.* I, 9 : Nam si bis dicere est commodum, certe utriusque commune est. Si eum qui posterius dixit, opus est redargui, accusatoris causa, ut bis ageretur, constitutum est. — En disant que si *c'est un avantage de réfuter celui qui a parlé le dernier, la compérendination a été établie dans l'intérêt de l'accusateur,* Cicéron a bien pu ne vouloir faire allusion qu'à la défense de la première action.

(6) Cic. *In Verr.* I, 28 ; II, 72, 78 ; III, 20, 72, 76, 88, 90, 91, 97 ; IV, 20 ; V, 1, 2, 5, 9, 13. — *Pro Font.* 16.

(7) Cic. *In Verr.* III, 25 : M. Lollius, ejus filius, adolescens lectissimus, præsto est : hujus verba audictis.

pérendination, dût s'ouvrir le troisième jour après la clôture de la première, il y a lieu de croire que ce délai légal n'était pas rigoureusement observé (1).

Les avocats regardaient la compérendination comme une espèce de superfétation très-fatigante (2), et ils avaient recours à des biais pour s'en affranchir. Quelquefois ils ne prenaient la parole que pour la forme dans la première action, et se bornaient à faire entendre leurs témoins, en sorte qu'il n'y avait lieu en réalité qu'aux plaidoiries de la compérendination. Dans d'autres circonstances, la plaidoirie de l'accusateur était restreinte à l'exposé des faits généraux ou à de simples considérations sur l'ensemble du procès : c'est le parti que prit Cicéron dans l'affaire de Verrès, pour déjouer les moyens dilatoires sur lesquels ce dernier fondait l'espérance d'un acquittement. Hortensius s'en plaignit vivement, prétendant que c'était opprimer un accusé que de ne pas plaider contre lui, parce que le silence de l'accusateur le privait, en définitive, du bénéfice de la compérendination (3).

La compérendination fut-elle étendue à d'autres matières que celles dont s'était occupée la loi Servilia? On ne saurait le dire. Elle eut lieu dans le procès poursuivi contre Clodius, accusé d'avoir violé les

---

(1) Cic. *In Verr. proœm.* 11 : Tua ratio est, ut secundum binos ludos mihi respondere incipias; mea, ut ante primos ludos comperendinem.—Quintil. XII, 9.

(2) Cic. *In Verr.* I, 9 : Quod habet lex in se molestissimum, bis ut causa dicatur.

(3) Cic. *in Verr.* I, 9.

mystères de la bonne déesse (1); mais ce fut en exécution de la loi qui organisa une *quæstio* spéciale pour cette affaire.

---

(1) Cicéron dit que deux jours d'intervalle suffirent à Crassus pour corrompre la majorité des juges à prix d'argent (*ad Attic.* I, 16), et Sénèque nous apprend positivement que ce fut pendant le délai de la compérendination : *intra comperendinationem* (*Epist. ad Lucil.* 97).

XVI.

Durée de la plaidoirie.

La loi des XII tables voulait que les plaidoiries entre adversaires présents fussent terminées avant midi, et que la cause, contradictoire ou par défaut, fût jugée avant le coucher du soleil (1). Cette disposition semble s'appliquer tout à-la-fois aux affaires criminelles et aux affaires civiles, *comitio aut foro;* mais on ignore d'après quelles règles et dans quelle proportion le temps devait être réparti entre l'accusateur et l'accusé, entre le demandeur et le défendeur. Toutes les opinions mises en avant sur ce point sont purement conjecturales, car Censorinus, en faisant remarquer que le mot *hóra* ne se trouve pas une seule

---

(1) *Voy.* le travail de M. Ch. Giraud sur la loi des XII Tables, d'après Dirksen et Zell. *Introd. hist. à l'étude du Droit rom.*

fois dans la loi des XII Tables, nous apprend que les anciens Romains ne possédaient aucune expression pour rendre compte de la division du temps entre le lever du soleil, *mane*, et les approches de midi, *ad meridiem* (1).

Au temps de Cicéron, la loi des XII Tables aurait-elle été modifiée par des actes législatifs ou réglementaires, ou par l'usage seulement ? c'est un point qu'il est impossible d'éclaircir, mais nous savons qu'alors la durée de la plaidoirie dépendait en général de la volonté du juge, surtout dans les procès privés. Cicéron loue le préteur C. Octavius de ce qu'il laissait plaider tout ce qu'on voulait et aussi longtemps qu'on le voulait, sans que cette tolérance allât jusqu'à l'abus (2). L'abus, qui se produisait néanmoins quelquefois, avait pour conséquence de rendre les plaidoiries interminables. Comme les jours où il n'était pas permis de vaquer aux affaires étaient très-nombreux, le défendeur plaidait pendant toute l'audience, et souvent le procès était presque indéfiniment ajourné. Les plaideurs de mauvaise foi avaient recours à ce moyen dilatoire qu'une foule d'incidents pouvaient rendre très-efficace. Il y avait même des avocats en second qui n'avaient mission de prendre la parole que pour gagner du temps, et que l'on appelait *moratores* (3). L'affaire que Cicéron plaida pour Quintius

(1) Censor. *De die nat.* XXIII et XXIV. Ce passage curieux a servi à la restitution de la première Table.

(2) Quintil. 1, 1.

(3) Cic., *In Cæcil.* 15.

avait déjà été plaidée plusieurs fois par M. Junius, à qui Hortensius, avocat de la partie adverse, reprochait de n'avoir jamais voulu en finir, *nunquam perorari potuisse.* Cicéron, qui remplaça Junius, repousse avec force l'imputation dirigée contre son client d'user de stratagême pour retarder le jugement (1).

Par cela même que le juge était maitre de fixer le temps de la plaidoirie, il lui appartenait de n'en déterminer aucun. Ce droit appartenait au juge personnellement, et non au préteur qui l'avait désigné (2), cependant ce point n'était pas sans difficultés (3).

A la même époque, dans les causes publiques ou criminelles, l'espace de temps imparti à l'accusation et à la défense était déterminé par un réglement (4) émané peut-être du préteur, lors de son entrée en exercice, ou peut-être seulement du *judex quæstionis.* Cependant nous voyons que la défense de Rabirius fut restreinte à une demi-heure par *Labiénus*, l'accusateur, et Cicéron s'en plaint en termes énergiques: *Nunc quoniam, T. Labiene, diligentiæ meæ temporis angustiis obstitisti, neque ex comparato et constituto spatio defensionis in semi horæ curriculum coegisti, parebitur et, quod iniquissimum est, accusatoris conditioni, et quod miserrimum, inimici potestati* (5).

Quelles étaient l'origine et la mesure de ce droit

(1) Cic *Pro Quint.* 10.
(2) Cic. *ibid.* 9.
(3) Cic. *ibid.* 22.
(4) Cic. *Pro Rabir.* 2.
(5) Cic. *loc. cit.*

exorbitant? on pourrait induire d'un passage du discours de Cicéron que l'accusateur fixait lui-même la durée de son accusation, et que le temps de la défense ne pouvait excéder cet espace, ou ne l'excéder que dans une proportion déterminée (1), par exemple, dans la proportion d'un tiers en sus, comme cela se pratiqua plus tard. Ainsi, il est possible que l'accusateur n'eût parlé que pendant vingt minutes. Labiénus était tribun du peuple : serait-ce à cette qualité qu'aurait été attaché le droit dont nous recherchons ici le caractère ? Nous ne pouvons le penser, quoique Cicéron ait écrit : *Dixi ad id tempus quod mihi à tribuno plebis præstitutum est* (2) ; il est à croire que Cicéron ne désigne ici son adversaire par son titre, que pour mieux faire ressortir ce qu'il y avait de peu libéral dans son exigence. Constatons que ce plaidoyer pour Rabirius ne dut pas durer, en effet, plus d'une demi-heure, même en tenant compte des lacunes qu'on y remarque.

Cicéron parle ailleurs (3) du droit accordé à l'une des parties de fixer la durée des plaidoiries; mais il est impossible de tirer de ce passage une notion positive. D'une part, l'affaire où il se trouve, quoique privée dans son origine, emprunte à divers incidents un caractère mixte qui ne permet pas d'en bien préciser la nature; d'autre part, les rôles sont tellement intervertis ou entremêlés, qu'on ne sait au juste de

(1) Cic. *loc. cit.*
(2) *Pro Rabir.* 12.
(3) *Pro Quint.* 22.

quel côté sont le demandeur et le défendeur, l'accusateur et l'accusé. Il est à remarquer, au surplus, que les principaux griefs de l'orateur portent sur cette confusion elle-même (1).

S'il demeure constant que la durée de la plaidoirie dans les causes publiques, put être fixée, à l'époque de laquelle nous nous occupons, soit par le préteur, soit par le juge de la question, soit par l'accusateur lui-même, il n'est pas moins constant que l'arbitraire s'était introduit dans cette fixation, et que même il devint facile de s'en affranchir. L'auteur du *Dialogue des orateurs* nous apprend que l'avocat disposait du temps comme il l'entendait (2) : Cicéron plaida pour Cornélius Balbus pendant quatre audiences (3). L'habitude s'était établie de laisser parler non seulement l'accusateur, mais encore les *subscriptores* (4), comme aussi d'entendre successivement tous les défenseurs que l'accusé s'était choisis. Le droit dévolu à l'accusateur et à l'accusé d'adresser des interpellations aux témoins, quoique réglé dans l'origine, était également exercé sans limites, et cet abus entraînait des longueurs préjudiciables à la bonne administration de la justice.

Un pareil état de choses fit sentir la nécessité d'une

(1) Cic. *Pro Quint.* passim.
(2) 38.
(3) Plin. *Epist.* I, 20.
(4) En 697, sous le consulat de Lentulus et de Philippe, Célius fut accusé par Hérennius, Balbus, Clodius et Atratinus, qui prirent successivement la parole. Célius était défendu par Cicéron et Crassus (Cic. *Pro Cœl*).

réforme, et Pompée, en 701, porta une loi d'après laquelle deux heures furent accordées à l'accusateur pour développer l'accusation, et trois heures à l'accusé pour présenter sa défense (1). La durée de l'action fut également réduite de vingt jours à trois jours. Cette nécessité de restreindre les débats dans des limites relativement étroites, éloigna du barreau une foule d'avocats, incapables d'affronter les hasards de l'improvisation (2).

La loi Pompéia ne dut pas survivre long temps à la République, dont la chute ne tarda pas à amener le déplacement du pouvoir judiciaire : ses dispositions restrictives furent modifiées, en ce sens que le juge fut investi du pouvoir discrétionnaire de régler la durée de la plaidoirie, en prenant en considération l'importance des affaires (3). Toutefois, dans les causes publiques, le temps départi à l'accusateur et à l'accusé devait être mesuré dans la proportion indiquée par la loi Pompéia. Si l'accusateur avait été autorisé à parler pendant six heures, l'accusé avait le droit de parler pendant neuf heures (4).

---

(1) Auct. *Dial. orat* 38. — Cic. *Brut.* 94 ; *De Finib.* IV, 1. Cicéron (*loc. cit.*) parle de trois heures accordées à l'avocat, sans distinguer entre l'accusation et la défense, et Alde Manuce (*in Brut.*) fait observer que la loi Pompéia n'accorde que deux heures seulement. Ces deux versions peuvent très-bien se concilier, en admettant une durée d'un tiers en sus en faveur de la défense. Cette inégalité dans la répartition du temps, si légitime d'ailleurs, était consacrée en principe, soit par une loi antérieure, soit par un usage incontesté. — *Voy.* infrà, note 4.

(2) Cic. *Brut.* 69.

(3) Plin. *Epist.* I, 20. — Quintil. XI, 3 ; XII, 10.

(4) Plin. *Epist.* IV, 9 : *Nam quum e lege accusator sex horas, novem*

Avant le commencement de la plaidoirie, on plaçait une clepsydre devant l'avocat. La clepsydre était un petit vase affectant la forme d'un entonnoir, dont l'extrémité inférieure se terminait par une ouverture ronde très-étroite, d'où s'échappait de l'eau goutte à goutte (1). Cette eau mettait à s'écouler un intervalle de vingt minutes environ (2). Si le nombre de clepsydres fixé ne suffisait pas, le juge pouvait y ajouter (3) ; cela s'appelait accorder de l'eau, *dare aquam* (4). On disait parler une, trois, neuf clepsydres, comme nous disons parler vingt minutes, une heure, trois heures. Si le juge refusait d'accorder une prolongation, l'orateur devait s'interrompre quand la clepsydre était épuisée (5). Lorsque l'avocat s'arrêtait pour

---

reus accepisset. Ce passage ne signifie pas que la loi accordait six heures à l'accusateur et neuf heures à l'accusé ; mais que six heures ayant été concédées à l'accusateur, la loi voulait que neuf heures, un tiers en sus, fussent départies à l'accusé.

(1) Apul. *Metamorph.* III. — Il ne faut pas confondre la clepsydre avec l'horloge d'eau, instrument très-compliqué et fort cher, dont Vitruve donne la description (*de Archit.* IX). Pétrone en parle également (*Satiric.* 26). La clepsydre passa, dit-on, des Grecs chez les Romains, sous le troisième consulat de Pompée ; on croit que la loi Pompéia en appliqua l'usage, pour la première fois, aux plaidoiries. Cicéron en parle une seule fois (*de Orat.* III, 24) comme d'un instrument à l'usage des rhéteurs grecs.

(2) Plin. *Epist.* II, 11. Voici le passage : *Dixi horis pene quinque, nam decem clepsydris, quas spasiosissimas acceperam, sunt additæ quatuor.* En divisant les trois cents minutes *environ*, pendant lesquelles Pline parla, par les quatorze clepsydres qui furent accordées, on a vingt minutes par clepsydre pour deux cent quatre-vingts minutes. Le résultat de ce calcul doit être très-voisin de la vérité.

(3) Mart. *Epig.* VI, 35 ; VIII, 7. — Plin. *loc. cit.*

(4) Plin. *Epist.* VI, 2.

(5) Plin. *Epist.* I, 23.

faire des interpellations ou pour lire des pièces, l'huissier plaçait un doigt sous l'ouverture par laquelle l'eau s'écoulait : cela s'appelait *sustinere aquam* (1) Quelquefois les plaidoiries étaient très-longues. Pline nous apprend qu'il parla près de cinq heures devant les centumvirs (2), et Martial se moque d'un avocat qui avait le talent de faire entendre dix paroles en neuf heures (3); souvent elles se prolongeaient bien avant dans la nuit, et l'on parlait aux flambeaux (4). Cependant, au rapport de Pline lui-même, l'habitude s'était établie de son temps, et après la mort de Régulus qui fatiguait les juges par ses interminables discours, de ne plaider pour les deux parties que pendant deux, une et même une demi-clepsydre : *nam et qui dicunt, egisse malunt quam agere, et qui audiunt, finire quam judicare* (5). On voit par ces mots qu'il doit blâmer trop de rapidité dans l'expédition des affaires. « Quant à moi, dit-il, toutes les fois que je juge (et je suis plus souvent juge qu'avocat) j'accorde autant d'eau que l'on m'en demande. En effet, je taxe d'imprudence la prétention de vouloir circonscrire à l'avance une cause que l'on n'a point entendue, et de vouloir assigner un terme *a priori* à une affaire dont on ignore la nature. La patience, que l'on pourrait considérer comme faisant partie intégrante de la jus-

(1) Apul. *Apolog.*
(2) Plin. *Epist.*, II, 11. — Quintil. XII, 6.
(3) Mart. *Epig.* VIII, 7.
(4) Plin. *Epist.* VI, 9.
(5) Plin. *Epist.* VI, 2.

tice, est sans contredit le premier devoir du juge qui veut éclairer sa conscience. Mais l'avocat dit des choses inutiles : soit; il vaut encore mieux les entendre que de s'exposer à ne pas entendre les choses nécessaires; et d'ailleurs, comment saurez-vous qu'elles sont inutiles si vous ne les avez pas entendues (1). »

Marc-Aurèle était dans l'habitude de donner *une bonne mesure d'eau* aux avocats, et même de les laisser plaider aussi longtemps qu'ils le désiraient; il écoutait quelquefois la même affaire pendant plus de dix heures (2).

Ulpien voulait que le juge écoutât l'avocat avec patience, mais dans une sage mesure, afin que sa longanimité ne fût pas réputée de la faiblesse (3).

Une constitution de Valentinien et de Valens (368 de J.-C.) autorisa les avocats à parler aussi longtemps qu'ils le voudraient, à la condition de ne pas user de cette faculté pour grossir leurs honoraires, mais seulement en vue d'accroître leur réputation (4).

Caton était cité comme un orateur très-concis. Pline, qui pensait qu'un bon livre est d'autant meilleur qu'il est plus long, opposait à Caton, Pollion, Célius, César et surtout Cicéron, quoique ce dernier ait dit de lui-même : *Brevitas mihi amicissima est* (5).

(1) Plin, *Loc. cit.*
(2) Xiphil. *Hist. August.* Anton phil. 10.
(3) D. *De offic. proc.* fr. 9.
(4) C. Justin *De postul.* c. 6, § 5.
(5) *Pro Quint.* 10. — Nous ne pouvons résister au plaisir de citer ici ce-

Ceux des plaidoyers de Cicéron que le temps a épargnés ne peuvent pas nous donner une idée exacte du temps qu'il mit à les prononcer ; tous ont été revus et probablement raccourcis. Ainsi Pline fait observer que certains chefs d'accusation sont à peine effleurés dans les discours pour Muréna et pour Varénus ; d'où il faut induire qu'en écrivant, l'orateur a supprimé beaucoup de choses qui avaient dû trouver place dans la plaidoirie. De même aussi le plaidoyer pour Balbus, tel que nous le possédons aujourd'hui, ne peut être que la reproduction très-abrégée de celui qui fut prononcé et qui occupa le temps de quatre audiences (1). Cicéron nous apprend lui-même que sa première plaidoirie dans l'affaire de Verrès dura une heure : ce plaidoyer occupa la première séance ; l'audition des témoins, l'interrogation et l'altercation absorbèrent les huit jours suivants, de sorte que l'ac-

passage d'une lettre de Pline : « Un jour que je plaidais avec Régulus, il me dit : Vous, vous croyez qu'il ne faut négliger aucun détail dans un procès ; moi, je saute tout de suite à la gorge de mon adversaire, et je l'étrangle. — En effet, il presse vivement ce qu'il tient, mais rarement il choisit le bon endroit. — Je lui répondis qu'il pouvait bien arriver qu'il prît quelquefois le genou, le tibia ou le talon pour la gorge. Quant à moi, ajoutai-je, qui ne puis atteindre la gorge, je m'y prends de toutes les manières, et je tape partout. Je traite ma cause comme le cultivateur traite son domaine, lui qui ne se borne pas à travailler ses vignes, mais qui étend ses soins à chacun de ses champs. Il ne sème pas seulement du froment, mais encore de l'orge, des fèves et d'autres légumes ; de même, dans ma plaidoirie, je jette autour de moi toutes sortes de semences, pour récolter ce qui en viendra. L'esprit des juges n'est pas moins chanceux, moins incertain, moins décevant que le sol et les saisons. » 1, 20.

(1) Plin., *Epist.* VI, 2.

tion, qu'il ne faut pas confondre avec la plaidoirie, eut une durée de neuf jours; c'était peu si on prend en considération la gravité de l'affaire, et Verrès s'en plaignit; mais son accusateur, dont la répartie était vive, répondit que lui Verrès, étant préteur à Rome, avait, dans l'espace de trois heures, condamné le sénateur Q. Opimius, accusé d'avoir proposé une loi contraire à la loi Cornélia (1).

Quelquefois les avocats affectaient de prononcer des plaidoyers très-brefs, ou même de ne pas plaider du tout, et cette tactique leur réussissait. Cicéron avait annoncé l'intention de ne pas prendre la parole dans le procès de Verrès, et Hortensius disait à ce sujet, *nihil esse tam periculosum fortunis innocentium quam tacere adversarius* (2). Un jour, Pline avait à défendre des accusés poursuivis sur charges nouvelles à la suite d'un premier acquittement. Julius Africanus (5), qui soutenait l'accusation, ayant épuisé la mesure d'eau qui lui avait été accordée, supplia le juge « de lui permettre d'ajouter un seul mot », faveur qui lui fut refusée. Tous les regards se portèrent alors sur son adversaire, et le public s'attendait à une longue défense: « J'eusse répondu, dit l'habile avocat, si Africanus vous eut fait connaître ce *seul mot* qu'il voulait ajouter, car j'imagine que ce mot renfermait toutes les nouvelles charges; » et il se rassit. Pline

(1) Cic. *In Verr.* 1, 7 et 60.
(2) Cic. *In Verr.* 1, 9.
(3) Petit fils du célèbre Julius Africanus qui vivait sous Tibère, Caligula et Claude.

affirme qu'il n'avait jamais été tant applaudi pour avoir plaidé, qu'il le fut ce jour-là pour s'être abstenu de plaider (1).

(1) *Epist.* VII, 6.

XVII.

Plusieurs avocats pour la même cause.

Un seul avocat pour une cause. — Pourquoi le même plaideur en prit
plusieurs. — Chaque partie du discours confiée à une spécialité. —
Douze avocats pour un accusé. — Les platanes d'Hortensius. — Loi
Julia.

Lorsque la profession d'avocat n'existait pas, lorsque les intérêts d'un accusé étaient défendus par ses
parents, ses amis, son patron, dont le concours au
forum dans un même but formait l'*advocatio*, on
comprend que la plaidoirie, encore à l'état d'enfance,
manquât d'unité, et que plusieurs personnes fussent
appelées à y prendre part. Mais lorsque l'art de l'éloquence eut fait des progrès, lorsque les jurisconsultes
eurent créé la science du droit, lorsqu'enfin le barreau se fût constitué, la famille naturelle ou politique
dut faire place à l'homme spécial, initié à la connaissance des formules, aux ambages de la procédure, à
la tactique de l'audience, à l'avocat. L'usage s'établit
donc de charger une seule personne de la défense
d'un intérêt unique, et cet usage se maintint long-

temps (1). **Deux** causes tendirent à le faire disparaître. Le nombre des clients étant devenu la mesure du crédit du patron, et le nombre des patrons une garantie de protection pour le client, le même procès, en vue de ce double intérêt, fut confié au zèle de plusieurs avocats. D'autre part, le talent oratoire ayant été poussé à ses plus extrêmes limites, l'art étant parvenu à décomposer la plaidoirie en parties distinctes soumises à des règles spéciales et déterminées, il arriva qu'un orateur se fit plus particulièrement remarquer dans telle ou telle de ces parties, suivant la nature de ses études, de son caractère, de ses aptitudes, de son tempérament : dès-lors, on espéra plus de perfection dans les détails par la division du travail, assimilant ainsi les opérations de l'esprit aux ouvrages de la main. Cicéron excellait dans le pathétique : on le chargea de la péroraison, tandis que la discussion fut confiée à la méthode et à la netteté d'Hortensius (2). Quintilien nous apprend qu'il avait ordinairement la mission d'exposer les faits (3); vers le même temps, un certain Albutius Silus avait la vogue, comme Cicéron, pour la péroraison (4).

Lorsqu'un procès comportait plusieurs chefs, quelquefois chacun de ses chefs était confié à un avocat; souvent la cause était plaidée en son entier ou dans ses parties principales par plusieurs orateurs qui se

(1) Cic. *Brut*. 57 ; *Pro Cluent*. 70. — Plin. *Epist*. I, 20.
(2) Cic. *Orat*. 37 ; *Brut*. 51.
(3) IV, 2.
(4) Suét. *De clar. rhet*. 6.

succédaient (1). Dans ces conditions diverses, Cicéron défendit P. Sextius avec Hortensius et plusieurs autres membres du barreau (2). Il défendit également Célius avec Crassus (3), Cornélius Balbus avec Pompée et Crassus (4), Flacus avec Hortensius (5) qui lui était adjoint dans un grand nombre de causes (6). Il fut lui-même assisté de Calidius dans son procès pour le rétablissement de sa maison (7). Scaurus eut six avocats : Cicéron, Hortensius, M. Marcellus, P. Clodius, Calidius et Messala. On vit leur nombre s'élever jusqu'à douze dans la même affaire et pour la même partie (8).

Cicéron n'approuvait pas cet usage (9), qu'il déclarait contraire aux anciennes institutions du barreau, *veteri instituto* (10). Il en résultait, en effet, de graves inconvénients ; les avocats n'assistaient pas toujours au plaidoyer de leurs confrères (11): de là des quiproquos, des contradictions et des redites aussi nui-

(1) Cic. *Pro Sylla*, 4 et 5.
(2) Cic. *Pro Sext*. 2.
(3) Cic. *Pro Cœl*. 10
(4) Cic. *Pro Balb*. 1.
(5) Cic. *Pro Flac*. 23.
(6) Cic. *In Cœcil*. 14.
(7) Quintil., X, 1.
(8) Ascon. *Pro Scaur*. Orel. p. 20.
(9) Cic. *De orat*. II, 77.
(10) Cic. *Pro Cluent*. 70. — Plin. I, 20.
(11) Macrob. *Saturn*. II, 9. — Hortensius avait à plaider une cause avec Cicéron, dans un intérêt commun. Hortensius, qui était chargé de la première partie, pria son confrère de parler le premier, parce qu'il avait besoin, disait-il, d'aller à la campagne pour arroser avec du vin un jeune platane récemment transplanté.

15

sibles au client que compromettantes pour la dignité
de l'art (1).

Une loi Julia réduisit le nombre des défenseurs,
mais on ignore à quel nombre (2); Tacite parle d'une
loi d'Auguste qui l'aurait fixé à trois (3) : peut-être
cette loi, attribuée à Auguste, n'est-elle autre que la
loi Julia de Jules César.

Au temps de Pline, l'abus condamné par Cicéron
s'était reproduit, mais il ne fut pas poussé aussi
loin (4).

---

(1) Cic. *Brut.* 37.
(2) Ascon. *Loc. cit.*
(3) *Ann.* III, 11, 13 et scol.
(4) Plin. *Epist.* I, 20 ; II, 11 ; III, 9 ; IV, 9.

XVIII.

Comment les plaidoiries étaient recueillies.

Les grefliers d'audience. — Les sténographes. — Leur habileté. — Plaidoyers recueillis et publiés à l'insu de l'avocat. — Révisions et corrections. — Improvisation simulée. — Soins apportés à la rédaction des plaidoyers. — Pourquoi Antoine ne publiait pas les siens. — Espoir de retrouver des trésors perdus.

Il existait près les tribunaux des teneurs de notes ou grefliers chargés de constater les dires des parties et les déclarations des témoins (1); ils étaient organisés et formaient une corporation : on les appelait *notarii, actuarii, scribæ, exceptores, amanuenses.* Ces scribes, ou d'autres peut-être qui n'étaient point revêtus d'un caractère public, recueillaient les plaidoyers des avocats au moyen de procédés sténographiques (2) dont les premiers essais, suivant Plutarque (3), au-

(1) Quelquefois les juges eux-mêmes se chargeaient de ce soin. Cic. *Pro Syll.* 14.

(2) Quintil. XI, 2 : Habeamus enim sane ut qui notis scribunt, certas imagines.

(3) *In Cat. Utic.* 28.

raient été faits sous le consulat de Cicéron, et appliqués à la reproduction des discours du sénat. Martial nous atteste leur extrême habileté.

Currant verba licet , manus est velocior illis (1).

Le plaidoyer d'Hortensius pour Messala fut reproduit mot pour mot à l'audience (2). Mais les orateurs étaient trop soigneux de leur réputation pour avoir recours à la sténographie en vue d'une publicité immédiate; s'ils en usaient, ce n'était que pour se procurer le canevas de leur discussion et pour conserver le souvenir des incidents, car, en général, leurs plaidoyers n'étaient écrits qu'après avoir été prononcés (3).

Tous les discours de Cicéron qui nous sont parvenus, ont été revus et corrigés avec le plus grand soin. Cependant Asconius (4) et Quintilien (5) avaient lu le petit plaidoyer, *oratiuncula*, prononcé pour la défense de Milon ; mais on sait qu'il ne ressemblait en rien à celui qui fut rédigé et publié plus tard , ce qui fit dire à Milon, lorsqu'il reçut ce dernier dans le lieu

---

(1) *Épig.* XIV, 208. — Titus aimait à lutter de vitesse avec eux. Suet. *in Tit.* 3. — L'art de la sténographie fut pratiqué chez les Romains au moyen des procédés que nous connaissons. Le lecteur qui voudra s'en convaincre peut consulter, outre les deux passages significatifs que nous venons de citer : Cic. *Epist. ad Attic.* XIII, 32 ; — Senec. *Apokolok.* 9 ; — Quintil. VIII, 2 ; — Plin. *Epist.* IX, 56 ; — Mart. *Epig.* , VII, 52.

(2) Cic. *Brut.* 96.

(3) Cic. *ibid.* 24.

(4) *Pro Mil* argum. Orel. p. 42.

(5) IV, in fin. — En parlant du grand discours, Quintilien dit ailleurs (IV, 2): *Marcus Tullius in oratione pulcherrima quam pro Milone scriptam reliquit.*

de son exil : O Cicéron, si tu avais ainsi parlé, je ne mangerais pas d'aussi bon poisson à Marseille (1). L'orateur d'Arpinum était trop jaloux de sa gloire pour avoir livré lui-même à la publicité un discours dont il connaissait l'insuffisance mieux que personne: cette publication avait donc probablement eu lieu à son insu, dans un but de spéculation, et sur une relation faite à l'audience par les sténographes. L'empereur Auguste se plaignait qu'on eût ainsi publié une copie inexacte du plaidoyer de César` pour Métellus (2).

Nous savons encore que le discours pour Flaccus ne nous est pas parvenu tel que les juges l'entendirent. Macrobe attribue l'acquittement de l'accusé, convaincu des concussions les plus manifestes, à l'à-propos d'un bon mot que Cicéron crut devoir supprimer à la rédaction (3).

Les avocats ne se bornaient pas à faire disparaître les négligences de l'improvisation et à retrancher les longueurs ou les redites; quelquefois ils replaçaient l'œuvre tout entière sur le métier (4), et Pline déclare tout naturellement que son plaidoyer pour Clarius fut publié avec des additions considérables (5). Ils mettaient, au surplus, une sorte de coquetterie à conserver à leurs discours ainsi revus, corrigés, mo-

(1) Dio Cass. *Hist. rom.* XL, 54.
(2) Suet. *in Cæsar.* 55.
(3) Saturn. II, 1 : Is jocus in oratione non exstat : mihi ex libro *Fusii* Bibaculi notus est, et inter alia ejus dicteria celebratur.
(4) Plin. *Epist.* IV, 9.
(5) *Epist.* IX, 28.

difiés, augmentés, toutes les allures de l'improvisation, comme s'ils eussent eu en vue de tromper la
postérité. Cicéron en offre plusieurs exemples. On
lit dans une de ses Verrines, qui ne fut pas même
prononcée : « Un artisan..... quel est son nom ?.....
vous me soufflez fort à propos : oui, c'est Polyclète (1). »
Et ailleurs : « M'opposerez-vous les estimations de
Marc-Antoine et ses concussions ? —Oui, dit Hortensius, je vous opposerai Marc-Antoine, —car je le vois
qui fait un signe de tête en manière d'assenti-
ment (2). » Nous devons être moins étonnés de rencontrer tant de perfection dans les plaidoyers des
anciens, lorsque nous voyons avec quelle extrême attention ils les polissaient. C'était là l'occupation de
toute leur vie : Cicéron retouchait encore les siens
dans sa vieillesse (3); Pline annonçait l'intention de
se livrer à une révision du même genre (4), quoique
ses discours eussent passé par l'épreuve de plusieurs
lectures faites dans des cercles d'amis (5).

Tous les orateurs jouissant de quelque réputation
écrivaient leurs plaidoyers, après les avoir prononcés,
et les publiaient. Les jeunes gens fréquentant le
barreau en prenaient des copies qu'ils envoyaient
dans les provinces (1). Caton l'Ancien avait livré les
siens à la publicité, et ils existaient encore sous le

(1) In Verr. IV, 3 Voy. Plin. Epist. I, 20.
(2) In Verr. III, 91.
(3) Cic. De Senect. 11.
(4) Epist. I, 20.
(5) Ibid. II, 19; IV, 5 ; V, 15 ; VII, 17.
(6) Auct, Dial. orat. 20.

règne de Trajan (1). On avait également ceux de Crassus, d'Hortensius, de Pollion, de Célius et de César. Cicéron assure que le célèbre Marc-Antoine était le seul à ne pas écrire, et il en donne une raison singulière : en agissant ainsi, dit-il, Antoine voulait se ménager la faculté de désavouer ce qu'il aurait pu laisser échapper de compromettant (2).

On ne saurait trop vivement déplorer la perte de ces monuments anciens, au double point de vue de l'art et de l'histoire. Les discours de Cicéron sont restés, après des fouilles de plusieurs siècles, une mine inépuisable de documents sur la constitution romaine et sur les institutions judiciaires au VIIme siècle : que d'intérêt offriraient pour l'étude des temps antérieurs ceux de Caton l'Ancien et ceux des Gracques ! Quelles lumières jetteraient sur les questions de philologie, sur les controverses littéraires, sur le véritable caractère des faits et des personnes, ceux des contemporains de Cicéron! Lorsqu'il se reporte à tant de richesses perdues, l'esprit se prend à maudire l'inexorable puissance du temps et de la barbarie; puis, par un de ces retours qui plaisent aux âmes attristées, en songeant aux immenses dépôts où l'œil du patient investigateur n'a point encore pénétré, en se rappelant les merveilleuses découvertes des Niebuhr, des Maï, des Peyron, l'ami de l'antiquité se berce de l'espoir que le trésor dont il pleure la perte

(1) Plin. *Epist.* 1, 20.
(2) Cic. *Pro Cluent.* 50.

est seulement enfoui, et qu'une main heureuse saura le retirer un jour du réduit poudreux où il repose depuis des siècles. Puisse cette espérance ne pas être une illusion!

XIX.

De l'érudition et de l'esprit des avocats.

Travaux de Cicéron et de César. — Le plus savant des Romains. — Citations. — Mithridate et les trois chèvres. — Moïse à propos de magie. — L'esprit à l'audience. — La queue du verrat. — Un jeu de mot de Caton l'Ancien. — Singulières questions de droit. — Protagoras et son disciple. — La veuve et les vieux fossés.

Les avocats du barreau romain embrassèrent avec ardeur toutes les branches des connaissances humaines ; rien de ce qui touche aux sciences et aux arts, tels que les diverses époques les comportèrent, ne leur fut étranger; leurs travaux étaient immenses, et presque tous laissèrent des ouvrages estimés sur les sujets les plus variés. En songeant à tous les livres que Cicéron avait écrits, on se demande comment cet homme, qui préparait longuement ses plaidoyers et qui les rédigeait avec le plus grand soin après les avoir prononcés, qui prit une si large part aux affaires dans les temps les plus orageux de la République, qui fut successivement soldat, questeur, édile, préteur, consul, proconsul et général d'armée, comment cet homme a pu suffire à tant de labeurs. César

est plus étonnant encore peut-être : tout le monde
connait ses immenses travaux militaires et les mémoires où il en a consigné le récit; mais peu de
personnes savent qu'il avait composé, outre de nombreux plaidoyers, deux tragédies, plusieurs autres
pièces de théâtre qu'Auguste défendit de publier, un
poème, des oraisons funèbres, deux pamphlets contre
Caton, un traité d'astronomie, plusieurs traités sur les
augures et les auspices, un recueil d'apophtègmes,
des éphémérides et deux livres de remarques sur la
langue latine : et il mourut à 56 ans! Pline l'Ancien
a dit de lui que son activité était celle de la flamme,
et que jamais homme ne fut doué d'une intelligence
plus vigoureuse (1). Varron, qui fréquenta aussi le
barreau, a été proclamé par Cicéron le plus savant
des Romains, et Saint Augustin déclare que la vie
d'un homme suffirait à peine à lire tout ce qu'il a
écrit (2). Caton l'Ancien, Lélius, les Crassus, les Antoine, Curion le père, Philippe, Hortensius, Catulus,
Asinius Pollion, Messala Corvinus, et la plupart des
orateurs célèbres de l'Empire, avaient composé des
histoires ou des traités attestant des études immenses,
aussi bien que Quintilien, Tacite, Suétone et Pline,
qui furent également des avocats.

A la belle époque du barreau, les orateurs firent
usage de cette érudition dans la plaidoirie, mais avec
une sobriété de bon goût, et seulement pour dis-

---

(1) *Hist. natur* VII, 55.
(2) *De civit Dei*, VI, 2.

traire un moment le juge des aspérités du langage judiciaire ou pour confirmer leurs allégations par un témoignage muet et désintéressé. Ils empruntaient de préférence leurs citations aux poètes anciens, rarement aux contemporains. Cicéron citait les vers d'Ennius, d'Accius, de Pacuvius, de Lucilius, de Térence, de Cécilius. Les orateurs qui vinrent après lui imitèrent cet exemple, notamment Asinius Pollion (1).

L'avocat rappelait volontiers des traits historiques, mais presque toujours ils s'appliquaient aux ancêtres de quelques personnages figurant au procès, et le souvenir évoqué avait pour but, soit d'intéresser au sort de l'accusé, soit de déconsidérer l'accusateur ou d'affaiblir son influence, soit de caresser la vanité du juge.

Les citations inopportunes et les digressions oiseuses, qui peut-être s'étaient montrées au barreau dans l'enfance de l'art, se reproduisirent à sa décadence. Si Pline le jeune, sous Nerva et Trajan, fut un modèle de goût et un observateur vigilant des bonnes traditions, son exemple ne fut pas suivi par ses confrères d'un ordre inférieur. Tout le monde a lu cette charmante épigramme de Martial.

« Avocat, il ne s'agit ici ni de violences, ni de meurtre, ni de poison. Il me manque trois chèvres, j'accuse mon voisin de me les avoir volées, et le juge me somme d'en fournir la preuve. Toi, de toute la

_____

(1) Quintil. I, 8 ; II, 7.

force de tes poumons et de toute la vigueur de ta main qui frappe sur la barre, tu ne fais bruit que de la bataille de Cannes, de la guerre de Mithridate, des perfidies et des fureurs Puniques, des Sylla, des Marius et des Mucius : avocat, parle donc enfin de mes trois chèvres (1). »

Le plaidoyer d'Apulée offre un curieux échantillon de ces digressions que le poète de Biblis reprochait à ses contemporains. Apulée, pour se justifier du crime de magie, étale devant ses juges les preuves d'une prodigieuse érudition : il discute des questions de physique, d'histoire naturelle, de médecine, de grammaire; il passe en revue tous les orateurs, tous les poètes, tous les philosophes, tous les pays; il cite Moïse, Jannès et Zoroastre. Comme il s'était formé à l'école des rhéteurs les plus célèbres de la Grèce et de l'Italie, qu'il avait plaidé à Rome, et qu'il ne manquait d'ailleurs ni d'art ni d'expérience, on peut conclure que sa manière fut celle du barreau de son temps.

Nous nous croyons volontiers plus d'esprit que n'en avaient les anciens : la vérité est que nous le répan-

---

(1) VI, 19.　　Non de vi, neque cœde, nec veneno,
　　　　　　　Sed lis est mihi de tribus capellis.
　　　　　　　Vicini queror has abesse furto,
　　　　　　　Hoc judex sibi postulat probari :
　　　　　　　Tu Cannas, Mithridaticumque bellum,
　　　　　　　Et perjuria Punici furoris,
　　　　　　　Et Syllas, Mariosque, Muciosque
　　　　　　　Magna voce sonas, manuque tota.
　　　　　　　Jam dic, Posthume, de tribus capellis.

dons avec plus de profusion, mais certainement nous n'en avons pas davantage, et le nôtre n'est pas de meilleur aloi. Les Romains ont toujours montré, même au temps de leur gravité proverbiale, une merveilleuse sagacité à saisir les rapports les plus secrets des choses entre elles, les nuances les plus délicates qui rapprochent ou diversifient les idées. Les Grecs, en les initiant à l'art de jouer sur les mots, altérèrent le bon naturel de leur esprit, si l'on peut parler ainsi ; mais dans cet abus même, qu'un goût sévère doit presque toujours condamner, ils furent au moins les égaux de leurs maîtres.

De tout le personnel du barreau romain, Cicéron est l'homme en qui viennent se résumer les plus excellentes qualités de l'esprit, comme aussi ses travers les plus regrettables. A lui appartiennent les pensées les plus fines, les mots les plus heureux, les réparties les plus vives, mais en même temps les pointes les plus triviales. Tout cela se trouve en abondance dans ses plaidoyers contre Verrès. Le nom du célèbre préteur signifiait *porc, verrat* : cette homonymie fut pour l'accusateur une tentation à laquelle il ne put résister. On imputait à Verrès d'avoir exercé des concussions par l'intermédiaire d'un certain Carpinatius ; les registres de ce dernier ayant été saisis, on y découvrit la mention de plusieurs versements faits à Caïus Verrutius, mais ce Verrutius n'était autre que Verrès dont le nom avait été frauduleusement altéré : «Voyez-vous, s'écriait Cicéron, voyez-vous ce nom de Verrutius? voyez-vous les quatre premières lettres dans leur intégrité? voyez-vous aussi la dernière partie, *la fin de Verrès* (ou la queue du porc, *caudam illam Verris*) enfouie sous la surcharge comme dans la *fange* (1)? » Ailleurs, il dit que les Siciliens maudissaient Sacerdos (c'était le prédécesseur de Verrès dans la préture de Sicile) de leur avoir laissé après lui un Verrès si méchant; ce qui signifie aussi, en jouant sur le double sens de *Sacerdos* et de *Verrès*, qu'ils maudissaient le *sacrificateur de n'avoir pas immolé un porc si malfaisant* (2). Au même lieu, il prétend que ce peuple avait tiré du nom de Verrès le présage que ce magistrat venait dans la Sicile *ad verrendam*, pour la *balayer*, c'est-à-dire pour la piller (3). Tous ces calembours, il faut appeler les choses par leur nom, prêtent beaucoup à la critique. Quintilien les excuse en faisant observer que la plupart sont rapportés comme ayant passé par la bouche du peuple (4), ce qui est vrai; mais l'auteur du *Dialogue des orateurs*, moins enthousiaste de Cicéron, se montre plus sévère (5). Le même plaidoyer renferme cependant un jeu de mots irréprochable : Verrès avait une maîtresse très mal famée qui exerçait un grand empire

(1) II, 78. Videtis Verrutium? Videtis primas litteras integras? Videtis extremam *partem* nominis, caudam illam Verris, tanquam in luto, demersam esse in litura.

(2) I, 46 : Quum sacerdotem execrabantur, qui Verrem tam nequam reliquisset.

(3) II, 6 et 7. *Voy.* plusieurs plaisanteries du même genre. II, 21 : O Verrea præclara etc.; — IV, 66· Tabulas tributarias, etc.

(4) VI. 3.

(5) *Dial. orat.* 23.

sur son esprit ; elle se nommait Chélidon, *Hirondelle.*
« Dès qu'il eut été nommé préteur, dit Cicéron, après
avoir pris les auspices de Chélidon (1). » Comme les
auspices se tiraient du vol des oiseaux, c'était là
une raillerie très mordante sur les mauvaises mœurs
et sur l'irréligion de Verrès.

On trouve des plaisanteries d'un goût équivoque
dans la plupart des discours de Cicéron (2), et l'on
ne peut s'expliquer cette faiblesse de l'illustre orateur que par l'irrésistible penchant qui le poussait
à la facétie et qui l'avait fait surnommer le *bouffon
consulaire* (3). Au surplus, il avoue lui-même que les
hommes naturellement portés à la raillerie sont le plus
souvent impuissants à faire la part des convenances
de personnes et de lieux, et à retenir le trait qui se
présente à leur esprit (4).

Nous avons fait connaître quelques plaisanteries de
Cicéron, critiquées par les anciens eux-mêmes : nous
n'en finirions pas si nous voulions rappeler ses mots
heureux, ses à propos ingénieux, ses réparties pleines
de gaieté. Nul surtout ne sut manier avec plus de
dextérité l'arme du ridicule et du sarcasme, arme dangereuse, même pour celui qui en fait usage : l'aiguille
d'or de Fulvie perça la langue qui s'était rendue com-

(1) 1, 40.
(2) *Voy.* avec les notes explicatives des commentateurs, (particulièrement
les *adversaria* de Turnèbe), *Initium facit à Bulbo...* (*Pro Cluent.* 26 et Quintil. IV, 2); — *Rotam fortunæ...* (*In Pison.* 10); — *Liguerem se esse dice-
ret...* (*De arusp. resp.* 5); — *Celatis granis...* (*Pro Sext.* 33), etc.
(3) Macr. *Saturn.* II, 1.
(4) *De orat.* II, 54.

plice des *Philippiques*, et les mains qui les avaient écrites furent coupées par ordre d'Antoine.

Le genre facétieux, importé de Rhodes, de Sicile, et surtout d'Athènes, plaisait beaucoup aux Romains et provoquait chez le juge une bonne humeur favorable aux intérêts du client. S'il faut en croire Fusius Bibaculus, cité par Macrobe (1), Cicéron sauva Flaccus par une plaisanterie qu'il n'osa pas reproduire en écrivant le plaidoyer qui nous est parvenu. Au surplus, les anciens eux-mêmes, et les plus graves, aimaient à jouer sur les mots : Caton le censeur, pour se moquer du caractère léger de Fulvius Nobilior, l'appelait *Mobilior*. Les avocats les plus distingués étudiaient les livres grecs, où l'art d'exciter le rire était enseigné dans des traités *ex professo* (2); Cicéron a consacré à ce sujet une notable partie du second dialogue de son traité *de l'orateur*, et il donne sur la matière d'excellents préceptes qu'il n'a pas toujours suivis; Quintilien s'en occupe longuement dans le dixième livre de ses *Institutions oratoires*. L'illustre orateur Crassus excellait dans ce genre, et on rapporte de lui une foule de traits plaisants dont il inventait sans façon le prétexte quand la cause ne le fournissait pas (3); mime excellent, il imitait avec un comique parfait le ton, la physionomie et le geste de son adversaire. Philippe, beau-père de Caton d'Utique et d'Hortensius, était doué d'une gaieté mordante, d'autant plus pi-

---

(1) *Saturn.* II, I.

(2) Théophraste avait écrit un traité de ce genre intitulé, Περὶ γελοίου.

(3) Cic. *De orat.* II, 59.

quante qu'elle s'alliait à beaucoup de naturel et à toutes les apparences de la bonhomie. Catulus se faisait remarquer par la finesse, la grâce et en même temps la causticité de ses réparties. Mais César Strabon, au dire de Cicéron, l'emporta sur tous les avocats de son temps dans l'art de manier la plaisanterie : chez lui le trait était vif, soudain, rapide, acéré, et atteignait toujours le but. Parmi les orateurs de l'époque postérieure, qui se distinguèrent par leurs saillies spirituelles, on citait surtout Junius Bassus dont la parole était quelquefois blessante; Cassius Sévérus, qui excella dans l'ironie, et Domitius Afer, célèbre par des mots heureux d'où l'urbanité ne fut jamais exclue (1).

Si, à toutes les époques, les Romains laissèrent paraitre du goût pour ces plaisanteries d'espèces diverses qui appellent le rire et qui peuvent être d'un utile secours au barreau (2), jamais ils ne se montrèrent partisans trop empressés de ces jeux d'esprit qui sont au raisonnement ce que la facétie est à la pensée; ces subtilités répugnaient à la rectitude naturelle de leur jugement. Cicéron n'eut recours qu'une seule fois à ce mode d'argumentation, et encore fut-ce pour en signaler le ridicule et l'inanité (3). Il n'en fut

(1) Quintil. VI, 3.
(2) Les bons mots étaient très-recherchés : Tiron, affranchi de Cicéron, publia ceux de son patron; on a même prétendu que cette publication avait eu lieu par les soins de Cicéron lui-même. Les bons mots de Domitius Afer avaient été également recueillis.
(3) *Pro Cœcina*, 18 à 30.

16

pas ainsi des jurisconsultes : en contact plus direct par la nature de leurs études avec les méthodes grecques, ils y puisèrent cet esprit de controverse captieuse et sophistique qui en était un des caractères particuliers (1). Voici quelques échantillons des questions qu'ils se proposaient. La loi défend à l'homme né d'une courtisane de prendre la parole à la tribune aux harangues ; une femme, qui a eu un fils de son mari, s'est fait courtisane : ce fils doit-il être exclu de la tribune? — Les enfants qui ne nourrissent pas leurs père et mère doivent être incarcérés : jettera-t-on dans les fers un enfant de cinq ans? — Tout étranger qui monte sur les murs de la ville doit être puni de mort ; un étranger y est monté pour en chasser l'ennemi : doit-il être puni du dernier supplice?— Une loi porte qu'un général ne doit jamais abandonner sa citadelle ; une autre loi accorde à celui qui a fait une action d'éclat tout ce qu'il voudra demander;

---

(1) Voici un exemple des questions de droit que les jurisconsultes grecs se proposaient : Protagoras avait enseigné l'art de l'éloquence à Euathlus, et il avait été convenu entre le maître et le disciple, que celui-ci ne paierait le salaire stipulé que s'il gagnait sa première cause. Euathlus étant resté fort longtemps sans plaider ni payer, le rhéteur l'appela en justice, et lui dit : « Ou je gagnerai, et alors tu me paieras, en exécution du jugement; ou je perdrai, et alors tu me paieras, aux termes de notre convention. » Mais Euathlus, qui avait profité de ses leçons, lui répondit : « Si je gagne, je serai libéré de ma dette par le jugement ; si je perds, je ne te devrai rien, d'après les conditions de notre marché. » — *Quid?* Apulée, qui raconte cette anecdote scolastique (*Floride* 18), ne fait pas connaître la décision du juge.

or, un général a fait une action d'éclat, et il demande d'abandonner sa citadelle : *Quid* (1) ?

Une solution du jurisconsulte Verrius Flaccus, très-expert en droit pontifical, mérite de figurer à côté de ces questions singulières. Le mariage était défendu à Rome pendant les kalendes et les ides, et l'on en donnait pour raison, que toute violence exercée pendant un jour férié étant réputée sacrilège le législateur n'avait pas voulu exposer une vierge aux entreprises de son mari. Flaccus, consulté sur la question de savoir si une veuve pouvait se remarier le jour des ides ou des kalendes, répondit qu'elle le pouvait, parce que si la loi défendait de creuser des fossés nouveaux ces jours-là, elle permettait expressément de récurer les anciens (2).

Ce ne fut guère que vers la fin du IIe siècle, que ce genre détestable s'introduisit définitivement dans le barreau, mais alors l'art oratoire avait cessé d'exister.

---

(1) Quintil VII, 6 et 7.
(2) Macr. *Saturn.* I, 15.

XX.

Liberté de parole de l'avocat dans les débats judiciaires.

Garantie de cette liberté dans le grand nombre des juges. — Un exorde de Cicéron, homme nouveau. — Le barreau pendant les guerres civiles. — Les juges de Sylla. — Impunité des diffamations. — L'empereur Claude tiré par les pieds. — Les avocats et les témoins. — Accusation de goître. — Galba le bossu. — Calembour d'un cordonnier. — Galanterie de Cicéron. — L'injure inutile défendue aux avocats.

Durant le cours de la longue période qui s'écoula entre l'établissement de la profession d'avocat et les guerres civiles qui transformèrent Rome en deux camps ennemis, la liberté de la parole dans les débats judiciaires fut illimitée. Depuis le procès de Virginie, le premier sur lequel Tite-Live nous ait donné des détails un peu circonstanciés, jusqu'au temps de Marius et de Sylla, les avocats de l'accusateur et de l'accusé, du demandeur et du défendeur, purent s'exprimer avec la liberté la plus absolue sur tous les personnages qui figurèrent directement ou indirectement dans les causes publiques ou privées, magistrats, juges, témoins, parties adverses. Ce n'est pas que ce droit eût jamais été proclamé par une loi : il existait par cela seul qu'il était dans la nature des choses, et que personne n'avait songé qu'il pût avoir des limites. Il en avait cependant, mais elles n'étaient imposées que par le double intérêt de l'avocat et du client. Tous les deux doivent des égards à celui qui a reçu la mission de vider les différends; l'avocat, n'estimât-il pas le juge de sa cause, lui montre néanmoins un respect extérieur qui est une nécessité des positions respectives : l'habileté commanderait en ce cas une réserve que les sentiments ne suggéreraient point. Toutes les fois donc qu'il pourrait se rencontrer des faits en opposition avec cette situation, ils devraient être considérés comme exceptionnels.

Ces conditions ordinaires des rapports de l'avocat avec le juge peuvent cependant se modifier suivant certaines circonstances. Si le tribunal se compose d'un juge unique, la liberté du plaideur sera presque entièrement enchaînée, car le gain du procès, qui est le but en perspective, se concilierait mal, dans l'esprit de la partie, avec des attaques personnelles contre ce juge, alors même que la conscience de ce dernier serait réputée assez robuste pour le retenir dans la ligne du devoir. Mais le franc-parler de l'avocat s'accroîtra en raison du nombre des membres appelés à composer le tribunal : la liberté, nulle avec un seul juge, le sera moins avec trois; elle sera presque complète avec cinquante; en un mot, elle grandira à mesure que le chiffre de la plus forte minorité possible

(1) Quintil. IV, 1

deviendra plus considérable (1). A ce point de vue, il faut constater que la liberté de l'avocat trouvait à Rome une puissante garantie dans le grand nombre des juges appelés à prononcer sur les accusations publiques (1).

Nous avons dit qu'il fut une époque dans le cours du gouvernement républicain où les franchises de la parole avaient cessé momentanément d'être absolues : en effet, lorsque les partis, vainqueurs et vaincus tour à tour, se décimèrent par le meurtre et par les proscriptions, l'avocat déserta les causes politiques et ne fit plus entendre, sauf de rares exceptions, qu'une parole décolorée et craintive. L'exorde de Cicéron dans son plaidoyer pour Sextus Roscius peint admirablement les misères de ces temps, qui cependant commençaient à devenir meilleurs, et la déplorable situation du barreau. Dans le mois de septembre de l'année 671 (82 avant J.-C), Roscius, citoyen d'Amérie, était assassiné à Rome, presque en plein jour. Il était riche : Chrysogonus, affranchi de Sylla, convoita ses dépouilles, d'accord avec deux parents du défunt qui n'étaient peut-être pas étrangers au meurtre. Roscius, quoique dévoué au parti du dictateur, avait été porté

---

(1) Ce nombre variait suivant la nature de la *Quæstio* ; peut-être aussi dépendait-il quelquefois de l'exercice du droit de récusation. Il était de 14 dans le procès de Verrès (P S.-Asconius, *In Verr.*); de 32 dans le procès d'Oppianicus (Cic. *Pro Cluent.* 17); de 56 dans le procès de Clodius (Cic. *Ad Attic.* 1, 16); de 50 dans le procès de Procilius (Cic. *Ad Attic.* IV, 15); de 81, réduits à 51 par les récusations après plaidoiries, dans les procès de Milon et de Saufféius (Ascon. *In Mil.*)

frauduleusement sur les listes de proscription, alors
que les proscriptions avaient entièrement cessé.
Ses biens, qui valaient un million deux cent mille
francs, furent confisqués et vendus aux enchères :
Chrysogonus se les fit adjuger pour quatre cents
francs (1). Cependant Roscius avait laissé un fils. Chrysogonus et ses complices, redoutant ses réclamations
et le crédit de ses protecteurs, résolurent de le faire
disparaître ; n'ayant pu y parvenir, ils eurent l'audace
de l'accuser du meurtre de son père. Telle était la
première cause criminelle dans laquelle Cicéron eut
à porter la parole, à l'âge de 26 ans.

Voici le début de l'orateur :

« Je le vois, juges, lorsque tant d'orateurs illustres,
lorsque tant de nobles citoyens restent assis à mes
côtés, vous vous étonnez que je me lève, moi qui ne
puis leur être comparé, ni pour l'âge, ni pour le talent, ni pour l'autorité. Et pourtant tous ceux qui
m'assistent dans cette affaire pensent qu'il faut un
défenseur à la victime d'une machination échaffaudée
avec une scélératesse inouïe, mais ils n'osent défendre eux-mêmes à cause de l'injustice des temps : le
sentiment du devoir explique leur présence dans
cette enceinte, la crainte du danger explique leur silence. Quoi donc! serais-je le plus courageux entre

---

(1) 2,000 sesterces. Cic. *Pro Rosc. amer.*, 2. — Suivant Plutarque *(in
Cic.*, 3), le prix de l'adjudication aurait été de 2,000 drachmes ou
1,800 francs.

tous? Non certainement. Serais-je le plus dévoué à
l'infortune? Pas davantage; et, bien que ce mérite ait
beaucoup de prix à mes yeux, je ne voudrais pas
m'en parer aux dépens d'autrui. Quel est donc le
motif qui m'a déterminé à me charger de la défense
de Roscius, lorsque tant d'autres auraient pu vous la
présenter? C'est que si quelqu'un de ces hommes
haut placés que vous voyez ici eût abordé la question
des affaires publiques, ce qui est une des nécessités
de la cause, on lui aurait prêté beaucoup plus de choses
qu'il n'en eût dit. Moi, je dirai librement tout ce qu'il
faut dire, sans avoir autant à craindre que mes paroles sortent d'ici pour se répandre dans le public.
La noblesse et l'importance de ces hommes donnent
du retentissement à leurs paroles; leur âge et leur
expérience ne permettent pas qu'ils se laissent aller
à une certaine témérité de langage : pour moi, si je
m'explique avec un peu plus de liberté que la prudence ne le comporterait, je puis espérer ou que mes
discours resteront sans écho parce que je n'ai point
encore été mêlé aux affaires publiques, ou que ma
jeunesse leur servira d'excuse, bien que non seulement le pardon soit aujourd'hui chose inconnue
parmi nous, mais qu'encore l'usage d'entendre avant
de condamner ait disparu de la cité.... Tels sont les
motifs qui m'ont fait l'avocat de ce procès. Je n'ai
point été désigné de préférence comme le plus habile :
je suis resté, par voie d'élimination, comme le moins
exposé aux périls de la situation ; on ne m'a pas
choisi parce que je devais être le plus fort soutien de

Roscius, mais parce qu'on voulait que sa défense ne fût pas complétement désertée. Peut-être demanderez-vous quel est cet effroi, quelle est cette terreur qui empêche tant et de si illustres personnages d'oser prendre la défense, comme ils l'ont fait jusqu'à ce jour, de la vie et de la fortune d'un citoyen : il n'est pas étonnant que vous l'ignoriez, car les accusateurs se sont bien gardés de vous dire un seul mot des véritables causes de ce procès (1). »

Cet exorde est magnifique. Avec quelle habileté l'orateur compromet ceux qui l'assistent, assez pour se prévaloir de leur crédit et de leur autorité, pas assez pour faire peser sur eux une responsabilité matérielle! Comme il grandit sa cause par les proportions qu'il lui donne, et comme il prépare les esprits à la voir sous un jour favorable, en faisant disparaître ce qu'elle peut avoir d'odieux et de vulgaire dans l'apparence, pour lui imprimer dès le début un caractère politique ! Quelle modestie dans ce langage du jeune avocat qui aborde sa première cause publique ! quel courage sans forfanterie dans cette allusion aux fureurs des partis, qui ont fait oublier à Rome ce *que c'est que pardonner*, et qui ont provoqué des *condamnations sans défense !* Et cependant, en lisant ce plaidoyer, on s'aperçoit que le redoutable pouvoir du dictateur a jeté l'épouvante dans la cité, et que l'orateur n'a pas évoqué de vaines terreurs; mais on ne saurait trop dire si les précautions dont il s'entoure lui sont

(1) *Pro. S. Rosc.*, 1.

commandées par son propre intérêt ou par l'intérêt de son client.

Chrysogonus, cet homme au *nom doré*, ce favori de Sylla, est attaqué avec vigueur et accablé sous les qualifications les plus humiliantes (1); mais Sylla est un homme « très-puissant et très-illustre, dont le nom ne doit être prononcé qu'avec respect (2). » Si Roscius le père a été porté sur les tables de proscription, alors que les proscriptions avaient cessé; si ses biens ont été confisqués et vendus à vil prix, « c'est certainement à l'insu de Sylla, occupé à diriger la guerre, et à préparer la paix; et d'ailleurs, si *heureux* qu'il soit, comment le serait-il assez pour n'avoir pas dans son nombreux domestique un esclave ou un affranchi malhonnête homme (3)? » A coup sûr, aucune inculpation ne saurait l'atteindre, car *sa haute vertu le met à l'abri de tout soupçon;* sa vigilance a été trompée; « mais Jupiter lui-même, le très-grand et le très-bon, dont le pouvoir souverain gouverne le ciel, la terre et les mers, ruina souvent des villes, détruisit des moissons par des ouragans déchaînés, par des tempêtes violentes, par des chaleurs excessives, par des froids insupportables : et cependant nous n'attribuons pas ces désastres aux effets de sa divine volonté, mais à l'ordre fatal des évènements, à la concaténation des grands phénomènes de la nature. Au contraire, nous lui rendons

(1) La partie où Chrysogonus devait être le plus maltraité est perdue.
(2) *Pro. S. Rosc.*, 2.
(3) *Ibid* 8.

grâce des bienfaits dont nous jouissons, de la lumière qui nous éclaire, de l'air que nous respirons (1).»
Ces assimilations pompeuses, ces flatteries exagérées
trahissent la gêne de l'avocat et laissent apercevoir
le glaive du proscripteur. Toutefois il faut bien distinguer entre l'orateur politique qui parle pour la
défense des intérêts publics, et l'avocat qui s'efforce
de faire triompher un intérêt privé. La réserve, qui
serait de la lâcheté dans un cas, n'est que de l'habileté et de la sagesse dans l'autre. Ici, nous ne voulons constater qu'un fait, l'entrave mise à la parole
du défenseur par une influence étrangère à la cause
et placée en dehors de ses juges.

Au surplus, quelle qu'ait été la circonspection de
Cicéron dans ce beau plaidoyer, la généreuse audace
de l'accusateur de Verrès et de l'adversaire de Catilina s'y laisse plus d'une fois deviner; nous n'en vou-
drions pour preuve qu'un trait décoché en passant
contre le dictateur, sous la sauvegarde de quelques
expressions équivoques purement personnelles à
l'avocat. Celui-ci aborde la question de savoir si les
biens de Roscius ont été vendus légalement ; ils ne
pouvaient l'être qu'en vertu d'une loi de Valérius qui
punissait de mort tous les partisans de Marius et
prononçait la confiscation de leurs biens ; cette loi
était elle-même confirmée par un décret de Cornélius
Sylla. « Je demande, moi, s'écrie Cicéron, comment
en exécution de cette loi, qui est une loi de proscrip-

(1) *Ibid.* 45.

tion, qu'on l'appelle Valéria ou Cornélia (car je ne
la connais point et j'ignore ce qu'il en est), comment,
dis-je, les biens de Sextus Roscius ont pu être vendus (1) ». Quelle ironie dans ces paroles! quel dédain
dans cette confusion affectée de deux lois en une
seule ! Ces actes de tyrannie et de spoliation avaient
jeté la terreur dans la cité, et cependant il ne les
connait pas, il ne sait ce que c'est ! Le plébéien,
l'homme nouveau (il ne tint pas toujours ce langage)
apparait ici sous la toge de l'avocat, malgré ses protestations d'attachement pour le parti des nobles.
Cette boutade, qui tranche avec le ton général du
plaidoyer, suffirait pour rendre vraisemblable l'allégation de Plutarque, d'après laquelle le voyage que
Cicéron fit en Grèce à cette époque, aurait été déterminé par la crainte du ressentiment de Sylla (2).

Cette terreur qui avait fermé toutes les bouches
se dissipa peu à peu avec les causes qui l'avaient
produite, et bientôt la parole de l'avocat retrouva
toute sa liberté. Elle en usa largement contre les
juges que Sylla avait institués, et c'était justice, car
jamais les tribunaux n'excitèrent de plaintes plus
légitimes. Les juges-jurés, qui devaient être pris exclusivement parmi les sénateurs, se faisaient un jeu
de la prévarication, rassurés contre les chances d'une
responsabilité devenue illusoire par la suppression
de la puissance tribunitienne; et la corruption était

(1) *Ibid.* 43.
(2) *In Cicer.*, 7.

poussée si loin que la charge de censeur, longtemps
odieuse au peuple, devint tout-à-coup populaire et
fut recherchée avec ardeur, par cela seul qu'elle conférait un droit d'épuration sur le sénat (1). La justice
civile n'était pas moins corrompue que la justice
criminelle; l'intrigue avait accès partout; les hommes
en crédit intervenaient auprès du juge, et la richesse
du plaideur était sa meilleure recommandation : « Il
n'y a plus rien de sacré, disait Cicéron dans un de
ses plaidoyers, et la vertu du juge ne vient plus en
aide à la faiblesse de la partie (2) » Cet état de choses
suffirait pour expliquer la licence des avocats envers
la personne des magistrats et des juges pendant cette
période, si l'on pouvait d'ailleurs oublier que la parole gouverna souverainement Rome républicaine,
toutes les fois que le glaive ne vint pas la baillonner.

Cicéron offre de nombreux exemples de cette hardiesse ou de cette intempérance de langage à laquelle
nous sommes si peu accoutumés. Ardent par tempérament, courageux par occasion, avide d'applaudissements, prêt à tout sacrifier pour un bon mot,
convaincu de sa supériorité sur tous ceux qui l'entouraient, ses qualités et ses défauts le disposaient
merveilleusement aux luttes de palais. Dans un des
premiers procès privés qu'il plaida, on le voit attaquer violemment le préteur, qui, à la vérité, ne siégeait pas, mais qui avait réglé la marche de la procédure. Il se plaint en propres termes de son *iniquité*

(1) Cic., *In Cœcil.* 3.
(2) *Pro Quint.*, 1.

et de son refus de faire justice ; il l'accuse de *partialité*
sous l'influence des hommes dévoués à son adversaire (1); il n'a pu trouver, dit-il, aucun magistrat
de qui il pût obtenir justice (2). Mais il ajoute en
s'adressant à son juge : « Si je m'explique ainsi,
Aquillius, ce n'est pas que je mette en doute votre
conscience et votre fermeté, ou que mon client ne
doive placer tout son espoir dans vos assesseurs,
hommes choisis par vous parmi les plus honorables
de la cité. »

Dans le procès de Verrès (toujours sous l'empire
de l'institution judiciaire établie par Sylla), il ne
craint pas d'attaquer les juges en face. Parmi eux se
trouvait M. Métellus, consul désigné. L'accusé, dont
ce dernier était l'ami intime, avait usé de tous les
subterfuges imaginables pour retarder le jugement
jusqu'à son entrée en fonctions, mais Cicéron était
parvenu à déjouer ces manœuvres. Il avait eu connaissance des démarches faites par les proches de
Métellus, des menaces dirigées par eux contre les
Siciliens, plaignants, et contre les témoins ; après
avoir articulé tous ces griefs, il ose apostropher le
juge en ces termes : « Dites-moi, Métellus, qu'est-ce
que tout cela, si ce n'est de la corruption ? Effrayer
des témoins, surtout des Siciliens, hommes timides
et abattus, non seulement par l'autorité d'un consul
et de deux préteurs, mais encore par la crainte qu'ils

(1) *Ibid.* 2.
(2) *Ibid.* 31.

peuvent inspirer! Que feriez-vous donc pour un parent, pour un innocent, lorsque, pour un homme
perdu, qui ne vous tient par aucun lien, vous dérogez
à votre dignité et manquez à votre devoir (1)? » Un
peu plus loin, il ajoute en parlant du même Métellus:
« Si je m'étais défié de la probité de *cet homme*, j'aurais pu le récuser; cependant je suis dans ces dispositions, que j'aime mieux le voir figurer dans ce
procès comme juge que comme préteur, et lui savoir
sa tablette entre les mains, après son serment, que
celles des autres sans son serment : » Le préteur,
directeur des débats, en sa qualité de magistrat, ne
prêtait pas serment comme les juges : en s'exprimant
ainsi, Cicéron, tout en reconnaissant qu'il ne croit
pas Métellus capable de violer son serment, déclare
nettement qu'il n'aurait pas assez de confiance en sa
probité pour lui confier les tablettes sur lesquelles
les juges faisaient connaître leur opinion. C'était
pousser la liberté bien loin; mais l'avocat était sûr
de la majorité, et devant opter entre la voie de la
persuasion et les moyens d'intimidation pour ramener les juges corrompus ou disposés à se laisser corrompre, il croit devoir embrasser le dernier parti:
« L'ordre tout entier, dit-il, est opprimé par l'impro-
bité et par l'audace du petit nombre, et compromis
par l'infamie de ses jugements; je le déclare, je me
pose comme l'ennemi, comme l'accusateur haineux,
tenace, impitoyable de cette espèce d'hommes. » Edile

(1) *In Verr. prooem.* 40.

désigné pour entrer en fonctions au 1er janvier, il profite de cette circonstance pour donner plus de consistance à ses menaces : « Oui, continue-t-il, je prends ici cet engagement, je me donne cette mission et je la remplirai dans le cours de ma magistrature, à cette tribune même d'où le peuple romain a voulu que je lui rendisse compte, à partir des kalendes de janvier, des affaires de la République et de la conduite des mauvais citoyens. Cet acte magnifiquement redoutable de mon édilité, je promets au peuple de l'accomplir. Dès à présent, je le proclame, j'en donne l'avis, je le signifie : que ceux qui font métier de déposer, de recevoir pour autrui ou pour leur propre compte, de promettre, de se faire dépositaires ou intermédiaires, le tout dans le but de corrompre la sainteté des jugements; que ceux qui tirent vanité de leur pouvoir ou de leur impudence dans ces ignobles tripotages, que tous ces gens-là prennent garde, dans cette affaire, de préserver leurs mains et leurs pensées de ce crime odieux...... Juges, vous jugerez l'accusé, et le peuple romain vous jugera (1). »

C'est là un langage plein de courage et d'énergie, mais qui doit paraître étrange au point de vue de nos institutions modernes.

S'il fut permis de s'exprimer avec autant de liberté sur le juge, alors qu'il occupait son siége, on ne s'étonnera pas qu'une liberté plus grande encore fût tolérée sur ses actes lorsqu'il l'avait quitté. Qu'on lise le

---

(1) Cic., *In Verr. proœm.* 12, 16.

plaidoyer de Cicéron pour Cluentius[1], et l'on verra jusqu'où étaient poussées les franchises du barreau sur ce point. L'avocat parle d'un certain Stalénus qui avait été juge dans l'affaire d'Oppianicus, et il l'appelle l'homme le plus astucieux à imaginer des ressources en faveur d'un accusé, le plus impudent et le plus audacieux à les mettre en œuvre, le plus âpre à en tirer parti (1). Il le montre recevant 130,000 francs destinés à corrompre dix-sept juges sur trente-deux (juste la majorité), et combinant les moyens de s'approprier toute cette somme. Mais laissons à Cicéron sa parole spirituelle, mordante, indignée ; elle nous peindra sous de plus vives couleurs et l'immoralité de son siècle et l'extrême latitude accordée à la défense des accusés. Voici comment il raconte cette anecdote.

« Lorsque Stalénus, besogneux, dépensier, audacieux, rusé, plus perfide encore, vit un si grand trésor dans son bouge vide et délabré, il se mit à rouler dans son cerveau toutes sortes de malices et de fraudes. Donnerai-je cet argent aux juges ? Mais si je le donne, que me restera-t-il à moi ? rien, que le danger et l'infamie. Ne pourrais-je pas imaginer quelque chose qui rendrait la condamnation d'Oppianicus inévitable ? Voyons donc, et prévoyons tous les cas. Si quelque hasard heureux allait le sauver, ne faudrait-il pas rendre l'argent ? Sans doute. Il est sur le bord de l'abîme, le plus prudent est de l'y pousser. Stalénus s'arrête à cette idée, qu'il promettra une cer-

(1) *Pro Cluent.* 14.

17

taine somme à quelques juges peu scrupuleux, mais
qu'il se gardera bien de la donner : de cette façon,
se disait-il, les juges de bonne foi seront naturellement
pour la condamnation; et les autres, se croyant
trompés par Oppianicus, ne voudront plus entendre
parler de lui. Cela dit, il s'en va chez Bulbus (1),
qu'il trouve morose et ennuyé de n'avoir rien touché
de longtemps. Il l'aborde en lui frappant légèrement
sur l'épaule : Dites-moi un peu, Cher Bulbus, seriez-
vous homme à me venir en aide pour faire que nous
ne servions pas la République gratis? — Où faut-il
aller? s'écrie Bulbus, je vous suis; mais apportez-
vous quelque chose? Alors Stalénus lui promet
8,000 francs si Oppianicus est acquitté, et l'invite à
faire une offre pareille aux juges de sa connaissance.
Lui-même, meneur de toute cette intrigue, corrompt
Gutta comme il avait corrompu Bulbus. Deux jours
se passent; comme on n'avait pas grande confiance en
ses promesses, on réclamait le dépôt de l'argent en
mains sûres et une caution. Alors Bulbus, prenant
un visage riant, et de sa voix la plus douce : — Dites
donc, Stalénus, pour la chose dont vous m'avez parlé,
ils me demandent où est l'argent. A cette interpella-
tion, ce mauvais drôle, ce repu de brigandages judiciaires, qui couvait déjà en espérance le trésor enfoui
par lui, contracte son front (vous vous rappelez,
juges, la duplicité et la fourberie peintes sur sa face),

---

(1) Cicéron ne perd pas l'occasion de jouer ici sur le mot Bulbus qui
signifie aussi *oignon*. Cette mauvaise pointe ne peut se rendre en français.

et se plaint d'avoir été joué par Oppianicus ; oui, ce
misérable, tout pétri de fraude et de mensonges, et
dans l'ame de qui ces vices, jetés en germe par la nature, ont été développés par l'étude et par une sorte
d'art, affirme bel et bien qu'Oppianicus l'a trompé ; et
pour preuve, il ajoute qu'il est prêt à le condamner
au vote public (1). »

Ces sorties violentes contre des citoyens, à l'occasion des fonctions qu'ils avaient été appelés à remplir
dans les tribunaux, abondent dans Cicéron (2), et
nous ne voyons pas qu'elles aient eu pour lui d'autres conséquences que des haines privées et les actes
de vengeance qu'elles traînent à leur suite. La loi des
XII tables punissait les diffamations contre les particuliers, mais l'histoire de ce temps, si nous ne nous
trompons, n'offre pas un seul exemple d'un procès de
cette espèce. Quant aux magistrats et aux personnes
revêtues accidentellement d'un caractère public, il
est très-vraisemblable qu'une protection spéciale leur
fut accordée contre les abus de la parole, soit dans
l'exercice, soit à l'occasion de l'exercice de leurs fonctions. Ces habitudes de langage, qui contrastent si
fort avec nos usages, trouvent une première explication dans le principe de la liberté de discussion, principe si absolu chez les Romains qu'il ne permettait
pas même l'arrestation des accusés ; elles s'expliquent,
en second lieu, par le caractère particulier aux ma-

(1) *Pro Cluent.* 26.
(2) *Voy.* notamment *ad Attic.* 1, 16.

gistratures romaines et par le mode de composition des tribunaux. La plupart des charges étant annuelles, les fonctions ne s'identifiaient pas avec la personne du fonctionnaire, et leur majesté n'avait que peu à souffrir de la déconsidération de celui qui les occupait. L'organisation judiciaire ne se réalisait pas dans des corps permanents, toujours représentés par une individualité collective, ayant leur nom propre et leurs traditions; on ne plaidait pas devant la préture, mais devant le préteur dont les fonctions ne devaient plus durer que quelques jours peut-être; de sorte que le temps manquait en quelque façon pour que le blâme dirigé contre le magistrat rejaillît sur l'institution. D'un autre côté, les simples juges se trouvant à peu près placés dans la position des jurés de nos états modernes, et leurs fonctions se terminant en même temps que l'affaire soumise à leur décision, l'outrage dont ils pouvaient être l'objet était tout personnel et n'allait point jusqu'à intéresser sérieusement l'ordre public. Enfin toutes ces considérations étaient dominées par l'influence d'un grand principe démocratique particulièrement cher aux Romains, celui de la responsabilité directe et absolue, principe qui ne peut être réel et efficace qu'à la condition de souffrir quelques abus.

Cette licence de la parole ne devait pas survivre à la République, car elle est incompatible avec le principe d'autorité qui est la base des gouvernements monarchiques. Quand le sénat, quand les délégués du prince, quand le prince lui-même jugèrent les

causes publiques et les différends des particuliers,
l'avocat dut se montrer respectueux pour le juge.
L'empereur Claude avait perdu la raison, lorsque les
avocats le tiraient par un pied pour le faire remonter
sur son tribunal, et lorsqu'un plaideur lui disait :
Vous aussi, vous êtes vieux et fou (1). Passé le règne
d'Auguste, nous ne trouvons qu'un seul exemple d'un
de ces traits piquants que Cicéron savait si bien dé-
cocher à l'adresse de ses juges. Un avocat plaidait
avec beaucoup d'ardeur devant le sénat contre un
accusé jouissant d'un grand crédit ; interrompu à
plusieurs reprises par les juges qui semblaient dé-
cidés à prononcer un acquittement : Laissez-moi donc
parler, s'écria-t-il, cet homme n'en sera pas moins
innocent, même quand j'aurai tout dit (2). Mais cet
avocat était Pline le Jeune, et il s'exprimait ainsi sous
Nerva ou sous Trajan.

Sur cet aperçu de la liberté dont usait le barreau
à l'égard des magistrats et des juges, on comprendra
facilement ce qu'elle devait être à l'égard des témoins.
Non seulement leur déposition, mais encore tous les
actes de leur vie publique et privée appartenaient à
la discussion ; l'avocat pouvait les accuser impuné-
ment de mensonge, d'immoralité, de corruption ; il ne
lui était même pas interdit, pour combattre leur déclaration, d'aller fouiller dans ces registres domes-

(1) Suet. *in Claud*. 15.
(2) Plin., *Epist*. III. 9,

tiques où les Romains inscrivaient leurs affaires particulières avec un soin si religieux (1).

Cicéron était sans ménagements pour eux. A l'un, il dit qu'il a déposé conformément à la vérité, parce qu'il se pique de vouloir être cru au moins une fois en justice; à l'autre, qu'il a moins de poids par sa considération que par sa corpulence; à un troisième, nommé Phormion, qu'il n'est ni moins noir ni moins présomptueux que son homonyme le parasite de Térence. Il traite encore plus durement un certain sénateur du nom de Fidiculanius Falcula (2).

Mais c'est surtout contre Vatinius qu'il se livre à des invectives que le ressentiment le plus légitime ne saurait même faire excuser. Vatinius avait déposé dans le procès de P. Sextius, poursuivi pour crime de violence contre l'Etat; Cicéron, défenseur de l'accusé, ne se borne pas à interroger le témoin et à présenter de courtes observations sur sa déposition, comme la loi lui en donnait le droit : il prononce un long discours dans lequel il passe en revue toute sa vie. « Si je n'avais voulu, dit-il en s'adressant à lui, prendre en considération que ton indignité, je t'aurais laissé aller sans proférer une seule parole (et nos juges m'en auraient su gré), car les turpitudes et les hontes de ta vie infirment assez ton témoignage.. Mais dans la haine que tu m'inspires, haine qui devrait être plus violente qu'aucune autre, à cause de ta scélératesse envers moi, et qui cependant l'emporte

---

(1) Cic. *Pro Flac.*, 15 et 19.
(2) *Pro Cæcin.*, 10.

à peine sur la haine de tous, j'ai été amené, flottant entre le mépris et le ressentiment, à mieux aimer te renvoyer châtié que méprisé. Ne t'étonne donc pas de l'honneur que je te fais en t'interrogeant, toi que nul ne croit digne de sa société, de son salut, de son suffrage, du droit de cité, de la lumière du jour. Rien au monde ne m'aurait poussé à cette extrémité, si je n'avais voulu comprimer ta sotte arrogance, briser ton audace, et modérer ton bavardage par un petit nombre de questions (1) » Cet exorde suffit pour donner une idée de tout le discours. Cicéron n'é-pargne à son ennemi aucune injure : il l'accuse de vols, de concussions, de brigandages; il lui impute d'avoir frappé sa mère; enfin il va jusqu'à lui repro-cher à plusieurs reprises le goître dont il était affligé.

Après des attaques de ce genre, on ne s'étonnera pas qu'il fût de bonne guerre au barreau de tendre des piéges aux témoins pour les faire tomber dans des contradictions, d'effrayer leur timidité par des menaces, de les tourner en ridicule, et même de les accabler de sarcasmes. Quintilien enseigne l'art de réussir dans cette partie de l'action judiciaire, en n'assignant aux procédés à employer, d'autres limites que celles que doit imposer l'habileté, en dehors toutefois de la subornation, moyen odieux qu'il re-pousse avec indignation (2). Préparés à ce genre d'es-crime, les témoins faisaient quelquefois bonne conte-

(1) *In Vatin.*, 1.
(2) V, 7.

nance, et mettaient les rieurs de leur côté. Le grammairien Orbilius déposant contre un accusé: Galba, qui avait critiqué sa déclaration, lui demanda ironiquement quelle était sa profession : *Je gratte les bossus au soleil,* répondit Orbilius ; or Galba était bossu (1); l'avocat Plancus avait adressé la même question à un témoin, cordonnier de son état : *Je manie la galla,* répondit ce dernier. La *galla* était un instrument de sa profession, et Plancus vivait en adultère avec une femme nommée Mœvia Galla (2).

Est-il besoin de dire maintenant que la liberté de parole contre les parties en cause et même contre les tiers étrangers au procès fut poussée jusqu'à la plus extrême licence? Cicéron encore nous fournirait de nombreux exemples de cet abus qu'une législation sage ne saurait tolérer. Ainsi, dans la cause qu'il plaida pour le comédien Roscius, il accabla la partie adverse des invectives les plus poignantes, quoiqu'il ne fût question dans le débat que de la réclamation d'une somme d'argent et de l'interprétation d'une convention entre associés (3). Mais il poussa la cruauté encore plus loin dans la défense de Célius : il accabla Clodia, qui n'était point en cause, de la haine qu'il portait à son frère Clodius, et jamais le trait du sarcasme ne fut décoché par lui d'une main plus adroite et plus sûre : « Je ne dirai de cette femme, dit-il

(1) C'est cet avocat dont Lollius disait : L'esprit de Galba est mal logé. Macrob. , *Saturn.* II. 7.
(2) Macr. *Saturn.* II , 2.
(3) *Pro Rosc. com.* 7.

lui-même, que ce qui sera indispensable au besoin de ma cause.... Je m'exprimerais avec plus de véhémence sur son compte, si je n'avais égard à mes démêlés avec son mari, je veux dire avec son frère, car toujours je m'y trompe (1). Je parlerai donc avec modération et je n'irai pas plus loin que les devoirs de ma profession et les intérêts de mon client ne l'exigent. Aussi bien, je crois n'avoir point encouru jusqu'à présent de ressentiments féminins, et je dois particulièrement tenir à conserver les bonnes grâces d'une femme que l'on s'accorde à proclamer l'amie de tous les hommes (2). »

Il y a tant de grâce et d'esprit dans ces méchancetés, qu'on ne se sentirait guère la force de les condamner, si l'orateur tenait du moins la promesse qu'il s'est faite; mais ce ne sont là que des artifices de l'école : Clodia est prise à partie de plus belle, toujours avec cette précaution de ménagements apparents. Cicéron l'appelle vieille comédienne; il signale et flétrit ses débauches; à ses yeux, le nom de courtisane n'est pas assez énergique pour elle, c'est celui de vile prostituée qui lui convient (3).

Telles étaient les habitudes du barreau romain; si cette liberté illimitée de la parole, qui ne respectait pas même l'autorité de la chose jugée, fut une des plus précieuses garanties des accusés, elle fut aussi,

(1) La notoriété publique imputait à Clodia un commerce incestueux avec Clodius Pulcher, son frère.
(2) *Pro Cœl.* 13.
(3) *Ibid.* passim.

on ne saurait le méconnaitre, une cause incessante
de haines privées et de troubles publics, et contribua
puissamment à préparer les déchirements qui amenèrent la chûte du gouvernement populaire. Cette
liberté ou plutôt cette licence se maintint longtemps,
tempérée toutefois, suivant les circonstances, par les
terreurs de la délation ou de l'arbitraire ; on la retrouve encore poussée à ses dernières limites dans le
plaidoyer d'Apulée (1).

Enfin un rescrit des empereurs Valentinien et Valens défendit aux avocats d'injurier les parties en
dehors des nécessités de la cause (2). Les décrets
d'organisation des pouvoirs publics avaient sans doute
pourvu aux garanties de la dignité et de la considération des magistrats.

---

(1) *Voy.* comme document curieux le passage de *l'Apologie* commençant
par ces mots : Hic enim est pueruli hujus instigator. etc.

(2) C. Justin. *De postul.* fr. 6 , § 1.

XXI.

Des rapports des Avocats entre eux.

———————

Causes de divisions dans le barreau. — Causticité de Cicéron. — Le souffleur de Cécilius. — Les tablettes pipées. — L'éloquence canine. — Les
maisons de campagne de Brutus. — Un Adonis à l'audience. — Les
agents provocateurs. — Les envieux. — Hortensius et Cicéron. — Le
Brutus.

Bien que Cicéron parle plusieurs fois de son *institut* (1), nous avons vu que les citoyens qui se livraient
de son temps aux exercices du barreau n'étaient point
encore formés en collége ou corporation, et qu'il
n'existait aucun réglement (à l'exception peut-être de
la loi Cincia) destiné à déterminer l'étendue de leurs
devoirs, soit envers autrui, soit envers eux-mêmes.
Les rapports qui devaient naturellement s'établir
entre eux, ne furent donc régis pendant longtemps
que par la loi des convenances et par cet esprit de
confraternité qui naît d'une communauté de travaux.
Les avocats de Rome connurent parfaitement les
inspirations de ce double sentiment, mais ils ne s'y
livrèrent pas toujours. Sous un gouvernement démocratique, trop de causes d'antagonisme surgissaient

(1) *In divinat.* 1 ; *Pro Cluent*, 70.

à chaque instant du choc des intérêts; le forum judiciaire était trop près des rostres, pour qu'une constante harmonie régnât au barreau. Cela se comprendra
facilement, si l'on songe à la nature de la plupart des
causes publiques portées devant les tribunaux : là,
s'agitaient, en général, des procès de brigue et de
concussion, dans lesquels l'accusateur n'était autre,
ordinairement, que le compétiteur évincé ou le patron de la province pillée. Des intérêts de parti et
de vanité d'une part, de l'autre, des considérations
puissantes de clientèle et de crédit venaient donc
mettre aux prises les passions les plus violentes. Rome
alors se divisait en deux camps, les amis et les ennemis de l'accusé. En de pareils conflits, comment
espérer de la retenue dans l'expression, de la réserve
dans les procédés, lorsque toute modération eût été
taxée de lâcheté ou d'apostasie? Telle fut la situation
dans la plupart de ces procès où l'élite du barreau
était appelée à remplir un rôle. Hortensius, Cicéron,
Sulpicius, Caton, César, Clodius, étaient naturellement les principaux acteurs de ces grands drames
judiciaires qui soulevaient tant de passions, spectacle
magnifique auquel on accourait de toutes les parties
de l'Italie, et de la Grèce elle-même.

D'autres raisons encore s'opposaient au développement de cet esprit de corps qui resserre les liens
de la confraternité entre hommes se livrant à des
occupations communes. Les magistratures étant
presque exclusivement le prix des succès oratoires,
d'ardentes rivalités devaient se rencontrer sur le

théâtre de la lutte ; comme aussi l'envie, escortée des ressentiments qu'elle engendre, devenait une conséquence des préférences populaires si fécondes en cruelles déceptions. De plus, chez ce peuple dont les mœurs furent si souvent citées comme argument à l'appui des formes démocratiques, la morgue nobiliaire fut toujours impitoyable pour les hommes nouveaux qui osèrent affronter les périls de la parole, sans réussir à racheter par les prestiges d'un talent non contesté l'infériorité de leur origine. Ajoutons enfin qu'au sein de ce barreau, si riche de gloire et si jaloux de sa renommée, les dieux eux-mêmes, n'en déplaise à Horace, n'auraient pas plus obtenu grâce pour la médiocrité de l'orateur que pour la médiocrité du poète. (1).

Des exemples puisés dans Cicéron seul suffiraient pour justifier à tous les points de vue l'exactitude des aperçus qui précèdent.

Il semblerait que cet orateur d'humble extraction, porté par la puissance de son talent à la tête du barreau, eût du montrer pour ses confrères cette urbanité de bon goût rendue si facile par une supériorité incontestée : il n'en fut pas toujours ainsi. Cicéron posait en principe que l'avocat peut sans scrupule in-

---

(1)   Consultus juris et actor
      Causarum mediocris abest virtute diserti
      Messalæ, nec fit, quantum Cascellius Aulus ;
      Sed tamen in pretio est : mediocribus esse poetis
      Non homines, non Di, non concessere columnæ.
(De arte poet V. 369.)

venter de petits contes pour faire rire aux dépens de
son adversaire (1). Mais il ne s'en tint pas à la plaisanterie, et souvent on le vit se laisser aller aux personnalités les plus blessantes. Plaidant à vingt-six ans
sa première cause criminelle, il est déjà sans pitié
pour son confrère Erucius qu'il avait à combattre
comme accusateur. Il lui reproche d'abord le hasard
de sa naissance : « Si la fortune ne vous a pas accordé la faveur d'un père connu, lui dit-il, de qui vous
auriez pu apprendre ce que c'est que l'amour pater-
nel, la nature du moins a mis dans votre cœur des
sentiments humains. » La dureté de cette révélation
inutile est atténuée, il est vrai, par un bon témoignage,
mais à mesure que l'orateur avance dans sa tâche, les
égards disparaissent et la parole devient plus acerbe.
Il appelle ironiquement son contradicteur *bone accusator;* puis, après avoir critiqué la faiblesse de son argumentation, il ajoute : « Accuser de cette sorte,
Erucius, n'est-ce pas dire ouvertement : je sais bien
ce que j'ai reçu, mais je ne sais point ce que je dirai. »
(2) Et plus loin : « Vous m'avez l'air, Erucius, de vouloir arriver à deux buts, quoique vous ne soyez payé
que pour en atteindre un seul : nous faire condamner
d'abord, puis accuser ceux mêmes qui vous on-
payé (3). » Les avocats recevaient tous ou presque
tous des honoraires à cette époque, mais clandestine-
ment, pour ne pas s'exposer aux pénalités de la loi

(1) *De orat.* II . 59. *Voy.* la plaisanterie sur Cèpasius, ch. XIII, p. 157.
(2) *Pro S. Rosc.* 16, 21.
(3) *Ibid.* 29.

Cincia; Cicéron surtout affectait de proclamer le désintéressement de son ministère, et, dans sa bouche, l'imputation dirigée contre son confrère était une injure, indépendamment même de la forme.

Toutefois, ce sont là des licences que la différence des positions pouvait expliquer jusqu'à un certain point : Erucius était avocat à la vérité, il avait même fait de fortes études et n'était pas étranger aux belles lettres; mais il ravalait la dignité de la profession par le métier d'accusateur, dévolu en général aux avocats sans talent et sans considération (1).

Telle n'était pas la position respective des deux adversaires lorsque Cicéron disputa à Cécilius l'honneur de soutenir l'accusation portée contre Verrès. Cécilius avait été questeur en Sicile, comme Cicéron et après lui; c'était là un précédent qui semblait commander quelques égards. Cicéron n'en tint aucun compte. Qu'il imputât à Cécilius de s'entendre avec Verrès, de ne tenir au rôle d'accusateur que pour préparer plus sûrement les voies à un acquittement, on le comprend; c'était là le fond du litige, le point capital de la discussion, enfin l'incident à juger. Mais pour arriver à ses fins, était-il nécessaire qu'il jetât à pleines mains le sarcasme sur son adversaire, qu'il l'accablât sous le poids du ridicule, qu'il poussât l'offense jusqu'aux dernières limites? « Nous allons voir ce que vous savez faire, lui dit-il; si vous pouvez répondre à ce que je dis, si vous êtes capable de ne pas

(1) *Ibid.* 16.

vous en tenir à ce manuscrit qu'un maître d'école, je ne sais lequel, a composé pour vous de pièces et de morceaux, alors je croirai que vous pouvez ne pas être au-dessous de la tâche que vous voulez entreprendre (1). » Il continue longtemps sur ce ton et ajoute : « Je ne demande pas ce que vous direz, car je vois bien que ce n'est pas vous qui me répondrez, mais bien ce cahier que votre souffleur tient à la main.... votre souffleur qui, s'il voulait s'acquitter à propos de son emploi, vous soufflerait de rester bouche close et de décamper (2). » Ce n'est pas tout : Cécilius avait à sa suite deux *subscriptores*, avocats préparés à lui venir en aide au besoin, Apuléius et Alliénus ; comment Cicéron va-t il les traiter ? «Apuléius, dit-il, est un novice, non par l'âge, mais par l'expérience et par la pratique; Alliénus a paru sur les bancs; mais que peut-il par son éloquence? Je n'en sais trop rien, car je ne me suis guère occupé de lui, cependant je crois qu'il brille par la vigueur de ses poumons (3). »

Dans ce plaidoyer, l'orateur n'épargne même pas ceux qu'il appelle ses meilleurs amis. Hortensius, son ancien au barreau, son plus illustre confrère, l'avocat pour lequel il a professé si souvent la plus vive admiration, n'échappe pas à ses atteintes. Hortensius devait défendre Verrès; avant de l'avoir en face, Cicéron commence à le combattre : « Que pourrez-vous

(1) *In Cœcil*. 14.
(2) *Ibid*. 16.
(3) *Ibid*. 15.

contre lui? dit-il à Cécilius; il me semble déjà le voir
se jouant de tous vos arguments, vous posant des
dilemmes dont il vous abandonnera les deux termes,
et tournant contre vous l'une et l'autre conséquence.
Quand il se mettra à diviser les membres de votre
accusation et à compter sur ses doigts chaque partie
qu'il aura successivement examinée et réfutée; quand
il sera en train de démontrer que ce point est sans
importance, que celui-ci n'a rien que de très-naturel,
que cet autre est parfaitement licite : alors, simple
que vous êtes! vous commencerez vous-même à
craindre d'avoir mis en péril l'honneur d'un innocent..... Quant à moi, je le loue pour son génie, mais
je ne le redoute pas, et, si je ne m'abuse, il lui est
plus facile de me charmer que de me prendre en défaut. » Rien de mieux jusqu'à présent, vanité à part,
mais poursuivons. Hortensius avait défendu Térentius Varron, son cousin, accusé de concussion, et le
Pseudo-Asconius nous apprend que l'acquittement
fut moins attribué à l'éloquence du défenseur qu'à sa
coupable habileté : Hortensius avait corrompu des
juges, et pour s'assurer qu'aucun d'eux ne manque-
rait à sa promesse, il avait marqué de diverses couleurs les tablettes sur lesquelles ils devaient exprimer
leur opinion, de façon à pouvoir contrôler après le
jugement le vote de chacun (1). Cicéron fait une allusion très-transparente à cette anecdote diffamatoire,

(1) Ps. Ascon. *in divin..* 23 et 24.

18

et ajoute : « Moi, je déclare dès à présent à mon confrère que si vous m'accordez l'honneur de plaider l'affaire devant vous, juges, il lui faudra changer complètement de système de défense, et en changer de manière à ce que celui qu'il adoptera soit d'une espèce plus honnête qu'il ne le voudrait; que je le forcerai enfin à marcher sur les traces de ces hommes avec lesquels il a vécu, les Crassus et les Antoine, qui avaient pour règle de n'apporter à la défense de leurs amis que de la loyauté et du talent (1). » Ailleurs il l'accuse de prétentions intolérables, de despotisme, du désir de dominer et de régner dans les tribunaux (2).

Ces attaques ouvertes, ces agressions si vives, qui allaient jusqu'à inculper la probité d'un adversaire, et qui étaient de nature à lui susciter une accusation publique, étaient peu propres à entretenir de bons rapports entre les membres du barreau, car elles dépassent évidemment les bornes d'une discussion décente, quelque latitude qu'on veuille lui accorder.

Mais comme Cicéron était d'un naturel caustique et que ses plaidoyers sont les seuls qui nous soient parvenus, on pourrait croire que sa manière lui fut personnelle et qu'elle trouva peu d'imitateurs ; ce serait une erreur : ce genre, qu'Appius appelait *de l'éloquence canine* (3), était général, et Cicéron n'en

(1) *In Cæcil.* 7 et 8.
(2) *In Verr.* proœm. 12.
(3) Quintil. XII, 9.

fut point l'inventeur. Le célèbre Crassus, son devancier au barreau, n'épargnait ni le sarcasme ni l'injure à ses confrères. Un d'entre eux, M Junius Brutus (1), lui ayant, de son côté, joué le mauvais tour de faire lire à l'audience deux discours dans lesquels Crassus avait soutenu le pour et le contre, celui-ci s'en vengea cruellement. Il prit immédiatement trois lecteurs à qui il ordonna de lire le commencement de trois livres que Brutus le père avait composés sur le droit civil. Dans le premier, on lut ceci : *Comme nous étions à ma campagne de Priverne, il arriva....* « Vous l'entendez, Brutus, interrompit Crassus, votre père atteste qu'il vous a laissé un fonds à Priverne. » On lut dans le second livre : *Nous étions, mon fils Marcus et moi, dans ma maison d'Albe....* « Cet homme si sage, reprit Crassus, savait bien à quel gouffre il avait affaire ; il a désigné tous ses biens pour qu'on ne l'accusât pas de n'avoir rien laissé à ce fils, quand ce fils n'aurait plus rien. » Enfin le troisième livre commençait ainsi : *Dans ma maison de Tibur, où nous nous trouvions par hasard, mon fils Marcus et moi.....* « Où sont tous ces biens ? s'écrie Crassus,..... tes débauches ont tout dévoré; il ne te reste rien de ton père et tu as vendu jusqu'à sa chaise de jurisconsulte. Te resterait-il au moins de l'éloquence ? mais chez toi il n'en existe pas l'ombre, et tout ce que tu as

---

(1) Ce Brutus, que l'on a confondu à tort avec le père du meurtrier de César, fut un accusateur passionné, et déconsidéra ainsi la noble famille à laquelle il appartenait. *Voy. Cic. Brut.* 34; *De offic* II. 14 ; *Pro Cluent.* 57.

de poumons et de langue, tu l'as prostitué à l'ignoble métier de calomniateur (1). »

Cette violente apostrophe, que nous ne reproduisons pas tout entière, avait été provoquée, il est vrai; mais la provocation elle-même est une preuve des mauvais procédés dont les avocats usaient entre eux.

Crassus n'eut pas cette excuse à l'égard d'un certain Ælius Lamia, homme de figure disgracieuse et orateur médiocre. Lamia s'étant permis d'interrompre Crassus dans le cours d'une plaidoirie, ce dernier s'arrêta brusquement et dit : « Voyons, écoutons cet Adonis », et l'auditoire de rire. — Il n'a pas dépendu de moi, répondit Lamia, de me faire le visage, mais j'ai pu me former l'esprit. — « Alors, reprit Crassus, écoutons cet éloquent orateur. » Inutile d'ajouter que les rires redoublèrent (2).

Ces mots blessants, ces personnalités directes furent très-fréquents au barreau à toutes les époques. Asinius Pollion tira son exorde, dans son plaidoyer pour les héritiers d'Urbinia, du mépris que lui inspirait Labiénus, son contradicteur (3). Cassius Sévérus accablait ses adversaires de sarcasmes (4). Quelquefois les disputes étaient si vives qu'elles exigeaient l'intervention du président (5). Mais c'était surtout dans les altercations (le sens que ce mot a pris dans

(1) Cic. *De orat.* II, 55. — Quintil. VI. 3.
(2) Cic *ibid.* II, 65.
(3) Quintil. X, 1.
(4) Quintil. IV. 1.
(5) Quintil. IV. 4.

notre langue en serait une preuve au besoin) que s'échangeaient les invectives les plus mordantes.

Sous l'Empire, cette guerre d'audience prit un caractère plus grave. L'empereur ayant recruté dans le barreau des délateurs à gages et des accusateurs attitrés, il arriva qu'une épigramme lancée dans la discussion contre un adversaire devint une attaque contre le prince dans la personne d'un de ses serviteurs, et, par suite, un crime de lèze-majesté. Quelques hommes poussèrent plus loin, s'il est possible, la déconsidération du barreau; ils se firent agents provocateurs, et l'on vit l'avocat Régulus tendre des pièges à Pline, son confrère, pour l'amener à dire du bien, ce qui l'eût perdu, d'un honnête citoyen que Domitien avait exilé (1).

Ce n'est pas seulement au forum et dans les quatre chambres des centumvirs que les avocats faisaient bon marché de leur dignité et des égards que la bienséance eût commandés : en ces lieux divers, l'ardeur de la lutte, la provocation de l'auditoire, la témérité de l'improvisation, la présence du client pouvaient atténuer des torts d'une certaine nature; mais hors de l'audience, l'avocat disparaît et il ne reste plus que le confrère : les avocats romains ne surent pas toujours faire cette distinction. Une rivalité désordonnée, l'envie même trouvèrent accès auprès d'eux (2), et ce dernier vice n'avait pu parvenir à se dissimuler, au

(1) Plin. *Epist.* I, 5.
(2) Quintil. XII, 10.

rapport d'un ancien (1), dans les lettres de deux illustres orateurs du grand siècle, Calvus et Asinius Pollion. L'envie ne fut pas étrangère aux dissentiments qui divisèrent Hortensius et Cicéron, les deux princes du barreau. Cicéron déclare que l'opinion publique accusait son émule de s'être laissé aller à cette passion abjecte (2), et cette imputation, qu'il repousse en même temps comme calomnieuse, il l'avait lui-même insinuée dans sa correspondance privée (3). Au surplus, il n'échappa point pour son propre compte au même reproche, et il fut ouvertement accusé d'avoir vu avec jalousie le succès de ses rivaux (4).

S'il est vrai qu'une pareille accusation puisse remonter si haut sans injustice, s'il est vrai que l'orateur d'Arpinum ait jeté quelques regards d'envie sur des concurrents qu'il devait laisser bien loin derrière lui, hâtons-nous d'ajouter que cette faiblesse fut noblement rachetée. Dans le magnifique monument qu'il a élevé à la gloire du barreau romain, dans son *Brutus*, Cicéron s'est montré plein de justice, de bienveillance et de désintéressement pour ses contemporains. Habile à mettre leurs qualités en saillie, il ne l'est pas moins à laisser leurs défauts dans l'ombre.

---

(1) Auct. *Dial orat.* 25.

(2) *Brut.* 1.

(3) *Ad quint. fratr.* I, 3; *ad Attic* III, 9; IV, 6.

(4) *Auct. Dial. orat.* loc. cit. Si l'envie n'atteignit pas le cœur de Cicéron, il nous a du moins prouvé qu'il connaissait parfaitement les ressorts les plus secrets de cette passion. *De orat.* II, 51, et 52.

Hortensius surtout est le sujet d'une inépuisable admiration, à ce point que l'on serait tenté de voir dans cet enthousiasme, peut-être légèrement affecté, l'expiation généreuse de quelques torts cachés, une sorte d'amende honorable à la mémoire d'un rival dont le dévouement aurait été méconnu (1).

Au reste, le *Brutus* renferme la preuve irrécusable que le barreau romain connut ces sentiments d'union, et, jusqu'à un certain point, cet esprit de corps que l'on rencontre dans les barreaux modernes; d'où il faut conclure, à l'appui de nos premières considérations, que si des procédés regrettables et même des haines vinrent faire obstacle au développement de la confraternité, ce fut moins la faute des hommes que la conséquence des institutions.

---

(1) *Brut.* 1 , 2 88 , 92 , 94 , 96.

XXII.

Moralité professionnelle de l'avocat.

Définition de l'orateur. — L'orateur parfait. — Honoraires excessifs. — Accusations immorales. — Le poignard de Fimbria. — Prévarications pour et contre les accusés. — Si l'avocat peut dissimuler la vérité. — Le pour et le contre. — Palinodies de Cicéron. — Les avocats délateurs. — Luxe et indigence. Charlatanisme. — L'avocat conducteur de mules. — Le barreau d'Orient au temps de Valentinien.

Caton a défini l'orateur un honnête homme habile à bien dire, *vir bonus dicendi peritus*. Quintilien, allant plus loin, soutient qu'on ne peut devenir orateur, si déjà l'on n'est homme de bien, parce que l'âme ne saurait se livrer avec fruit à la plus sublime des études, si elle n'est pure de tous les vices qui la troublent (1). C'est surtout à l'avocat que s'applique la célèbre définition de Caton, et on doit l'entendre en ce sens que l'art oratoire ne saurait atteindre la perfection en l'absence de la vertu. Cette opinion a été admirablement développée par Quintilien : la plupart des thèses de l'orateur, dit-il, consistent dans la discussion de ce qui constitue le bon et le juste ; or, comment l'homme méchant et injuste pourrait-il conve-

(1) XII, 1.

nablement traiter un pareil sujet ? Que l'on imagine ,
contre toutes les vraisemblances, deux hommes égaux
en génie, en science, en talent, mais l'un très-honnête
et l'autre très-vicieux : lequel passera pour le meilleur orateur? Le premier sans aucun doute. Personne
ne conteste que le but de l'avocat ne soit de persuader
aux juges que les prétentions de sa partie sont fon-
dées et légitimes. Qui atteindra le plus sûrement ce
but, de l'homme de bien ou du méchant? Certainement l'homme de bien, car sa parole sera le plus souvent honnête et vraie.

Mais on pourrait opposer que Démosthènes n'a pas
eu la réputation d'un homme vertueux, et que les
mœurs de Cicéron ont été fort décriées : n'ont-ils
donc pas été orateurs l'un et l'autre? A cette objection, qu'il se pose lui-même, Quintilien répond : que
s'il est vrai que la parfaite vertu ait fait défaut à ces
illustres citoyens, il est disposé à dire d'eux ce que
les stoïciens disent de Zénon, de Cléanthe et de Chrysippe, lorsqu'on leur demande s'ils ont été des sages :
—Que ce furent de grands hommes dignes de la plus
respectueuse admiration , mais qu'ils n'atteignirent
point encore à ce suprême degré de perfection que
comporte l'essence de la nature humaine. Qu'il se
rencontre, ce qui serait une sorte de monstruosité,
un malhonnête homme doué d'une souveraine éloquence, cet homme encore une fois ne sera pas un
orateur, pas plus que le soldat téméraire et prompt
à faire un coup de main ne sera un homme courageux, parce que le vrai courage ne saurait exister là

où ne se trouve pas le sentiment du devoir. A celui qui est appelé à défendre une cause, ne faut-il pas une conscience à l'abri de la cupidité, de la faiblesse, de la crainte; et donnera-t-on le nom sublime d'orateur à celui qui aura trahi, déserté, vendu les intérêts de son client? Si l'avocat, même médiocre, ne peut se passer de ce que l'on appelle la *probité*, pourquoi cet orateur parfait (qu'on n'a point encore vu, mais qui enfin pourrait exister), ne serait-il pas aussi parfait par ses mœurs que par son éloquence (1)?

Ce sont là de belles pensées noblement exprimées; mais à l'illustre rhéteur qui écrivait sous Domitien, à une époque où le barreau était infesté de délateurs, ne pourrait-on pas dire :

> Cette grande raideur des vertus des vieux âges,
> Heurte trop notre siècle et les communs usages.
> Elle veut aux mortels trop de perfection (2).

Contentons-nous donc de demander à l'avocat cette honnêteté relative que commande l'exercice de son ministère et que nous appelons probité professionnelle.

Nous avons essayé de démontrer que la profession d'avocat était sortie de l'institution féodale du patronat : cette origine laissa dans le barreau des traditions qui ne se sont point encore complètement effacées. La plus ancienne, sans aucun doute, fut la gratuité de l'assistance judiciaire, tradition longtemps

---

(1) Quintil. *loc. cit.*
(2) Molière, *Misantr.* act. 1. sc. 1.

acceptée sans examen dans un sens absolu, puis modifiée suivant l'exigence de mœurs nouvelles, et restée obligatoire au point de vue du désintéressement conciliable avec la rémunération légitimement acquise pour un service rendu. Nous avons vu, en parlant des *honoraires*, combien l'idée de l'incompatibilité du ministère de l'avocat avec toute acceptation de salaire était encore puissante au temps de Cicéron, sous l'influence des prohibitions de la loi Cincia. Il faut en conclure, bien que cette loi ait été signalée par nous comme un anachronisme, que toute infraction, soit directe, soit détournée à ses dispositions, fut un acte réprouvé par une stricte probité, aussi longtemps du moins que son abrogation expresse ou implicite ne résulta pas de l'opinion commune ou des décrets du prince. Or, nous savons que les plus célèbres contemporains de Cicéron, et que Cicéron lui-même, selon toutes les vraisemblances, ne furent pas à l'abri de reproches à cet égard. Mais ce fut surtout sous l'Empire, et même après la fixation des honoraires qu'il fut légalement permis d'accepter du client, que l'avidité des avocats ne connut plus de bornes et dégénéra en véritable *déprédation* (1).

Une autre tradition, issue du patronat, avait fait une sorte de point d'honneur à l'avocat de n'accorder le secours de sa parole qu'aux accusés, parce que les devoirs purement tutélaires du patron prenaient leur source dans une pensée aristocratique de pro-

---

(1) C'est l'expression de Tacite. *Ann.* XI. 5.

tectorat. Cicéron, disputant à Cécilius le droit de soutenir l'accusation dirigée contre Verrès, commence par se justifier de ce qu'il descend au rôle d'accusateur (*ad accusandum descendere*), lui qui a paru si souvent dans des causes publiques, toujours pour défendre, jamais pour attaquer ; et s'il a accepté cette mission, c'est parce qu'il est convaincu que l'accusation contre le spoliateur de la Sicile n'est en réalité que la défense des Siciliens, ses clients, et qu'ainsi il reste fidèle aux règles de son institut (1).

Toutefois, les répugnances de Cicéron sont ici beaucoup moins sincères qu'il ne voudrait le persuader, et c'est surtout comme moyen de cause qu'il les met en avant. Bien que le nom d'accusateur ait généralement été pris en mauvaise part, cependant les hommes les plus honorables n'avaient pas craint, à toutes les époques, de s'inscrire en tête des accusations, lorsqu'ils pensaient que l'intérêt public leur faisait un devoir de provoquer la punition d'un coupable, et Cicéron a dit lui-même : *Accusatores multos esse in civitate utile est, ut metu contineatur audacia* (2). Cependant il ne soutint que deux accusations, On connaît la première; la seconde était dirigée contre Munatius Bursa, un des ennemis les plus acharnés de Milon (3). Caton l'Ancien intenta ou suscita un grand nombre d'accusations et fut lui-même accusé plus de

(1) *In Divinat.* 1 et 2.
(2) *Pro S. Rosc.* 20.
(3) Cic. *Ad famil.* VII, 2.

cinquante fois (1); il avait quatre-vingt-cinq ans (2), lorsqu'il accusa Sergius Galba de concussion (3). Tout le monde sait que Caton d'Utique fut un des accusateurs de Muréna. Mais s'il fut un temps où le dévouement à la chose publique portait à braver la défaveur qui s'attachait au titre d'accusateur, il exista aussi une assez longue période d'indifférence et d'égoïsme, où la crainte de se créer des inimitiés la fit prévaloir. Les accusations furent alors abandonnées aux jeunes gens qui en usèrent comme d'un moyen propre à se faire connaitre (4).

L'accusation ne fut donc réellement un acte d'immoralité que lorsqu'elle fut suggérée par l'envie, par des haines particulières ou par la cupidité. Les haines privées et l'envie en suscitèrent un très grand nombre, même aux beaux jours de la République, et le sage Caton fut soupçonné d'avoir cédé à ces détestables sentiments, dans ses poursuites contre le premier Africain et contre le frère de ce dernier, Lucius Scipion (5).

Pendant les funérailles de Marius, Flavius Fimbria fit poignarder Mucius, le plus inoffensif des citoyens et le plus célèbre des jurisconsultes; Fimbria ayant

(1) Plut. *In Cat.* 22.

(2) Il aurait été âgé de 90 ans suivant Plutarque (*loc. cit.*), mais il résulte d'un passage de Cicéron (*Brut.* 20) et d'un passage de Pline (*Hist. nat.* 29, 1) qu'il ne vécut que 85 ans.

(3) Ps. Ascon. *in divinat.* Orel. p. 124.

(4) Cic. *in divin.* 21; Ps. Ascon. *ibid.* Orel. p. 102. — Schol. Gronov. *ibid.* Orel. p. 383; Quintil XII. 7.

(5) Plut. *in Cato.* 22 et 25.

appris que la blessure n'était pas mortelle, appela, dit-on, Scévola en justice. On lui demanda quels seraient ses griefs contre un homme aussi vertueux : je l'accuserai, répondit ce fou furieux, de n'avoir pas reçu dans son corps le poignard tout entier (1).

Sous l'Empire, la cupidité fut le principal mobile des accusations; on se fit délateur pour s'enrichir des dépouilles du condamné, et le nom d'accusateur devint le synonyme de meurtrier. Les plus grands noms du barreau se déshonorèrent par la pratique de cet odieux trafic (2).

Les accusations étaient pour les avocats l'occasion d'un genre de malversations qui devint aussi scandaleux que fréquent à une certaine époque : nous voulons parler de la prévarication. Elle consistait, en général (3), dans le fait de se porter frauduleusement accusateur pour mettre le coupable à l'abri d'une poursuite sérieuse, ou de se laisser corrompre par l'accusé dans le cours de la procédure. Cicéron imputa à Cécilius, ancien questeur de Verrès, de ne vouloir rester l'accusateur de celui-ci que pour mieux préparer son impunité; et Cicéron lui-même, chose étrange ! fut injustement soupçonné d'avoir pactisé

---

(1) Cic. *Pro. S. Rosc.* 12.

(2) Columelle, qui vivait sous Auguste ou sous Tibère, se demandait iro-niquement quelle était la profession la plus honorable, de celle de l'agricul-teur ou de cette profession canine qui consiste à aboyer contre le plus riche, contre l'innocent ou pour le coupable, brigandage toléré en plein forum. *De re rust.* 1. prœf.

(3) *Voy.* Cic. *Orat. partit.* 36.

avec Verrès sur le chiffre des dommages-intérêts à allouer aux Siciliens (1).

Les *subscriptores*, c'est-à-dire les accusateurs adjoints, se donnaient pour mission principale de surveiller l'accusateur en titre ; mais pour les personnes étrangères au procès, ce motif de sécurité n'était pas toujours considéré comme suffisant, car les *subscriptores*, dont le nombre était limité, pouvaient aussi agir par simulation ou se laisser séduire. On apostait en conséquence auprès de l'accusateur des surveillants spéciaux (*custodes*), chargés d'épier toutes ses démarches, de le suivre dans les provinces où il se rendait pour recueillir des preuves, de compter et de vérifier les pièces pour s'assurer qu'aucune soustraction n'avait lieu (2). Toutes ces précautions, peu honorables pour le barreau, étaient encore impuissantes à prévenir la corruption, et n'empêchèrent pas Clodius de faire acheter son silence par Catilina qu'il avait accusé de concussion (3).

Sous le gouvernement impérial, la prévarication prit un caractère nouveau dont la morale publique

---

(1) Ce soupçon est mentionné par Plutarque *in Cicer.* 10. Cicéron n'était réellement coupable que d'avoir réduit en fin de cause une demande qu'il avait exagérée dans ses premières conclusions *Voy.* Ps. — Ascon. *In Verr.* Orel. p. 152, et un mémoire (cité par Ricard *in Cic.* note 25) lu à l'académie des inscript. par Gautier de Sibert.

(2) Cic. *in divin.* — Ps. Ascon. — *ibid.* Orel. p. 121. Il y avait aussi des *custodes* pour assurer la sincérité des élections. Cic *in Pis.* 15.

(3) Cic. *De arusp.resp.* 20. Ajoutons toutefois que le témoignage est suspect. *Voy in Pis.* Orel p 10 ; *id in toga Candid.* Orel. p. 85.

fut profondément atteinte. La plupart des accusations
étant imposées par le prince ou entreprises dans le
but de capter ses faveurs en flattant ses ressentiments
ou ses caprices, on ne vit plus l'accusateur pactiser
avec l'accusé pour le soustraire, à prix d'argent, à une
condamnation certaine : ce fut le défenseur, crime
inouï ! qui se fit payer pour déserter la cause de l'accusé. Sous Claude, un accusé du nom de Samius,
chevalier romain, se donna la mort de désespoir dans
la maison de Suilius, son avocat, qui s'était vendu à
l'accusateur, quoiqu'il eût reçu d'avance 80,000 fr.
de son client : « Le prince, dit Tacite qui rapporte ce
fait, en attirant à lui tous les pouvoirs des lois et des
magistrats, avait ouvert la porte à ces brigandages, et
de tout ce qui se vendait publiquement à Rome, rien
ne fut d'un plus sur débit que la perfidie des avocats (1). » Ces prévarications s'introduisirent aussi
dans les procès civils, et Pline nous apprend que le
sénat, ému des scandales qui en étaient le résultat,
sollicita de l'empereur des mesures répressives (2).
Les réglements furent impuissants contre les mœurs,
et la vénalité des avocats, devenue proverbiale en
quelque sorte, fut la source inépuisable où vint s'a-
breuver la verve satirique du poète (3).

Mais détournons un instant les yeux de ces igno--
minies que la législation poursuivait encore plusieurs

---

(1) Ann. XI, 5. *Voy.* notre chapitre *des honoraires*, p. 109.

(2) *Epist.* V, 4, 14, 21.

(3) Juven. VIII. Vers. 68. — Mart *Epig.* I, 99 ; II, 13, 30 ; V, 16
VIII, 16, 17. — Pers. III, vers. 63 et 19.

siècles plus tard (1), et remontons vers ces temps plus reculés où le barreau eut du moins quelques vertus et beaucoup de talent pour se faire pardonner ses faiblesses.

Quintilien, que l'on est toujours tenté de prendre pour un contemporain de Cicéron, pose en principe que l'homme de bien ne doit plaider que de bonnes causes, et cependant il autorise l'avocat à dissimuler la vérité en certains cas ; par exemple, lorsqu'il est plus profitable à la société de pardonner que de punir, ou lorsque une action, bonne en elle-même, doit néanmoins être réprimée par le juge, si l'on ne parvient à le convaincre qu'elle n'a pas eu lieu (2). Cette proposition, que son auteur qualifie lui-même de scabreuse (*durum*), fut de tout temps acceptée par le barreau ancien comme reposant sur une notion vraie de morale ; mais, en fait, les avocats allèrent beaucoup plus loin, et tous les moyens leur parurent excellents pour gagner même une mauvaise cause. La récompense de l'avocat, disait Cornélius Celsus, n'est pas dans le bon témoignage de sa conscience, mais dans le gain de son procès (3). Quelles poursuites furent plus légitimes que celles que les Siciliens exercèrent contre Verrès ? Cependant Verrès était riche, puissant, audacieux, et Hortensius n'eut pas honte de s'associer à toutes les manœuvres imaginées pour

(1) D. *De prævar.* fr. 1 , § 1. — C. Justin *de adv. div. judicii.* C. 1.
(2) XII, 1.
(3) Quintil. II , 15.

soustraire le coupable au châtiment qu'il avait mérité. Il tenta de corrompre à prix d'argent les députés siciliens; il usa de l'autorité qu'il s'était acquise pour écarter Cicéron dont il redoutait l'énergie et le talent. Cette entreprise ayant échoué, on le vit essayer de l'intimidation sur l'esprit des juges et se prêter à tous les moyens dilatoires de nature à retarder les débats jusqu'à l'entrée en fonctions du nouveau préteur, plus favorable à son client que le préteur en exercice. Consul désigné, il mit au service de Verrès l'influence que lui donnait ce titre, et il fallut l'activité, l'énergie et le courage de Cicéron pour triompher de tous ces obstacles (1).

Hortensius fit plus dans un autre procès : il acheta les suffrages de la majorité, et poussa l'audace jusqu'à distribuer aux juges vendus des tablettes d'une couleur particulière, afin de pouvoir s'assurer après le jugement de l'exécution du marché (2). Enfin Cicéron lui-même se vantait d'avoir si bien obscurci l'affaire de Cluentius, que les juges n'y avaient vu goutte (3). Comment le barreau fût-il resté honnête au milieu de la corruption des tribunaux ! Comment la conscience de l'avocat eût-elle été moins facile que la conscience du juge !

On se faisait peu de scrupule de plaider le pour et le contre sur le même fait. Cicéron avait flétri, dans le cours du procès de Verrès , un jugement

---

(1) Cic. *In Verr.* et *In divinat.* passim.
(2) Pr. Ascon. *In divin.* Orel. p. 109.
(3) Quintil. II, 17.

rendu contre Oppianicus sous la présidence de Junius;
ce jugement, qu'il avait signalé comme le produit
monstrueux de la fraude et de la corruption, il lui
fallut le réhabiliter dans l'intérêt de Cluentius, son
client; et son adversaire ne manqua pas de lui reprocher cette contradiction. Cicéron se tira de ce
mauvais pas avec autant d'esprit que d'habileté :
« Reste, dit-il, une dernière autorité, sans doute d'un
très-grand poids, et que j'allais, je le confesse, passer
sous silence. On prétend que c'est la mienne. Attius
a exhumé de je ne sais quel plaidoyer, qu'il dit être
de moi, je ne sais quelle exhortation adressée à des
juges que je suppliais de prononcer en leur âme et
conscience, et dans laquelle je rappelais quelques
jugements que l'opinion publique n'avait pas ratifiés,
notamment ce même jugement rendu sous la présidence de Junius : comme si je n'avais pas déclaré, dès
le commencement de ma plaidoirie, qu'en effet ce
jugement avait été vu avec défaveur ; ou comme si,
lorsque je parlais de l'infamie des juges de cette
époque, j'avais pu me dispenser de mentionner une
sentence qui était alors le sujet de tous les entre-
tiens. Que s'il est vrai que j'aie dit quelque chose de
semblable, j'ai rapporté des faits qui n'étaient point
à ma connaissance particulière, et je n'ai rien affirmé
sous la foi du serment ; j'ai parlé comme le public
parlait, sans plus d'examen ni d'autorité. Je remplis-
sais le rôle d'accusateur; mon but était d'impression-
ner mes juges et mon auditoire, et pour y parvenir,
je rappelais toutes les turpitudes judiciaires, non

d'après ce que j'en savais personnellement, mais d'a-
près la rumeur publique. M'était-il possible de garder
le silence sur un scandale qui avait fait tant de bruit
dans la ville? Mais ce serait s'abuser étrangement que
de rechercher dans nos plaidoyers des opinions qui
nous appartinssent en propre; notre langage est celui
de la cause et de la circonstance, jamais celui
de l'homme ni de l'avocat; car si la cause pouvait
parler elle-même, nul n'aurait recours à une voix
étrangère. Si l'on fait usage de notre ministère, c'est
pour que nous plaidions, non d'après nos impressions personnelles, mais d'après les faits particuliers
du procès et les exigences qu'ils comportent. On rapporte que Marc-Antoine, homme de beaucoup d'esprit,
avait l'habitude de dire : « qu'il n'avait jamais écrit
aucun de ses discours, afin que s'il arrivait qu'on lui
opposât malencontreusement quelque parole comme
sienne, il pût hardiment la nier » ; comme si nos paroles et nos actes ne restaient dans la mémoire des
hommes que par les écrits qui les constatent (1). »

Lors de ce même procès fait à Oppianicus pour
crime d'empoisonnement, Cicéron avait défendu un
jeune affranchi du nom de Scamandre, accusé d'avoir
préparé et fourni le poison, et qui fut aussi condamné. Il fallut donc, dans le procès de Cluentius,
soutenir que cette condamnation avait été légitime;
c'était là un rôle difficile, et l'art infini avec lequel

(1) *Pro Cluent.* 50.

Cicéron s'en acquitta, ne pouvait suffire à effacer ce qu'il avait de peu honorable (1).

Cette fausse situation de l'avocat était en grande partie la faute des institutions et des circonstances. Dans tout gouvernement populaire où l'élection disposera des magistratures, l'ambition (*ambitus*) sera toujours la passion dominante du barreau. Cela est dans la nature des choses. Quand le forum retentissait d'accusations de brigue, de concussion, de péculat, dirigées contre les plus puissants personnages de la République, il n'était pas un avocat éminent dont la conduite dans l'exercice de son ministère ne dût être déterminée par des considérations de candidature personnelle ou par un intérêt de parti. Lorsque Cicéron briguait le consulat, Cécilius, oncle de son ami Atticus, vint le prier de plaider pour lui un procès civil dans lequel il s'agissait de faire annuler une vente frauduleuse consentie par un certain Satrius au préjudice de ses créanciers : Cicéron aima mieux se brouiller avec Cécilius et encourir la froideur d'Atticus que de se charger de la cause. Pourquoi? « parce que Satrius votera pour lui, parce que ce dernier est lié avec Domitius qu'il considère comme la cheville ouvrière de son élection, parce qu'il faut qu'il se fasse de nouveaux amis (2). »

Catilina, « ce monstre qui suait le crime par tous les pores (3), » est accusé d'avoir commis des brigan-

(1) *Pro Cluent.* 16, 18 et 20. — Quintil. XI, 1.
(2) *Ad Attic.* I, 1.
(3) Cic. *In Catil.* II, 1.

dages en Afrique : Cicéron lui prête le secours de son ministère, et s'associe tacitement à la prévarication de l'accusateur (1). Pourquoi? parce que Catilina est son compétiteur pour le consulat, et que s'il le fait acquitter, « il y aura moyen de s'entendre avec lui sur leurs prétentions respectives (2). »

Ce Vatinius, qu'en toutes circonstances il avait poursuivi de ses invectives avec un incroyable acharnement (3), il consent, *et ce sera chose facile* (4), à venir le défendre en plein forum. Et pourquoi encore? « parce que César a mis à le charger de cette cause une insistance toute particulière; parce que les

---

(1) Cet accusateur était Clodius Pulcher , devenu bientôt l'irréconciliable ennemi de Cicéron. Cic. *De arusp. resp.* 20.

(2) *Ad Attic.* I , 2. — Corrad hic , *Delect Comment. Oliv.* II , p. 319. — Asconius (*in tog. cand.* Orel. p. 85) , doute que Cicéron ait jamais défendu Catilina , ainsi que le prétend Fenestella , et ses raisons ne manquent pas d'une certaine force. Nous en ajouterons une tirée de la première lettre à Atticus , liv. 1. où Cicéron s'exprime ainsi : « Catilina ne sera un compétiteur sérieux pour moi que s'il est jugé qu'il ne fait pas jour en plein midi. » Ce passage , qui fait évidemment allusion au procès (*hic.* Bossius , *Comm. Oliv.*) serait , il faut l'avouer , d'un cynisme par trop révoltant sous la plume d'un défenseur , et quelles que fussent les mœurs du temps, nous en croyons Cicéron incapable. Mais on peut objecter que Cicéron n'avait sans doute accepté la défense qu'après avoir écrit cette lettre. Ce qu'il y a de certain , c'est qu'il se disposa à la présenter , et que même il assista au-tirage au sort des juges jurés. Cela résulte clairement des deux passages suivants : *Hoc tempore , Catilinam competitorem nostrum , defendere cogitamus* (ad *Attic.* 1 , 2.) — *Judices habemus quos voluimus summa accusatoris voluntate* (ibid). A moins de rejeter ces passages comme apocryphes , ce à quoi personne n'a encore songé, il faut reconnaître que Fenestella doit avoir raison.

(3) *In Vatin.* ubique. — *Ad famil.* II , 4.

(4) *Ad Quint. fratr.* II , 16 : Ea res est facilis.

bontés presque divines dont César l'a comblé lui imposent l'obligation de souscrire à tous ses désirs. Telles sont les raisons qu'il donne à Lentulus (1), et il ajoute : « Que si l'envie vous prenait de me demander pourquoi j'ai chanté les louanges de Vatinius, je vous supplierais de ne m'adresser cette question ni sur cet accusé, ni sur tous autres, parce que, moi aussi, je vous en adresserais une toute semblable à votre retour. »

Ce fut par des motifs du même genre, tous peu compatibles avec la dignité de l'avocat, que Cicéron défendit Gabinius (2), qu'il avait attaqué dans un plus grand nombre de conjonctures et avec plus de violence encore peut-être que Vatinius lui-même (3).

Telles furent les mœurs du barreau à cette époque; du moins on doit le penser, lorsqu'on voit Cicéron, honnête homme d'ailleurs et bon citoyen, compromettre ainsi sa considération professionnelle. Les intérêts auxquels il cédait dominaient tous les hommes dont

(1) *Ad famil.* ; I , 9.

(2) Cicéron dit lui-même (*ad Quint. fratr.* III , 5 et 6) qu'il se perdrait dans l'opinion s'il acceptait cette défense. Il est pourtant certain qu'il la présenta. Quintil. XI. 1. — Val. Max. IV. 2 , 4, Dio Cass. XXXIX , 63. Il l'avoue lui-même , *Pro Rabir.* 8 et 12 , après avoir dit qu'il rougissait de le constater. *ad Attic.* IX , 7. Mais il n'osa pas publier son plaidoyer , dont un passage , pris sur ses notes , nous a été conservé par St.- Jérôme. *Apolog. adv. Rol.* IV, p. 351, éd. Bened.

(3) Voy. spécialement : *Pro Sext* . 8 et 9 ; *In Pison.* 9 ; *Pro Planc.* 35 ; *Post red in Sen.* 5 ; *Pro dom.* 9. Cicéron l'appelle le saltimbanque de Catilina et son porteur de lanterne quand il se rendait au lupanar. *In Pison* , 9 , et Hotom. *Delect. comm.* Oliv. I , p. 530.

le nom retentissait au forum. Jetés tous dans le tour-
billon des affaires, tous ambitieux, avides de pouvoir,
jaloux de conserver leur bien-être ou de l'accroître,
ils se livraient tous au joug des événements; et si
quelques-uns n'atteignirent pas le but, on peut dire,
après avoir étudié l'histoire de ce temps, que ce ne
fut point par trop de raideur dans le caractère, mais
par maladresse, faux calcul ou fatalité.

Nous avons parlé de la prévarication contre les
accusés, comme cause de la dégradation du barreau
sous le gouvernement des empereurs; mais cette
cause ne fut pas isolée. On ne saurait imaginer à quel
degré d'abaissement il s'était ravalé sous Caligula et
ses successeurs. Comme le prince ne pouvait suffire
que par la confiscation aux dépenses de ses plaisirs, et
aux largesses destinées à solder la servitude de ses
courtisans, le dévouement des légions et les acclamations de la populace, il lui fallut des accusateurs habiles, et il les choisit dans le barreau. Les avocats les
plus renommés, *lucrosæ et sanguinantis eloquentiæ* (1),
se prêtèrent à cet abominable trafic, et c'est à l'aide
de leur ministère, horriblement détourné de sa glorieuse destination, que périrent sous Claude trente sénateurs, trois cent quinze chevaliers et une foule in-
nombrable de simples citoyens (2).

_____

(1) Auct. *Dial orat.* 12 : nam lucrosæ hujus et sanguinantis eloquentiæ
usus, recens, et malis moribus natus. — C'est en s'appuyant sur des expressions de ce genre que certains philologues ont attribué à Tacite le *Dialogue des orateurs.*

(2) Senec. *Apokolok.* 14.

Lorsque le despotisme laissa à l'Empire quelques
instants pour respirer, les avocats, frustrés du bénéfice des accusations, tentèrent de se rejeter sur les
causes privées et de regagner une confiance dont les
praticiens s'étaient emparés ; mais comme le nombre
de ces avocats s'était singulièrement accru par l'appât
d'un gain sordide, il leur fallut imaginer quelque
moyen de triompher de la concurrence. Les plus avisés
eurent recours au charlatanisme du luxe, et ce procédé leur réussit. On en vit alors se rendre à la basilique dans un char traîné par quatre chevaux (1); d'autres, s'y faire porter en litière, précédés de leurs
clients et suivis d'une foule d'esclaves. Quelques-uns
se chargeaient les doigts de bagues étincelantes qu'ils
avaient louées : « La pourpre et les améthystes, dit Juvénal, font la valeur de l'avocat ; il a du profit à faire
du bruit et à paraître dépenser plus que ses revenus(2).»
Mais ces expédients honteux n'étaient point à l'usage
de tous; aussi la plupart végétaient dans la plus misérable condition, ne gagnaient pas le prix de leur
loyer (3), et, suivant l'expression de Martial, *sentaient
mauvais de la bouche* (4).

Plusieurs étaient dans la nécessité d'avoir une profession de rechange, et l'on en citait un qui condui-
sait les mules quand les affaires n'allaient pas (5),

(1) Juven. *Sat.* VII, 106.
(2) *Id.* VII, 133.
(3) Mart. *Epig.* III, 38.
(4) *Id.* XI. 30.
(5) *Id.* I, 80.

Le mauvais goût et l'ignorance n'avaient pas peu contribué à plonger le barreau dans cet état d'humiliante dégradation et d'immoralité (1). Gardons-nous toutefois d'oublier qu'il ne cessa point, même durant ces mauvais jours, de compter dans son sein quelques hommes honorables, dépositaires des anciennes traditions de savoir et de probité, et que Pline le Jeune fut le contemporain de Juvénal et le protecteur de Martial.

La science des jurisconsultes illustra le règne d'Adrien et de quelques-uns de ses successeurs; mais, s'il faut en croire Ammien Marcellin, l'avilissement du barreau n'aurait jamais été plus grand que dans la seconde moitié du quatrième siècle. Le portrait que cet historien a tracé des avocats de son temps, mérite, malgré sa longueur, d'être placé sous les yeux du lecteur. Marcellin divise en quatre espèces les avocats nomades *qui font le siège des maisons riches, à la piste de tous les procès, plus adroits à les flairer pour les emporter dans leurs chenils, que les chiens de Sparte et de Crète.*

« La première espèce, s'écrie-t-il, se compose de la tourbe de ceux qui se procurent des procès en jetant de tous côtés des semences de discorde : ceux-là assiégent la porte des veuves et des orphelins, et, sur le plus léger prétexte, édifient des ressentiments implacables entre les amis ou les proches.

» L'âge, qui chez d'autres amoindrit les penchants

(1) *Id.* II, 64.

vicieux, ne fait que les développer et les accroître
chez eux ; insatiables à la curée, et cependant toujours
besogneux, ils s'étudient sans cesse à surprendre la
bonne foi des juges dans le piége de leurs paroles ;
par leur ténacité, ils parviennent quelquefois à faire
accepter leur impudence pour de la liberté, leur audace pour de la persévérance, leur flux de parole pour
de l'éloquence.

» Dans la seconde espèce viennent se ranger les
professeurs de cette science du droit, perdue désormais dans le dédale d'une législation incohérente et
contradictoire; tantôt ces gens-là ont la bouche ca-
denassée et sont silencieux comme leur ombre; tantôt
d'un visage qui veut être grave et qui n'est que triste,
sentencieux comme un horoscope, profonds comme
un oracle, ils vous vendent jusqu'à un baillement.
Pour avoir l'air de puiser le droit dans ses sources
les plus éloignées et les plus vives, ils citent Trébatius
et Cascellinus, et Alfénus, et ces lois inconnues des
Arunces et des Sicaniens, ensevelies depuis des siècles avec la mère d'Evandre; et si vous leur dites, pour
les éprouver, que vous avez assassiné votre père, ils
vous promettront une foule de textes ignorés, propres
à amener votre absolution, pourvu toutefois qu'ils
vous croient la bourse bien garnie.

» Dans la troisième espèce figurent les avocats, qui,
afin de se faire un nom dans cette profession turbu-
lente, se sont forgé une parole vénale pour battre en
brèche la vérité : audacieux jusqu'à l'impudence,
aboyeurs enragés, ils se font ouvrir toutes les portes;

abusant des préoccupations du juge, qui ne peut avoir l'œil à toutes choses, ils s'ingénient à embrouiller l'échevau des affaires, à faire naître des difficultés inextricables, à perpétuer l'inquiétude des plaideurs, à transformer le temple de la justice (asile ordinaire du bon droit) en perfides et obscures chaussetrapes, d'où l'on ne sort, lorsqu'on y est une fois tombé, qu'après bien des années, et desséché jusqu'à la moelle.

» La quatrième et dernière espèce enfin, est celle de ces avocats impudents, têtus et ignares, qui, sortis des écoles sans y avoir rien appris, déblatèrent dans les carrefours, commentent les vers à la mode dont les procès n'ont que faire, usent les portes des riches à force d'y frapper, et vont flairant toutes les cuisines, à la piste d'un bon dîner. Est-il un de ces misérables, toujours en quête d'argent, qui fasse quelque profit équivoque ? le voilà aussitôt qui engage dans un mauvais procès quelque pauvre innocent qui n'en peut mais ; et s'il est appelé (chose rare) à plaider lui-même la cause, c'est seulement en présence du juge, pendant le débat même, qu'il en apprend la nature et la portée ; et alors c'est une diarrhée de paroles indigestes, semblables aux dégoûtantes invectives que débitait Thersite d'une voix lamentable.... Rien, aux yeux de ces avocats, ne saurait être illicite. Vendus à l'argent corps et ame, ils ne savent qu'une seule chose, demander effrontément et sans cesse (1).

Ce tableau que nous n'avons même pas présenté

(1) XXX, 4.

tout entier, est trop chargé en couleurs et trop prétentieux pour n'être pas exagéré ; et puis il ne faut
pas oublier, d'abord, que le peintre n'avait en vue
que le barreau d'Orient, ainsi qu'il le déclare lui-
même ; en second lieu, qu'il fut obligé de quitter la
ville d'Antioche par suite de ses démêlés avec les
hommes de loi. Marcellin écrivait sous Valentinien
et Valens, et si les réglements que ces princes nous
ont laissés sur la profession d'avocat prouvent qu'ils
eurent en effet des abus à réprimer, il en résulte
également que le barreau de leur temps ne fut ni
sans gloire ni sans vertus.

XXIII.

Du style du Barreau.

Pour juger du style du barreau par ses œuvres
même, nous n'avons guère que les plaidoyers de
Cicéron. *L'apologie* d'Apulée est aussi un document à
consulter, en n'oubliant pas toutefois que son auteur
parlait à Carthage. Mais si les pièces originales sont
rares, et s'il est impossible de porter un jugement
spécial et motivé sur des œuvres qui ne sont point
parvenues jusqu'à nous, néanmoins les matériaux
abondent pour mettre sur la voie d'une appréciation
générale. Cicéron, dans ses divers traités, Quintilien,
dans son œuvre didactique, Pline, dans sa correspondance si attachante, nous font connaitre les genres

de style en usage pendant une période non inter-
rompue de plusieurs siècles.

On peut diviser cette période en deux époques :
la première comprenant les temps antérieurs à la
naissance de Cicéron, la seconde se terminant à
Adrien. Elles correspondent assez exactement à des
phases littéraires bien marquées qui durent avoir et
qui eurent en effet une influence directe sur les travaux du barreau; nous en résumons l'expression dans
ces deux noms, Hortensius et Pline le Jeune.

Le plus ancien plaidoyer que nous ayons nous a
été conservé par Tite-Live; c'est celui du tribun Virginius, accusant le décemvir Appius Claudius d'a-
voir illégalement privé sa fille de la liberté. Il est très-
bref : « La plaidoirie a été inventée pour les procès
douteux; c'est pourquoi je ne perdrai pas sottement
du temps à accuser devant vous un homme de la
cruauté duquel vous vous êtes fait justice vous-
mêmes par la force des armes. Je ne souffrirai pas
non plus que cet homme ajoute à ses autres crimes
l'impudence d'oser se défendre. Ainsi donc, Appius
Claudius, je te fais grâce de tous les forfaits que tu
as eu l'audace d'entasser les uns sur les autres pendant deux années; je n'en retiendrai qu'un seul,
celui d'avoir, par mesure provisoire, déclaré esclave
une personne en possession de la liberté, et je te fais
jeter aux fers si tu ne te dépêches de choisir un
juge (1). »

(1) Tite-Live. III, 56.

On a dit que le style est l'homme même; cette pensée nous paraitrait encore plus vraie, si l'on eût dit en la généralisant davantage : le style, ce sont les mœurs mêmes. A un peuple austère, libre et probe, le langage simple, énergique et franc. Tel fut le caractère oratoire chez les Romains, tant qu'ils conservèrent cette honnêteté de mœurs un peu rude qui fonda leur liberté et développa leur puissance. Le barreau n'était pas encore une arène où venaient se mesurer les ambitions naissantes ; on n'y paraissait point comme sur un théâtre pour briguer les applaudissements de la foule, après avoir artistement préparé les inflexions de voix, les gestes, les plis de la robe. Les débats judiciaires étaient un acte grave, accompli dignement en vue des intérêts du client, et non dans un but de vanité et de fortune. Aussi le style de ce temps fut exempt de recherches, quoique non dépourvu d'une certaine élegance, moins orné que substantiel, plus nerveux qu'abondant.

Marcus Cornélius Céthégus, contemporain du poète Ennius, est un des plus anciens orateurs dont le souvenir nous ait été conservé. Sa manière était simple, mais cette simplicité avait tant de charmes, elle se produisait en un langage si séduisant, que Céthégus fut appelé *suadæ medulla* (1), c'est-à-dire, *la moelle de la persuasion*.

Caton vint après lui dans l'ordre des temps. Le rigide censeur avait laissé plus de cent cinquante

---

(1) Cic. *Brut.* 15.

discours que Cicéron dit avoir lus (1). La forme en était peu châtiée; les périodes manquaient de nombre et de souplesse, d'enchaînement et de coloris ; mais on y remarquait de la vigueur, une allure décidée, de la concision et un heureux emploi de tropes et de figures. Son style était tout à-la-fois agréable et puissant, reposé et passionné, gai et sévère, noble et familier (2). Caton fut le premier à Rome qui posa quelques règles de l'éloquence (3). La langue commençait alors à se fixer. Sous l'influence de ce travail et des méthodes philosophiques importées de la Grèce vers cette époque, l'art oratoire dut faire de rapides progrès. Les quarante années environ qui s'écoulèrent entre la mort de Caton et la naissance de Cicéron, formèrent, selon nous, la période ascendante de l'éloquence du barreau. Dans cet intervalle de moins d'un demi siècle, la rudesse et les aspérités de la forme disparurent au contact de mœurs plus polies; le discours prit un corps dont les parties, mal agencées d'abord, s'assortirent et se proportionnèrent; la grâce tempéra la force sans l'énerver; le goût épura la diction sans étouffer l'originalité; enfin l'action, cette éloquence de la voix, du geste et du regard, s'ennoblit en se réglant, et emprunta de l'art toutes les ressources qui viennent en aide à la nature sans nuire à ses inspirations. Combien d'orateurs, dis-

(1) Cic. *ibid*. 17.
(2) Plut. *in Cat*. 10. — Quintil. II , 5.
(3) Quintil. III , 1.

tingués à différents titres, se succédèrent alors aù
barreau : Servius Fulvius, Fabius Pictor et Fabius
Labéon, remarquables tous les trois par la science du
droit et par l'éloquence ; Servius Galba, qui le premier donna de la grâce aux discours par d'habiles digressions, et sut, au moyen d'amplifications et de lieux
communs heureusement ménagés, attacher, émouvoir,
entraîner ses auditeurs ; Emilius Lépidus, qui eut le
talent de s'approprier l'enchaînement et le nombre de
la période grecque ; Quintus Métellus, qui défendit
Cotta accusé par Scipion l'Africain ; Cotta lui-même,
renommé pour son extrême dextérité en affaires ;
Lélius, plein d'esprit, d'atticisme et d'élégance ; Publius Crassus, travailleur infatigable, qui accrut les
richesses d'un excellent naturel de tous les trésors de
l'étude ; Tibérius Gracchus, initié par sa mère aux
beautés des lettres grecques, mort victime de la tempête qu'il avait soulevée ; Caïus, son frère, le plus
beau génie de ces anciens temps suivant Cicéron, orateur aux solides pensées, à l'imagination brillante et
féconde, qui laissa des plaidoyers admirables quoique
inachevés ; Quintus Catulus, avocat disert, esprit
subtile et délié, resté célèbre surtout par la correction
du langage et le charme de la diction. N'oublions pas
dans cette revue Quintus Scévola, le plus grand orateur parmi les jurisconsultes, possédant à un haut degré la faculté de l'analyse et le talent d'exposer ses
idées avec netteté et précision ; Philippe, beau-père
de Caton et d'Hortensius, praticien éloquent, gardien
vigilant des saines traditions, sachant allier la finesse

à la bonhomie, la gravité à l'enjouement, la bienveillance à la causticité.

Mais de tous les avocats de cette période, Lucius Licinius Crassus et Marc Antoine, aïeul du triumvir, sont restés les plus illustres. Ils furent, au témoignage de Cicéron (1), les deux plus grands orateurs du barreau et les premiers Romains qui élevèrent l'éloquence à la hauteur où les Grecs l'avaient placée (2).

Ici, vers l'année 650 de Rome, s'arrêtent, selon nous, les progrès du style oratoire porté au dernier degré de perfection, et pourtant nous n'avons point encore parlé de Cicéron : c'est que, entendant par style oratoire l'ensemble du discours au point de vue classique, nous pensons que le sentiment du beau ne fut jamais mieux compris et appliqué, sinon par une individualité, du moins par le barreau romain, considéré dans sa personnalité collective. Nous ne voulons pas dire qu'aucun avocat, parmi les derniers que nous avons cités, n'ait manqué de goût, d'élégance, de pureté, d'abondance ou de dialectique ; mais nous disons, en basant notre jugement sur les documents qui nous sont parvenus, qu'en aucun temps ces diverses qualités de l'orateur ne furent mieux définies, plus sainement appréciées, plus amplement possédées.

(1) *Brut.* 95.

(2) Antoine avait laissé un traité inachevé sur l'art de bien dire (Quintil. III , 1.)

Hortensius ouvre notre seconde période, que nous appellerons de décroissance.

L'usage s'était établi alors de compléter l'éducation des jeunes gens destinés au barreau, en les faisant voyager dans quelques villes d'Asie où brillaient des rhéteurs en renom ; là régnait un nouveau genre de style, que Cicéron appelle *genre asiatique* (1). C'était un composé de subtilité grecque et de pompe orientale, genre séduisant, mais faux, qui remplaçait l'esprit par la pointe, l'expression vraie par l'hyperbole, l'argumentation rationnelle par le syllogisme, l'abondance par l'amplification, l'inspiration par la combinaison, l'art par l'artifice. Hortensius fut un des premiers à l'introduire au barreau. Jeune, bouillant, plein de verve, doué d'une merveilleuse facilité d'élocution, d'un organe sonore, d'un geste gracieux, il sut en dissimuler les vices sous le prestige d'un grand talent. La jeunesse battait des mains, étonnée ou charmée par des expressions hardies et pittoresques, par des images hasardées et grandioses, par des antithèses artistement élaborées, par des dilemmes subtilement posés et parcourus. Mais le vieux Philippe, dernier représentant de l'école classique, murmurait à l'écart ou souriait de dédain.

Hortensius réussissait : il dut avoir beaucoup d'imitateurs ; mais on imita ses défauts sans avoir ses talents pour les faire accepter. Le genre asiatique (nous dirions volontiers *romantique*) une fois en vogue, le

(1) *Brut.* 95.

sentiment du beau, c'est-à-dire du vrai, tendit constamment à s'affaiblir, et les orateurs les plus distingués s'y laissèrent entraîner : ceux-ci par faiblesse ,
ceux-là par esprit d'imitation, quelques-uns pour
plaire à la multitude, d'autres par le seul désir de
prouver qu'il était facile de se l'approprier.

Tel était l'état du barreau lorsque Cicéron y fit ses
débuts. Formé lui-même aux leçons des rhéteurs de
Stratonice, de Magnésie, de Cnide, d'Adramytte et de
Rhodes (1), il se présentait sous des auspices peu favorables pour replacer l'école gréco-romaine dans la
voie d'où elle s'était écartée. Ébloui par la gloire
d'Hortensius, le *roi du forum*, ardent à lui disputer
la couronne, il devait se déclarer pour le système à
la mode, lors même que de récents enseignements ne
l'eussent pas tout disposé à l'embrasser. Voyons avec
quelles couleurs il peignait le supplice du parricide
dans sa première cause criminelle, à l'âge de vingt-
six ans :

« Nos ancêtres, disait-il, inventèrent un supplice
spécial pour les parricides, afin que l'extrême rigueur
de la peine éloignât du crime ceux que la nature serait impuissante à retenir dans le devoir. Ils voulurent que les coupables fussent cousus vivants dans un
sac de cuir et précipités dans le Tibre. O sagesse sans
pareille, juges ! Ne dirait-on pas qu'ils ont séparé le
parricide de la nature entière en lui enlevant tout à
la fois l'air, le soleil, l'eau et la terre, afin que le

(1) *Brut.* 91.

meurtrier de l'auteur de ses jours fût privé de toutes
les choses dans lesquelles réside le principe de tout
ce qui vit? Ils ne voulurent pas que son corps fût livré aux bêtes, de peur qu'atteintes par la contagion
d'un si grand crime, elles ne devinssent plus féroces
pour nous; ni que son corps fût jeté nu dans le fleuve,
de peur qu'emporté jusqu'à la mer il n'en souillât les
ondes réputées propres à purifier tout ce qui a été profané. Enfin il n'est rien de si humble, rien de si commun dans la nature dont ils ne l'aient complétement
privé. En effet, quoi de plus commun que l'air pour
les vivants, la terre pour les morts, la mer pour les
corps qui flottent, le rivage pour ceux que les flots
y ont déposés? Ainsi, le parricide vit encore et ne
peut respirer l'air du ciel; ainsi, il meurt et la terre
ne touche point ses os; ainsi, son corps est jeté
dans les flots et n'en peut être baigné; ainsi, son
cadavre est repoussé sur le rivage, et les rochers
eux-mêmes refusent de le recevoir (1). »

Voilà du style asiatique et du plus beau : mais
quel homme de goût pourrait accorder une admiration réfléchie à ces images forcées et repoussantes, à
cette recherche affectée, à ces antithèses prétentieu-
sement élaborées? Au surplus, il est curieux de connaître l'opinion de Cicéron, mûri par l'âge, sur ce
morceau de sa jeunesse : « Que d'acclamations excita
cette peinture du supplice des parricides que je fis
alors que j'étais bien jeune encore ! Ces paroles se res-

---

(1) *Pro. Rosc. amer.* 25, 26.

sentaient un peu trop de l'effervescence de la jeunesse, et je ne tardai pas à m'en apercevoir.... Toutes ces choses furent applaudies, moins pour elles-mêmes, moins pour le talent qu'elles constataient, que pour celui qu'elles faisaient espérer. (1) »

Cicéron se défend avec insistance d'avoir jamais éprouvé le moindre penchant pour cette éloquence étrangère qu'il appelle obèse, *adipale* (2); il affirme que sa seule prétention fut de créer un style nouveau, formé de ce que les styles en usage en Grèce et à Rome avaient de plus parfait : mais écrivant alors sous l'influence d'un goût épuré par l'étude et par l'expérience, il aimait à se tromper lui-même. Lorsque l'analyse a promené la loupe sur ses plaidoyers, elle en découvre facilement la chaîne et la trame : tous les fils sont laborieusement tendus, alignés, croisés ; on sent que le travail patient a plus fait que l'inspiration rapide, la dextérité plus que la verve, la tête plus que le cœur ; on voit que l'ouvrier s'est plus inquiété de la symétrie du dessin, de l'éclat des couleurs, de l'harmonie des nuances, que de la solidité du tissu. D'autre part, amoureux des beautés extérieures de son œuvre, l'auteur se complaît dans le culte de sa propre gloire ; il ne sait point s'effacer devant son sujet ; toujours en scène, on s'aperçoit trop qu'il s'est donné un rôle à déclamer en présence d'un public attentif, et que le succès de l'orateur le préoccupe plus que l'issue du procès. Tout est arrangé,

(1) *Orator.*, 30.
(2) *Ibid.* 18.

combiné, calculé pour l'effet qu'il veut produire ; maître de son élan, il s'arrête où il avait résolu de s'arrêter, et il tourne sans effort. Pour lui, la passion est
un moyen; il n'en use qu'autant qu'elle peut lui servir
et dans la juste mesure qu'il a jugée nécessaire (1).

Pour mieux constater encore la décadence du style
oratoire sous la funeste influence de l'école d'Asie,
faudra-t-il aller rechercher dans Cicéron ces plaisanteries de mauvais goût, ces pointes triviales jetées
au milieu des discussions les plus graves et des périodes les plus pompeuses?—Non, car cette critique,
poussée trop loin, pourrait ressembler à une sorte
d'impiété. En somme, à quoi bon plonger le scalpel
dans ces chairs si animées, si fermes, si riches de
ton, pour y découvrir les germes imperceptibles d'un
mal dont la vie doit triompher? Qu'importent à celui
qui regarde ou qui écoute, les procédés du peintre
et les artifices du musicien, si son œil ne se lasse pas
d'admirer, si son oreille est ravie de mélodie? En
quoi quelques taches, perdues dans les ombres du
dessin, nuisent-elles à la valeur de ces magnifiques
étoffes que l'Inde a tissues? Les défauts de Cicéron
furent ceux de son temps bien plus que les siens
propres; et le seul reproche qu'on puisse lui adresser,
c'est d'avoir mêlé au culte du beau les superstitions

---

(1) Ces critiques ne sont pas nouvelles. Les contemporains de Cicéron lui
reprochaient d'être enflé, exhubérant, diffus et prétentieux. Calvus le trouvait énervé et décousu ; Brutus (lequel?) prétendait qu'il n'avait ni reins ni
jarrets, *fractum atque elumbem* (*Auct. Dial. orat.* 18). Ces griefs sont faux
ou exagérés.

de l'école. Voyez ses discours dans leur ensemble : comme les plans sont conçus, exposés, développés! que de majesté dans la période, que d'éclat dans l'image, que d'élégance dans l'expression, que d'esprit partout et toujours! comme il sait fixer l'attention de son juge, solliciter son intérêt, l'émouvoir, l'entraîner! quel orateur, parmi les anciens et les modernes, fut plus gracieux, plus orné, plus incisif? Oh oui! tant que les belles-lettres seront cultivées et honorées, tant qu'il se rencontrera de libérales organisations ouvertes au sentiment du beau, l'auteur du *Brutus* sera considéré comme le génie le plus éminent de l'antiquité, et nous dirions volontiers avec Quintilien : *Dono quodam Providentiæ genitus, in quo totas vires suas eloquentia experiretur* (1).

La dissolution morale qui précéda la chûte de la République et qui atteignit son extrême limite dans les premiers temps de l'Empire, était peu propre à ramener de la sévérité dans le style oratoire. L'éloquence du barreau, déjà sensiblement déchue sous Auguste, vit encore décroître son lustre sous ses successeurs. De Tibère à Trajan, nous cherchons des avocats et nous ne trouvons guère que des accusateurs : comment l'éloquence, fille des nobles inspirations et des libres élans, aurait-elle pu vivre dans l'atmosphère de la délation et sous le poids de la servitude? Est-ce à dire qu'aucun talent remarquable ne se soit produit pendant cette longue période? Non

(1) X , 1.

sans doute : la gloire du barreau romain avait jeté
trop d'éclat pour que ses rayons n'illuminassent pas
plusieurs générations. Ainsi, sous Tibère et ses successeurs, nous rencontrons des orateurs, qui, à des
points de vue divers, rappelèrent le beau temps des
Crassus, des Antoine, des Cicéron : Domitius Afer,
personnage peu recommandable par le caractère,
mais avocat habile et spirituel, partisan fanatique
des anciens et détestant la pompe de la période jusqu'à se laisser tomber peut-être dans la sécheresse
et l'aspérité; Julius Africanus, plein de feu dans
l'action, mais trop soigneux de la phrase, pas assez
sobre de métaphores, et prolixe; Trachalus, heureuse
nature, à laquelle il ne manquait aucun des dons extérieurs; Vibius Crispus, cité pour l'élégance de ses
manières, orateur agréable, moins éloquent que
disert; Julius Sécundus, esprit fin et gracieux, au
style net et pur, mort avant d'avoir pu donner tout
ce qu'il promettait (1); Salvius Libéralis, véhément,
adroit, mordant, fécond en ressources ; Cornélius
Tacite, avocat éloquent, jetant dans ses plaidoyers de
ces traits courts et acérés qui abondent dans ses
livres (2).

Mais ces hommes distingués étaient peu nombreux
et subissaient, à des degrés différents, l'influence
toujours croissante de cette école étrangère dont Pé-

---

(1) Quintil. X, 1.
(2) Plin. *Epist.* II, 11.

trone se moquait sous Néron (1). D'autres, admirateurs impuissants des grands modèles, venaient
échouer devant une tentative d'imitation servile ; se
laissant tomber dans le défaut voisin de la qualité, ils
prenaient l'enflure pour l'embonpoint, la témérité
pour la hardiesse, le faux luxe pour la richesse, la
négligence pour la simplicité, et s'imaginaient ressembler à Cicéron parce qu'ils avaient terminé leur
période par un *esse videatur* (2).

Le reste du barreau se composait d'intrigants sans
mérite, cherchant dans la plaidoirie un moyen de
s'enrichir, ou de très-jeunes gens, déclamateurs obscurs, dépourvus d'études sérieuses, remarquables
seulement par l'audace et par la présomption (3). La
manière de Cicéron ne fut pas exagérée par cette
tourbe ignorante, comme elle l'était par les esprits
d'élite qui s'y trouvaient mêlés : on croirait qu'elle ne
la connut même pas, malgré l'ouvrage contemporain
de Quintilien, qui n'en était qu'une correcte et savante consécration. Le forum devint une école d'amplifications fastidieuses, d'images ampoulées, de
pointes de mauvais goût. On ne disait plus le *jonc*,
mais *l'herbe d'Ibérie* (4); un avocat défendant un soldat courageux, s'écriait : *Il chasse devant lui les
guerres avec son bouclier;* un autre, et des plus célèbres,

(1) *Satyric*, 44 : Porro in foro sic illius vox crescebat, tanquam tuba ;
nec sudavit unquam nec expuit. Puto enim, uescio quid asiades habuisse.

(2) Quintilien, X, 2.

(3) Plin. *Epist.* II, 14.

(4) Quintil. VIII, 2.

parlant pour un individu blessé à la tête, apostrophait ainsi la mère de son client, après lui avoir remis à l'audience quelques esquilles retirées de la blessure : *O mère mille fois infortunée, tu n'as point encore élevé ton fils sur le bûcher, et déjà tu as recueilli ses ossements (1)!* un troisième, qui vécut un peu plus tard, appelait la bouche *le vestibule de l'âme, la porte du discours, la tribune de la pensée (2).* Fier de ces images affectées, de ces métaphores sans goût, de ces ornements prétentieux, l'orateur se rengorgeait en assurant que ses périodes pouvaient *se chanter et se danser,* puissante recommandation sans doute auprès du beau monde de ce temps-là, qui exprimait son admiration pour les avocats en vogue, en disant qu'ils plaidaient *amoureusement (3).* Les plaidoyers étaient un fatras de dissertations incohérentes ; on y parlait de tout excepté de l'objet du procès; enfin, l'art dont le trop grand raffinement avait préparé la décadence, succomba à ses propres excès, et le style avec lui.

Nous avons fixé à Pline le Jeune le dernier terme de cette période de décroissance : rendons à ce grand seigneur si élégant et si spirituel la justice qui lui est due. Elevé dans le goût des études sérieuses, nourri des chefs-d'œuvre de l'âge qui avait précédé le sien, passionné pour la plaidoirie à laquelle il se livra avec un désintéressement dont sa richesse ne détruit pas

(1) *Id.* VIII, 5.
(2) Apul. *Apolog.*
(3) Auct, *Dialog. orat.* 26.

le mérite, il eût restitué au barreau une partie de
son ancien éclat, s'il était permis à un peuple dégé-
néré de relever sa littérature sous le régime qui en a
précipité la décadence. Personne ne se fit une plus
haute idée que lui du ministère de l'avocat. « J'ai
commencé à plaider à dix-neuf ans, disait-il dans son
âge mûr, et c'est à peine si je me rends compte aujourd'hui des obligations de toute nature imposées à
l'orateur (1). » Le barreau descendit alors à un tel
degré d'abaissement que Pline crut qu'il était de sa
dignité de le quitter (2), après en avoir été l'ornement pendant la plus belle partie de sa vie (3).

Résumons en peu de mots les considérations qui
précèdent.

Formé lentement, comme la langue dont le sort
est si étroitement lié au sien, le style du barreau se
développa à Rome dans un progrès continu, jusqu'aux
premiers déchirements intérieurs qui devaient amener la guerre civile de Marius et de Sylla, et après
elle, la ruine de la République. Pensées nobles et
élevées, mais simples et naturelles; expression élégante et colorée, mais correcte et sans recherche;
disposition savante et habile, mais exempte de pédan-
tisme et d'artifice; discussion spirituelle et fine, mais

(1) *Epist. V*, 8.
(2) *Epist. II*, 14.
(3) Dans un délicieux travail (*Pline le Jeune et Quintilien*; Amyot, Paris, 1846), Jules Janin, notre ancien camarade du collège Louis-le-Grand,
a esquissé avec le crayon qu'on lui connaît le tableau de l'éloquence romaine
sous les empereurs. Il faut lire ce petit livre (si on le trouve) pour se faire
une juste idée de la noble, belle et grande figure de l'ami de Trajan.

pure de jeux de mots et de subtilités : telles furent
les qualités qui le portèrent à son apogée. Il se composa de l'intelligence romaine alliée aux grâces de
l'école grecque.

Hortensius parut ; mais alors Rome conquérante
avait fait connaissance avec les îles que baigne l'Archipel grec et avec quelques villes de la côte d'Asie.
Dans ces contrées lointaines, des hommes se disant
tout à la fois philosophes, rhéteurs et grammairiens,
enseignaient avec éclat l'art d'analyser le discours en
le divisant à l'infini, de renforcer l'argumentation à
l'aide de subtilités insidieuses, d'exciter l'indignation,
la pitié ou le rire par l'arrangement des syllabes,
d'enlever l'admiration par des figures qui toutes
avaient leur nom et leur emploi. Ce genre, qui plaisait à l'imagination tout en l'étouffant, qui transpor-
tait dans l'éloquence quelque chose d'analogue au
luxe de la vie matérielle, séduisit de jeunes Romains
élevés dans les jouissances de la richesse, avec les
idées d'ambition qu'elle suggérait lorsqu'elle s'alliait
aux succès oratoires. Hortensius d'abord, après lui
Cicéron, empruntèrent aux doctrines nouvelles ce
qu'elles avaient de moins inconciliable avec l'élégance
de l'un et le génie de l'autre : dangereuse innovation
qui porta au style une atteinte mortelle. Bientôt, sous
l'influence d'imitateurs inhabiles, les bonnes traditions s'effacèrent, le sentiment du vrai s'affaiblit,
puis finit par s'éteindre; et c'est à peine s'il restait
sous le dernier des Césars quelques lueurs de cette
éloquence qui avait fait la gloire du barreau romain.

Ce barreau devait refleurir plus tard, mais ce fut par la science de ses jurisconsultes, beaucoup plus que par les beautés du style : le secret en était perdu, il ne se retrouva point.

XXIV.

Influence de la philosophie sur le barreau.

––––––––

Trois philosophes grecs députés à Rome. — L'académie , le Portique et le Lycée. — La philosophie au forum. — Les ambassadeurs congédiés par Caton. — Curieux décret des censeurs. — Influence de la philosophie sur l'éloquence. — Socrate bavard. — Epicure et Lucrèce. — Influence de la philosophie sur le droit. — Le sorite , l'asystate , le crocodile. — Les avocats Stoiciens. — L'éclectisme dans l'art oratoire. — La pratique et la spéculation. — La dernière édition est la meilleure. — Caton d'Utique et un consul facétieux. — Apulée à demi Chrétien.

Dans le cours de l'année 590 (162 ans avant J. C.), trois Grecs débarquaient à Brindes et arrivaient à Rome : ils se nommaient Carnéade, Diogène et Critolaüs (1). Athènes les avait députés auprès du sénat pour solliciter la modération d'une condamnation pécuniaire prononcée contre elle au profit de la ville d'Orope, sa voisine et son alliée, qu'elle avait frappée d'une contribution forcée pendant les rigueurs d'une disette. La cause était difficile; Carnéade, chef de la députation , la plaida avec tant d'habileté, que les

––––––––

(1) Pline. *Hist nat.* VII, 30-31. — Aul. Gel. VII , 14, — Tit-Liv. *suppl.* XLVII, 24. — Pausan. VII , 11. — Plut. *in Cat.* 34. — Cicéron ne parle pas de Critolaüs , *Acad. Lucul.* 45 ; mais *voy. De orat* II, 37 et 38.

sénateurs, fascinés par le charme de sa parole, se disaient entre eux : les Athéniens nous ont envoyé une ambassade, non pour se justifier, mais pour nous contraindre à faire ce qu'ils veulent.

A la qualité de député, les trois Grecs joignaient un titre qui leur imposait une mission plus délicate et plus sainte : ils étaient philosophes et devaient profiter de leur séjour en Italie pour répandre sur cette terre vierge les semences de leurs doctrines.

Carnéade était un des fondateurs de la Nouvelle Académie; Diogène le babylonien, élève de Chrysippe et de Zénon, enseignait les principes du stoïcisme ou du Portique; l'école du Lycée était représentée par le péripatéticien Critolaüs.

Ce fut un spectacle bien nouveau pour les Romains que la vue de ces trois hommes discourant en public, chacun de son côté, sur la nature de l'intelligence humaine et sur les vrais biens. Qui pourrait peindre l'étonnement du vieux Caton, entendant Carnéade opposer entre elles les notions du juste et de l'injuste, et démontrer, à l'aide des syllogismes les plus irrésistibles (1), qu'il n'existe aucun moyen infaillible de distinguer la vérité, que tout ce qui est en nous et hors de nous est une cause perpétuelle d'erreur, qu'il ne reste dès-lors que la probabilité

---

(1) Cicéron a dit en parlant de Carnéade : nullam rem unquam defendisse quam non probarit, nullam opugnasse quam non everterit. — *De orat.* II, 38.

pour règle aux actions humaines, et encore uniquement parce que ce qui parait vrai l'est le plus souvent! Quelles ne furent pas l'indignation et la terreur
des pontifes, lorsqu'ils ouïrent le philosophe mettre
en question l'existence des dieux, soutenir le libre
arbitre de l'homme, la fausseté de la concaténation
générale, et par conséquent l'inanité de toutes les
divinations !

Le langage de Diogène dût paraitre moins étrange
aux Romains restés fidèles à l'austérité de leurs
pères, lorsque le philosophe, repoussant l'intervention des sens, si ce n'est comme témoignage de l'évidence avec le concours de la raison et de l'expérience,
proclama que la vertu est en nous, et qu'elle seule
peut conduire au bonheur; que le mal réside dans le
vice, et non dans la douleur physique, dont le sage
peut s'affranchir en sortant volontairement de la vie,
quand elle vient troubler la sérénité de son âme.

Les auditeurs de Critolaüs furent sans doute mé-
diocrement sensibles au développement du système
d'Aristote. Leur esprit, peu fait aux idées abstraites,
et étranger au vocabulaire philosophique, dut peu
goûter la doctrine des absolus et des relatifs, la distinction de la matière et de la forme, l'entéléchie et
ses quatre facultés (1).

La cité était accourue à cet enseignement, et, dans

---

(1) Les livres d'Aristote étaient très-difficilement compris, même par
Cicéron, un siècle plus tard, alors que les Romains s'étaient familiarisés avec
la langue grecque. *Voy.* le fragment de l'*Hortensius*, rapporté par Nonius,
V° *contendere*.

la foule, on avait remarqué les orateurs les plus distingués de cette époque : Sextus Elius, aussi versé
dans la science du droit civil que dans l'art de bien
dire; Sulpicius Gallus renommé pour son amour pour
les lettres grecques ; Servius Galba, le prince du
barreau de son temps ; Scipion, qui reçut plus tard
le surnom d'Africain, et le jeune Lélius, qu'on appela le Sage, tous les deux aussi célèbres par leur
éloquence que par l'amitié qui les unissait (1).

Cependant Caton, gardien vigilant des anciennes
mœurs, s'était effrayé de ces nouveautés hardies qui
attaquaient de front la religion des ancêtres : il
pressa la conclusion de l'affaire d'Orope qui traînait
en longueur, et fit congédier les ambassadeurs après
la décision de leur procès, qu'ils gagnèrent. Mais la
semence avait été jetée sur un sol fécond, elle ne
tarda pas à germer. Des écoles s'ouvrirent, où la jeunesse romaine fut conviée à venir s'instruire des choses
de la philosophie, et pour la première fois l'on entendit discourir des rhéteurs latins. Les doctrines
nouvelles se propagèrent avec tant de rapidité que
le sénat en conçut des inquiétudes et ordonna au
préteur Pomponius d'expulser de Rome les philosophes. Quelques années après, les censeurs renou-
velaient cette mesure par un arrêté dont les termes
méritent d'être rapportés.

« Nous avons été informés, y est-il dit, que des
particuliers ont organisé dans la ville un nouveau

(1) Cic. *Brut.* 21 ; Tuscul. IV, 3 ; *de finib.* II, 8.

système d'enseignement ; que la jeunesse se réunit chez eux comme dans une école; qu'ils se donnent le nom de rhéteurs latins, et que là, de tous jeunes gens consument en pure perte des journées entières. Nos ancêtres ont déterminé les matières de l'enseignement de leurs enfants et le caractère des écoles qu'ils fréquenteraient; or, ces innovations, contraires aux anciennes coutumes et à tout ce qui s'est pratiqué jusqu'à présent, nous déplaisent parce qu'elles paraissent dangereuses : c'est pourquoi nous croyons devoir faire connaître notre sentiment d'improbation à ceux qui tiennent ces écoles et à ceux qui les fréquentent (1). »

Dans tous les temps, les lois ont été impuissantes contre les idées : ces prohibitions n'eurent d'autre effet que celui d'exciter à un plus haut degré la curiosité, et les doctrines proscrites furent étudiées avec plus d'ardeur. Bientôt les communications avec la Grèce devinrent plus fréquentes, les populations de Rome et d'Athènes se confondirent en quelque sorte, et la philosophie se trouva naturalisée sur le sol latin.

Les hommes du barreau, partout et toujours à la tête du progrès, devaient prendre une large part à ce mouvement des intelligences. D'ailleurs on avait proclamé depuis longtemps que l'homme de bien peut seul devenir un orateur parfait (2), et la philo-

___

(1) Aul. Gell. XV, 11.
(2) *Voy.* le Gorgias et surtout le Phédrus de Platon.

sophie enseignait le moyen d'acquérir toutes les qualités de l'âme. Cicéron a dit que l'éloquence découlait
de ses sources les plus profondes, et que, pour lui, il
y avait puisé tout le talent oratoire qu'il avait pu
montrer (1); aussi l'art de bien vivre et l'art de bien
parler étaient enseignés par les mêmes maîtres,
comme les deux parties d'un seul tout. D'un autre
côté, l'Académie agitait le pour et le contre sur
toutes les questions, à la manière de Socrate; les
péripatéticiens étaient les inventeurs de l'exercice
des thèses, et les stoïciens se vantaient de leur habileté à manier le syllogisme : ces divers modes de
discussion rentraient dans les habitudes du barreau
et devaient lui plaire. Quant aux sectateurs d'Epicure, d'Aristippe et de Pyrrhon, ils étaient les ennemis avoués de l'éloquence, soit en niant toute espèce
de doctrine, soit en détournant des études difficiles,
soit, comme le dit Quintilien (2), en ne considérant
pas comme suffisamment démontré qu'il existât des
accusés, des avocats et des juges. Les doctrines de
Carnéade et de Diogène, la Nouvelle Académie et le
Portique firent des progrès rapides dans le forum, et
la véritable science du jurisconsulte naquit alors
de l'union du droit et de la philosophie.

Les hommes du barreau de cette époque adop-
tèrent généralement la discipline de Zénon, comme
plus appropriée aux mœurs et à la législation de ce

(1) *Tuscul.* 1, 5.
(2) XII, 2.

temps, et c'est ainsi que le stoïcisme, transmis d'âge
en âge par une sorte de tradition, se trouvait encore
la philosophie dominante parmi les jurisconsultes, au
siècle d'Adrien et d'Alexandre Sévère.

Caton, qui traitait Socrate de bavard (1), résista
seul peut-être à la marche des idées, et, à ce point de
vue, la perte de ses plaidoyers est à jamais regrettable (2). Quelle vive lumière n'eussent-ils pas répan-
due sur le caractère des doctrines nouvelles, sur l'impression qu'elles avaient produite, sur les dangers
dont elles menaçaient les institutions séculaires qui
avaient fait la grandeur de Rome! Comme il eût été
curieux de voir le rigide censeur, dans les innombrables procès qui lui furent intentés (3), opposer à ses
accusateurs son respect pour les coutumes des ancêtres, expliquer les motifs de son antipathie pour les
choses nouvelles, prédire la ruine de la République
succombant au mal qu'enfante le relâchement des
croyances, et s'écrier, en comparant le funeste présent des Grecs à la redoutable puissance de Carthage : *Delenda est philosophia* (4)!

Cependant il était un autre système philosophique,
laissé sans représentant par la députation d'Athènes.
Sa doctrine était simple, facile, naturelle. Il avait

---

(1) Plut. *in Cat.* 36.

(2. Il en existait plus de cent cinquante du temps de Cicéron. Cic·
Brut. 17.

(3) Plutarque (*in Cat.* 32) dit qu'il fut accusé plus de cinquante fois, et
la dernière fois à quatre-vingt-six ans.

(4) Plin. *Hist. nat.* VII, 30.

horreur des subtilités, et considérait les abstractions comme un écueil de l'intelligence. Ramenant tout à une question d'utilité, il enseignait la vertu en la rendant aimable et en s'efforçant de prouver que l'homme a le plus grand intérêt à la pratiquer. Suivant ce système, le bonheur est le but où tend la créature; elle doit donc appliquer tous ses soins à le chercher : elle le trouvera dans l'équilibre parfait qui constitue la santé de l'ame et la santé du corps, c'est-à-dire dans une volupté sagement réglée. Rien de trop, telle était sa maxime favorite. L'épicuréisme, avec son élasticité complaisante, ne tarda pas à s'introduire à Rome que déjà le luxe avait envahie, et, après lui, tous les vices qu'il traîne à sa suite, la mollesse, l'ambition, l'envie. Ce fut au milieu des discordes civiles, au bruit des armes parricides de Marius et de Sylla, que Lucrèce lui éleva le magnifique monument que le temps nous a conservé. Plusieurs personnages illustres, Atticus, l'ami de Cicéron, Virgile, Horace, Mécène embrassèrent les doctrines d'Epicure ; mais elles trouvèrent peu de partisans dans le barreau et parmi les jurisconsultes de ce temps (1).

Une question longtemps agitée, non définitivement résolue encore, est celle de savoir quelle fut sur le droit romain l'influence relative des différentes sectes philosophiques, quel système particulier laissa plus

(1) Nous ne parlons pas de plusieurs autres sectes qui ne différaient que par quelques nuances de celles dont nous avons résumé les doctrines. Quant à l'ancienne école de Pythagore chantée et suivie par Ennius, elle était alors presque abandonnée.

spécialement son empreinte dans la législation et dans les enseignements des jurisconsultes. Cette question nous semble d'une solution bien difficile. Que l'on recherche l'influence de la philosophie sur le droit, en thèse générale; que l'on constate comment elle appela l'attention sur les hautes notions de morale qui en sont le véritable fondement ; comment elle le débarrassa des langes où les pontifes le tenaient systématiquement étouffé : rien de mieux. Mais que l'on puisse, sauf dans quelques cas rares, assigner l'origine de tel ou tel principe à telle ou telle école, nous pensons que cela est à peu près impossible. Socrate est le père de la philosophie grecque, et les innombrables rameaux sortis de ce tronc ont entre eux une affinité qui ne permet guère de les distinguer, en dehors de l'exposition d'une théorie raisonnée et complète. Qui pourrait attribuer à coup sûr un point de doctrine juridique à l'influence exclusive des idées de Speusippe, d'Arcésilas, de Carnéade, de Philon ou d'Antiochus, les chefs des cinq Académies ? On a dit qu'entre un stoïcien et un cynique, il n'y avait de différence que l'habit : on en pourrait dire autant de là plupart des sectaires entre eux, car ils ne furent en réalité que des schismatiques, et souvent la nuance qui les distingue est à peine perceptible. On sait que la Nouvelle Académie se confondit avec le pyrrhonisme, et que la dernière ne différait que très peu du stoïcisme : le doute socratique domina tous ces sys-

tèmes (1). L'épicuréisme seul fut la perpétuelle antithèse du stoïcisme.

Mais si presque toutes les écoles philosophiques se
rapprochèrent par le fond des doctrines, presque
toutes différèrent par le mode d'exposition et de manifestation extérieure, par l'habit enfin. Chaque école
mère avait son système de dialectique : le Portique
n'argumentait pas de la même façon que l'Académie;
la logique d'Epicure ne ressemblait en rien à celle
d'Aristote. C'est en ce point surtout que l'influence
des sectes se fit sentir sur le barreau romain. Etran-
ger aux thèses doctrinales, qui ne sont pas de son
domaine, le discours judiciaire ne put guère réfléter
que par la forme les opinions philosophiques de
l'avocat.

Le premier et le plus incontestable service que les
philosophes, sinon la philosophie, rendirent au barreau, fut de créer le discours oratoire. Ce furent eux
qui, par l'enseignement de la rhétorique, apprirent
que l'art pouvait communiquer à la raison un degré
de puissance jusqu'alors inconnu. Sans doute Rome
avait eu des orateurs avant l'apparition des rhéteurs
grecs, et ce Cornélius Céthégus, qu'Ennius appelle
Suada medullæ, était certainement un homme éloquent; mais ces orateurs, uniquement guidés par leur
génie, ne se doutaient point de l'existence de l'art,
ou tout au moins ignoraient les lois qui le régissent

_____

(1) Sur la conformité des systèmes philosophiques, *Voy. Cic. second.
acad.* 4 et 12; *Prim. Acad.* 5 et 6.

et les méthodes qui le font acquérir. Ce fut sous Caton l'Ancien seulement que le discours prit une forme arrêtée, que les différentes parties qui le composent furent analysées, reconnues et réglées, qu'enfin l'argumentation fut soumise à une discipline classique. Ce résultat, plus important qu'on ne serait peut-être tenté de le croire, fut l'œuvre de ces rhéteurs que le sénat fit chasser.

Leur influence, il faut le reconnaître, eut aussi son mauvais côté. Si jusqu'alors le barreau avait manqué d'art, il s'était distingué par certaines qualités primitives auxquelles l'art ne peut rien ajouter; si sa manière était inculte, du moins elle était naturelle; si l'on pouvait lui souhaiter plus de grâce et plus d'atticisme, on n'avait à lui reprocher ni affectation ni subtilité : l'esprit grec le disposa au sophisme et à la pointe. Les Romains ignoraient le sorite, l'asystate, le crocodile et autres modes d'argumentation captieuse sur lesquels les écoles grecques avaient écrit des volumes : les rhéteurs les leur enseignèrent. Ajoutons toutefois que la rectitude de jugement qui les distingua dans tous les temps les préserva en général de cette déplorable contagion de paralogisme(1).

(1) Voici quelques exemples de ces sophismes. Avoir 2,000 francs de rente, c'est être peu riche; avoir 3,000 francs de rente c'est être peu riche; avoir 4,000 francs de rente, c'est être peu riche : donc avoir 2, 3 ou 4 mille francs de rente, c'est la même chose. — Le Rat est une syllabe; or le rat mange le fromage, donc la syllabe mange le fromage. Sénèque retourne ainsi l'argument : le rat est une syllabe, or une syllabe ne mange pas le fromage, donc le rat ne mange pas le fromage. — Sur ces mauvais jeux de mots, *Voy.* Sénèque, *Epist. ad Lucil.* 45 et 48·

Par une coïncidence remarquable, cette influence des méthodes philosophiques sur l'art oratoire était contemporaine de la transformation du forum que nous avons plus d'une fois signalée. En ce même temps, en effet, s'accomplissait ce mouvement de transition qui édifiait l'institution du barreau sur les derniers débris du patronat, qui modifiait à plusieurs points de vue les caractères de l'ancienne clientèle, qui substituait enfin l'avocat au patron. La philosophie, qui s'était rencontrée comme par hasard dans ce mouvement, y concourut puissamment sous deux rapports. Premièrement, en enseignant à l'homme toute sa valeur morale, en lui donnant la conscience de sa dignité, de son indépendance et de sa force, elle acheva de ruiner les idées de sujétion qui faisaient encore obstacle à la libre détermination du plaideur; deuxièmement, en démontrant que la rhétorique est un art accessible à tous, quoique à des degrés inégaux, en révélant le mécanisme du discours et les artifices de l'argumentation, elle imprima à l'assistance judiciaire une physionomie propre et le type d'une profession spéciale.

Le premier Africain, Sulpicius Gallus, Rutilius Rufus, Elius Tubéron, Spurius Mummius, les deux frères Fannius figurèrent parmi les avocats les plus distingués de cette première époque : ils étaient stoïciens, et l'austérité de leurs mœurs se réfléchit dans leur manière oratoire. Leur style était rempli d'art et de finesse, mais bref et concis jusqu'à la sécheresse; ils argumentaient avec force et habileté, mais ils manquaient d'éloquence, et leurs plaidoyers ne produisaient qu'un médiocre effet au barreau. Tous leurs efforts se concentrant sur la dialectique, ils négligeaient l'abandon, la grâce, la variété, l'abon-dance, qualités qui font le principal charme du dis-cours et qui exercent une si grande influence sur l'esprit du juge (1).

Ces qualités se rencontraient à un haut degré dans les méthodes du Lycée et de l'Ancienne Académie. Les péripatéticiens et les académiciens déployaient un luxe de période et une richesse d'élocution qui n'ex-cluaient ni l'ordre ni la netteté ; mais, dépourvues de ce nerf qui se trouvait en excès chez les stoïciens, leur manière paraissait lâche et diffuse, surtout au barreau. Nous avons déjà dit que l'école d'Epicure était impropre à former des orateurs : Titus Albucius, qui vécut à une égale distance de Caton l'Ancien et de Cicéron, nous est seul signalé par ce dernier comme un adepte fervent de cette école : ce fut un avocat médiocre (2).

Cette insuffisance relative de chaque secte pour l'enseignement de la réthorique, engendra les maitres d'éloquence. Ceux-ci, introduisant une sorte d'éclec-tisme dans les méthodes philosophiques, emprun-tèrent à chacune d'elles ce qu'elle avait de favorable au développement de l'art oratoire, et en formèrent un ensemble de doctrines qui devint bientôt la règle

---

(1) Cic. *Brut*, 25, 30, et 31 ; *de finib*. IV, 3.
(2) *Brut*. 55

du barreau; c'est cet ensemble que Quintilien a admirablement systématisé dans ses *Institutions oratoires*, chef-d'œuvre de saine raison, de bon goût et de beau style. Dès avant l'époque de Cicéron, l'enseignement des philosophes avait fait place à des écoles spéciales qui se maintinrent pendant plusieurs siècles avec des chances diverses d'éclat et de prospérité.

Aussi bien, cet éclectisme qui se produisait dans les méthodes, ne tarda pas à s'en prendre aux dogmes eux-mêmes. Les systèmes philosophiques, embrassés d'abord avec une sorte de fanatisme, professés avec une soumission aveugle à la règle (1), attaqués et défendus avec cette fermeté qui avait fait de Socrate un martyr, perdirent peu à peu ce caractère de culte qui les élevait presque à la hauteur d'une religion. Le relâchement des mœurs publiques et privées renversa toutes les croyances. Après la dictature de Sylla, la philosophie était encore à Rome l'objet d'études spéculatives et de dissertations scolastiques, mais déjà il n'y existait plus de philosophes, même au barreau : Hortensius se moquait de tous les systêmes et dédaignait de les étudier (2).

Cette situation des esprits tenait aussi à une autre cause. Après la conquête de la Grèce, l'usage s'était établi de visiter la terre classique du syllogisme pour se familiariser avec sa langue et se faire le disciple de ses rhéteurs les plus célèbres. Athènes devint le

(1) Cic. *Acad. Varr.* 2.
(2) Cic. *De finib.* 1, 1. — Le traité que Cicéron lui avait dédié, et auquel il avait donné son nom, avait pour objet la défense de la philosophie.

lieu de rendez-vous de la jeunesse romaine, et il fut
du bon ton de ne se présenter au barreau qu'après
avoir visité cette ancienne capitale des belles lettres
et des beaux arts. Au temps où florissait Hortensius,
alors que Cicéron entrait dans la carrière, l'école
d'Athènes, déchue de sa splendeur, était délaissée
pour les écoles de l'Archipel grec et des côtes d'Asie;
ce fut à Rhodes, à Cos, à Cnide, à Mitylène, à Milet,
que les Romains s'en allèrent alors chercher le dernier
mot de la philosophie et de l'art de bien parler. Nous
avons dit combien ce contact avec l'Asie avait été
fatal à l'éloquence; il ne le fut pas moins à la philosophie considérée comme science de la sagesse et
comme règle de la vie pratique. Presque partout, la
vanité grecque avait substitué la dispute à la discussion, le sophisme au raisonnement, et les rhéteurs,
insouciants du dogme et indifférents à la discipline,
ne poursuivaient plus que les mots et la forme. Un
tel état de choses avait singulièrement déconsidéré la
philosophie aux yeux des véritables sages.

Lorsque l'usurpation de César et les guerres civiles
qui suivirent sa mort eurent jeté la terreur et le dé-
couragement parmi les défenseurs de la forme républicaine, la philosophie, remise en honneur, devint le
refuge de ces hommes éminents que la fortune avait
trahis. Ce fut alors que Cicéron écrivit la plupart de
ses traités si précieux où il fait figurer ses amis comme
interlocuteurs : Hortensius, Caton, Brutus, Varron,
Lucullus, Catulus, tous appartenant au barreau. Cicéron n'eut point de système exclusif; il était éclec-

tique et s'en vantait (1). Cependant il inclina d'abord
du côté de l'Ancienne Académie ; plus tard, se laissant entraîner plus profondément dans le doute socratique, il se rapprocha des doctrines de la Nouvelle,
parce que, disait-il, la dernière édition est toujours
la meilleure (2). Enfin, accablé de douleur par la
perte de sa fille, cruellement déçu dans ses espé-
rances politiques, menacé dans la possession de ses
biens, inquiet même pour sa vie, il sentit le besoin
de donner du ressort à son ame affaissée, et s'efforça
de la retremper dans les préceptes du Portique. Il
demeura probablement sceptique, mais il mourut en
stoïcien.

Nous avons dit qu'à cette époque il n'existait plus
de philosophe à Rome : nous nous trompions. L'école
de Zénon y comptait un disciple fervent, dont les discours et les actes ne démentirent jamais les doctrines :
Caton d'Utique fut un stoïcien inflexible (3). Mais
Caton était un anachronisme dans ce siècle d'égoïsme,
d'envie et de corruption ; l'austérité de ses mœurs fut
un ridicule aux yeux de ses contemporains, et sa foi
philosophique un sujet de sarcasme. Ses principes le
suivirent partout, même au forum, et l'un des plaidoyers de Cicéron nous en offre une critique piquante.
Muréna, consul désigné, étant accusé de brigue par

(1) *Tuscul.* IV, 4.

(2) Certe enim recentissima quæque sunt correcta et emendata maxime
(*Acad. Varr.* 4).

(3) *Voy.* un beau portrait de Caton comme philosophe. Lucan. *Phars*, II,
V. 382.

Caton, Cicéron, qui le défendait, avait à combattre l'autorité morale d'un pareil accusateur ; il le fit avec beaucoup d'habileté. Quelques maximes des stoïciens pouvaient prêter à de vives controverses, il les rappela en les exagérant : Le sage ne se laisse jamais aller à la faveur, et ne pardonne aucune faute ; toute compassion est légèreté ou folie ; un cœur vraiment viril doit être fermé à toutes les prières ; le sage seul est beau, fût-il contrefait ; il est opulent, quoique très-pauvre ; il est roi, quoique esclave ; ceux qui ne sont point sages sont des transfuges, des exilés, des ennemis, des insensés ; toutes les fautes sont égales, et il est aussi criminel de tuer un poulet sans nécessité, que d'étrangler son père ; le sage ne doute de rien, ne se trompe sur rien, ne change jamais d'opinion.

Cicéron pouvait se donner carrière sur un pareil terrain : « Telles sont, dit-il, les maximes que Marcus Caton, homme d'un esprit supérieur, s'est appropriées, sur la foi d'auteurs infiniment érudits, non pour y puiser un sujet de dissertations, comme cela se pratique habituellement, mais pour en faire la règle de sa vie. Les fermiers de l'État sollicitent une réduction : gardez-vous de l'accorder, ce serait une faveur. Des malheureux, dignes de commisération, se présentent à vous en suppliants : prenez garde de vous laisser toucher par la pitié, la pitié est un crime irrémissible. Un coupable fait l'aveu de sa faute et demande grâce : n'oubliez pas que le pardon est un forfait ; mais la faute est légère : qu'importe ! toutes les fautes ne sont-elles pas égales ? Un mot vous est échappé : c'est un arrêt sans appel ; vous vous êtes décidé sur l'apparence et non sur la réalité : le sage est infaillible (1). » Cicéron poursuit avec un atticisme parfait cette spirituelle réfutation du stoïcisme, qui, en effet, avait été la constante règle de conduite de son adversaire. C'est à la suite de ce plaidoyer que Caton s'écriait, en parlant de Cicéron : *Habemus facetum consulem* (2).

Le discours pour Muréna est le seul plaidoyer de Cicéron où il soit aussi longuement question d'un système philosophique. Le passage que nous en avons rapporté confirme l'opinion, déjà émise par nous, qu'à cette époque les études philosophiques n'étaient plus qu'une sorte de gymnastique de l'intelligence, à laquelle se livraient plus spécialement les hommes du barreau, surtout en vue de se perfectionner dans l'art de la dialectique.

La philosophie persécutée par Claude, par Néron et par Domitien, retrouva de la faveur auprès de Trajan, d'Adrien et des Antonin, et les jurisconsultes qui illustrèrent les règnes de ces princes, s'y livrèrent avec ardeur. Il ne nous est resté qu'un plaidoyer du deuxième siècle, c'est la défense qu'Apulée prononça à Carthage devant le proconsul Claudius Maximus,

(1) *Pro. Muren.* 29 et 30.

(2) Plut. *in Cat. Utic.* Pline l'Ancien (*Hist nat.* VII, 30) a fait remarquer avec beaucoup d'à-propos la révolution qui s'était accomplie dans les mœurs, durant l'intervalle qui sépare les deux Catons. Caton le censeur chassa de Rome les philosophes Grecs, et son arrière-petit-fils amena à Rome deux philosophes Grecs.

22

sur l'accusation qui lui était intentée d'avoir eu recours à la magie pour se faire aimer d'une femme
plus âgée que lui. Apulée avait suivi les leçons des
sophistes grecs et des rhéteurs latins; il avait exercé
à Rome la profession d'avocat, et l'on pourrait voir
peut-être dans ses doctrines un reflet de celles du
barreau romain. Sous l'influence inaperçue du chris-
tianisme, qui se rattache par tant de liens au spiri-
tualisme de l'Ancienne Académie, le platonisme avait
reconquis le premier rang parmi les systèmes philosophiques. « Nous qui sommes de la famille de Platon, dit Apulée à ses juges, nos doctrines ne présentent rien qui ne soit propre à inspirer la joie et
le bonheur; elles sont saintes, sacrées, divines. Par la
profondeur de nos études, nous sommes à la recherche d'une région inconnue qui laisse le ciel lui-
même bien au-dessous d'elle, et nous vivons en dehors
de ce monde. Vous savez parfaitement, ô proconsul
qui m'écoutez, quel est celui que Platon le premier
a appelé Roi; vous savez qu'il est la cause de tout ce
qui existe dans la nature, le commencement et la fin
de toutes choses, le créateur suprême de toute intelligence, l'éternel conservateur de tous les êtres, l'architecte toujours à l'œuvre de son propre univers. Et
cependant il édifie sans labeur, il crée sans perdre de
sa substance, il conserve sans travail, il est partout
et il n'est nulle part, il n'est point dans le temps et il
est éternel; quelques sages peuvent le concevoir, nul
ne saurait le définir (1). »

(1) Idem maximus optime intelligit, ut de nomine etiam vobis respon-

L'orateur qui s'exprimait ainsi était bien près d'être chrétien, malgré une légère teinte de panthéisme, et l'on doit s'étonner qu'il ait encouru l'anathême des Pères de l'Eglise.

Nous ne saurions pousser plus loin ces investigations sans nous exposer à marcher à l'aventure dans le champ des hypothèses : Pline le Jeune et Apulée (1) sont pour nous les derniers représentants connus du barreau romain, car après eux la parole de l'avocat disparaît devant la science du jurisconsulte.

Résumons les opinions émises dans ce bref aperçu.

Lorsque la philosophie grecque s'introduisit à Rome, vers le temps où le barreau se constituait en dehors des traditions du patronat, elle y fut accueillie avec empressement et ne tarda pas à prendre possession du forum, malgré les efforts de quelques hommes, conservateurs trop exclusifs des vieilles choses et des vieilles idées : l'école stoïcienne domina dans cette première période. L'influence des doctrines nouvelles fut sans doute très-considérable sur le droit, mais l'influence des méthodes pouvait seule se faire sentir sur le barreau proprement dit. A ce point de vue, la philosophie créa l'*art* de l'éloquence, en vulgarisant

---

deam, quisnam sit ille, non à me primo, sed a Platone nuncupatus βασιλεὺς, totius rerum naturæ causa et ratio, et origo initialis, summus animi genitor, æternus animantium sospitator, assiduus mundi sui opifex, Sed enim sine opera opifex, sine cura sospitator, sine propagatione genitor, neque loco, neque tempore, nec vice ulla comprehensus, eoque paucis cogitabilis, uemini effabilis. *Apolog.*

(1) Apulée est né deux ou trois ans avant la mort de Pline, mais il existe intervalle immense entre ces deux hommes et leurs époques.

les secrets de la dialectique et en enseignant les règles du discours. Plus tard, dans la seconde période, représentée par Hortensius et Cicéron, l'art oratoire, affranchi des formes spéciales à telle ou telle école, se trouva définitivement assis sur les bases d'un éclectisme intelligent, et s'appartint en propre. La philosophie ne fut plus alors, en général, qu'un sujet d'études spéculatives, qu'un exercice de l'esprit : on fut académicien, stoïcien ou épicurien par goût ou par tempérament, plutôt que par examen et par principes. Enfin, dans la dernière période, qui comprend les premiers siècles de l'Empire, l'influence de la philosophie sur le barreau ne saurait être exactement caractérisée, parce qu'alors le barreau manque d'individualité historique, surtout depuis le règne d'Adrien.

HORTENSIUS (1).

Ce fut une grande époque, parmi les siècles écoulés, que celle où la vieille République romaine s'agitait expirante dans les convulsions de son agonie. De quel spectacle l'esprit est frappé lorsqu'il se reporte à ces luttes si vives, si fécondes en péripéties saisissantes, qui élevèrent l'empire des Césars sur les ruines du patriciat! Quels évènements sur un si vaste théâtre : Pharsale, Philippes, Actium! et quels hommes pour en remplir la scène : César, Pompée, Brutus, Antoine, Octave! Mais à côté de ces hommes et de ces évènements, dans le milieu même où ils vivaient et

(1) Ce travail était achevé; nous l'avions même communiqué à un Corps savant, lorsque M. Giraud, membre de l'Institut, a mis à notre disposition, dans son inépuisable bienveillance, une thèse ayant pour titre : *Specimen historico-juridicum inaugurale de Q. Hortensio oratore*, auctore Lud. Casp. Luzac. Lugduni-Batavorum, 1810. Ce document, dont nous ignorions l'existence (nous avons vu plus tard qu'il était cité dans l'*Onomasticon* d'Orelli, p. 292), renferme l'indication très-complète des sources qu'il nous avait fallu rechercher à grand'peine. Cette communication du savant romaniste a été pour nous une nouvelle preuve de l'infériorité désolante à laquelle sera toujours condamné l'homme qui s'occupe de travaux historiques loin des ressources bibliographiques et des grands dépôts de livres.

s'accomplissaient, apparaissent d'autres figures aux proportions moins larges, d'autres drames moins émouvants, que l'imagination aime à faire revivre et à reconstituer. A côté de la guerre impitoyable des partis et des terribles proscriptions de la tribune aux harangues, vient se placer la lutte pacifique, quoique passionnée, du forum et de la basilique.

Toutefois, ce serait tomber dans une grave erreur, que de considérer les tribunaux et le barreau de ce siècle comme des institutions à part, indépendantes de cette action continue et complexe que nous appelons la politique. A Rome, la politique était partout, dans la curie, aux comices, sur la chaise curule du préteur, sur le siége moins élevé du juge, sur le banc de l'avocat, parce que le citoyen était partout. Et comme les hautes questions d'intérêt général s'agitaient oralement et se tranchaient presque toujours sous l'influence d'un discours, on peut dire avec vérité que l'homme de la parole, que l'orateur fut l'homme d'Etat par excellence de ces anciens temps. Sous la République, et encore longtemps après l'établissement du régime impérial, toutes les magistratures se recrutèrent au barreau, et ce sera pour lui un éternel honneur que d'avoir compté parmi ses membres actifs les deux plus grandes illustrations politiques de cette mémorable époque, César et Cicéron. A ce point de vue, la vie des avocats célèbres de Rome se lie intimement à sa propre histoire.

Mais nous n'avons point envisagé les choses de si haut. En entreprenant d'écrire quelques notices sur les principaux orateurs du Forum, c'est moins le magistrat que nous avons voulu faire connaitre que l'avocat et l'homme privé ; les mœurs et les usages nous ont plus touché que les actes politiques, et nous avons préféré les détails techniques aux considérations générales, les petits faits aux grands faits, le trait au coloris.

Cela dit, nous entrons en matière.

Quintus Hortensius Hortalus (1) naquit à Rome en l'année 640, (114 ans avant J.-C.), sous le consulat de Balbus et de Caton (2). Sa famille, d'origine plébéienne, mais anoblie par les magistratures, comptait parmi ses membres un tribun du peuple (3) et un dictateur (4). Lucius Hortensius, son père,

(1) Hortensius n'est point désigné par les biographes sous la dénomination d'Hortalus qui lui est donnée par Cicéron *(ad Attic.* II, 25 ; IV, 15), par Catulle (carm. 65), par Tacite *(Ann.* II, 37 et 38) et par Suétone *(in Tiber.* 47). Etait-ce là un *cognomen* ou seulement une altération du *nomen?* Les rapports phoniques des deux expressions et leur communauté d'origine rendent vraisemblable la dernière hypothèse, contrairement à l'opinion d'*Ernesti (ad Suet. Tiber.* 47). Hortensius et Hortalus signifient également *jardinier.* La culture des jardins avait fourni les noms de plusieurs familles illustres : les Fabius, les Pisons, les Lentulus et les Cicérons tiraient le leur des *fèves*, des *pois*, des *lentilles* et des *pois chiches*.

(2) Cette date est clairement indiquée par Cicéron qui fixe le début d'Hortensius à 19 ans, sous le consulat de Crassus et de Scévola, et sa mort, après 44 ans d'exercice, sous le consulat de Paullus et de Marcellus *(Brut.* 64, 68).

(3) Tit.-Liv. IV, 42. — Val. Max. VI, 2, 5.

(4) Aulu-Gel. XV, 27. — August. *Civit Dei*, III, 17. — Plin. *Hist. nat.* 10 ou 15. — Le petit fils d'Hortensius plaçait parmi ses ancêtres plusieurs consuls et plusieurs dictateurs, mais ce n'était là probablement qu'une hyperbole excusable dans la circonstance : il demandait l'aumône à la porte du sénat. Voy. Tac. *Ann.* II, 37, et *infra*.

avait été successivement tribun, questéur et préteur (1).

A l'exemple des jeunes hommes de son temps, qui par leur éducation et leur position de famille, pouvaient prétendre aux charges publiques, il se destina de bonne heure au barreau et se livra avec ardeur aux travaux propres à lui en faciliter l'accès. Il y parut à 19 ans, et plaida sa première cause en présence de Crassus, le plus habile jurisconsulte parmi les hommes éloquents, et de Scévola, l'homme le plus éloquent parmi les jurisconsultes habiles (2), tous les deux consuls. Le succès de l'orateur fut complet, et son génie, pareil à une statue de Phidias, dit Cicéron, n'eut qu'à se produire pour se faire admirer (3). Il trouvait au Forum Cotta et Sulpicius, plus âgés que lui de dix ans, Crassus et Antoine, qui étaient dans tout l'éclat de leur talent, et le vieux Philippe, beau-père de Caton : il ne fut au-dessous d'aucun d'entre eux. Son talent grandit rapidement : à peine sorti de l'adolescence, le jeune avocat vit venir à lui les causes les plus importantes, et se trouva ainsi à la tête du barreau.

Son rang étant ainsi marqué, Hortensius, quoique peu propre aux travaux militaires (4), voulut compléter dans les camps son apprentissage d'homme public, et il suivit les aigles romaines à la guerre so-

(1) Cic. *In Verr.* III, 16.
(2) Cic *Brut.* 39; *De orat.* 61.
(3) Cic. *Brut.* 64.
(4) Cic. *Ad famil.* II, 16.

ciale. Aussi bien, un sénatus-consulte avait suspendu le cours de la justice tant que durerait la révolte de l'Italie, et, par suite, la plupart des avocats avaient pris les armes. Il servit pendant deux années, la première comme simple soldat, la seconde en qualité de tribun militaire (1).

De retour à Rome, il se livra de nouveau aux exercices du barreau, cruellement décimé par les discordes civiles, et y régna sans partage jusqu'à l'apparition de Cicéron, qui d'abord lui fut inférieur, puis l'égala, et bientôt enfin le surpassa (2). Comme tous les avocats illustres de son temps, il prit part aux affaires de l'Etat et occupa successivement les premières charges de la République. Tour à tour questeur (3), édile (4), et préteur (5), il parvint au consulat en 685; il avait alors quarante-cinq ans. Désigné

(1) Cic. *Brut.* 59. Quelques commentateurs de Cicéron ont pensé qu'Hortensius avait pris part à la guerre contre Mithridate et non à la guerre sociale. Cette erreur est née d'un passage de Plutarque (*Sylla*, 21), où il est parlé d'un Hortensius, lieutenant de Sylla, qui aurait occupé un grade élevé et joué un rôle important dans la première de ces guerres. Mais ce personnage ne peut pas être notre orateur. D'abord il est à croire que Cicéron n'aurait pas laissé ignorer cette particularité ; en second lieu, il dit positivement qu'Hortensius partit après la mort de Crassus : or, nous savons que Crassus mourut en 663, peu de mois avant le commencement de la guerre sociale et près de trois ans avant la guerre de Mithridate. (Cic. *De orat.* III, 1, 2). Voy. d'autres arguments non moins péremptoires dans Luzac, *De Hort.* p. 12.

(2) Quintil. XI, 3.

(3) Cic. *In Verr.* 1, 14, 39 ; III, 78.

(4) Cic. *De offic.* II, 16,

(5) Cic. *In Verr. prœm.* 15.

pour aller pacifier la Crète dont les habitants s'étaient révoltés (1), il aima mieux rester à Rome et se fit remplacer par son collègue Cécilius Métellus, à qui cette mission valut le surnom honorifique de Créticus. Il fut plus tard aggrégé au collége des augures.

De ce que l'histoire n'a enregistré aucun de ses actes publics, pendant l'exercice de ces diverses fonctions, il serait peut-être permis de conclure que les travaux du forum absorbèrent la plus grande partie de son temps, si d'ailleurs les annales de cette époque nous étaient parvenues moins incomplètes et moins mutilées (2).

Hortensius plaida sans interruption pendant une période de plus de quarante années, et l'on cite parmi les causes les plus célèbres dans lesquelles il eut un rôle à remplir : celle de l'Afrique, qui fut son début (3), celles du jeune Cn. Pompée (4) ; du roi de Bithynie (5) ; de Canuléius et de Dolabella, avec Cotta(6) ; de Névius, contre Cicéron plaidant pour Quintius (7) ; de Verrès contre Cicéron accusateur (8) ; de

---

(1) Dio Cass. fragm. 178.

(2) Paul Manuce (*Comm. Epist ad fam.* VIII) prétend que la loi Aurélia, qui appela à prendre part aux jugements les sénateurs, les chevaliers et les tribuns du trésor, aurait été portée sous son consulat. Cette erreur a été relevée par Luzac, *De Hort.* p. 23.

(3) Cic. *De orat.* III, 61.

(4) Cic. *Brut.* 64.

(5) Cic. *De orat.* III, 61.

(6) Cic. *Brut.* 92. Ps. Asc. *in Divin.* 7.

(7) Cic. *Pro Quint.* 1 et 2.

(8) Cic. *In Verr.* passim.

Rabirius, défendu plus tard, sur l'appel, par Cicéron (1) ; de Muréna, avec Crassus et Cicéron (2) ; de Varguntéius (3) ; de Publius Sylla, avec Cicéron (4) ; de Lucius Flaccus avec Cicéron (5) ; de Procilius (6) ; de Valérius Messala, fils de sa sœur, qu'il fit absoudre deux fois du crime de concussion (7). Le second jugement dans cette affaire fut pour lui l'occasion d'une cruelle mésaventure : s'étant présenté le même jour au théâtre, il y fut accueilli par une tempête de sifflets. On fit la remarque, dit Cicéron, qu'il était arrivé à la vieillesse sans avoir essuyé un seul bruit de ce genre, mais cette fois il en reçut pour une vie tout entière (8). Sa dernière plaidoirie fut prononcée pour la défense d'Appius Claudius, beau-père de Brutus (9).

De tous les procès où il figura, celui de Verrès est resté le plus célèbre. Verrès était dénoncé par les Siciliens comme ayant ruiné leur pays par ses concussions : Cicéron, ancien questeur en Sicile, accepta la mission de se porter accusateur, mission rendue difficile par la naissance, par le crédit et par les richesses de l'accusé. Quoique la culpabilité fût manifeste, il n'est sorte de manœuvres que les Scipion, les Mé-

---

(1) Cic. *Pro Rabir.* 6.

(2) Cic. *Pro Mur.* 4 , 23. Plut. *in Cicer.*

(3) Cic. *Pro P. Syll.* 2.

(4) Cic. *ibid.* 1 , 2 , 5 , 7.

(5) Cic. *Pro Flac.* 17 , 23.

(6) Cic *Ad Attic.* IV , 15.

(7) Cic. *Ad Attic.* II , 3. *Brut.* 96

(8) Cic. *Ad famil.* VIII , 2.

(9) Cic. *Brutus* , 64 et 94.

tellus et autres personnages illustres ne missent en usage pour corrompre les juges. L'argent fut distribué à profusion. Hortensius était proposé pour le consulat : par des moyens dilatoires, on s'efforça de faire traîner l'affaire en longueur, dans l'espérance que la nouvelle dignité du défenseur pourrait suppléer à l'insuffisance des moyens de défense. Hortensius fut, en effet, désigné consul, et, comme il revenait du Champ-de-Mars, Curion se précipita dans les bras de Verrès mêlé à la foule, et lui dit : « Soyez désormais sans inquiétude, mon ami, les comices d'aujourd'hui viennent de vous absoudre (1) » ; paroles bien tristes, qui peignent les mœurs publiques de cette époque de décadence et de corruption. Cicéron ne se découragea pas ; il déjoua les intrigues par son activité, rassura les juges intègres par son courage, effraya par ses menaces les juges vendus ou disposés à se vendre ; et Verrès, désespérant de son salut, quitta Rome à l'improviste et s'exila.

S'il faut en croire les allégations de son contradicteur, Hortensius aurait eu à se reprocher dans ce procès quelques actes peu compatibles avec la dignité de son caractère. Quintus Cécilius, questeur de Verrès et le complice de ses exactions, avait disputé à Cicéron le droit de soutenir l'accusation, espérant détourner le coup de la justice par une prévarication dont il existait alors plus d'un exemple. Cette prétention dut être soumise au tribunal, et, dans la discussion,

_____

(1) Cic. *In Verr. proœm.* 7.

Cicéron imputa ouvertement à Hortensius d'avoir agi par intimidation sur l'esprit des juges pour la faire triompher (1); il lui imputa également d'avoir tenté de corrompre à prix d'argent les Siciliens délégués pour suivre l'affaire (2), et d'avoir usé de supercheries pour retarder l'ouverture des débats (3); enfin il insinua que, contrairement aux prohibitions de la loi Cincia, l'avocat avait accepté des présents de son client (4), notamment un sphinx en ivoire d'un grand prix (5). On connaît la piquante allusion à laquelle cet objet d'art donna lieu. Comme un témoin faisait une déclaration défavorable à Verrès : je ne devine pas cette énigme, dit Hortensius ; — cela m'étonne, repartit Cicéron, n'avez-vous pas le sphinx chez vous(6) ?

Plutarque assure qu'Hortensius n'osa pas plaider et qu'il se borna à assister au jugement. Cependant il est certain qu'il écrivit un plaidoyer, car Quintilien conseillait de le lire, quoiqu'il fût de beaucoup inférieur à celui de Cicéron (7).

Le procès de Verrès ne fut pas le seul dans lequel Hortensius encourut le reproche d'avoir eu recours à des manœuvres réprouvées par la justice et par la

---

(1) Cic., *in Cæcil. divin.* 7.

(2) Cic., *In Verr.* I, 9.

(3) Cic., *ibid.* 11.

(4) Cic., *ibid.* 78.

(5) Plut., *In Cicer.* 10. — Ce Sphinx était d'airain, suivant Quintilien (VI, 3), d'airain de Corinthe, suivant Pline (XXXIV, 8), d'argent suivant le même Plutarque dans ses *Apophtegmes.*

(6) Plut. *ibid.*

(7) Quint., X, 1, *initio.*

morale. En possession d'une grande influence sur les tribunaux, il en abusa quelquefois pour porter atteinte à leur indépendance. Chargé de la défense de Térentius Varron, son cousin, accusé de concussion, on prétend qu'il obtint d'avance de la majorité des juges la promesse d'une absolution, et que pour en assurer l'exécution, il leur distribua des tablettes d'une couleur particulière, le vote de chacun d'eux pouvant être ainsi reconnu et contrôlé après le jugement (1).

Les écrits de Cicéron et de Quintilien, étudiés avec circonspection, permettent de caractériser et d'apprécier avec exactitude le mérite oratoire d'Hortensius.

Les qualités naturelles d'une merveilleuse organisation furent la principale source de son talent, qui procédait en grande partie de la mémoire. Cette faculté, trésor inestimable pour l'orateur, était si développée en lui, qu'assistant à une vente publique, il put, cette vente terminée, rappeler dans l'ordre des opérations la nature des choses vendues, le prix de chaque objet et le nom des acheteurs (2). Il n'oubliait rien de ce qu'il avait conçu, dit, ou entendu, et rendait de longues périodes, arrangées d'avance, avec les expressions qui s'étaient d'abord présentées à sa pensée (3), car il était particulièrement doué de la mémoire des mots (4). Un travail opiniâtre féconda de

(1) Cic., *in Cæcil divin.* 7. — Ascon. *hic.* — Cic., *In Verr. proœm.* 12; *ibid.* V, 68.

(2) Quintil., X I, 2. — Senec. *Controv.* præfat.

(3) Cic., *Brut.* 88. — Quintil., X, 6.

(4) Cic., *Acad.* II, 1.

sa puissance ces heureuses dispositions, et il ne se passait guère un seul jour dans sa jeunesse qu'il ne plaidât ou ne se livrât à quelque exercice de cabinet.

Sa manière ne ressemblait à aucune autre. Il se faisait surtout remarquer par la netteté de ses divisions. Son esprit embrassait toutes les parties d'une affaire, s'arrêtait avec sagacité sur les points culminants et ne laissait échapper aucun moyen de preuve ou de réfutation. Il aimait à poser des dilemmes, et tirait avec une merveilleuse adresse de la proposition qu'on lui concédait des conséquences favorables à sa cause. Lorsqu'il abordait le système de son adversaire, il le suivait pied à pied, en démembrait successivement chaque partie, l'analysait et la réduisait à néant. Après cette revue, il récapitulait sur ses doigts tous les points qu'il avait discutés, et démontrait dans un résumé rapide et substantiel qu'il ne restait plus rien des objections. Son habileté était si grande, son éloquence si persuasive, son action si entraînante, que souvent *l'accusateur en venait à craindre d'avoir mis l'innocence en péril* (1).

Son port était distingué, sa tenue remplie d'aisance, sa voix douce et sonore; son geste était flexible, animé et gracieux, mais un peu trop étudié, ce qui lui valut, de la part d'un de ses confrères, le sobriquet de Dionysia, nom d'une danseuse très-connue de cette époque (2). On lui reprochait aussi un mouvement de tête prétentieux.

_____

(1) Cic. *In Cæcil.* 14 — Quintil. IV, 5 in fine.
(2) Cic., *Pro Rosc. com.* 8. — Aulu-Gel., 1, 5. — Cic., *Brut.* 88.

Dans les premiers temps de son exercice, un genre
particulier de style commençait à s'introduire de
quelques colonies grecques dans le barreau romain ;
on le nommait genre asiatique, et il se divisait en
deux espèces : l'une sentencieuse et subtile, affectant
une forme plus spirituelle que grave, plus préten-
tieuse que sévère ; l'autre moins riche en argumentation, mais plus abondante en périodes vives et colo-
rées. Hortensius excellait dans toutes les deux. Son
discours, semé d'antithèses artistement préparées,
d'expressions pompeuses et hasardées, de pensées
plus brillantes que solides, excitait l'enthousiasme des
jeunes gens, mais plaisait peu aux anciens nourris
d'études classiques. Le vieux Philippe souriait en l'é-
coutant et haussait même quelquefois les épaules (1).
Jeune, il était ce qu'il devait être : ingénieux, impé-
tueux, bouillant ; homme fait et revêtu des premières
charges de la République, il ne sut pas se modifier
et resta peut-être en dehors des convenances que
commandaient son âge et ses dignités.

Sorti de la plus haute magistrature et ne voyant
à ses côtés aucun personnage consulaire qui pût entrer en lutte avec lui, il perdit le goût du travail et
s'abandonna à des habitudes de luxe et d'oisiveté ;
son talent baissa d'une manière sensible pour les
connaisseurs, et l'on vit disparaître notamment cette
facilité d'élocution qui en était le plus bel ornement.
Cependant l'élévation de Cicéron au consulat fut pour

(1) Cic., *Brut.* 95.

lui un puissant stimulant : il se remit au travail ; mais, quoique digne encore d'un pareil adversaire, il ne put retrouver les inspirations des belles années de sa jeunesse. Tous les deux néanmoins furent chargés pendant douze années des affaires les plus importantes, et c'est alors que d'étroites liaisons s'établirent entr'eux.

Il avait écrit et publié plusieurs de ses plaidoyers (1); mais le temps a tout dévoré, sauf deux mots de son discours pour Rabirius qu'il avait défendu une première fois avant Cicéron (2). Il avait aussi composé un traité *De la foi due aux preuves légères* (3), plusieurs livres d'*Annales* (4) et un recueil de poésies érotiques (5). Ces productions sont également perdues. Comme monument de la littérature d'un grand siècle, ces ouvrages sont à regretter; toutefois cette perte ne doit pas affliger outre mesure. Hortensius était un de ces avocats dont la parole facile, élégante, spirituelle, emprunte beaucoup de sa puissance à la politesse des formes, à la suavité de l'accent, à la grâce du geste : soumise à l'épreuve des tablettes, la sienne manquait d'art et de force (6).

---

(1) Cic., *Brut* 95. — Quintil. X , 1.

(2) Cic., *Pro Rabir* . passim. Ces deux mots , cités par Charisius , sont *Cicatricum mearum*. — Quintilien (VIII , 3) nous apprend qu'il fut le premier à employer *Cervix* au singulier, au lieu de *cervices* dont on s'était servi jusqu'alors.

(3) Quintil. II , *in fine*. *Sit-ne parvis argumentis credendum*.

(4) Vell. Pat. II , 16. — Plut. *in Lucull*.

(5) Ovid. *Trist*. II , V 441. — Plin. *Epist*. V , 3. — Aulu-Gel. XIX, 9.

(6) Cic. *Orat*. 30. — Quintil. XI, 3.

23

Doué d'une admirable organisation pour bien parler,
il était dépourvu de cette faculté de méditation soutenue sans laquelle il est impossible de bien écrire(1).
Il fallait l'entendre, non le lire. Cela explique pourquoi Quintilien, cet excellent juge du style et de l'é-
loquence, n'a presque rien dit de lui, pourquoi il ne
le cite pas une seule fois comme modèle, tandis qu'on
voit se presser sous sa plume des fragments de Calvus, de Catulus, de Crassus, de Cassius Sévérus,
d'Asinius Pollion, des Scévola, tous inférieurs à
notre orateur par la réputation. Cette réserve du
célèbre rhéteur est d'autant plus remarquable qu'elle
semble contraster singulièrement avec l'opinion de
Cicéron, l'homme de ces temps anciens sur lequel il a
épuisé toutes les formules de l'admiration et de l'enthousiasme. Mais pour qui a fait une étude approfondie de Cicéron, cette singularité n'est qu'apparente,
et l'on reste convaincu que Quintilien avait parfaitement démêlé le fond de la pensée de son orateur de pré-
dilection. Cicéron n'avait pour le talent d'Hortensius
qu'une estime relative; cependant par une continuité
d'efforts, qui lui font honneur, il ne laissa passer aucune occasion de dissimuler les côtés faibles sous
l'ampleur des éloges dûs aux qualités réelles. Son
langage, lorsqu'il parle de son confrère, est d'une
bienveillance constante, mais légèrement contrainte,
d'un désintéressement absolu, mais qui aime à se
laisser voir : on comprend que l'homme d'Etat parle

(1) Cic.,.Orat. 38

de son ami politique, l'avocat de son ancien au barreau, l'orateur d'un rival qu'il n'a plus à redouter, et l'on parvient à se rendre compte des sacrifices que les convenances lui ont imposés en considération de la communauté des opinions et de la profession, des égards dûs à la supériorité d'âge, et peut-être aussi de quelques torts à racheter (1).

Hortensius était dans toute la force de son talent lorsque le goût de la philosophie se répandit à Rome ; mais les systèmes à la mode le trouvèrent indifférent, et les doctrines d'Epicure elles-mêmes ne purent parvenir à le séduire. Contempteur de toute discipline, éloigné par caractère des travaux spéculatifs, les efforts de Cicéron furent impuissants à vaincre sa répugnance pour les études abstraites (2).

Il possédait des biens considérables (3). Ses contemporains ne lui ont pas reproché d'avoir spéculé sur les accusations pour s'enrichir (4), pratique odieuse déjà trop commune de son temps ; mais l'anecdote du sphinx laisserait soupçonner que l'exercice de sa profession ne fut pas étranger à l'accroissement de sa fortune. Toutefois il est vraisemblable qu'elle fut en majeure partie, comme celle de Cicéron, le produit des legs d'une clientèle riche et nombreuse (5). Les

(1) Voy. *infra*.

(2) Cic., *De finib.* I, 1.

(3) Cic., *Brut.* 93.

(4) Quintilien, dont le témoignage n'est pas suspect, le cite parmi ceux qui n'accusèrent que dans des vues d'intérêt public. XII, 7.

(5) Dans les vingt dernières années de sa vie, Octave Auguste reçut de ses amis pour 775 millions de francs de legs. — Suét. *Octav.* 101.

libéralités de cette sorte, légitimées par les mœurs du temps lorsqu'elles n'étaient pas le fruit de la captation, donnaient souvent lieu à des scandales, et Hortensius eut la faiblesse de se laisser gravement compromettre dans une affaire de cette nature. Un certain Minutius Basilus, homme immensément riche, étant décédé en Grèce, un audacieux faussaire fabriqua à son profit un testament dans lequel il eut l'habileté de faire figurer, au nombre des héritiers, Crassus et Hortensius, alors les personnages les plus puissants de la République. Minucius leur était complètement inconnu; la fraude était manifeste, s'il faut en croire un auteur presque contemporain, et cependant ils n'eurent assez de vertu ni l'un ni l'autre pour renoncer à se prévaloir du crime d'autrui (1).

Les maisons de campagne d'Hortensius étaient nombreuses. Il en possédait une à Tusculum, dans laquelle il avait réuni des tableaux d'un grand prix (2). Il y arrosait ses platanes avec du vin (3). Celle qu'il avait sur le territoire de Laurente était célèbre par un parc d'une grande étendue, où il avait rassemblé à grands frais des animaux de toutes les espèces. Lorsqu'il voulait en faire les honneurs à ses amis, il faisait dresser une table magnifiquement servie sur une éminence située au milieu du parc; pendant le festin, un esclave sonnait du cor, et aussitôt les

(1) Val. Max, IX, 4. — Cic., *De off.* III, 18.
(2) Plin., *Hist nat.* XXXV, 11.
(3) Macr., *Saturn.* II, 9. — Plin, *ibid.* XII, 1.

convives étaient entourés de cerfs, de sangliers et d'une foule d'autres bêtes dressées à répondre à cet appel : ce spectacle, par sa magnificence, était comparé aux grandes chasses du cirque (1).

Mais de toutes ses villas, celle de Bauli, sur le territoire de Baïes, était la plus renommée, à cause des immenses viviers qu'elle renfermait, viviers dont la construction avait coûté des sommes énormes. Tout le poisson qu'Hortensius consommait à sa table était acheté à Pouzzole, et ce n'était point assez qu'il ne mangeât point le sien, il fallait encore qu'il le nourrît : en conséquence, il avait à sa solde plusieurs pêcheurs exclusivement chargés de fournir de petits poissons destinés à alimenter les gros ; et lorsque l'état de la mer ne permettait pas de pêcher, il fallait faire enlever sur les marchés de Rome toute la marée salée offerte à la consommation du bas peuple. Tel était son attachement pour ses poissons, qu'il eût plutôt laissé prendre tous les mulets de ses écuries, dit Varron, qu'un seul surmulet de ses viviers. Il avait des bassins d'hiver et des bassins d'été, et il se serait moins inquiété de donner de l'eau froide à un esclave malade qu'à un poisson malade (2). Pline assure qu'il pleura la mort d'une lamproie (3). Cette passion pour les poissons, très-commune d'ailleurs à Rome,

(1) Varr. De agric. III, 13.
(2) Varr., ibid. III, 3 et 17.
(3) Plin., Hist nat. IX, 81 ou 85. Macrobe attribue ce fait à l'orateur L. Crassus. Saturn., II, 11.

lui fit donner par Cicéron le nom de *piscinaire* (1).
C'est à Bauli que Cicéron place l'entretien philosophique qu'il nous a laissé sous le titre de *Premières
Académiques*(2). Cette villa appartint dans la suite au
célèbre orateur Symmaque, qui vivait sous Valentinien et sous Théodose (3).

Hortensius possédait encore deux maisons de plai-
sance, l'une à Pouzzoles, l'autre à la porte Flumen-
tane, près de Rome (4).

Sa maison de ville était située sur le mont Palatin. Elle n'était remarquable ni par sa grandeur,
ni par ses ornements; les portiques en étaient étroits
et les colonnes en pierres du mont Albin ; on ne
voyait dans les appartements ni marbres ni fresques.
Quoique simple, elle fut cependant habitée par
Auguste (5).

Son luxe fut égal à ses richesses. Le premier, il
servit des paons sur sa table, innovation qui causa
un grand scandale parmi le petit nombre d'hommes
restés fidèles à l'austérité des anciennes mœurs ; et,
comme il était l'arbitre de la mode, son exemple,
bientôt suivi, éleva le prix de ces oiseaux à un taux
excessif : un paon se vendit jusqu'à 200 sesterces
(40 fr.). L'éducation de ces oiseaux devint une branche

---

(1) Macr., *Saturn*. loc cit. Macrobe fait sans doute allusion à la lettre
ad Attic. I, 19.

(2) Cic., *Prim Acad*. 3 et 40.

(3) Symm., *Epist*. 1, 1.

(4) Cic., *ad Attic*. VII, 3.

(5) Suet., *Octav*. 72.

de commerce considérable, et l'on vit des basses-cours composées de cent paons, rapporter jusqu'à 60,000 sesterces (12,000 fr.) par année (1).

Les mœurs d'Hortensius devaient se ressentir de la mollesse de ses goûts : elles étaient efféminées et peu rigides. Il s'aidait d'un miroir pour faire sa toilette. La manière d'attacher la ceinture était pour lui chose de grande importance; il s'étudiait à ajuster sa robe de façon à ce que la disposition des plis ne fût pas abandonnée au hazard, et telles étaient ses prétentions sur ce point, qu'un de ses confrères ayant dérangé par mégarde, dans un passage étroit, la symétrie de ses vêtements, on assure qu'il lui intenta un procès en dommages-intérêts (2).

De pareilles habitudes suffiraient pour faire pressentir la ligne politique qu'Hortensius dut suivre dans le cours des évènements qui agitèrent la République sur le penchant de sa ruine. Partisan du *statu quo*, il ne parut pas comprendre que la liberté ne pouvait se maintenir qu'à la condition d'une réforme radicale dans les mœurs, réforme rendue bien difficile au surplus par la concentration excessive de la richesse, par l'abus des jouissances matérielles et par la corruption des pouvoirs publics, trois fléaux qui marchent fatalement enchaînés. En 699, les consuls avaient présenté des projets de lois somptuaires : il

(1) Varr., *De agric.* III, 6. — Macr., *Saturn.* II, 9. — Plin., *Hist. nat.* II, 9; X, 20. — Ælian., V, 21.

(2) Macr., *Saturn.* II, 9.

s'y opposa avec force et contribua à les faire rejeter (1). Soutien déclaré de la noblesse, il appuya toutes les mesures propres à venir en aide à la vieille aristocratie romaine, gardienne intéressée des institutions républicaines dont il ne restait plus que la forme. Catilina et ses complices, novateurs ambitieux et mal famés, l'eurent pour ardent adversaire. Il se prononça avec une égale énergie contre le démagogue Clodius, accusé d'avoir violé les mystères de la Bonne Déesse; cependant il contribua à l'acquittement du coupable par une démarche peu réfléchie (2).

Hortensius, qui se glorifiait de n'avoir jamais été mêlé aux troubles civils (3), se montra-t-il fermement attaché à ses principes pendant la crise de fièvre populaire qui prépara le bannissement de Cicéron? Quelques documents seraient de nature à laisser soupçonner de sa part, sinon l'abandon de ses opinions, du moins quelques-uns de ces actes de faiblesse si peu rares chez les hommes que la nature n'a point organisés pour les luttes de partis, ou qu'une douce position menacée détermine si facilement à transiger avec les faits accomplis.

Ceci nous conduit à dire quelques mots des relations qui existèrent entre les deux princes du barreau romain.

(1) Dio, XXXIX, 37.
(2) Cic. *Ad Attic.* 1, 14, 16.
(3) Cic., *Ad famil.* II, 16.

A ne considérer que les écrits publics de Cicéron,
ces relations auraient été constamment dominées par
une estime et un dévouement mutuels; au contraire,
quelques nuages les auraient troublées, s'il faut en
croire sa correspondance privée. Quelle fut la cause
de cette différence de langage? Pourquoi les plaintes
occultes, en regard des éloges ostensibles? De quel
côté vinrent les torts, s'il en exista? de Cicéron dont
la susceptibilité se montra parfois ombrageuse et
exigeante, ou d'Hortensius, à qui la supériorité politique et oratoire d'un rival avait pu inspirer quelques
sentiments de jalousie?

Cicéron avait onze ans, lorsqu'Hortensius, son aîné
de huit années, fit ses débuts au Forum. Celui-ci,
bientôt maître de la lice, n'en gêna l'entrée pour aucun des jeunes hommes qui voulurent s'y produire
après lui. Rempli de bienveillance pour les talents
naissants, il leur tendit une main amie, les soutint de
ses encouragements, les aida de ses conseils. Cicéron
plaida ses premières causes sous son patronage, et les
succès du débutant, qui auraient pu devenir pour lui
un sujet d'inquiétante rivalité, furent le point de
départ de leur étroite liaison. Hortensius était membre du collège des augures; il y fit entrer son confrère
et lui servit de parrain : c'était lui donner une preuve
éclatante d'estime et de confiance (1). Dans une conjoncture où les actes de Cicéron étaient violemment
attaqués, il prit chaudement sa défense : « Par Her-

_____

(1) Cic., *Brut.* 1 ; *Philipp.* II, 2.

cule, avec quelle profusion, quelle pompe, quelle noblesse votre ami Hortensius a chanté mes louanges!» C'est Cicéron lui-même qui en écrit en ces termes à Atticus (1), et il ajoute : « Se peut-il rien de plus affectueux, de plus flatteur, de plus éloquent! Je tiens à ce que vous lui écriviez ce que je vous en dis ici. » Il est vrai que le commencement de cette même lettre trahit singulièrement le secret de cette recommandation : « Lorsque je vous fais l'éloge d'un de vos amis, dit Cicéron, je voudrais qu'il en fût instruit par vous. Dernièrement quand je vous écris que j'ai à me louer des bons offices de Varron, voilà que vous me répondez tout bonnement que vous en êtes enchanté : j'aurais mieux aimé que vous lui eussiez fait part de ma lettre, non à cause de ce qu'il a fait pour moi (il n'y a pas trop de quoi l'en remercier), mais à cause de ce qu'il pourrait faire (2). » Cicéron était alors en butte aux persécutions de Clodius et n'épargnait aucune flatterie à ceux qui pouvaient le servir. Atticus fut sans doute exact à s'acquitter de la commission ; car peu de temps après, Hortensius exposait ses jours pour son rival (3).

Si l'on excepte quelques traits piquants décochés contre Hortensius dans le procès de Verrès, et dont il serait injuste de conclure contre l'existence d'une af-

---

(1) *Ad, Attic.* II, 25.

(2) Ne croirait-on pas lire une lettre de Voltaire à Thiériot? de Voltaire avec qui le philosophe d'Arpinum a des points de ressemblance si frappants.

(3) Cic., *Pro Milon.* 14.

fection sincère entre les deux adversaires, rien ne
porte à penser que leur intimité ait été altérée, jusqu'au moment où les événements politiques, en ai-
grissant le caractère de Cicéron, jetèrent le trouble
dans son esprit et lui inspirèrent des sentiments de
crainte dont il ne parvint jamais à se débarrasser
complétement. A cette époque, on le voit se plaindre
avec amertume d'Hortensius. Lorsqu'il a quitté Rome,
frappé par la loi Clodia, il écrit à son frère : « Je ne
sais jusqu'à quel point on peut se fier à Hortensius. »
Ce n'est là que l'expression d'un doute, mais comment
le concilier avec ce qui suit : « Avec ses faux sem-
blants d'amitié et ses démonstrations hypocrites, il
m'a traité de la façon la plus perfide et la plus
odieuse (1). » Puis, cédant à ces considérations de
politique timide et vacillante qui le dominèrent dans
la seconde moitié de sa vie, il se hâte d'ajouter :
« Mais gardez cela pour vous, de peur de nous faire
d'Hortensius un ennemi déclaré, et tâchez, au contraire, de nous le rendre favorable par l'intermédiaire d'Atticus. »

Dans une autre lettre écrite le même jour (circonstance curieuse à noter) à Atticus, il s'explique
plus clairement sur ses griefs : « Vos paroles, lui dit-
il, m'ont apporté quelque consolation, jusqu'à ce passage de votre lettre où vous m'engagez à caresser
Hortensius et les hommes de son bord : eh quoi ! mon
cher Atticus, ne voyez-vous donc pas d'où sont par-

(1) *Ad. Quint. fratr.* 1, 3.

ties les embûches, les machinations, les scélératesses qui ont amené ma ruine! Mais nous traiterons ces matières de vive voix ; tout ce que je veux vous dire aujourd'hui, et vous ne pouvez pas l'ignorer, c'est que ce sont mes envieux qui m'ont perdu et non mes ennemis (1). » Ici le mot échappe, et la pensée se révèle tout entière, c'est l'*envie* qui aurait fait agir Hortensius. Des sentiments de haine, en effet, ne pouvaient guères lui être attribués sans invraisemblance, car tous les malheurs de Cicéron venaient de Clodius, et Hortensius était l'ennemi de ce dernier. L'envie était-elle plus probable? A la vérité, la gloire du *Père de la patrie* avait éclipsé toutes les gloires contemporaines, et peut-être avait-il fatigué les regards de quelques-uns de ses émules par sa complaisance un peu vaniteuse à en faire briller les rayons à tout propos. D'autre part, Hortensius, longtemps le roi du barreau, comme on l'appelait, avait dû céder le premier rang à son heureux concurrent. Il est juste de constater toutefois qu'il l'avait précédé dans les magistratures, et que si les circonstances ne l'avaient pas aussi bien servi pour sa renommée, il était néanmoins resté en possession d'une haute influence soit au forum, soit dans la curie (2). Comment donc admettre, sur les impressions d'un esprit aussi prompt à s'alarmer, aussi mobile, aussi susceptible que celui de Cicéron, une accusation flétrissante que repous-

---

(1) *Ad Attic.* III , 9.
(2) Cic. , *Ad Attic.* I , 14, 16 ; *Ad famil.* I , 2

sent énergiquement tous les faits postérieurs? Au
surplus, ces impressions furent de courte durée.
Lorsque Cicéron fut rentré à Rome, aux acclamations
de l'Italie, Atticus lui rappela qu'il s'était engagé à
écrire l'histoire de ses griefs contre Hortensius; sur
quoi il répond : « Je n'ai jamais oublié la promesse
que je vous ai faite, mais les circonstances ne sont
plus les mêmes; et puis, en vérité, je me suis trouvé
embarrassé dès le début : en effet, pour ne pas paraître dupe des sottises d'Hortensius, faut-il m'exposer
à en être dupe de nouveau par la publicité que je leur
donnerai? Ma niaiserie, trop bien prouvée déjà par
mes actes, n'en deviendra-t-elle pas plus évidente encore par mon écrit, et cette satisfaction d'amour-
propre ne sera-t-elle pas taxée de légèreté? Au surplus nous verrons (1). »

On s'aperçoit que les convictions de Cicéron se sont
un peu affaiblies, ou que le retour à une meilleure
fortune a sensiblement atténué ses griefs. Quelques
jours après, il écrivait au proconsul Lentulus, qu'Hortensius avait merveilleusement défendu ce dernier
contre ses ennemis (2); or, on a vu l'importance qu'il
attachait aux communications de ce genre, et il faut
conclure de la sienne qu'elle était dictée par une intention de bienveillance qui aurait eu bien vite suc-
cédé à son ressentiment, si les torts d'Hortensius
eussent été avérés et graves. Toute sa correspon-

(1) *Ad Attic.* IV, 6.
(2) *Ad famil,* I, 7.

dance atteste que ces dispositions ne se démentirent
plus dans la suite. Parle-t-il du talent d'Hortensius
au Forum? « Hortensius, écrit-il, a été dans cette
cause ce qu'il est toujours (1) », c'est-à-dire, admirable. Veut-il donner une idée de son influence à la
tribune ? « Messala sera consul, l'éloquence d'Hortensius le servira puissamment (2). » Plus tard, lorsqu'il est gouverneur d'une province, il redoute le
zèle trop empressé de son *ami* : « Dites bien à Hortensius, notre collègue et notre ami, que si jamais il
lui est arrivé d'agir dans mon intérêt, il doit se garder de faire proroger mon gouvernement, car rien
ne pourrait m'être plus préjudiciable (3). » Enfin
peu de jours avant la mort d'Hortensius, il le reçoit
chez lui, accueille ses protestations de dévouement,
et rendant compte à Atticus de cette visite, il laisse
échapper cette exclamation : « On n'est pas plus généreux que cet homme-là ! (4) »

Ces sentiments, professés du vivant de son rival, il
en renouvela l'expression avec plus de vivacité encore après sa mort (5). La plupart de ses livres de
rhétorique ou de philosophie sont semés de passages
où il se plaît à rappeler les douceurs de ses relations
avec son ancien confrère ; il donna même son nom à
un traité dans lequel Hortensius figure en première

(1) *Ad Attic.* IV, 15.
(2) *Ad Quint. fratr.* III, 9.
(3) *Ad famil.* III, 8.
(4) *Ad Attic.* X, 17.
(5) *Ad Attic.* VI, 6.

ligne comme le représentant de l'éloquence : « Vous
défendez l'éloquence (lui fait-il dire par l'un des interlocuteurs) et vous l'auriez volontiers élevée jusqu'au
ciel pour y monter vous-même avec elle (1). »

De ces rapprochements divers, on aime à conclure
qu'aucun procédé regrettable n'altéra profondément
l'intimité privée de ces deux orateurs illustres, et que
le voile qui la déroba un instant aux yeux de Cicéron,
fut le résultat d'une préoccupation que les circonstances peuvent très-bien expliquer. Après la sanction
de la loi Clodia qui le condamnait implicitement à
s'exiler, Cicéron réunit quelques amis et les consulta
sur l'alternative dans laquelle il était placé de quitter
Rome sur le champ ou de tenir tête à l'orage les armes
à la main. Hortensius avait été appelé à ce conseil ; il
opina pour le départ, et ce fut l'avis de la majorité,
dont Caton, Pompée et Arrius faisaient partie (2).
Cicéron l'accepta sans objection, et partit. A peine
hors de Rome, il se repentit de cette sage détermination, et s'imagina qu'il avait été dupe d'une sorte de
mystification ourdie pour se débarrasser de lui (3).
Cette folle pensée, conçue et nourrie dans les chagrins
de l'exil, ne persista pas ; car après son retour il se
fit un mérite de son empressement à prévenir par son
départ tout prétexte de guerre civile (4). Telle avait

---

(1) Cic., fragm. de l'*Hortensius* rapporté par Nonius au mot *Sublatum.*
(2) Dio Cass. XXXVIII, 17.
(3) *Ad Attic.* III, 7, 8, 9, 10, 13, 15, 19, 20; *Ad Quint.* I, 3, 4;
Ad famil. XIV, 1, 3.
(4. *Pro domo*, 24, 25.

été, sans aucun doute, la cause de ses incriminations contre Hortensius (1).

Hortensius avait épousé en premières noces une fille de l'orateur C. Catulus (2). Devenu veuf, il prit une seconde femme, mais vraiment nous ne saurions trop dire à quel titre. Laissons parler Plutarque par la bouche d'Amyot :

« Caton répudia Attilia, sa première femme, à cause de son impudicité. Et depuis il épousa la fille de Philippus, nommée Martia, laquelle semble avoir esté fort honneste dame. C'est celle de qui on parla tant. Car ceste partie de la vie de Caton, ny plus ny moins qu'une fable ou comédie, est disputable et bien malaisée à soudre : mais la chose fut telle, ainsi que l'écrit Traséas, qui en remet la foi et la garantie sur un Munatius, lequel étoit familier ami de Caton. Entre plusieurs qui aimoient et admiroient les vertus de Caton, il y en avoit qui le monstroient et le découvroient les uns plus que les autres : comme Quintus Hortensius, personnage de grande autorité et homme de bien, avec lequel désirant estre non seulement ami privé et familier de Caton, mais aussi son allié en quelque sorte que ce fust, joindre par quelque affinité toute la maison de lui à la sienne, tascha de lui persuader qu'il lui baillast en mariage sa fille Porcia, laquelle était mariée à Bibulus, et lui

---

(1) Voy. Corn. Nep. *in Pomp. Attic.* 5. — Il est très-extraordinaire qu'Hortensius ne figure pas une seule fois parmi les correspondants de Cicéron, qui sont au nombre de quatre-vingt-dix-sept.

(2) Cic., *De Orat.* III, 61.

avoit déjà fait deux enfants , pour y semer aussi ny
plus ny moins qu'en une terre fertile de la semence
et en avoir de la race, lui remonstrant que cela sem-
bloit bien un peu estrange de prime face , quant à
l'opinion des hommes ; mais quant à la nature, qu'il
estoit honneste et utile à la chose publique qu'une
belle et honneste jeune femme en la fleur de son âge
demeurast point inutile , laissant esteindre son aptitude naturelle à concevoir , ny aussy ne fachast ny
n'appauvrit point son mari , en lui portant plus d'enfants qu'il n'en aurait de besoin , et qu'en communi-
quant ainsi les uns aux autres les femmes propres à
la génération , à gens de bien et hommes qui en
fussent dignes, la vertu vinst à se multiplier davantage , et à s'espandre en diverses familles , et la ville
conséquemment à s'en mesler , unir et incorporer en
soi-mesme davantage par alliances : mais si d'avan-
ture Bibulus aimoit tant sa femme qu'il ne la voulust
point quitter entièrement, il la lui rendroit inconti-
nent après qu'elle lui auroit fait un enfant , et qu'il
se serait conjoint par un plus estroit lien d'amitié ,
moyennant ceste communication d'enfants avec Bibulus mesme et avec lui. Caton fit réponse qu'il aimoit
bien Hortensius, et auroit bien agréable son alliance,
mais qu'il trouvoit estrange qu'il lui parlast de lui
bailler sa fille pour en engendrer des enfants, vu qu'il
savoit bien qu'elle estoit mariée à un autre. Adonc
Hortensius, tournant le propos, ne feignit point de lui
descouvrir son affection, et lui demander sa femme ,
laquelle estoit encore assez jeune pour porter des en-

fants, et Caton en avoit déjà suffisamment : et si ne sauroit-on dire qu'Hortensius fist ceste poursuite à cause qu'il apperceust que Caton ne fit conte de Martia, car elle estoit alors enceinte de luy : mais tant y a, que voyant le grand désir et la grande affection qu'Hortensius en avoit, il ne la luy refusa point, mais lui respondit qu'il falloit donc que Philippus, père de Martia, en fust aussi content, lequel entendant que Caton s'y consentoit, ne voulut point néantmoins lui accorder sa fille, que Caton lui-mesme ne fust présent au contrat et stipulant avec lui (1). »

Cette étrange négociation, racontée avec une si charmante naïveté, paraissait *disputable* à Plutarque ; mais son invraisemblance ne saurait prévaloir sur la confiance due aux autorités qui l'attestent. Le témoignage de Thraséas, que Tacite appelle la vertu en personne, *virtutem ipsam* (2), est digne de foi sous tous les rapports ; elle est en outre acceptée par Lucain (3) et par Quintilien (4). Mais il existerait plus de doutes, au point de vue des mœurs contemporaines, sur le caractère de moralité qu'il convient de lui imprimer : c'était une thèse d'école, au temps de Quintilien, que la question *an Cato recte Marciam Hortensio tradiderit* (5). César, dans un libelle qu'il

---

(1) *In Caton.*

(2) *Ann.* XVI, 21.

(3) *Phars.* II, V. 335, 338, 365, 372.

(4) III, 5 ; X, 5. Voy. le commentaire de Spalding, *loc. cit.* et les *observations critiques* sur Plutarque de Ruauld, XXXV.

(5) Quint. *loc cit.*

avait composé contre Caton, accusait ce dernier d'avoir trafiqué de ses mariages : « Si Caton avait besoin d'une femme, disait-il, pourquoi céder la sienne? et s'il n'en avait pas besoin, pourquoi la reprendre (1)? » En effet, Marcia avait été reprise par Caton après la mort d'Hortensius qui lui avait laissé une partie de sa grande fortune.

Hortensius donna le jour à trois enfants, deux fils et une fille, mais on ignore de quelle femme il les eut. L'un d'eux, Quintus Hortensius Corbio, fut, au témoignage de Valère-Maxime, un monstre d'impureté et de débauche (2). Proconsul en Macédoine, il embrassa avec ardeur le parti de Pompée, et se joignit à Brutus : fait prisonnier à la bataille de Philippes, il fut massacré sur le tombeau de Caïus Antoine, frère du triumvir (3).

L'autre fils, Marcus Hortensius Hortalus, dissipa sa fortune et tomba dans une misère profonde. Auguste lui fournit les moyens de nourrir sa famille (4); mais ce secours ne lui suffisant pas, il fut réduit à implorer l'assistance du sénat (5).

La fille seule, Hortensia, se montra digne de son père. Les triumvirs avaient condamné quatorze cents dames romaines, sans doute les femmes des citoyens

(1) Plut., *in Caton.* 59.

(2) III, 5 n° 4; V, 9 n° 2. Il est question de lui dans Cic. *Ad Attic.* VI, 3; X, 4, 18.

(3) Cic., *Philipp.* X, passim. — Plut. *in Brut.* 22 ; *in Auton.* 22.

(4) Tacit. *Ann.* II, 37, 38.

(5) Tacit. *loc. cit.* — Suet. *in Tiber.* 47.

le plus compromis dans le parti vaincu , à supporter
les frais de la guerre dans la proportion de leur revenu : Hortensia porta la parole en leur nom, et
Quintilien assure qu'elle parla très-bien (1). Son discours eut pour résultat de faire réduire à quatre
cents le nombre des dames soumises au paiement de
la taxe (2).

Hortensius mourut à 64 ans, sous le consulat de
Paullus et de Marcellus, en 703, quelques mois avant
le passage du Rubicon. Il ne fut donc pas témoin
des dernières luttes sous lesquelles succomba la
vieille République romaine. Par ses talents oratoires,
par le rang qu'il occupa dans les hautes magistratures de son pays, il s'était acquis des droits au souvenir de la postérité; mais fût-il mort citoyen obscur,
il suffirait à sa gloire d'avoir inspiré la magnifique
oraison funèbre que Cicéron déposa sur sa tombe à
peine fermée :

« Lorsque j'appris à Rhodes la mort d'Hortensius,
à mon retour de Cilicie, mon âme fut navrée d'une
douleur que je ne saurais exprimer. Je me voyais
privé d'un ami que d'excellentes relations et un
échange non interrompu de services m'avaient rendu
bien cher, et je m'affligeais de voir notre collège des
augures déchu en dignité par cette perte fatale. Je
me rappelais qu'il m'avait présenté à ce collège, qu'il

(1) I, 1.
(2) Appian. , *Bell civ.* IV. — Val Max. VIII , 3.

m'y avait fait agréer sous la garantie de son serment,
et qu'il avait présidé lui-même à ma réception : à ce
titre, et d'après les règles de l'institut, je devais le
vénérer comme un père. Ma douleur s'augmentait
encore à cette pensée, que dans une pénurie extrême
de citoyens honnêtes et dévoués, cet homme d'élite,
avec qui j'étais le plus étroitement uni par une entière communauté d'opinions, était enlevé à la République au moment où elle aurait eu le plus grand
besoin de l'autorité de son nom et de la sagesse de
ses conseils. Enfin, je m'affligeais d'avoir perdu, non
comme on le pensait généralement, un antagoniste
jaloux de ma gloire, mais un confrère excellent, un
associé à de nobles labeurs. Si nous savons que
d'illustres poètes ont pleuré d'autres poètes, illustres
comme eux, de quelle douleur ne devait pas m'accabler la mort de cet orateur avec qui la lutte était
plus glorieuse que n'aurait pu l'être l'absence de tout
adversaire désertant le champ du combat ; surtout,
lorsque loin d'avoir jamais cherché à nous susciter
réciproquement des obstacles, nous nous étions constamment assistés par un échange de communications,
d'avertissements et de bons offices.

« A vrai dire, Hortensius, heureux en quelque sorte
jusqu'à son dernier jour, s'est retiré de la vie plus à
propos pour lui que pour ses concitoyens, et il est
mort alors qu'il lui eût été plus facile de pleurer sur
le sort de la République, que de lui venir en aide ;
il a vécu aussi longtemps qu'il a été permis de vivre
à Rome avec honneur et sécurité. Puisque nous ne

sommes pas maîtres de retenir nos larmes , qu'elles
coulent sur nos propres misères, aggravées par sa
perte; mais donnons à sa mort, venue en un temps
si opportun pour lui, plus de félicitations que de pitié,
afin que le souvenir de cet homme aussi heureux
qu'illustre ne paraisse pas éveiller en nous plus d'é-
goïsme que de regrets (1). »

---

(1) Cic., *Brutus*, 1. Cet admirable morceau, bien étudié, révèle le
secret des relations qui existèrent entre Cicéron et Hortensius.

DOMITIUS AFER.

Domitius Afer naquit à Nîmes (1), sous le règne de
d'Auguste.

Un érudit a voulu placer sa famille dans la *gens
Domitia,* dont une des branches les plus célèbres,
celle des Ænobarbus, parvint à l'empire dans la personne de Néron, et comme les Domitius Ænobarbus
ne portèrent jamais d'autres prénoms que ceux de
Lucius ou de Cnéius (2), notre Domitius a été gratifié du prénom de Cnéius, sans autre autorité que
le désir de rendre plus vraisemblable sa noblesse de
race. Bayle (3) se borne à contredire cette opinion,
sans donner aucun motif de la sienne. Quant à nous,
nous éprouvons peu de regrets à laisser la difficulté
pendante, et le mérite personnel d'Afer est à nos yeux
son plus beau titre de noblesse. Quoi qu'il en soit, pa-

(1) Euséb., *Chron.* Ann. Domin. 46.
(2) *Voy.* la curieuse origine de cette particularité dans Suétone, Néron, 1.
(3) *Diction. crit.* V° *Afer.*

tricienne, anoblie ou nouvelle, la famille d'Afer dut occuper à Rome une position élevée, car tout porte à penser que s'il vit le jour dans la Première Narbonnaise, ce fut par une circonstance purement fortuite, et alors que son père y remplissait des fonctions au nom du gouvernement impérial.

Domitius Afer fut élevé à Rome, et on le destina au barreau. Cette carrière n'avait plus alors ces vastes proportions qui laissaient tant d'espace aux générations républicaines; cependant il y croissait encore quelques palmes, car le forum était resté debout à côté des ruines de la tribune aux harangues. Mais combien les hommes et les choses étaient changés! La faveur du peuple avait fait place à la faveur du prince, et si les succès de parole étaient encore un moyen de considération, ils avaient cessé d'être un acheminement certain aux magistratures élevées. A ces causes publiques, dans lesquelles s'agitaient naguère de si grands intérêts et de si énergiques passions, succédait le calme énervant des contestations privées; et déjà les devoirs de l'ancien patron avaient complétement disparu devant l'assistance de l'avocat, descendue, sauf de très-rares exceptions, à l'état de profession salariée. Plus de ces débats en place publique, à la face du soleil, au milieu d'une population pressée, haletante, enthousiaste; mais des procès vulgaires dans les quatre chambres des centumvirs. Le barreau ne pouvant plus donner le pouvoir, on lui demandait la fortune et les jouissances qui l'accompagnent. Bientôt, il est vrai, la tyrannie om-

brageuse du prince, ou les capricieuses défiances de
ses favoris devaient, en engendrant la race immonde
des délateurs, offrir à l'avocat l'occasion de relever
la gloire de son ministère par le dévouement d'une
défense entourée de périls ; mais la corruption, née
du développement excessif des appétits sensuels, ne
tarda pas à dégrader les ames, et il devint plus facile
de trouver des orateurs pour appuyer la délation que
pour la combattre.

L'éloquence judiciaire devait se ressentir de l'altération des mœurs. Cicéron, placé au sommet de cette
pente rapide d'où l'art oratoire tendait déjà à se précipiter, avait su le retenir à force de travail et de
goût, sans réussir cependant à dissimuler un premier
mouvement de décadence ; mais Cicéron avait cessé
de vivre depuis cinquante ans, et il lui était arrivé
de laisser des successeurs plus habiles à recueillir ses
défauts que les brillantes qualités sous lesquelles il
était parvenu à les voiler. Le genre asiatique, dont il
avait spirituellement signalé les vices sans les tous
éviter, avait rapidement envahi le barreau et livré les
tribunaux aux subtilités de l'école grecque, dégénérée
de son ancienne splendeur. Cependant il est juste de
constater que ce mal avait produit un bien. Détournés
de la plaidoirie, que la faveur du peuple avait délaissée, quelques hommes sérieux dirigèrent leurs
travaux du côté de la science du droit, et Rome vit
apparaître ses premiers jurisconsultes, en dehors de
la corporation pontificale : Antistius Labeo, Attéius
Capito, Coccéius Nerva, Massurius Sabinus, Cassius

Longinus illustrèrent les règnes d'Auguste et de Tibère. Mais comme si la science devait, même à son
origine, porter l'empreinte de l'époque de décadence
dans laquelle elle s'est produite, ces jurisconsultes ne
purent se soustraire à cette manie de controverse er-
goteuse qui devait tant contribuer un jour à la dissolution de l'Empire. Labeo et Capito furent consti-
tués chefs de secte, et la dispute s'introduisit dans le
droit presque en même temps que dans le cirque. Un
autre résultat de la désertion du forum fut de porter
quelques esprits d'élite vers la poésie, encouragée par
les grâces du prince; et peut-être est-ce à cette cause
que nous devons Virgile et Horace.

Tel était l'état du barreau romain lorsque Domitius y parut. Nourri de fortes études classiques, instruit des vieilles traditions, admirateur passionné des
Crassus, des Cotta, des Antoine, des Cicéron, il conçut le hardi projet de restaurer l'art oratoire, sans
s'apercevoir que la source s'en était presque entièrement perdue sous les ruines du gouvernement populaire. Ses débuts, qui eurent lieu au commencement
du règne de Tibère, offrirent tout l'attrait de la nouveauté à un auditoire peu accoutumé à la sobriété du
discours et à la vigueur de la pensée. A une stérile
combinaison d'antithèses et de figures de mots du
même genre, il substitua une certaine rudesse de langage qui imprimait à la période un remarquable caractère de concision et d'énergie. Il affectait surtout
cette manière dans les exordes, et il fuyait les modu-
lations délicates, au point de les rejeter quand elles

se présentaient naturellement (1). Ses qualités dominantes étaient l'ordre et la netteté (2).

La sévérité de son style n'excluait cependant pas la grâce de la pensée; il n'avait en horreur que cette sollicitude exagérée de la période enseignée dans les écoles des rhéteurs, que ce culte superstitieux pour l'agencement des syllabes, trop pratiqué par Cicéron lui-même, et poussé jusqu'au ridicule par ses imitateurs. Aux froids jeux de mots qui consistent dans la transposition d'une lettre, ou dans le double sens d'une expression, il préféra la finesse du trait, et il possédait un talent merveilleux pour assaisonner la narration de tours spirituels, d'aperçus plaisants et gracieux. Ses bons mots étaient piquants, mais toujours remplis d'urbanité; l'ironie s'y montrait quelquefois, mais sans être blessante pour celui qui en était l'objet. On en publia un recueil (3). Comme leur principal mérite gît ordinairement dans la finesse d'une allusion aux mœurs du temps, dans l'à-propos d'un contraste local, dans l'atticisme d'une comparaison tirée du caractère des personnes, la plupart de ceux qui nous ont été conservés perdraient beaucoup à être reproduits dans une traduction. Nous en citerons néanmoins quelques-uns.

Longus Sulpicius, avocat horriblement laid (*fœdissimus*), contestait devant les centumvirs la liberté

---

(1) Quintil., IX, 4.
(2) *Id*. XII, 10.
(3) *Id*. VI, 3.

du client d'Afer : Voyez cet individu, s'écria-t-il, il
n'a pas même la figure d'un homme libre. — Pensez-
vous bien ce que vous dites, répartit Afer, et croyez-
vous sérieusement que tout porteur d'une mauvaise
figure ne puisse pas être libre (1)?

Un avocat, nommé Julius Gallicus, plaidait un jour
devant Claude qui donnait audience sur les bords du
Tibre : ayant irrité le prince, celui-ci le fit jeter dans
le fleuve. Quelques jours après, un client de Gallicus
apporta son affaire à Domitius, le priant de la plaider devant l'empereur : Qui vous a dit, lui répondit
Afer, que j'étais meilleur nageur que Gallicus (2)?

Didius Gallus, qui avait déployé toutes les ressources de la brigue pour obtenir l'administration
d'une province, se plaignait, après le succès, de violences faites à ses goûts : Allons, lui dit Domitius,
résignez-vous dans l'intérêt de la République.

Un plaideur, peu reconnaissant des services qu'il
lui avait rendus, feignait un jour de ne pas l'apercevoir au barreau : il lui fit dire qu'il ne l'avait pas vu,
et de continuer à l'aimer.

Il avait fait son testament depuis longtemps, lorsqu'un ami de fraîche date, qui espérait obtenir de lui
quelque legs, mais qui n'osait pas aborder de front
la question, imagina de lui demander, en manière de
consultation, s'il serait convenable d'engager une
personne, à la bienveillance de laquelle il croyait

(1) Just.-Lipse, *Var. lect.* 1, t ; Quintil. *ibid.*
(2) Dio Cass. LX, p. 790.

avoir des droits, et qui avait déjà testé, de faire un nouveau testament : Gardez-vous en bien, lui répondit délicatement Domitius, vous la blesseriez.

Afer fut l'avocat le plus célèbre de son temps, et le barreau, secoué par lui de sa longue léthargie, lui dut plusieurs hommes éminents qui furent ses adversaires, ou lui prêtèrent le concours de leur assistance dans toutes les causes de quelque importance. Crispus Passiénus, Décimus Lélius, et surtout Julius Africanus se firent remarquer à ses côtés, et ce dernier fut presque digne de marcher son égal. On cite parmi ses succès les plus éclatants, la défense de Cloantilla (1), accusée d'avoir donné la sépulture à son mari, trouvé mort parmi les rebelles qui avaient pris part à la révolte de Scribonianus contre Claude. La cause fut solennellement plaidée devant l'Empereur qui prononça l'acquittement de Cloantilla. Afer termina sa plaidoirie par cette apostrophe aux enfants de sa cliente : Et cependant, enfants, gardez-vous de ne point donner à votre mère les honneurs de la sépulture (2).

Nous avons essayé de faire connaître la manière de cet orateur d'après les rares documents qui nous sont restés; ajoutons qu'il parlait avec gravité et len-

(1) *Domitilla*, selon Zumpt, suivi par Meyer, *Fragm orat.* p. 567. Nous avons conservé la leçon de Spalding et de Lemaire.

(2) Quintil. VIII, 5; IX, 2, 3 et 4. Nous ne savons par quelle interprétation de ces trois passages, Meyer (*loc cit*) a pu conclure que Cloantilla était accusée par ses fils, par son frère et par les amis de son père.

teur (1), et qu'il mettait au premier rang des devoirs
de l'avocat une étude approfondie des faits de la
cause (2). Ennemi de tout charlatanisme, il déplorait
l'usage, introduit de son temps, d'avoir dans les tribunaux une cohorte de mercenaires stipendiés pour
applaudir des passages signalés d'avance à leur admiration de commande. Pline le Jeune raconte à ce sujet une particularité qu'il tenait de Quintilien, et qui
mérite d'être rapportée. Afer plaidait aux Centumvirs, lorsqu'il entendit partir d'une salle voisine une
clameur immodérée et insolite ; étonné il s'arrêta ; le
bruit ayant cessé, il reprit la suite de son discours.
Les cris se firent entendre de nouveau, de nouveau
il se tut ; le silence rétabli, il continua. Enfin interrompu une troisième, puis une quatrième fois, il demanda qui plaidait à l'autre chambre ; on lui répondit
que c'était Licinius : Centumvirs, s'écria-t-il alors,
voilà les coups sous lesquels l'art doit succomber (3) !

Nous aimerions à renfermer dans cette courte esquisse notre étude sur cet orateur, mais l'inexorable
vérité a des exigences dont il n'est pas permis de
s'affranchir. Parmi les malheurs de ces temps de dé-
bordements inouïs où vécut Domitius Afer, il en est
un dont l'observateur est surtout douloureusement
affecté : c'est que bien peu d'hommes illustres de
cette époque eurent en eux assez de courage et de

(1) Plin. *Epist.* II , 14.
(2) Quintil. V , 7.
(3) Plin. , *ibid* loc. cit.

vertu pour se maintenir à l'abri de la corruption et
de la servilité. La contagion du vice inocula le germe
du mal dans ces natures d'élite, et souvent la peur de
la mort en amena le développement. Sous Auguste,
Virgile ne fut que flatteur, il eut peut-être été délateur sous Néron. Qui croirait que cet homme dont la
parole était sans fiel, au rapport de Quintilien (1), qui
sut toujours concilier la vivacité d'un esprit incisif
avec les égards dus aux personnes, qui paraissait
avoir voué à l'art les jours de toute sa vie, qui se
plaisait à répéter que le prince qui veut tout savoir
doit beaucoup pardonner (2), qui croirait qu'Afer
eût consenti à se faire le complice des vengeances de
Tibère?

Ecoutons cependant le témoignage de Tacite.

Agrippine était devenue odieuse à l'empereur ; pour
préparer sa perte dans l'avenir, on intenta des poursuites contre Claudia Pulchra, sa cousine. Domitius
Afer fut l'accusateur. Récemment sorti de la préture,
en possession d'une considération médiocre, impatient de se faire connaître, même par une mauvaise
action, il imputa à Claudia des déréglements, un
adultère avec Furinus, des maléfices et des projets
d'empoisonnement contre le prince ; Claudia et Furinus furent condamnés. S'il faut en croire la même
autorité, ce fut dans cette affaire que Domitius révéla
son génie. Tibère, à cette occasion, le déclara disert

(1) Quintil. VI, 3.
(2) Quintil. VIII, 5.

dans le droit qui lui convenait, *in suo jure diser-
tum* (1).

La sévérité de l'historien est en rapport avec la
gravité de l'imputation ; mais ne se pourrait-il pas
que les faits, dont Tacite ne fut pas le contemporain (2), eussent été altérés ou présentés sous un jour
plus odieux encore qu'ils ne le méritaient? Dion
Cassius nous apprend qu'Agrippine ne conserva aucun ressentiment contre Afer, qu'elle considéra
comme un instrument purement passif. S'étant aperçu
un jour qu'il affectait de l'éviter, elle le fit appeler
et lui dit : Rassurez-vous, Domitius, je sais que vous
n'êtes point l'auteur de toutes les persécutions dirigées contre moi, mais Agamemnon (3). Il semblerait
qu'on doit trouver dans ces paroles de la veuve de
Germanicus, sinon la justification de l'accusateur de
Claudia, du moins l'atténuation d'un rôle infâme qui
n'aurait été accepté que sous la pression d'une contrainte morale.

Cependant ce grief n'est pas le seul que l'histoire
ait précisé contre notre orateur; laissons encore parler Tacite, sans essayer d'affaiblir l'énergie de son
récit : « Si le zèle des grands, dit-il, et les largesses
du prince apportèrent quelqu'adoucissement à ces
maux, il n'en exista point contre la furie des accusa-

---

(1) Tacite , *Ann.* IV, 52.
(2) Il était né quatre ans après la mort d'Afer.
(3) Dion *Hist Rom.* LIX , 19. Θάρσει, Δομίτιε, οὐ γὰρ σύ μοί τούτων
αἴτιος εἶ, ἀλλ' Ἀγαμέμνων.

teurs, de jour en jour plus entreprenante et plus implacable. Domitius Afer, bourreau de Claudia Pulchra, se rua sur Varus Quintilius, son fils, homme riche et proche parent de l'empereur. Personne ne s'étonna de voir Domitius, longtemps pauvre, et qui déjà avait dissipé le salaire de sa première infamie, chercher de nouvelles ressources dans des crimes nouveaux (1). » Ce second fait est affreux et vient, il faut le reconnaitre, à l'appui du premier; à Dieu ne plaise que notre sollicitude pour un homme de génie nous fasse entreprendre de l'excuser : néanmoins qu'il nous soit permis de rappeler, d'après Tacite lui-même, qu'il fut un temps où le rôle d'accusateur devint une cruelle nécessité et souvent l'unique moyen de salut. Lorsqu'après une longue série de crimes effroyables, il fut accordé à l'empire romain quelques instants de trève dans l'intervalle qui sépara les deux monstres qu'on appelle Vitellius et Domitien, le sénat prit la tafdive résolution de sévir contre les délateurs; mais, dans sa justice, il crut devoir amnistier ceux qui s'étaient trouvés dans la terrible alternative de perdre des accusés ou de se perdre eux-mêmes : *qui perdere alios quam periclitari ipsi maluerunt* (2). Qui pourrait affirmer que Domitius, l'homme le plus éloquent du barreau, n'ait pas été placé lui-même entre l'accusation de Claudia et de son fils, et la crainte, peut-être la menace du ressentiment sauvage du monstre de Caprée? Vers cette époque,

(1) *Ann.* IV. 66.
(2) *Ibid.* VI, 42.

il est vrai, l'amour du devoir et l'énergie de la conviction engendraient des martyrs, mais il fallait aller les chercher dans les catacombes de la vieille Rome, comme si une foi quelconque n'eût pu vivre au milieu de cette société tombée en pourriture. A l'appui des doutes que l'on pourrait élever sur les récits de Tacite, ou du moins sur les conséquences qu'il en tire, ajoutons que Quintilien, l'homme de bien par excellence, qui avait beaucoup connu Domitius Afer, qui s'était inspiré de ses leçons et de ses exemples (1), ne laisse échapper aucun mot duquel on puisse rien induire de fâcheux contre la moralité de cet avocat. Ajoutons encore que l'auteur du *Dialogue des orateurs* a placé dans la bouche de l'un de ses interlocuteurs un éloge non équivoque de la *dignité de sa vie* (2).

Une anecdote, où le burlesque vient singulièrement se mêler à l'atroce, est bien propre à donner une idée des habitudes impériales, dans ces temps de désolation dont l'histoire restera pour attester jusqu'à quel degré d'avilissement la servitude peut ravaler l'humanité; en la rapportant, nous sommes tout-à-fait dans notre sujet. Caligula, ce fou furieux qui mourut avec le regret de n'avoir pas décoré son cheval des honneurs consulaires, eut la fantaisie cruellement grotesque de se porter personnellement accusateur de Domitius Afer. Afer avait élevé une

---

(1) Quintil., V, 7; VIII, 5.

(2) Cap. 13. Disons, à cette occasion, que ce passage du *Dialogue* est une puissante objection à opposer aux nombreux érudits qui veulent que cet opuscule appartienne à Tacite.

statue à l'empereur, avec cette inscription : *A Caius
César, consul pour la deuxième fois, à l'âge de vingt-
sept ans.* Ce qui, dans sa pensée, avait été une flatterie, fut un crime pour le tyran, qui vit dans ces
mots une censure de sa jeunesse et un reproche
d'avoir accepté le consulat avant l'âge fixé par les
lois. L'affaire fut portée devant le sénat. Caligula,
qui avait la prétention d'être le premier orateur de
l'Empire, récita avec emphase le plaidoyer qu'il avait
composé, heureux d'avoir à se mesurer avec la plus
grande célébrité du barreau. Ç'en était fait de Domitius, s'il se fût avisé de répondre. Il ne tenta point
de se justifier; mais feignant d'être ravi par l'éloquence de son accusateur, il se mit à répéter son
discours, s'arrêtant à chaque période pour en faire
ressortir la force et l'éclat ; puis, se prosternant tout
en larmes aux pieds du prince, il demanda grâce et
merci pour son crime, en protestant qu'il était plus
effrayé de l'éloquence de son adversaire que de sa
toute-puissance. Caius se laissa amollir par son
triomphe, et sur l'intercession de Callistus, un de ses
affranchis, dont Afer avait capté la bienveillance, le
coupable fut absous. Il y a mieux, Caligula l'appela
immédiatement au consulat, après avoir cassé les
consuls en exercice, sous un prétexte frivole. Comme
Callistus lui reprochait plus tard la futilité de son
accusation : Tu aurais donc voulu, lui dit l'empereur, que mon plaidoyer fût perdu (1)?

(1) Dio Cass *Hist. rom.* LIX, p 752.

Après avoir été l'aigle du barreau, Afer, devenu vieux, vit décliner rapidement l'autorité qu'il s'était acquise. Quoique son talent eut presque entièrement disparu, il persista à plaider, et cet homme, à qui la gloire avait si longtemps obéi, en vint jusqu'à exciter dans son auditoire des sourires de dédain ou de pitié, ce qui fit dire de lui qu'il préférait la chûte à la retraite, *deficere quam desinere* (1). Il cessa de vivre sous Néron, an 812 de Rome, (59 ans de J.-C.), après avoir vu le règne des cinq Césars qui succédèrent au dictateur (2). Eusèbe rapporte qu'il mourut à table, suffoqué par un excès d'aliments (3). On lui éleva une statue dans la ville de Nîmes (4).

Il avait laissé sur la preuve par témoins un ouvrage que Quintilien a plus d'une fois mis à contribution (5).

Afer eut deux enfants d'adoption, les frères Lucanus et Tullus. Après les avoir fait entrer dans sa famille, il devint l'ennemi de leur père, l'accusa, et obtint son exil. Cependant il leur laissa toute sa fortune qui était considérable. A ce sujet, Pline-le-Jeune nous apprend que cet événement, qu'il appelle la mésaventure d'Afer, causa une surprise générale. « D'une part, écrit-il, Afer avait eu pour héritiers, en vertu d'un testament verbal fait dix-huit ans avant sa mort,

(1) Tacit. *Ann.* IV, 52 ; Quintil. XII, 11.
(2) Tacit. *Ann.* XIV, 19.
(3) *Chron.* N° 2060.
(4) *Anthol. lat.* T. I, p. 265 , édit. de Meyer.
(5) Quintil. V, 7.

et sur lequel il avait certainement changé de volonté,
les enfants d'un ennemi dont il avait fait confisquer
les biens; d'autre part, Lucanus et Tullus retrouvaient
dans celui qui leur avait enlevé leur père, un second père et une opulente succession (1). L'opinion
de Pline sur les dernières volontés d'Afer est une
allégation, favorable à l'antithèse, mais repoussée par
toutes les vraisemblances. D'abord il est peu probable
que Domitius, versé dans la science du droit, eût fait un
testament nuncupatif, parce que ce mode de testament
n'était usité qu'en vue d'une mort imminente (2);
en second lieu, comment admettre qu'il n'eût pas
songé, après la perte de son ennemi, à révoquer
un testament fait depuis dix-huit ans? Pourquoi donc
attribuer à un accident ce qui peut être naturellement supposé le résultat d'une volonté réfléchie? Le
talent est trop rehaussé par le contact de la vertu,
pour qu'il soit permis de les séparer par des présomptions que rien ne justifie. S'il est vrai que Domitius Afer ait été mauvais citoyen, n'en concluons
pas qu'il fut mauvais père, et rappelons-nous sa tou-
chante allocution aux fils de Cloantilla : « Enfants,
quelles qu'en puissent être les suites, gardez-vous de
ne pas donner à votre mère les honneurs de la sépulture.

(1) *Epist.* VIII, 18.
(2) *Voy.* Suet. *Calig.* 38.

RÉGULUS.

Les documents que nous fournissent sur la vie de Régulus trois auteurs contemporains, Tacite, Pline-le-Jeune et le poète Martial, sont très-propres à donner une idée exacte des mœurs publiques et de la situation du barreau pendant la période qui s'est écoulée entre la mort de Caligula et le règne de Trajan, c'est-à-dire pendant un espace de cinquante-sept ans. Le trône impérial fut occupé dans cet intervalle par Claude, Néron, Galba, Othon , Vitellius, Vespasien, Titus, Domitien et Nerva.

Marcus Aquilius (1) Régulus naquit à Rome vers la

---

(1) Régulus est appelé *Marcus* par Pline-le-Jeune, mais une seule fois (*Epist.* 1 , 5) ; Tacite le nomme Aquilius (*Hist.* IV , 42). Cependant il y a identité évidente entre les deux personnages , comme on peut s'en convaincre en comparant ce qui est relatif à l'accusation du consulaire Crassus dans les deux passages auxquels nous renvoyons le lecteur. Martial , qui parle souvent de lui , ne le désigne que sous le *cognomen* de Régulus. Nous serions porté à croire que les copistes de Tacite se sont trompés, et que notre personnage se nommait Marcus *Attilius* Régulus, exactement comme le célèbre consul mort prisonnier des Carthaginois, dont il aurait été un arrière-

fin du règne de Caligula, environ 40 ans avant
J.-C. (1). Son père fut exilé par Claude ou par Néron ;
il le perdit peu de temps après, et ne recueillit de lui
aucun patrimoine, car ses biens avaient été distri-
bués à ses créanciers. Sa mère se remaria avec un
Messala.

On ne sait rien de son enfance ; mais la carrière
qu'il suivit prouve qu'il se livra aux études propres
à lui faciliter l'accès du barreau, où l'on voyait encore Décimus Lélius, Crispus Passiénus, Julius Africanus, et Domitius Afer, qui, pour n'avoir pas su se
retirer à temps, compromettait une grande réputation
oratoire. Régulus prenait âge d'homme à une époque
de dépravation où la richesse était le but des plus ardentes convoitises : pauvre, il voulut cesser de l'être,
et les moyens qu'il employa pour arriver à la fortune
révélèrent en lui une perversité qui ne se démentit
jamais.

Son premier acte fut de solliciter spontanément du
sénat un décret qui l'autorisât à se porter accusateur

neveu. Voici, très brièvement, sur quels motifs nous appuyons cette hypothèse : 1º Le père de Régulus occupait à Rome un rang élevé ; il mérita
d'encourir la haine de Néron ; 2º le prénom de Marcus etait propre à la *gens
Attilia* ; 3º la famille de l'ancien consul existait encore sous les Césars ;
4º la confusion graphique entre *Aquilius* et *Attilius* est facile ; 5º Régulus
étant un avocat renommé, les copistes ont pu le confondre avec plusieurs
jurisconsultes du nom d'Aquilius.

(1) Nous n'avons pas la date précise de sa naissance ; mais nous savons
qu'il débuta, jeune encore, par l'accusation de Crassus qui périt en 65
après J.-C. En supposant, par approximation, que Régulus eut alors vingt-
cinq ans, sa naissance serait reportée à l'an 40 après J.-C., c'est-à-dire
à la dernière année du règne de Caligula.

de Marcus-Licinius Crassus(1), personnage consulaire,
dont Néron voulait se débarrasser. Crassus fut condamné, et tué par ordre de l'Empereur (2). Il accusa
ensuite Salvidiénus Orphitus à qui Néron imputait à
crime d'avoir loué aux représentants de quelques
villes trois pièces de sa maison pour s'y réunir. Orphitus fut également condamné et puni du dernier
supplice (3). Sur ses poursuites, un autre personnage
illustre de ce temps, Camérinus, subit le même sort (4).
Tout porte à penser qu'il avait pris une part active
aux massacres qui suivirent la découverte de la conspiration ourdie contre Néron en faveur de Pison. On
lui imputa aussi d'avoir soudoyé l'assassin de ce dernier, après le meurtre de Galba, et d'avoir déchiré sa
tête avec les dents. Ces actes odieux lui valurent le
sacerdoce, la questure, la riche dépouille de Crassus,
et sept millions de sesterces (5).

(1) Ce Crassus était un arrière petit fils, au cinquième degré, de Marcus
Licinius Crassus, orateur, le plus riche des Romains, mort en 701 de Rome.
   (2) Tacit., *Hist.* IV, 42.
   (3) Tacit., *loc cit.* — Suétone. (*in Neron.* 37) indique le grief de Néron,
mais ne dit pas qu'Orphitus fut condamné. Ailleurs (*in Domit.* 10), il fait
périr par ordre de Domitien un Salvidiénus Orphitus, accusé de conspiration.
S'il s'agit du même personnage, il y a évidemment contradiction entre Suétone et Tacite, car ce dernier historien place la mort d'Orphitus avant le règne de Vespasien.
   (4) Pline, *Epist.* I, 5. Nous n'avons pu savoir quel était ce Camérinus.
Tacite (*Ann.* XIII, 52), parle d'un Sulpicius Camérinus, ancien proconsul
en Afrique, accusé devant Néron ; mais il fut absous parce qu'il était riche,
vieux et sans enfants. Le même historien mentionne (*Hist* II, 72), un
Scribonianus Camérinus qui s'enfuit en Istrie, effrayé par la cruauté de Néron ; mais il résulte de ce passage qu'il ne fut ni condamné ni mis à mort
   (5) 1,400,000 fr. Tacit. *loc cit.*

A l'avènement de Vespasien à l'empire, Rome respira enfin, et le sénat, trop souvent complice des fureurs du prince, eut honte de sa propre lâcheté. Sur la proposition de quelques-uns de ses membres, chaque sénateur fut tenu d'affirmer avec serment qu'il n'avait rien fait, sous les derniers règnes, qui fût de nature à compromettre la sûreté des personnes, et qu'il n'avait retiré aucune récompense pécuniaire ou honorifique des calamités privées. Comme Régulus éludait les termes du serment, et qu'on le lui faisait remarquer, Vipstanus Messala, son frère utérin, qui n'avait point encore voix délibérative, à cause de son âge, fit entendre en sa faveur des paroles de commisération attestant une éloquence précoce et un profond dévouement. Quelques sénateurs se laissaient toucher, lorsque Curtius Montanus accabla Régulus par l'énergie de ce discours : « Admettons, si l'on veut, s'écria-t-il, l'excuse de ces misérables qui allèguent la nécessité où ils se seraient trouvés de racheter leur vie par le sacrifice de celle d'autrui ; mais toi, Régulus, l'exil de ton père, la distribution de ses biens à ses créanciers, ta jeunesse qui ne te permettait pas d'aspirer aux honneurs, tout te mettait à l'abri des appréhensions, ou de la cupidité de Néron. C'est donc poussé par la passion dépravée du sang et par l'appétit insatiable de l'or (*libidine sanguinis et hiatu proemiorum*) que tu t'es souillé d'un meurtre célèbre, inaugurant ainsi un jeune talent que la défense d'un accusé n'avait point encore éprouvé. C'est donc sous l'empire de ces

odieux instincts, qu'engraissé de dépouilles consulaires pillées dans le cortége funèbre de la République,
que gorgé de sept millions de sesterces, on t'a vu, tout
resplendissant de la gloire du sacerdoce, précipiter
dans une ruine commune des enfants innocents, de
nobles vieillards, des femmes illustres ; qu'on t'a entendu gourmander Néron sur sa molle lenteur, parce
qu'il se fatiguait, parce qu'il fatiguait les délateurs à
frapper chaque maison l'une après l'autre, tandis
qu'il lui suffisait d'un seul coup pour anéantir le sénat tout entier. Conservez parmi nous, pères conscrits,
et tenez en réserve un homme aux avis si expéditifs,
afin que chaque génération ait son modèle sous les
yeux, et que la jeunesse d'à-présent suive l'exemple
de Régulus, comme nos vieillards ont suivi celui de
Marcellus et de Crispus (1). » Régulus fut chassé du
sénat.

Ici, nous le perdons de vue jusqu'au règne de Domitien. Le métier de délateur et d'accusateur fut peu
productif pendant les douze années qui s'écoulèrent
sous Vespasien et Titus (2) : Régulus les employa à se
créer une position au barreau. On y voyait alors, au
premier rang, Satrius Rufus, Pompéius Saturninus,
le jeune Suétone, auteur de la vie des Césars, Salvius Libéralis, Claudius Marcellinus, Cornélius Tacite,
le grand historien, Caius Fronto, père du maître de

(1) Tacit. *loc cit*.

(2) Ce dernier prince faisait fouetter les délateurs sur la place du forum.
Suet. *in Tit*. 8.

Marc-Aurèle, Tuscilius Nominatus, Claudius Resti-
tutus, et quelques autres orateurs distingués. Mais au
milieu d'eux, et les dominant, s'élevait Pline-le-Jeune,
l'avocat le plus spirituel, le plus éloquent, le plus
honnête de son temps : il eut avec Régulus, qu'il
méprisait, des rapports fréquents commandés par des
occupations communes, et c'est lui qui nous fournira
désormais la plupart des détails propres à faire connaître la nature du talent de son confrère, les actes
de sa vie publique et ses habitudes privées.

Régulus s'était livré, non sans quelques succès, à
la plaidoirie des affaires civiles pendant le trop court
espace de temps où il fut donné à Rome de se reposer de la tyrannie impériale. Mais il n'avait ab-
diqué aucun de ses mauvais penchants, et il n'attendait qu'une nouvelle occasion de les satisfaire. Elle
ne tarda pas à se présenter : Domitien parvint à
l'Empire, et l'on sait qu'il se chargea des vengeances
de Néron. La race immonde des délateurs reparut
sous ce prince, plus implacable qu'elle ne l'avait jamais été. Régulus reprit son odieux métier, mais en
se bornant aux délations occultes. Il dénonça Rus-
ticus Arulénus, pour avoir écrit que Thraséas, une
des victimes de Néron, était « le plus vertueux des
hommes », et fut la cause de sa perte. Après sa mort,
il récita en public et distribua un libelle où, entre
autres injures, il l'appelait *singe des stoïciens* (1).
Herennius Sénécion, coupable d'un crime du même

_____

(1) Tacit. *in Agricol.*, 2, 45. Suet *in Domit.*, 10. Plin *Epist.* 1, 5.

genre (1), avait été condamné sur les poursuites de Métius Carus : son supplice n'avait point assouvi la haine que lui portait Régulus, et il se répandit en invectives contre sa mémoire, ce qui lui valut cette horrible apostrophe de Carus, autre délateur de son espèce : « Qu'y a-t-il de commun entre vous et mes morts? est-ce que je vais, moi, tourmenter Crassus ou Camérinus ? » (2).

Régulus inspirait de la terreur même à ses confrères, et il était prudent de se tenir sur ses gardes dans les relations d'affaires qu'on avait avec lui. Laissons raconter à Pline ce qui lui arriva au tribunal des Centumvirs. « Je l'avais pour adversaire, écrit-il à un de ses amis, dans un procès que je plaidais pour Arionille, femme de Timon. Comme j'argumentais, dans l'intérêt de ma cause, d'une sentence rendue par Métius Modestus, homme d'une haute probité que Domitien avait exilé, il m'adressa cette question : *Pline, que pensez-vous de Modestus?* Voyez à quel danger je m'exposais si j'eusse répondu que je pensais du bien de Modestus, et à quelle honte si j'eusse répondu le contraire. *Je répondrai à votre question,* lui dis-je, *quand les centumvirs auront à la juger.* Il insista : *Je vous demande, reprit-il, ce que vous pensez de Modestus?*

---

(1) Il avait fait l'éloge d'Helvidius Priscus , gendre de Thraséas. Tacite. *Hist.* XVI, 28 ; Id *Agric.* II , 45.

(2) Quid tibi cum meis mortuis ? Num quid ego aut Crasso aut Camerino molestus sum ? Plin. *Epist.* 1 , 5. S'il est vrai, comme des commentateurs l'ont pensé , que Juvénal ait voulu désigner Régulus dans sa première satyre, vers 33 , Carus aurait été encore moins redoutable que lui.

Jusqu'à présent, répliquai-je, *on était dans l'habitude d'interroger les témoins sur les accusés et non sur les condamnés.* Il revint à la charge : *Je ne vous demande pas précisément*, ajouta-t-il, *ce que vous pensez de Modestus lui-même, mais ce que vous pensez de son dévouement à Domitien.* — *Je pense*, lui répartis-je, *qu'il n'est pas permis de remettre en question la chose jugée.* Déconcerté par tant de présence d'esprit, il se tut (1). » Un pareil dialogue peint toute une époque : quels temps et quels hommes !

Indigné de tant de perversité, Pline brisa toute relation avec son confrère. A la mort de Domitien, qui eut lieu peu de temps après, Régulus eut peur des légitimes ressentiments qu'il avait soulevés autour de lui, et sentit la nécessité de faire sa paix avec Pline, dont le crédit devait être puissant sous le règne d'un prince honnête homme. Il eut recours à des intermédiaires dont les démarches contraintes restèrent sans résultat; enfin il rencontra Pline dans la salle du préteur, s'attacha à ses pas, l'aborda avec embarras, puis le tirant à l'écart : « J'ai quelque crainte, lui dit-il, d'avoir blessé votre susceptibilité, le jour où je dis, aux centumvirs, que dédaignant l'éloquence de notre siècle, vous aviez la prétention de vous poser en émule de Cicéron. » Il voulait donner le change à son interlocuteur. « Puisque vous avez si bien conservé le souvenir de ces paroles auxquelles je n'avais pas pris garde, lui répondit Pline, comment

(1) Plin. *Epist.* 1 , 5.

se fait-il que vous ayez oublié certaine question que vous m'adressâtes dans le même lieu sur le dévouement de Métius Modestus ? » Régulus, très-pâle de son naturel, pâlit encore davantage, et balbutia en manière d'excuse qu'il n'avait pas eu l'intention de nuire à Pline, mais seulement à Modestus, qui, dans une lettre lue à Domitien, l'avait appelé le plus méchant de tous les bipèdes, *omnium bipedum nequissimus* (1). Les explications en demeurèrent là, et il ne paraît pas que la réconciliation se soit jamais opérée.

La délation ne rapportant plus rien, Régulus se mit à courir le chevet des mourants pour capter des libéralités. Son impudence dans l'exercice de cette industrie à la mode dépassa toutes les bornes : on le vit solliciter les bienfaits de veuves dont il avait persécuté les maris, recourir à des pratiques superstitieuses pour inspirer aux malades une sécurité trompeuse, contraindre une personne expirante à ouvrir son testament pour lui léguer les vêtements qu'elle portait (2).

Il s'enrichit par son infamie, et sa fortune s'éleva à un chiffre énorme. Il racontait lui-même qu'ayant offert un sacrifice aux dieux dans le but de savoir s'il posséderait un jour soixante millions de sesterces (12,000,000 de fr.), les entrailles de la victime s'étaient trouvées doubles, circonstance heureuse qui lui promettait deux fois cette somme. Il possédait

---

(1) Plin. *loc. cit.*

(2) Plin. *Epist.* II, 20. Cet auteur raconte trois anecdotes curieuses.

des fermes ou des villas en Ombrie, en Toscane, à Tusculum et dans le voisinage de Rome (1). Naturellement avare, il fut quelquefois généreux par ostentation, et parvint ainsi à se donner les airs d'un grand personnage.

S'il faut en croire Pline, son talent comme avocat ne fut guères au-dessus de sa probité comme citoyen. Il avait l'haleine courte, la bouche pâteuse, la langue embarrassée, la pensée lente, la mémoire nulle, et beaucoup d'extravagance dans l'esprit. Il se vantait d'être pressant dans la discussion, de sauter inopinément à la gorge de son adversaire, et de l'étrangler : la vérité est qu'il avait du nerf; mais il en usait souvent à contretemps (2). Ainsi dépourvu de tout mérite oratoire, il s'acquit pourtant une grande réputation aux yeux de certaines gens, ce qui fit dire très-spirituellement à Hérennius Sénécion que *l'orateur est un malhonnête homme, inhabile dans l'art de parler* (3). Son audace, la crainte qu'il inspirait, ses libéralités calculées lui avaient valu une sorte de considération extérieure. Il ne revenait jamais de l'audience sans être escorté d'une foule de clients (4). Le poète Martial fut un de ses flatteurs les moins réservés : il chanta *sa gloire égale à sa sagesse, son respect pour les*

(1) Mart *Epig*. VII, 31.

(2) Plin. 1, 20.

(3) Plin. IV, 7 : Vir improbus non dicendi peritus. C'est le renversement piquant de cette définition de l'orateur attribuée à Caton : Vir probus dicendi peritus.

(4) Mart. *Epigr*. II, 74.

Dieux égal à son génie (1); il célébra *son éloquence* (2),
supérieure à celle de Cicéron (3); il le proclama l'arbitre du goût (4); il caressa ridiculement sa vanité dans
la personne de son enfant, qui, dès l'âge de deux ans,
*abandonnait le sein maternel pour applaudir aux triom-
phes de son père* (5). En lisant ces témoignages pompeux d'estime et d'admiration, on serait tenté de sus-
pecter la sincérité de Tacite et de Pline, si l'on ne se
rappelait que Martial fut aussi l'adulateur de Domitien
qu'il déchira après sa mort. Lui-même, au surplus, a
pris soin de nous révéler, avec une sorte de cynisme,
le secret de son panégyrique : « Il n'y a pas un as à
la maison, dit-il à Régulus; il ne me reste plus pour
unique ressource que de vendre les présents dont vous
m'avez gratifié. Voulez-vous les acheter? (6) »

Régulus avait un certain amour de son art, et se
livrait à l'étude avec ardeur. Il apportait du soin à
l'examen des affaires, et écrivait la plupart de ses
plaidoyers. Il aimait à parler longtemps et ne manquait jamais de se recruter des auditeurs disposés à
l'applaudir. Cet homme, qui, sous deux règnes, avait
été la terreur des honnêtes gens, tremblait et pâlis-
sait en parlant. Poussant la superstition jusqu'au
ridicule, il consultait les aruspices sur l'issue de ses
procès, et avait la singulière manie de se couvrir d'un

(1) *Ibid.* I, 112.
(2) *Ibid.* V, 28.
(3) *Ibid.* IV, 16.
(4) *Ibid.* V, 63.
(5) *Ibid.* VI, 38. *Voy.* aussi I, 13 et 83; II, 93; V, 10; VII, 31.
(6) *Ibid.* VII, 16.

bandeau l'œil droit ou l'œil gauche, le droit s'il plaidait pour le demandeur, le gauche s'il plaidait pour le défendeur (1). Presque tous ses actes étaient empreints d'une bizarrerie qui procédait moins de l'originalité du caractère, que d'une excessive vanité et du désir de faire parler de soi. Il le fit voir surtout lorsqu'il perdit ce fils dont Martial avait célébré si hyperboliquement l'intelligence précoce. Son chagrin fut rempli de faste et d'ostentation. Cet enfant avait un grand nombre de petits chevaux de trait et de selle, des chiens de toutes tailles, des rossignols, des perroquets, des merles : Régulus fit égorger tous ces animaux sur son bûcher (2). Il mit en réquisition tous les artistes de Rome pour avoir son image en cire, en bronze, en argent, en or, en ivoire, en marbre; il composa sa vie, la lut lui-même dans une assemblée nombreuse qu'il avait convoquée, et en répandit à profusion des exemplaires dans l'Italie et dans les provinces, avec recommandation, par une lettre circulaire, de la faire lire en public par les meilleurs déclamateurs (3).

Il mourut à un âge avancé, sous le règne de Trajan, laissant quelques ouvrages (4) qui ne sont point arrivés jusqu'à nous.

———————

(1) Plin. VI. 2.
(2) Ibid. IV, 2.
(3) Ibid. IV, 7.
(4) Ibid. 1, 5.

PROCÈS DE CLODIUS.

I.

Le 5 décembre 692 de l'ère romaine (62 ans avant J.-C.), sous le consulat de Junius Silanus et de Licinius Muréna, un mouvement inaccoutumé se faisait remarquer, de grand matin, dans les rues de Rome : des groupes animés se formaient au forum, et particulièrement dans la rue Sacrée ; des prêtres allaient et venaient dans différentes directions, s'abordaient avec une sorte d'anxiété, et s'entretenaient à voix basse. Sans doute quelque évènement extraordinaire se préparait ou s'était accompli ; mais quel était-il ? Déjà plusieurs versions circulaient : suivant les uns, il s'agissait d'une nouvelle conjuration tramée par les débris de la bande de Catilina ; d'autres parlaient du meurtre de Caton, l'adversaire inflexible de la loi agraire ; enfin il n'était sorte de suppositions auxquelles il ne fût donné cours, lorsque la porte du consul Silanus s'ouvrit pour laisser sortir Aurélia, mère de Caius Julius César. Cette vénérable matrone

marchait avec peine, soutenue par les femmes de sa
suite, et la douleur était peinte sur son visage. Son
fils, déjà cher au peuple, aurait-il succombé à quelque lâche embûche, et viendrait-elle d'en informer
le consul? La foule se presse sur ses pas, l'entoure et
l'interroge avec respect. «César vit encore pour le
peuple romain, s'écrie-t-elle, mais il lui demande
vengeance de l'outrage fait à son nom et à ses Dieux
domestiques. »

Quelques instants après, l'aventure qui venait de
se dénouer dans la maison de César était le sujet de
toutes les conversations.

A l'éclat d'une origine aussi ancienne que Rome
elle-même, Publius Clodius Pulcher (1) joignait tous

(1) Clodius appartenait à la *gens* Claudia. Il paraît impossible d'expliquer
d'une manière satisfaisante pourquoi l'orthographe du nom patronymique
des Claudiens se trouve changé dans la branche du Clodius dont il est ici
question. Nous avons lu quelque part que ce changement aurait eu lieu
lorsque Clodius sortit de son illustre famille pour entrer, par l'adoption,
dans celle du plébéien Fontéius ; mais cette explication, fort invraisemblable
en elle-même, est repoussée par la correspondance de Cicéron, antérieure
à l'adoption, où le nom de ce personnage est toujours écrit par un *O*. De
plus, les sœurs de Clodius sont constamment désignées sous le nom de
Clodia. Borghèse (*Giornale Arcadico*, 1825, p. 100 ; Orell, *Onomastic.*
p 160), pense que la substitution de l'*o* à l'*au* se rattache à un système
général d'orthographe amené par l'usage. Cette modification ne fut point
adoptée par la branche des Marcellus. Tous les auteurs latins ou grecs écrivent Clodius par un *O* ; cependant Dion a dit : Τίς Κλώδιος (ὃν Κλαύδιον
τινὲς ἐκάλεσον). (*Hist. Rom.* XXXV).

Le *cognomen* de Pulcher, qui appartenait à une branche des Claudiens et
qui remontait au fils d'Appius Cæcus (Schol. Bobb. Orel. p. 337) n'est attribué à Clodius que par Valère Maxime (IV, II, 5 ; III, V, 3) par César suivant Cicéron (Cic. *Pro domo*, 9), et par Appien, qui l'appelle Κλώδιος
Καλὸς. (II, n° 212). S'il faut en croire un fragment de Cicéron, conservé

les avantages que peuvent donner la richesse, l'élégance des manières et l'esprit. Si l'on ajoute à ces
moyens de séduction une forte dose de fatuité, le
goût de l'intrigue et la faveur du peuple, on ne s'étonnera pas sans doute de ses prétentions à être bien-
venu des femmes. Parmi celles qu'il avait distinguées,
on citait Pompéia, fille de Quintus Pompée, nièce de
Lucius Sylla, et femme de César. Celle-ci ne s'était
pas montrée insensible aux hommages de Clodius, et
tous les deux échangeaient une tendre correspondance par l'intermédiaire d'Abra (1), esclave de Pompéia. Ils s'étaient même, disait-on, rencontrés seuls
quelquefois ; mais la sévérité vigilante d'Aurélia avait
le plus souvent déjoué leurs projets d'entretien : cette
importune surveillance, loin de calmer la passion des
amants, ne faisait que l'irriter, et toutes leurs pensées
étaient tournées vers les moyens de la mettre en défaut.

Le jour approchait où les mystères de la Bonne
Déesse (2) devaient se célébrer dans la maison de

par le grammairien Nonius (V° speculum) et par le scoliaste de Bobio. (*In
Clod. et Cur.* Orel. p. 337), Clodius n'était pas beau, quoique *Pulcher* :
« Sed, credo, postquam tibi speculum allatum est, longe te a *pulchris*
abesse sensisti. ».

(1) Elle est ainsi nommée par Plutarque (*Vie de César*, 10). Le même
auteur l'appelle Αὔρα dans la *vie de Cicéron*, 47. On lit *Hibera* dans le
scoliaste de Bobio, mais Niebuhr pense que ce nom a été défiguré par le
copiste et qu'il faut lire Habra (Orel. p. 339.)

(2) La Bonne Déesse était, suivant les pays et les opinions, Fauna, Fa-
tua, Ops, Maïa Majesta, Cybèle, Cérès, Vénus Cottyto, etc. Il n'était pas
permis aux hommes de savoir son nom (Cic. *De arusp. resp.*, 17 ; Lactan.
Divin instit. I, 22.)

César, sous la direction de Pompéia, grande-prêtresse
honoraire, en sa qualité de femme du grand pontife.
Pendant cette cérémonie nocturne, d'où les hommes
étaient exclus, bien des choses se passaient propres à
favoriser le délire des sens; les dames romaines
allaient assister en grand nombre à celle qui se préparait, la plupart tout-à-fait inconnues entre elles.
Pourquoi Clodius, abdiquant pour une nuit les vêtements de son sexe, ne profiterait-il pas de cette
occasion pour se rapprocher de celle qu'il aime, à la
faveur d'un déguisement? Il est jeune encore, un
léger duvet s'aperçoit à peine sur son visage frais et
rosé : qui le reconnaitrait?

A la vérité, ce serait là une horrible profanation,
un sacrilège inouï; oui sans doute, mais l'Amour
veillera et saura prévenir le scandale qui est le crime
presque tout entier. C'en est fait, Clodius et Pompéia
se verront dans la maison d'Aurélia elle-même.

Par qui cet audacieux projet avait-il été conçu?
on l'ignorait. Mais en songeant à ce que l'entreprise
avait de romanesque et de périlleux; en se rendant
bien compte de cette passion, longtemps comprimée,
qui rêvait l'espoir de se satisfaire au milieu des pratiques de dévotion, des hymnes religieux, de l'exha-
laison des parfums, dans le sein de cette assemblée
de femmes séparées des hommes par une pensée qui
repliait leurs désirs sur elles-mêmes (1), on était
tenté d'en attribuer l'initiative à Pompéia, aidée des
ressources inventives de sa fidèle confidente.

(1) Voy. Horace, *Satyr*. VI.

Le 4 décembre, jour fixé par le rituel pour la célébration des mystères (1), était arrivé. Le soleil
avait à peine disparu sous l'horizon, que déjà femmes
et filles se rendaient avec recueillement au lieu désigné pour la cérémonie, dans la rue Sacrée. Une
esclave, placée à la porte de la maison d'Aurélia,
dans le péristyle intérieur, recevait chaque visiteuse,
et l'introduisait dans une vaste salle où devait s'accomplir le sacrifice. Une femme se présente, le visage
voilé avec soin; sa taille est élevée et son port majes-
tueux, quoique sa démarche trahisse un léger embarras.—Votre nom? lui dit Abra.—Néœra, de Milet,
choriste de la Bonne Déesse à son temple du mont

(1) Plutarque dit positivement que le sacrilège de Clodius eut lieu dans
l'année de la préture de César (*In Cœs.* 10) ; mais il se trompe , car César
fut préteur en 690, avant le consulat de Cicéron , et l'aventure de Clodius
est évidemment postérieure. Plutarque commet au surplus beaucoup d'er-
reurs sur cette affaire. Celle que nous signalons vient de ce que, dans la pensée de cet historien, les mystères de la Bonne Déesse ne devaient se célébrer
que dans la maison d'un consul ou d'un préteur (*Ibid.*) ; mais on sait , à
n'en pas douter , qu'ils pouvaient l'être également dans celle du grand pontife, et César était revêtu de cette dignité depuis 691. Cicéron , qui était
nécessairement bien informé , place l'instruction et le jugement de l'affaire
en 693 , sous le consulat de Pison et de Messala , et ce point est de la dernière certitude (Cic. *ad Attic.* I , 13 et 14); mais il ressort des dates de sa
correspondance que le crime aurait eu lieu dans les derniers jours de l'année 692 (*Ad Attic.* I , 12). Cela s'accorde parfaitement avec les indications
du calendrier romain , qui fixent au 4 décembre la célébration des mystères
de la Bonne Déesse. Ovide (*Fast.* V , vers 153), et Macrobe (*Saturn.* I , 12)
placent au 1er mai les fêtes de la Bonne Déesse; mais il ne faut pas confondre
les fêtes avec les mystères : ces fêtes étaient les jeux floraux ; ils avaient
lieu en l'honneur de la même divinité, et les cérémonies religieuses se faisaient au temple du Mont-Aventin.

Aventin, répond l'inconnue. A ces mots, Abra tres-
saille en appuyant un doigt sur ses lèvres; puis sai-
sissant l'étrangère par la main, elle l'entraîne rapidement à travers une longue suite de galeries, et la
laisse dans une petite pièce du second étage où règne
l'obscurité la plus profonde : Clodius est dans la
chambre d'Abra.

Pompéia doit venir l'y trouver; mais déjà les mystères sont à découvert, et le rôle important qu'elle
remplit ne lui permet pas de disparaître en cet instant sans être remarquée. Impatient d'une trop
longue attente, ou poussé peut-être par une fatale
curiosité, Clodius quitte le lieu de sa retraite et se
dirige du côté où des chants mélodieux se font entendre. Mais il s'égare dans les sinuosités des voûtes
obscures, et rencontre une esclave qui lui propose de
venir jouer avec elle : il refuse. Elle insiste, il tient
bon. Piquée de cette obstination, l'esclave veut l'attirer vers un point éclairé : Clodius dit alors qu'il est
Nœra la chanteuse, et qu'il cherche Abra. Mais le
son mal dissimulé de sa voix a trahi son sexe, et l'a-
larme est aussitôt donnée dans la maison : le sacrifice est interrompu, les saints mystères sont voilés,
et Aurélia ordonne de fermer les portes. Des per-
quisitions sont faites aux flambeaux, et l'on parvient
à découvrir l'audacieux qui avait ainsi profané le
culte sacré de la déesse inconnue. Les femmes se
précipitent sur lui ; mille imprécations le vouent aux
dieux infernaux; le tumulte est à son comble. Pro-
fitant adroitement de ce moment de confusion, Abra

s'empare de Clodius, le pousse vers une galerie qui n'était point éclairée et le fait évader par une porte secrète...., mais il avait été reconnu (1).

Dès le point du jour, Aurélia s'était empressée d'aller dénoncer cet abominable sacrilège au consul Silanus.

Cette aventure galante, compliquée d'un attentat contre la religion, empruntait aux circonstances tous les caractères d'un évènement politique, et devait, par ses conséquences, puissamment influer sur les affaires de l'Etat. Depuis longtemps, quelques Romains s'étaient accoutumés à l'idée que la République touchait à sa fin, et que la concentration des pouvoirs en une seule main devait être le résultat fatal et prochain des dissensions intestines qui avaient amené les guerres civiles. Déjà trois hommes avaient rêvé une longue dictature : Crassus, Pompée et César. Ils l'espéraient, l'un de ses immenses richesses, l'autre de sa gloire militaire, le dernier de son génie et de sa fortune; il n'avait point encore eu le gouvernement des Gaules. Unis tous les trois pour renverser les obstacles que leur ambition pouvait rencontrer, ils étaient divisés lorsqu'il s'agissait de

(1) Les auteurs qui parlent de cette aventure varient quelque peu sur les détails, ou plutôt la rapportent différemment, sans se contredire positivement. Cicéron, bien informé, mais suspect de partialité, ne révoque pas en doute l'adultère. Seul il parle de l'évasion, circonstance confirmée d'ailleurs par le système de défense de Clodius. Voy. sur le fait en lui-même : Cic. *Ad Attic.* I, 12, 13. Plut. *Cæs*, 10; *Cicéron*, 56. *Senec. Epist. ad Luc.* 97. Suet *Cæs.* 6, 74. App. II, n° 212, édit. de 1592. Juven *Sat.* V, vers 346, et VI, vers 338.

recueillir les fruits de la victoire commune. Parmi les citoyens les plus illustres, Caton et Cicéron luttaient presque seuls contre cette pensée d'usurpation, manifeste à tous les yeux : Caton, avec l'énergie d'un austère républicain ; Cicéron, avec toutes les ressources d'une éloquence dévouée, mais dépourvue de cette foi vive que ne comportent ni l'indécision de caractère, ni l'attachement aux jouissances matérielles. L'attentat de Clodius avait été l'occasion d'un grand scandale; les croyances religieuses, puissantes encore dans l'esprit d'une partie de la population, se sentaient profondément blessées, et les femmes surtout réclamaient à grands cris le châtiment du coupable. Mais Clodius s'était montré depuis quelque temps le chaud partisan des intérêts plébéiens, et le peuple était d'autant mieux disposé à lui en tenir compte, que de pareils principes contrastaient avec les prétentions aristocratiques de sa race. Il était donc en possession d'une popularité dont les ambitieux pouvaient tirer un utile parti. Crassus et Pompée devaient naturellement, sinon se déclarer pour lui, du moins l'appuyer en secret de leur crédit. La position de César était plus délicate ; grand pontife et mari, il était en quelque sorte outragé en cette double qualité : nous verrons que l'intérêt de sa politique l'emporta sur ses ressentiments, et qu'il se réunit à ses deux compétiteurs pour sauver l'amant de sa femme, bien qu'il se fût empressé de répudier cette dernière.

Cependant les consuls, dont les pouvoirs allaient

expirer dans quelques jours, se renfermaient dans un silence prudent, ne voulant pas prendre l'initiative d'une poursuite qui pouvait attirer sur ses auteurs l'animadversion de la plèbe. Moins timide, ou plutôt poussé par une haine cachée contre Clodius, Quintus Cornificius, ancien compétiteur de Cicéron au consulat, déféra l'affaire au sénat, et cet acte de vigueur étonna de la part d'un homme dont la conduite avait semblé attester jusqu'à ce moment plus de sympathie pour les partisans du désordre que d'attachement pour les vieilles institutions (1).

Le sénat s'étant réuni, Cornificius exposa le fait, fit ressortir sa gravité, insista sur la nécessité de renvoyer l'inculpé devant les tribunaux, et déclara qu'au besoin il se présenterait comme accusateur. Alors Curion le père (2), ami de Clodius, sans entreprendre en cet instant de justifier ce dernier, fit observer qu'il s'élevait une question préjudicielle, celle de savoir si le fait imputé, tenu pour constant par hypothèse, constituait un crime ; qu'il se produisait pour la première fois (3, et qu'il n'était prévu par aucune loi ;

---

(1) Cic. *Ad Attic.* I, 1 ; *ibid.* I, 13.

(2) Tous les commentateurs s'accordent à faire intervenir ici Caïus Scribonius Curio *le père*. Cependant le fait peut paraître étrange, car ce Curion était un des grands admirateurs du consulat de Cicéron, et Dion Cassius (XXXVIII, 16) rapporte qu'il fut délégué auprès des consuls et du sénat avec Hortensius, dans l'intérêt de Cicéron délibérant avec ses amis s'il quitterait Rome après la loi Clodia. Il ajoute même qu'il fut frappé par les esclaves de Clodius. Ces palinodies ne peuvent s'expliquer que par le trouble des esprits et la confusion des principes dans ces temps de discordes civiles.

(3) Cic. *De arusp resp.* 17.

que, touchant aux choses de la religion, le sénat était incompétent pour en déterminer le caractère, et qu'il était indispensable de le soumettre à l'appréciation du collége des pontifes. Cette proposition avait surtout pour objet de gagner du temps et de retarder toute décision sur le fond jusqu'au 1er janvier, époque à laquelle les consuls désignés entreraient en charge. L'un d'eux, P. Pison Calpurnius, était tout dévoué à Clodius, et l'on espérait paralyser par son influence les mauvaises dispositions de Valérius Messala Niger, son collègue. A la suite d'une vive discussion, la proposition de Curion fut adoptée, et un sénatus-consulte renvoya l'affaire aux pontifes (1).

La question ne parut pas douteuse au sacré collége. On y rappela qu'en 567, sous le consulat de Postumius Albinus et de Marcius Philippus, des femmes s'étant rendues coupables d'inceste pendant les mystères de Bacchus, le sénat avait chargé les consuls d'informer, et que plusieurs de ces femmes avaient été condamnées, et punies de mort (2). L'introduction d'un homme dans le lieu où se célébraient les mystères de la Bonne Déesse constituait évidemment un sacrilége; et, de plus, la qualité de prêtresse, imprimée à Pompéia par la dignité de son époux, aussi bien que le caractère sacré du lieu, assimilaient à l'inceste l'adultère dont Clodius était soupçonné; les pontifes déclarèrent donc par un décret

---

(1) Cic ad Attic. I, 13. Quelques éditions portent et ad virgines, et aux vierges vestales.

(2) Valer. Max. lib. VI, cap. III, 7.

que le fait devait être qualifié crime *de religione* ou *de pollutis sacris*, et crime *de incestu* (1).

En cet état, l'affaire fut reportée au sénat dans le courant du mois de janvier, et la discussion s'ouvrit. Cornificius prononça un discours dans lequel il s'étendit de nouveau sur l'énormité de l'attentat et sur la nécessité de rassurer par un châtiment exemplaire la conscience alarmée des gens de bien. Mais quel tribunal (*quæstio*) serait désigné pour connaître du procès ? Personne ne pouvait contester qu'il n'en existât point pour le crime qu'il s'agissait de réprimer ; car on ne proposerait pas sans doute de renvoyer Clodius devant les tribunaux permanents préposés au jugement des assassins, des concussionnaires en pays étrangers, des voleurs de deniers publics, ou des accusés de brigue (2). Il était donc indispensable de créer par une loi un tribunal spécial (*quæstio extra ordinem*).

Caton occupa la tribune après Cornificius. Suivant cet orateur, toutes les idées émises par le préopinant étaient parfaitement justes, et il ne pouvait s'élever aucune difficulté sur la proposition ; mais il la trouvait incomplète, et pensait qu'il convenait d'y introduire une disposition particulière dont il n'avait pas été parlé. Les pères conscrits s'accordaient à reconnaître combien il importait à la république que l'audace sacrilège de Clodius ne restât pas impunie ; mais comment ne pas redouter une scandaleuse impunité,

---

(1) Cic. *loc. cit.* Suet. *Cæs.*6 et 74.

(2) Quæstiones perpetuæ de sicariis , de pecuniis repetundis, de peculatu, de ambitu.

si l'on abandonnait aux chances d'un tirage au sort,
conformément à la règle établie, le personnel des
juges-jurés appelés à composer le tribunal? Des acquittements récents n'avaient-ils pas démontré jusqu'à l'évidence combien le sentiment du devoir s'était
affaibli dans l'ame des citoyens, et combien il était
devenu facile d'étouffer la justice sous les intrigues
de la corruption (1)? Quels juges, désignés par l'aveugle hasard, oseraient condamner Clodius, riche, puissant par le crédit de sa famille et par la capricieuse
faveur des ennemis de l'ordre, appuyé en secret par
quelques ambitieux qui spéculaient sur son audace
et sur sa popularité? En conséquence, non seulement
il y avait lieu de créer un tribunal extraordinaire,
mais il était d'absolue nécessité d'ordonner que les
juges seraient choisis par le préteur (2).

A ces mots, une violente rumeur éclata parmi les
partisans de Clodius, habilement groupés dans l'enceinte du sénat, et Curion s'élança à la tribune.

« Clodius, s'écria-t-il, était donc un bien grand
personnage dans la République, puisque la législation existante ne paraissait pas à la hauteur de son
importance, et qu'il fallait recourir à un *privilége* (3);
ou les haines qu'il avait soulevées étaient donc bien

---

(1) En plaçant ces paroles dans la bouche de Caton, nous supposons
qu'il fait surtout allusion à l'acquittement de Muréna, qu'il avait lui-même
accusé de brigue. Voy. Cic. *Pro Muren.*

(2) Cic. *Ad Attic.* I, 16.

(3) *Privilegium*, loi spéciale concernant une personne en particulier :
privata lex.

implacables, puisque les hommes que l'on s'était accoutumé à considérer comme les gardiens les plus vigilants des lois établies, proposaient de les violer pour assouvir plus sûrement leur vengeance? Les *priviléges* avaient toujours été mal vus du peuple romain, parce qu'un de leurs effets était de constituer une rétroactivité, abus odieux énergiquement flétri par Cicéron dans le procès de Verrès (1), et formellement repoussé d'ailleurs par la loi des Douze Tables (2). On parlait non seulement d'instituer un tribunal extraordinaire, mais encore de lui renvoyer le jugement d'un sacrilége et d'un inceste; or, ne serait-ce pas là violer tous les principes? Deux crimes distincts pouvaient-ils être cumulés et déférés à la même juridiction? Si le sénat était d'avis, ce que l'orateur était loin d'admettre, qu'il y eût lieu d'ordonner des poursuites contre Clodius, il devait au moins créer deux tribunaux nouveaux, un pour chaque fait. Quant à la proposition d'abandonner au préteur le choix des juges, c'était une prétention exorbitante qu'il repoussait de toutes ses forces, convaincu, d'ailleurs, que si l'on osait ainsi braver les les règ du droit commun, le peuple saurait bien faire justice d'une pareille iniquité ».

Cicéron, dont l'opinion avait été invoquée, répondit qu'à la vérité il s'était élevé avec sa vigueur habituelle contre l'abus de la rétroactivité, mais que le préopinant n'avait pas pris garde que ses reproches

---

(1) Cic. *In Verr.*, I, 41 et 42 ; *Pro domo*, 17.
(2) Tab. IX, 1. Voy. Dirksen et M. Giraud.

étaient dirigés contre l'édit du préteur Verrès ; qu'il
n'y avait aucune assimilation à faire entre l'édit émané
d'un magistrat disposant sur des matières civiles , et
une loi proposée par le sénat et sanctionnée par le
peuple ; que les *priviléges* portés dans des circonstances analogues étaient si nombreux qu'il ne croyait
pas devoir les rappeler , parce qu'ils étaient connus
de tous. Il ajoutait, relativement au cumul des faits,
qu'il ne s'expliquait les allégations de Curion à cet
égard que par l'excès de son zèle pour la défense de
son ami. Qu'en effet, personne n'ignorait que le tribunal permanent institué par la loi Cornélia connaissait tout à-la-fois des assassinats , des empoisonne-
ments et des corruptions de juges; qu'au surplus dans
l'affaire actuelle, la nécessité de suivre la même juridiction ressortait de la connexité des faits , connexité
telle, qu'ils ne formaient en réalité qu'un seul chef,
l'adultère pouvant être considéré tout à-la-fois, à raison des circonstances de temps et de lieu, comme un
inceste et comme un sacrilége ; de sorte qu'il ne
voyait même aucun inconvénient à ce que le sénat
se bornât à renvoyer pour crime *de religione*; qu'enfin
relativement à la proposition de Caton, il appartenait
certainement au sénat, lorsqu'il créait un *nouveau*
tribunal, de proposer au peuple, dont la volonté était
souveraine, de déterminer dans le meilleur intérêt de
la justice , soit le nombre des juges, soit le mode de
leur désignation, soit les formes de la procédure.

Les débats furent longs et animés : plusieurs sénateurs imputèrent d'autres crimes à Clodius, notam-

ment un inceste avec l'une de ses sœurs, mariée à Lucullus (1). Enfin, après une délibération orageuse, le sénat fit un sénatus-consulte portant : qu'il serait créé un tribunal extraordinaire pour juger Publius Clodius Pulcher sur le crime de sacrilège qui lui était imputé (2); que le conseil serait composé de cinquante-six juges-jurés choisis par le préteur, président, en dehors des listes ordinaires si bon lui semblait; le surplus de la procédure restant soumis aux règles suivies devant le tribunal des concussions (*de pecuniis repetundis*). Les consuls étaient invités, suivant la formule ordinaire, à *demander* au peuple la *sanction* nécessaire pour convertir en loi le présent sénatus-consulte (3).

Cette résolution du sénat fit grand bruit, car on s'était fait à l'idée que le parti de Clodius aurait le dessus; mais il avait compté sur l'influence de Crassus et de Pompée, qui, retenus sans doute par un sentiment de pudeur, s'étaient prudemment mis à l'écart.

---

(1) Plut. *Cæs.*, 11.

(2) Les auteurs, non jurisconsultes pour la plupart, attachent peu d'importance à cette qualification, et la présentent dans des termes divers. Selon Cicéron, Clodius fut uniquement accusé *de religione* (*Ad Attic.* I, 14 et 17), et nous croyons que cette qualification est la bonne. Dion Cassius prétend qu'il fut accusé à raison de trois faits : 1e adultère avec Pompéia ; 2o défection au combat naval de Nisibis ; 3o inceste avec l'une de ses sœurs (*Hist. Rom.* XXXVII). Ces faits furent relatés dans l'information et tinrent une grande place dans la discussion, mais ils ne constituaient pas trois chefs d'accusation distincts. Velléius Paterculus parle d'accusation d'inceste : *Reus incesti ob initum inter religiosissima populi romani sacra adulterium* (I, 45). Voy. Sénèque, *Epist ad Luc.* 97; Val Max., lib. IX, cap. I, 7.

(3) Cette demande s'appelait *rogatio*. Voy. Aulu-Gelle, X, 22.

Le consul Pison, tout dévoué à Clodius, fut indigné de cette conduite équivoque, et poussa le tribun Q. Fufius Calénus à saisir la première occasion de mettre Pompée en demeure de s'expliquer sur ses véritables dispositions. Cette occasion ne tarda pas à se présenter. Fufius ayant rencontré Pompée dans le cirque de Flaminius, un jour de marché, le somma de monter à la tribune pour y déclarer, en présence de la foule assemblée, s'il approuvait la disposition du sénatus-consulte qui accordait au préteur le choix des juges, et comment il lui semblerait convenable que le tribunal fût composé. Ainsi pris au dépourvu, Pompée répondit, d'une façon très-aristocratique (1), que l'autorité du sénat lui paraissait et lui avait toujours paru devoir l'emporter sur toute autre. Son discours, au reste, fut prolixe et embarrassé. Cette déclaration ne contenta aucun parti, et, quelques jours après, le consul Messala lui demanda en plein sénat ce qu'il pensait de l'affaire de Clodius et de la demande en sanction. Sa réponse fut calquée sur celle qu'il avait faite au cirque de Flaminius; il se borna à louer en termes généraux la haute sagesse de l'auguste assemblée; puis étant venu s'asseoir à côté de Cicéron : « Ne trouvez-vous pas, lui dit-il, que je me suis suffisamment expliqué sur ce vilain procès? » Crassus prit aussi la parole. Il parla en termes pompeux du consulat de Cicéron, vanta son

(1) Μάλ' ἀριστοκρατικῶς. Cic. Ad Attic. I. 14.

27

courage, glorifia ses services, mais ne dit mot de l'affaire en elle-même. Cicéron était touché par son côté
sensible : disposé à provoquer des explications caté-
goriques, la louange abattit sa résolution, et, toujours dupe de la flatterie, il écrivait à son ami Atticus : « Cette journée m'a décidément fait l'homme
de Crassus. » Puis il ajoutait, en parlant du discours
qu'il avait lui-même prononcé : « Et moi donc, bons
Dieux ! de quelle jolie façon j'ai fait ma toilette en présence de Pompée ! Si jamais périodes sonores, heureuses
inflexions de voix, richesse d'invention, artifices de
langage, me sont venus en aide, ce fut certes ce jour-
là. Aussi quelles acclamations ! Il est vrai que je trai-
tais de la dignité de l'ordre, de son parfait accord avec
les chevaliers, de l'excellent esprit de l'Italie, des
restes expirants de la conjuration, du bas prix des
grains, du calme rétabli. Vous savez combien mes paroles retentissent quand je suis sur un pareil sujet ;
l'éclat en fut si grand, que je ne vous en dis pas davantage, convaincu qu'elles sont arrivées jusqu'à
vous (1). »

Cependant les consuls avaient promulgué la demande en sanction, et le jour indiqué pour l'assemblée
des comices était arrivé. Dès le matin, la ville fut en
mouvement, et l'on vit circuler dans les rues tous les
jeunes mauvais sujets de la bande de Catilina, suppliant le peuple de rejeter le sénatus-consulte. Pison,
qui avait promulgué la demande en sa qualité de

(1) *Loc. cit.*

consul, se livrait lui-même à ces honteuses manœuvres;
enfin des agents de Clodius s'étaient apostés sur tous
les ponts, et distribuaient à profusion des bulletins de
rejet (1). Caton, voyant avec quelle habileté ces me-
nées étaient dirigées, et ne doutant plus d'un échec
pour le sénat, court aux rostres et interpelle Pison
sur sa conduite avec une vivacité d'indignation qui
produit une profonde sensation. Hortensius lui suc-
cède, et sa parole aimée excite les applaudissements
de la foule. D'autres orateurs se font entendre, et
tous s'accordent à flétrir énergiquement le scandale.
En ce moment, on vient annoncer que les auspices
sont défavorables, et que les comices sont prorogés (1).

Le sénat fut convoqué d'urgence. Un membre proposa d'inviter les consuls, par un décret, à solliciter
du peuple la sanction demandée, mesure extrême
dont on n'usait que dans des circonstances excep-
tionnelles. Effrayé par cet acte de fermeté, Clodius se
jette en suppliant aux pieds de chaque sénateur; de
leur côté, Pison et Curion s'agitent pour faire rejeter
la proposition. Efforts inutiles : le décret passe, par
assis et levé, à la majorité de 400 voix au moins
contre 15, et il porte en termes exprès que les comices seront convoqués de nouveau, toute affaire
cessante. En voyant ce résultat, Clodius, si humble

(1) Les bulletins de rejet portaient un A, *antiquo*, c'est-à-dire je vote
pour ce qui est ancien, je repousse l'innovation. La formule d'adoption était
un U et un R, *uti rogas*, soit fait comme vous le demandez.
(2) Cic. *Ad Attic* I, 14.

tout-à-l'heure, s'abandonna sans mesure à la violence
de son caractère; il accabla d'injures Hortensius, Lucullus et Messala. Il se borna à louer ironiquement
Cicéron sur son talent merveilleux à découvrir toutes
les conspirations (1).

Peu de jours après, les comices furent assemblés.
Clodius n'avait pas perdu son temps : doué de cette
prodigieuse activité qui distingue les fauteurs de
troubles (2), il avait relevé le courage de ses partisans et habilement diffamé ses adversaires dans l'esprit du peuple. Mais Cicéron, personnellement attaqué, lui avait lancé de la tribune une de ces bor-
dées meurtrières qu'il savait si bien diriger, lorsque
la réflexion n'était pas venue tempérer la fougue de
son zèle : « Dieux immortels ! écrit-il lui-même, quels
coups je leur ai portés, quel carnage j'en ai fait !
comme je me suis rué sur Pison, sur Curion, sur
tous ces misérables bandits ! comme j'ai écrasé de
mes mépris ces vieillards étourdis, ces imberbes dé-
bauchés (3)! » Cependant on n'était pas sans inquiétude sur le résultat du scrutin. Hortensius, effrayé
de la tournure que prenait l'affaire, imagina un ex-
pédient qui, dans sa pensée, pouvait donner satisfaction à la plèbe, tout en sauvegardant la dignité du
sénat. Le principal grief de Clodius contre le sénatus-consulte portait sur la disposition qui conférait

(1) Cic. *loc cit.* : me tantum comperisse omnia criminabatur.
(2) Cicéron a dit en parlant de l'activité de César : *Horribilis diligentia*
(*Ad Attic.* VIII , 9.)
(3) *Ad Attic.*, I , 16.

au préteur le droit de composer un tribunal de son choix : Hortensius suggéra au tribun Fufius, dont il redoutait l'opposition, l'idée de présenter lui-même, sous forme d'amendement, un projet de loi d'après lequel le sénatus-consulte serait sanctionné dans toutes ses dispositions, moins celle qui était relative à la composition du tribunal. Fufius accueillit cette ouverture avec empressement, et la loi fut immédiatement proposée (1).

Ce moyen terme était généralement approuvé ; cependant Cicéron y fit une vive opposition. Suivant lui, toute la loi se trouvait dans l'article qu'on supprimait, à ce point que, pour son compte, il préférait un rejet absolu à l'adoption de la transaction proposée, parce qu'il valait beaucoup mieux abandonner Clodius à son infamie, que de le livrer à une justice dérisoire (2). Hortensius insista, convaincu, disait-il, que le coupable ne pouvait échapper, quel que fût le personnel des juges, et *qu'un glaive de plomb suffirait pour le percer.* Le petit nombre des dissidents se rangea à cet avis, et la loi Fufia fut votée à une grande majorité.

Cette issue de la première phase du procès découragea profondément Cicéron : dès cet instant, il

____

(1) Casaubon pense que cette ouverture vint du tribun Fufius qui, pour nous servir d'une locution triviale, *mit dedans* Hortensius et les sénateurs à courte vue : « Fufius hic *fucum* fecit Hortensio et aliis parum cautis senatoribus. » (*Delect comment.* ed. Ernest. T. II, p. 331.)

(2) Cic. *Ad Attic.* 1, 16 et 18.

amena ses voiles, suivant sa propre expression (1), et se tint sur la réserve, comme s'il eût déjà pressenti le décret d'exil et l'incendie de sa maison.

II.

Quatre citoyens s'étaient présentés devant le préteur pour être les accusateurs de Clodius : c'étaient d'abord les trois frères Cornélius Lentulus, savoir : Publius, Lucius et Caïus, et ensuite C. Fannius, petit pontife (2). Ils ne se disputèrent pas la qualité d'ac-

(1) Id. *loc cit.*

(2) Valère Maxime (lib. IV, cap. II , 5) , et le scoliaste de Bobio (Orel. p. 356), écrivent que Clodius fut accusé par les trois frères Lentulus , et ce fait est confirmé, du moins en partie, par Cicéron qui dit que Lentulus accusa Clodius et parla contre lui avec autant de véhémence que de sang-froid (*De arusp. resp.*, 17). Il ne mentionne pas , il est vrai , les deux autres frères , mais il ne les exclut pas. Ailleurs, il nous apprend que C. Fannius fut un des *subscriptores* (*Ad Attic.* II , 24). Voilà bien le nombre des accusateurs ordinaires : un accusateur en titre , l'un des Lentulus, et trois *subscriptores* , savoir , les deux autres Lentulus et Fannius. Les traducteurs ont fait dire à Plutarque , ici , que Clodius fut accusé par César (*Vie de Cicéron* , 56) ; ailleurs qu'il fut accusé par un tribun du peuple (*Vie de César* , 11), Le premier texte nous paraît légérement altéré , et , en l'examinant avec soin , on restera convaincu que les deux passages s'appliquent au tribun. Plutarque savait parfaitement que César n'avait paru dans cette affaire que comme témoin ; mais il n'a pas même écrit que le tribun se soit porté accusateur ; il se borne à dire , en traduisant mot à mot, qu'il soumit par écrit la cause à la justice, δίκην απογρὰψατο , et cette énonciation , suivant nous, s'aplique à Fufius Calénus, sur la proposition de qui fut rendue la loi qui instituait la *quæstio.* Cicéron faisait allusion au même fait lorsqu'il écrivait à Publius Lentulus, huit ans après : Qui cum tribunus plebis pœnas a seditioso cive per bonos viros judicio persequi vellet (*Ad fam.* I , 9), Le tribun Fufius était l'ami intime de Clodius , *familiarissimus* (Cic. *Paradox.* , IV), et l'on vient de voir qu'il lui rendit service , tout en faisant sanc-

cusateur en titre, ce qui eût entraîné les longueurs d'un débat judiciaire (1). Publius Lentulus, l'aîné des frères et le plus élevé en dignité, se déclara accusateur principal et affirma sous serment que la poursuite n'avait pas lieu méchamment (*calumniæ causa*) ; ses deux frères et Fannius se portèrent comme accusateurs adjoints (*subscriptores*), et tous les quatre signèrent le procès-verbal constatant les noms des accusateurs et de l'accusé, la prestation de serment, la qualification du crime, et la fixation de l'ouverture des débats au dixième jour.

Le préteur fit citer l'accusé, les accusateurs et les juges pour le 4 mai 693, après les jeux floraux (2).

Ce jour venu, le forum fut envahi par la foule, dès le lever du soleil ; les portiques des temples de Saturne, de Castor et Pollux, de Vesta et de la Concorde se chargèrent de spectateurs, ainsi que les gradins

tionner le décret qui ordonnait les poursuites, mais il ne l'accusa pas. Si Plutarque s'est trompé, ce qui lui arrive souvent, il aura été induit en erreur par le passage que nous venons de transcrire. Il est bon de remarquer que ni Fannius, ni aucun des Lentulus n'étaient tribuns : les Lentulus étaient de la *gens* patricienne des Cornéliens. — Appien (Lib. III) dit que Cicéron poursuivit l'accusation, ce qui est encore une erreur.

(1) Lorsque les accusateurs n'étaient pas d'accord à cet égard, il y avait lieu à faire régler la difficulté par le tribunal qui devait connaître du fond. Cette procédure s'appelait *divinatio*. Il y eut, comme on sait, une *divinatio* entre Cicéron et Cécilius qui se disputaient l'accusation contre Verrès.

(2) Cette date peut ne pas être rigoureusement exacte. Le jour des Ides de mai (le 15 mai), il y eut une assemblée au sénat. Cicéron y parla longuement de l'issue du procès et s'efforça de rassurer l'opinion sur ses conséquences (*Ad Attic.* 1, 16). Nous avons dû naturellement en conclure que le jugement avait été rendu peu de jours auparavant.

Auréliens et les galeries supérieures des édifices particuliers d'où la vue pouvait s'étendre sur le forum.
Vers neuf heures, une vaste ondulation se dessina
dans la foule : elle s'ouvrait pour laisser un passage à
Clodius qui s'avançait lentement, suivi de ses défenseurs, au nombre de quatre, de ses clients, de ses
amis, et de plusiers membres de sa famille, parmi
lesquels on remarquait ses trois sœurs, Clodia, Pulchra et Tertia ; ils étaient tous vêtus de deuil. A peu
de distance, en arrière du cortège de Clodius, venaient les accusateurs, accompagnés de plusieurs personnages de distinction : le consul Messala, Cicéron,
Hortensius, Catulus, Caïus Pison, Lucullus et quelques
autres. Le préteur ne tarda pas à se présenter, suivi
de ses deux licteurs, de ses greffiers et de ses huissiers ; il prit place au milieu du forum sur une estrade élevée, en avant d'une pique et d'un glaive,
symboles du commandement et de la force. Plus bas,
à quelques pas de distance, et à droite, était le banc
des accusateurs décrivant une courbe ; sur le prolon-
gement de cette ligne, et à gauche, se trouvait le banc
de l'accusé et de ses défenseurs L'espace resté vide
entre ces bancs et l'estrade renfermait les gradins des
juges, disposés en hémicycle : une balustrade peu
élevée enceignait le tout dans un cercle parfait.

L'audience étant ouverte, et les parties appelées,
le préteur annonça qu'il allait procéder au premier
tirage au sort (*sortitio*) des cinquante-six (1) juges-

---

(1) Ce nombre de cinquante-six est positivement attesté par Cicéron dans
deux passages d'une lettre à Atticus (I ,16) , et il ne faut attacher aucune

jurés qui devaient connaître de l'affaire. Il ajouta que
l'accusateur et l'accusé avaient le droit d'en récuser
chacun vingt-huit, savoir : dix dans l'ordre des sénateurs, neuf dans l'ordre des chevaliers, et neuf dans
l'ordre des tribuns du trésor. Aussitôt des huissiers apportèrent trois urnes renfermant les boules sur lesquelles se trouvaient inscrits les noms des juges de
service pour l'année. Ces urnes ayant été ouvertes,
le magistrat tira de la première dix-neuf noms de sénateurs, de la seconde dix-neuf noms de chevaliers,
et de la troisième dix-huit noms de tribuns du trésor,
en tout cinquante-six juges.

L'accusateur s'étant alors levé, déclara récuser
vingt-un juges qu'il désigna. L'accusé en récusa neuf.

Le préteur fit connaître qu'il allait vaquer au second tirage au sort (*subsortitio*), pour compléter le
nombre des juges. En conséquence il retira des urnes
cinquante-six nouveaux noms de la même manière
et dans la même proportion que la première fois;
puis s'adressant à l'accusateur, il lui dit que son
droit général étant de récuser la moitié des juges,
c'est-à-dire, vingt-huit, et ce droit ayant été exercé
jusqu'à concurrence de vingt-un noms, il ne lui restait plus que sept récusations à faire, savoir : six dans
l'ordre des sénateurs et une dans l'ordre des cheva-

importance à quelques expressions de la même lettre qui sembleraient le réduire à cinquante-cinq. C'est donc à tort que Plutarque a adopté ce dernier
chiffre (*Vie de Cic.* 58 ou 49, suivant les édit.). Le chiffre de cinquante-
six est encore confirmé par un fragment du discours de Cicéron contre Clodius et Curion, dans lequel il est dit que la majorité était de 29 voix.

liers. Il avertit également l'accusé qu'il pouvait encore exercer dix-neuf récusations : sept parmi les
tribuns du trésor, sept parmi les chevaliers, et cinq
parmi les sénateurs. Il plaça alors les cinquante-six
noms dans une quatrième urne et les tira de nouveau
au sort, chaque partie faisant connaître ses récusations au fur et à mesure de l'appel, l'accusateur le
premier, et l'accusé le second (1).

Le droit de récusation ayant été épuisé de part et
d'autre, les juges prirent place sur les bancs qui leur
étaient destinés et prêtèrent le serment prescrit par
la loi. Le préteur déclara que le conseil était constitué.

Cette opération préliminaire ne s'était pas accomplie sans quelque désordre : à chaque récusation
exercée, des cris d'approbation ou d'improbation
s'étaient fait entendre dans la foule, suivant le sentiment qui dominait tel ou tel groupe (2). Les juges
n'eurent pas plutôt occupé leurs siéges, que chacun
s'efforça de prévoir l'issue du procès d'après la composition du tribunal. Les exclusions de Clodius
avaient été faites avec beaucoup d'habileté, et il était
parvenu à écarter la plupart des citoyens indépen-
dants. On voyait parmi ses juges, s'il faut en croire
Cicéron, des sénateurs tarés, des chevaliers en gue-

---

(1) Hâtons-nous de dire que tout ce qui est relatif au mode de récusation
est placé ici comme étude générale. C'est pourquoi nous croyons tout-à-fait
inopportun d'appuyer notre *hypothèse* sur des notes qui auraient le double
inconvénient de sortir du sujet et d'être nécessairement insuffisantes.

(2) Cic. *Ad Attic.* I, 16.

nille et des tribuns du trésor qui n'avaient de commun avec la monnaie que leur titre (1). Thalna, Plautius et Spongia étaient ouvertement signalés comme de malhonnêtes gens, et la présence de quelques hommes probes, que la récusation n'avait pu atteindre, était insuffisante à rassurer les bons citoyens.

Le préteur donna la parole à l'accusateur.

Depuis trente-deux ans, la loi Servilia, pour mettre fin à certains abus, avait ordonné que des procès d'une nature déterminée seraient plaidés deux fois à un jour franc d'intervalle ; la seconde plaidoirie se nommait compérendination (*comperendinatio*), c'est-à-dire, plaidoirie du *surlendemain*. Cette réitération, d'abord restreinte à un cas spécial, fut plus tard étendue à plusieurs sortes d'actions criminelles, et il parait que la loi Fufia l'avait rendue applicable au procès de Clodius. Fatigués de ces deux plaidoiries, qu'ils considéraient comme faisant double emploi, les avocats s'habituèrent à réduire la première à un simple exposé des généralités de l'affaire, réservant pour la seconde l'examen des preuves et la production des principaux arguments. Ils trouvaient d'ailleurs à cette manière de faire l'avantage de pouvoir discuter les témoignages dans un discours suivi, avantage dont ils ne jouissaient pas, lorsque les témoins étaient entendus après la plaidoirie unique. Mais la compérendination était peu favorable aux accusés, par cela même qu'elle permettait à l'accusa-

---

(1) Tribuni non tam ærati, quam, ut appellantur, ærarii. (Cic. *ibid.*)

teur de tenir des arguments en réserve et de donner plus de précision aux moyens tirés des témoignages.

Publius Lentulus se borna donc à exposer les faits tels qu'ils résultaient des versions les plus accréditées, et à présenter quelques considérations tirées de la gravité du crime et de la responsabilité des juges. Puis, traçant un tableau animé de la situation de la république, il la montra placée sur le penchant de sa ruine par la violence des factions, née, suivant lui, du relâchement des mœurs, de la rivalité des ambitions, et surtout du mépris des Dieux.

Sur un signe du préteur, Curion, principal défenseur de Clodius, se leva à son tour et prit la parole (1). Après avoir sollicité la bienveillance des juges en faveur d'un citoyen dont le plus grand crime, le seul crime aux yeux des nobles, était d'avoir chaudement embrassé la cause du peuple, il fit entendre des plaintes amères sur la brièveté du plaidoyer de son adversaire. Jusqu'à ce moment, on n'appuyait une accusation si grave que sur des commérages ramassés au marché au poisson, ménageant sans doute

---

(1) « Nous n'avons vu nulle part les noms des défenseurs de Clodius; mais en lui donnant Curion pour avocat, nous avons la conviction d'avoir rencontré juste. » — Lorsque nous écrivions cette note pour la *Revue de législation* où ce travail a trouvé place une première fois (T. III, nouv. série, p. 99.), nous n'avions point encore à notre disposition le scoliaste de Bobio. Nous avons vu avec une satisfaction facile à comprendre que la justesse de notre appréciation était confirmée par ce commentateur, dans lequel on lit : Post quod reus de incesto factus est P. Clodius, accusante L. Lentulo, defendente C. Curione patre (Orel. p. 330).

quelque grand coup de théâtre pour la compérendination. La vérité avait plus de hâte de se montrer, et
Clodius ne voulait pas attendre deux jours de réflexion pour se justifier. Curion déclara alors que le
4 décembre 692, à neuf heures du soir, son client
était dans la ville d'Interamne, dans la maison de
Cassinius Schola, son ami; que cet alibi serait établi
jusqu'à l'évidence par un grand nombre de témoins
honorables, et qu'il demeurerait constant pour tout
homme de bonne foi que l'accusé était victime d'une
calomnie atroce ou d'une déplorable erreur. Passant
ensuite en revue les principales circonstances qui
rendaient les faits de l'accusation invraisemblables, il
s'efforça de renverser à l'avance les preuves que
l'accusateur avait annoncées. Il termina par la réfutation des dernières considérations de Lentulus : « Oui,
s'écria-t-il à la fin de sa péroraison, la République
est menacée; mais, sachez-le bien, Romains, c'est
moins par le mépris de la religion que par l'avarice
des patriciens. »

A ces mots, de vives acclamations éclatèrent parmi
les partisans de Clodius, et se propagèrent dans la
foule jusqu'aux extrémités du forum. Le silence s'étant
enfin rétabli, le préteur invita l'accusateur à produire
ses témoins, et les greffiers se préparèrent à tenir
note de leurs dépositions.

Le premier qui se présenta fut Aurélia. Après avoir
juré par Jupiter de dire la vérité, elle s'exprima ainsi:

« Vous le savez, juges, le 4 décembre était le jour
fixé pour la célébration des mystères de la Bonne

Déesse. Le sacrifice, qui est offert pour le peuple romain, devait avoir lieu dans la maison du grand pontife Caïus Julius César, mon fils. Ma bru, Pompéia,
était appelée, par la dignité de son époux, à remplir
le ministère de grande-prêtresse. Dès quatre heures
du soir, César s'était retiré, ainsi que ses esclaves et
tous les hommes attachés à son service ; on avait éloigné de sa maison tous les animaux mâles ; les statues,
les tableaux et les images représentant des personnes
ou des animaux du sexe masculin avaient été soigneusement voilés. En ce moment, les vierges vestales déclarèrent que les lieux étaient consacrés, et
prononcèrent les imprécations d'usage contre tout
profane qui oserait les souiller de sa présence. A huit
heures, les femmes conviées aux mystères étant arrivées, les choses saintes furent découvertes et la cérémonie commença. Entre huit et neuf heures, un
grand bruit se fit entendre dans le triclinium, et presque en même temps, mon esclave Ægypta se précipita dans l'oratoire, les cheveux épars et les vêtements en désordre : « Un homme est ici ! » s'écria-
t-elle. Aussitôt les chants cessèrent et les vestales se
jetèrent sur les objets sacrés pour les dérober aux
regards. Je donnai l'ordre de fermer les portes.
Ægypta me déclara que l'homme qu'elle avait vu
portait des vêtements de femme, et m'indiqua
la direction qu'il avait prise ; nous visitâmes la
maison aux flambeaux jusque dans ses réduits les
plus cachés. Arrivées dans la chambre d'Abra, esclave de Pompéia, nous y découvrîmes une personne

vêtue en femme, mais qu'à sa tournure et à ses vêtements nous reconnûmes facilement être un homme.
En cet instant, beaucoup de femmes étant accourues,
il se fit une mêlée à la faveur de laquelle l'étranger
disparut : on ne put parvenir à le retrouver (1). Le
lendemain, de grand matin, j'allai me plaindre au
consul Silanus de cet abominable sacrilège. »

Aurélia se tut.

Lentulus s'étant levé, lui demanda si elle avait vu
et reconnu l'homme dont elle venait de parler. Aurélia répondit : « Je l'ai vu et je crois l'avoir reconnu:
je crois que c'était Publius Clodius Pulcher, fils
d'Appius Claudius (2). »

En ce moment, il s'opéra un mouvement parmi les
auditeurs les plus rapprochés du tribunal.

Curion ayant invité le témoin à décrire le costume
dont Clodius aurait été vêtu, Aurélia déclara qu'il lui
était impossible de rien dire à cet égard, mais
qu'Ægypta pourrait fournir ce renseignement.

Lentulus exprima alors le désir de savoir si Pompéia avait quitté le lieu du sacrifice entre huit et neuf
heures. Le témoin affirma qu'il ne s'en était pas
aperçu, et qu'il ne le pensait pas.

(1) D'après le scoliaste de Bobio, Clodius aurait été chassé par Aurélia
(Orel. p. 337); mais voy. Cic. *Ad Attic.* I, 12, 13.

(2) Les témoins déposaient ordinairement avec beaucoup de circonspection. Ils ne disaient pas : J'ai vu, j'ai entendu ; mais : J'ai cru voir, j'ai cru
entendre. Cette formule, expression du doute socratique, était passée de
l'Académie dans le forum. Voy. sur ce point un passage intéressant de
Cicéron, *Pro Font.* 9 ; et *Acad. Lucull.* 47.

Après Aurélia, on entendit Julia, sœur de César. Sa déposition, présentée avec beaucoup de franchise et de netteté, fut conforme à celle de sa mère (1).

César comparut ensuite. Il déclara qu'il avait quitté sa maison longtemps avant la célébration du sacrifice, et qu'il ignorait absolument tout ce qui avait pu s'y passer en son absence. Vivement pressé par les accusateurs, il persista à se renfermer dans cette réserve, refusant même de s'expliquer sur des ouï-dire dont il lui était impossible, disait-il, d'apprécier l'exactitude. « Si vous ne savez rien, lui dit Lentulus, comment se fait-il que vous ayez répudié Pompéia ? » — « J'ai répudié Pompéia, répondit le témoin, parce que la femme de César ne doit pas même être soup-çonnée (2). »

Le quatrième témoin fut amené; c'était l'esclave Ægypta. Elle parla en ces termes :

« J'avais été préposée à la garde extérieure du lieu où s'accomplissait le sacrifice pour le peuple romain. Vers neuf heures, j'aperçus au fond d'une galerie une femme que je pris pour une esclave; j'allai à elle, et lui proposai de jouer aux osselets. Elle ne répondit point, détourna la tête et fit quelques pas pour s'é-loigner. Je la suivis, l'attirai du côté d'une lampe suspendue à la voûte, et lui demandai qui elle était pour se montrer si dédaigneuse; elle répondit qu'elle était chanteuse de la Bonne Déesse, et qu'elle cher-

---

(1) Suet. *Cæsar*, 74. — Schol. Bobb. *in Clod. et Cur.* Orel. p. 337.
(2) Plut., *Cæs* 11 ; Cic. 38. Suet. *Cæs.* 74. — Appian. II, n° |212.

·chait Abra. Ces mots furent prononcés d'une voix qui n'était pas celle d'une femme (1); je saisis alors fortement l'inconnue par le bras, mais elle se débarrassa par un mouvement si brusque, que je ne conservai plus de doute sur son sexe. »

Ægypta rendit compte ensuite de tous les faits déjà racontés par Aurélia.

Curion lui ayant demandé si elle avait reconnu Clodius, elle répondit qu'elle n'avait pas pu le reconnaître, parce qu'elle ne le connaissait pas; mais qu'en voyant cet homme vêtu en femme, plusieurs dames s'étaient écriées : C'est Clodius !

Confrontée avec l'accusé, elle déclara qu'elle croyait le reconnaitre, que cependant il lui avait semblé que le profanateur des mystères était plus jeune, et qu'il n'avait pas encore de barbe (2).

Interrogée si elle pourrait rendre compte du costume de la prétendue chanteuse, Ægypta déclara qu'elle avait une robe jaune-safran, une coiffure en forme de mitre, des rubans couleur de pourpre, une collerette et des cothurnes de femme ; elle ajouta qu'elle portait une harpe à la main (3).

---

(1) Tu, qui indutus muliebri veste fueris, virilem vocem audes emittere *(fragm.* Peyr et Maï.)

(2) Cette particularité est rapportée deux fois par Plutarque (*Cæs.* 10 et *Cicer.*, 56). Cependant, lors du sacrilège, Clodius était questeur désigné (Asc. *in Mil.*), et l'on ne pouvait prétendre à la questure avant trente-un ans. Il est vrai que des dispenses d'âge pouvaient être accordées.

(3) P. Clodius a crocota, a mitra, a muliebribus soleis, purpureisque fasciolis, a strophio, a psalterio, a flagitio, a stupro, est factus repente popularis (Cic *De arusp. resp.* 21) Cicéron signale encore le même costume

Abra déposa des faits connus, comme si elle y était tout-à-fait étrangère ; interrogée avec vivacité par les deux parties, elle avoua qu'elle avait introduit une chanteuse revêtue du costume décrit par Ægypta, mais elle persista à soutenir qu'elle ne la connaissait point, qu'elle l'avait perdue de vue aussitôt après son entrée, et qu'elle n'avait pas concouru à faciliter son évasion.

Après Abra, on entendit plusieurs dames romaines qui, toutes, s'accordèrent à dire qu'elles croyaient avoir reconnu Clodius (1).

On appela alors Marcus Tullius Cicéron. A ce nom, une immense clameur s'éleva parmi les partisans de Clodius. Effrayés par cette démonstration menaçante, les juges se levèrent spontanément, entourèrent le témoin, et firent comprendre par des signes énergiques qu'ils étaient prêts à défendre le Père de la patrie au péril de leur propre vie. Ce mouvement produisit une vive impression sur le peuple et sur Clodius qui en parut atterré (2). Peu à peu, les cris s'apaisèrent ; les juges reprirent leur place, et Cicéron put se faire entendre. Après avoir prêté le ser-

---

dans son discours contre Clodius et Curion : Tunc quum viucerentur pedes fasciis, quum calanticam capiti accommodares, quum strophio accurate præcingerere. (Nonius, V° *Calantica.*)

(1, Schol. Bobb. *in Clod. et Cur.* Orel p. 338.

(2) Me vero teste producto, credo te ex acclamatione Clodii advocatorum audisse quæ consurrectio judicum facta sit, ut me circumsteterint, ut aperte jugula sua pro meo capite P. Clodio ostentarint. Itaque judicum vocibus, quum ego sic ab iis, ut salus patriæ, defenderer, fractus reus et una patroni omnes conciderunt : (Cic. *Ad Attic.* I, 16.)

ment prescrit, il déposa : que le 4 décembre, jour
de la célébration des mystères de la Bonne Déesse,
entre cinq et six heures du soir, il avait vu Clodius à
Rome, qu'il lui avait parlé, et qu'ils s'étaient entre-
tenus des affaires de la République (1). Il ajouta que
ce fait était si connu dans la ville, et serait, au besoin, attesté par un si grand nombre de témoins, qu'il
ne lui eût pas été possible de le passer sous silence,
lors même qu'il en eût eu le désir (2).

Curion prit alors la parole : « Il n'est aucun de
nous, dit-il, qui ne connaisse le caractère ombra-
geux et acariâtre de Térentia, femme de Cicéron.
Térentia s'est imaginé que Clodia, sœur de Clodius, avait conçu la singulière fantaisie d'épou-
ser Cicéron, après l'avoir poussé à une répu-
diation, et que cette négociation était conduite

---

(1) Il semblerait résulter, au premier abord, d'un passage de Cicéron,
que ce dernier aurait vu Clodius au moment où il s'échappait de la maison
du grand pontife. In Clodium non est hodie meum majus odium, quam illo
die, quum illum ambustum religiosissimis ignibus *cognovi* muliebri ornatu,
ex incestu, stupro, atque *ex domo pontificis maximi emissum (De arusp.
resp.* 5). Mais ici ces mots, *quum illum cognovi*, ne signifient pas : *Lorsque
je l'ai reconnu* ; mais bien : *Lorsque j'ai su par le bruit public*, etc. Cette
version est confirmée par plusieurs autres passages du même auteur. Ainsi,
Cicéron plaisante Clodius d'avoir eu le secret de faire en trois heures le trajet
de Rome à Interamne (*Ad Attic.* II, 1 ; *Pro domo*, 30, ce qui prouve
que l'accusé avait été vu à Rome trois heures avant le crime. Au surplus,
Valère Maxime dit positivement que Cicéron déposa avoir reçu Clodius chez
lui dans la soirée (VIII,V, 5) ; c'est aussi la version de Plutarque (*Cicer.*
58 ou 48). Voy. en outre Schol. Bobb in *Clod. argum.* Orel. p. 330.

(2) Neque dixi quidquam pro testimonio, nisi quod erat ita notum ut
non possim præterire (*Ad Attic.* I, 16).

par Tullus, ami des deux maisons : je demande au
témoin, dont la condescendance révérentieuse pour
les volontés de Térentia n'est un secret pour personne, si la déclaration qu'il vient de faire ne lui aurait pas été suggérée par le besoin de rétablir la paix
dans son ménage (1) ?

A cette question, de grands éclats de rire se firent
entendre du côté du banc de l'accusé. Lorsque le
silence se fut rétabli, Cicéron répondit avec calme :
que, pour lui, il n'avait point élevé ses prétentions
jusqu'à Clodia, quoiqu'elle eût pardevers elle une
belle dot en *quadrantes* (2) ; qu'il ne pensait pas non
plus qu'elle eût jamais songé à lui, parce qu'il connaissait son goût pour les alliances de famille (3) ; et
que, quant à Térentia, en supposant vraies les idées
ridicules qu'on lui prêtait, elle n'eût pas été assez
mal avisée pour désirer l'éloignement d'un homme

---

(1) Plutarque ne craint pas de dire que cette considération eut plus d'influence sur la déposition de Cicéron que l'amour de la vérité (*Vie de Cicéron*,
37 ou 48).

(2) Clodia s'était affichée par le déréglement de ses mœurs. On racontait
qu'un de ses amants lui avait envoyé une bourse pleine de petites pièces de
cuivre d'une très-mince valeur (*quadrantes*), au lieu de pièces d'argent
qu'il lui avait promises. Cette aventure, devenue publique, lui fit donner le
surnom de *Quadrantaria*. Clodia épousa très-peu de temps après Métellus
Celer, qui fut consul en 694. (Plut. *Cicer.* 37 ou 48.) S'il faut en croire
Apulée, la maîtresse de Catulle, chantée par lui sous le nom de Lesbie,
n'était autre que Clodia.

(3) Il était de notoriété publique que Clodius entretenait un commerce incestueux avec ses trois sœurs, mais particulièrement avec Clodia. (Cic. *Ad
Attic.* II, 1 ; *ad fam.* I, 9 ; *Pro Sext.* 54 ; *De arusp. resp.* 18 ; *Pro Cœl.*
passim. — Dio Cass. *Rom. Hist.* XXXVII, p. 56. — Plut. Lucull. 55.)

dont les assiduités auprès de Clodia devaient plutôt être pour elle un motif de sécurité qu'une cause d'inquiétude.

Cette réponse excita une bruyante hilarité; tous les yeux se portèrent sur Clodia, et le préteur eut beaucoup de peine à mettre un terme à ces légitimes représailles.

Curion ne se laissa pas déconcerter : il ne voulait pas insister, dit-il, sur de simples conjectures, quelle que fût d'ailleurs leur vraisemblance; mais il tenait à rappeler aux juges que la vestale Fabia, sœur de Térentia, avait été accusée d'inceste par Clodius, et que quoiqu'elle eût été acquittée, on comprenait cependant que Térentia eût conservé contre l'acccusateur un ressentiment que le témoin devait partager (1).

Cicéron, qui s'était déjà retiré, fit signe de la main qu'il dédaignait de répondre.

On entendit encore plusieurs témoins à charge. Caton déposa de faits peu importants (2). Lucullus produisit deux femmes esclaves, qui attestèrent que Clodius avait eu des relations criminelles avec Pulchra, pendant qu'elle était la femme de ce même Lucullus, qui l'avait répudiée à cause de ses déportements (3). Plusieurs personnages de distinction se présentèrent pour déclarer, à la charge de l'ac-

(1) Ascon. *in toga candida.*
(2) La déposition de Caton n'est mentionnée que par Sénèque, qui ne dit point sur quels faits elle porta (*ad Lucil.* 97.)
(3) Plut. *in Cic.* 5 ou 48.

cusé, des faits de parjure, de concussion, d'achats de
suffrage, et de viol (1). Enfin, à la demande des accusateurs, ses propres esclaves furent interrogés sur
l'emploi de son temps pendant la soirée du 4 décembre, mesure tout-à-fait exceptionnelle, qui n'était
autorisée qu'en matière de crime *de religione* (2).

Tous les témoins produits par l'accusation ayant
été entendus, l'audience fut levée, et la séance renvoyée au lendemain.

Le 5 mai, de grand matin, la foule avait pris
possession du forum, non plus nombreuse que la
veille, mais mieux disposée encore en faveur de
Clodius, car la nuit avait été employée à lui recruter
des partisans. La séance ayant été reprise, il fut
procédé à l'audition des témoins à décharge.

Le premier qui se présenta déclara se nommer
Caïus Cassinius Schola (3), chevalier romain, habi-
tant la ville d'Interamne. Après avoir prêté le serment de dire la vérité, il déposa : que le 4 décembre
précédent, Clodius était arrivé à Interamne, vers

(1) Plut. *ibid.*

(2) Ce fait peut s'induire d'un passage de Cicéron (*Pro Mil.* 22.) Cependant le scoliaste de Bobbio (Orel. p. 338) dit que Clodius avait vendu ses
esclaves ; que cinq notamment, qui étaient soupçonnés d'avoir favorisé le
sacrilège, avaient été envoyés en Grèce ou au-delà des Alpes.

(3) Ce Cassinius Schola, intime ami de Clodius, parut encore comme témoin dans le procès de Milon. Il affirma s'être trouvé avec Clodius au moment où ce dernier fut tué, et il exagéra tellement les circonstances de ce
meurtre, que les menaces du peuple forcèrent Milon à demander une garde
pour la sûreté de sa personne. (Ascon. *in Mil. arg.* Orel. p. 41.)

neuf heures du soir (1), qu'il était à cheval et sans
suite, qu'il était descendu dans sa maison où il
avait passé le reste de la nuit, et qu'il n'était re-
parti pour Rome que le lendemain dans la journée.

Lentulus demanda alors à Cassinius quelle était
la distance de Rome à Interamne. Le témoin répondit
que cette distance était d'environ 90,000 pas (2);
que sans doute il paraissait difficile d'admettre que
Clodius eût été vu à Rome le même jour à six
heures, mais qu'il n'avait pas mission d'éclaircir
cette difficulté, et qu'il devait se borner à affirmer un
fait qui était à sa connaissance personnelle.

Plusieurs esclaves de Cassinius confirmèrent cette
déclaration qui donna lieu à de violents débats, souvent interrompus par les clameurs du peuple.

Après la déposition de quelques autres témoins

---

(1) Cic. *Pro Mil.* 17); *Ad Attic.* II, 1; *Pro domo*, 50; — Plut. *Cicer.*
37; — Val Max. VIII, V, 5.

(2) Cette distance est donnée par le scoliaste de Bobbio (*In Clod. argum.*
Orel. p. 330). Interamne, patrie de Tacite, était une ville d'Ombrie. On
croit la retrouver dans Terni, petite ville des Etats de l'Eglise, située dans
une île formée par la Néra, *inter amnem*. La distance entre Rome et Terni
(suivant un renseignement très-exact recueilli sur les lieux mêmes par M. le
baron de Vissac, officier distingué qui a pris part au siège de Rome par
l'armée française, en 1849) est de 67 milles d'Italie équivalant à 22 lieues 1/3
de France. D'après Ludwig Ideler, les *mille passus* des Romains valaient
1477, 57 mètres : à ce compte, les 90 mille pas du scoliaste donneraient
près de 144 kilomètres. Mais si l'on fait le pas romain d'un mètre, mesure
plus vraisemblable que celle adoptée par Ideler, on a 90 kilomètres ou
22 lieues 1/2 de 4 kilomètres, juste la distance constatée par M. le baron
de Vissac, à quelques mètres près. Cette coïncidence nous parait de nature
à éclaircir complètement la question d'identité entre Interamne et Terni.

choisis parmi les plus viles créatures de Clodius, en
vue de corroborer l'alibi qui était le point capital de
sa défense, on passa à l'audition des personnes appelées à rendre témoignage des bons antécédents et
de la moralité de l'accusé. Ces *laudatores* étaient en
très-grand nombre, et l'on vit se succéder tous les
sénateurs sur le dévouement desquels il pouvait
compter. On remarqua que Pompée ne comparaissait pas, quoiqu'il eût été assigné (1). Clodius produisit ensuite les citoyens notables de plusieurs villes
voisines, particulièrement ceux de Lanuvium, petite
ville où il avait pris naissance, et dans laquelle il
exerçait une très-grande influence (2).

Les témoins de cette dernière catégorie n'ayant
pu être tous entendus dans la journée du 5 mai, la
liste ne fut épuisée que dans la matinée du lendemain.
Les débats de la première action se trouvant ainsi
terminés, le préteur renvoya l'affaire au 8 pour la
compérendination, après un jour franc d'intervalle.

Cependant la dernière séance avait donné lieu à
un grave incident. Emue par les amplifications des
habitants de Lanuvium sur le dévouement de Clodius
aux intérêts des plébéiens pauvres, une partie du peuple avait fait entendre des clameurs inquiétantes. Un
instant l'enceinte du tribunal avait été envahie, et
des menaces avaient été proférées soit contre les juges, soit contre Cicéron qui, malgré la réserve de son

(1) Cic *De arusp. resp.* 21.
(2) Il y était dictateur lorsqu'il fut tué par Milon (Ascon. *Pro Mil argum.*)

témoignage, était regardé comme l'instigateur du
procès. Effrayés de ces démonstrations, qui pouvaient se changer en voies de fait, quelques juges déclarèrent qu'ils ne reviendraient siéger qu'autant
qu'il leur serait accordé une garde de sûreté. On en
délibéra en conseil, et la motion fut adoptée à l'unanimité moins une voix. Le sénat consulté approuva
la résolution dans les termes les plus flatteurs pour
les juges, et donna des ordres en conséquence. Cette
mesure rassura les bons citoyens et détermina une
sorte de réaction : la foule se précipita à la demeure
de Cicéron, en signe de déférence, comme le jour où
il avait été ramené chez lui à sa sortie du consulat (1).
Le tribunal, dont la composition avait d'abord inspiré
tant de défiance, paraissait disposé à faire courageu-
sement son devoir. D'un autre côté, il y avait eu tant
de précision et de concordance dans les témoignages,
les charges étaient si claires et si accablantes, la fausseté de l'alibi était si péremptoirement démontrée,
que personne ne doutait d'une condamnation. L'accusé, à demi vaincu par l'évidence, n'opposait plus
lui-même que de faibles dénégations (2); et Hortensius, s'applaudissant d'avoir si sainement jugé la si-

---

(1) Clamare præclari areopagitæ se non esse venturos nisi præsidio constituto. Refertur ad consilium : una sola sententia præsidium non desidera-
vit. Defertur res ad senatum : gravissime ornatissimeque decernitur; lau-
dantur judices; datur negotium magistratibus... ad me autem eadem fre-
quentia postridie convenit, quacum abiens consulatu sum domum reductus
(Ad Attic. I, 16.)

(2) Cic. De arusp. resp. 17.

tuation, offrait de parier qu'il n'oserait pas se présenter et préviendrait par un exil volontaire le coup qui devait le frapper (1).

Le 8 mai, jour fixé pour la seconde action, étant arrivé, une foule immense accourut des villes voisines pour assister au dénoûment de ce mémorable procès. Dès le matin, une troupe d'hommes armés occupa les portiques de la vieille basilique du forum (2). Clodius comparut, au grand étonnement de ses adversaires : son visage était calme, et il semblait avoir repris toute son assurance.

La séance ayant été ouverte, Publius Lentulus prit la parole.

Après un exorde tiré de la situation de la République et de la nécessité de mettre un terme aux discordes civiles, l'orateur passa en revue les antécédents de l'accusé. Clodius, après la mort de son père, se livre aux débauches des bouffons enrichis, puis se plonge dans la fange de l'inceste avec ses propres sœurs. Devenu homme, il embrasse la carrière des armes, et s'abandonne aux honteuses passions des Ciliciens et des barbares. L'esprit égaré par certaines doctrines nouvelles (3), il en infecte l'armée com-

(1) Cic. *Ad Attic.* I, 16.
(2) Plut. *in Cicer.* 49.
(3) Νεωτεροποίας, dit Dion Cassius (lib. XXXV, p. 6, édit de 1592). Un travail sur ces doctrines, vieilles de dix-neuf siècles et présentées aujourd'hui comme nouvelles, offrirait autant d'intérêt que d'à-propos; les matériaux ne manqueraient pas. Notons ici, comme fait intéressant, que Clodius fut le premier à proposer et à faire passer une loi portant que des distributions gratuites de blé seraient faites au peuple.

mandée par Lucullus son beau-frère, et la pousse à
l'insurrection. Cette tentative criminelle ayant échoué,
il est mis sur un vaisseau et renvoyé à Rome. Mais
des corsaires l'attaquent en route, près de Nisibis, et
il est fait prisonnier, sans opposer la moindre résistance. Relâché par crainte de Pompée, il se rend à
Antioche, puis revient à Rome. Là, il accuse Catilina de concussion, et lui vend ignominieusement son
silence à prix d'argent. Parti pour la Gaule avec
Muréna, il fabrique dans cette province de faux testaments, fait périr des pupilles et s'associe avec des
malfaiteurs pour commettre toutes sortes de crimes.
De retour à Rome, il détourne frauduleusement des
deniers appartenant au peuple, et fait égorger dans
sa maison les hommes chargés d'en opérer la répartition aux tribus (1).

L'examen de la cause fut ensuite abordé par l'accusateur qui discuta en détail les preuves relatives
au fait en lui-même. La question d'alibi fut traitée
par son frère Lucius; Fannius se chargea du résumé
général et de la péroraison.

Les avocats de Clodius se divisèrent également sa
défense. Curion parla le premier. La plus grande
partie de son discours fut consacrée à justifier son
client des imputations étrangères à la cause, et à
mettre en regard des calomnies dont il avait été l'ob-

_____

(1) La plupart de ces faits, les plus odieux, sont puisés à une source
suspecte; ils émanent de Cicéron qui, à la vérité, les jeta à la face de
Clodius en plein sénat (*De arusp. resp.*, 20 et 27.).

jet de la part des nobles, son dévouement constant aux intérêts populaires. Il le montra n'aspirant qu'à l'honneur d'arriver au tribunat, cette magistrature du peuple, par l'abdication de ses priviléges de patricien, lui qui comptait parmi ses ancêtres trente-deux consuls, cinq dictateurs, sept censeurs et sept triomphateurs. Cette intention était connue de tous : de là, la haine des grands, en particulier celle de Cicéron cet homme nouveau, autrefois si fier de son origine plébéienne, lorsqu'il luttait contre les affranchis de Sylla (1), aujourd'hui si infatué de sa noblesse de fraîche date, lorsqu'il combat systématiquement toutes les réformes. Le sacrilége n'était ici qu'un prétexte, et il sautait aux yeux qu'en réalité le procès s'agitait entre les priviléges vermoulus de l'aristocratie romaine et les théories pleines d'avenir de la génération nouvelle, entre la richesse usurpée des publicains et la misère excessive de la classe opprimée. La querelle ne datait pas du 4 décembre 692 : elle était aussi vieille que la République elle-même, et le profanateur des mystères de la Bonne Déesse s'était appelé tour-à-tour Spurius Cassius, Licinius Stolon, Tibérius et Caius Gracchus, Servilius Rullus (2).

Ces dernières paroles de Curion furent accueillies par d'immenses acclamations, et ses amis se pressèrent autour de lui pour le féliciter.

---

(1) Voy. Cic. *Pro Rosc. am.* passim.

(2) Ils avaient tous proposé des lois ayant pour objet la distribution aux citoyens pauvres des terres appartenant ou ayant appartenu à l'État.

Le surplus de la défense fut présenté par les autres avocats, qui s'attachèrent à combattre les preuves *de visu*, et spécialement le témoignage de Cicéron. L'un d'eux démontra l'innocence de l'accusé par un syllogisme qu'on ne pouvait, disait-il, essayer de réfuter sans impiété. Personne n'ignorait que la Bonne Déesse frappait elle-même d'une cécité immédiate le violateur de ses sacrés mystères ; or, Clodius avait encore l'entier usage de ses yeux, donc Clodius n'avait pas violé les saints mystères (1).

Les plaidoiries étant terminées, le préteur déclara la cause entendue, et aussitôt les huissiers remirent à chaque juge une tablette enduite de cire et un poinçon. Les juges écrivirent leur vote sans désemparer et le déposèrent secrètement dans trois urnes correspondant aux trois ordres. Cette opération achevée, le préteur retira successivement les cinquante-six tablettes, et fit connaître à haute voix la lettre inscrite sur chacune d'elles. Le recensement fait, vingt-cinq portaient la lettre C. (*condemno*), et trente-une, la lettre A (*absolvo*) (2). Ce résultat étant constaté, le magistrat déclara que Clodius paraissait ne pas avoir commis le crime qu'on lui imputait, *non*

---

(1) A quoi Cicéron répondit qu'il était impossible de savoir ce que faisait la Bonne Déesse, parce que personne, avant Clodius, n'avait violé ses mystères (*De arusp resp.* 18 ; *Pro domo*, 40)

(2) Cic. *Ad Attic.* I, 16. Plutarque prétend, dans la *Vie de Cicéron*, 38, que les juges brouillèrent à dessein les mots sur les tablettes, et dans la *Vie de César*, 10, qu'ils donnèrent lieu à une nullité en votant sur plusieurs affaires à la fois. Ces assertions contradictoires ne se comprennent guère, et Cicéron n'en dit pas un mot.

fecisse videtur (1), et prononça en conséquence son acquittement.

D'immenses acclamations retentirent dans le forum, et Clodius fut triomphalement reconduit chez lui par ses partisans.

⌒ III.

Ce dénoûment, redouté par des esprits inquiets lors de la composition du tribunal, n'était plus prévu par personne dès le milieu des débats. La fermeté des juges, leur démonstration si spontanée en faveur de Cicéron, la précaution qu'ils avaient prise contre des éventualités de violence, tout semblait annoncer que leur opinion était depuis longtemps formée contre l'accusé. Comment donc expliquer une illusion si générale ou un revirement si subit? La majorité avait été d'avis, en effet, de prononcer une condamnation; mais elle avait été déplacée dans l'intervalle de la compérendination, et l'on ne tarda pas à connaître les causes de ce brusque changement. Elles étaient dans l'effroyable corruption qui avait envahi tous les pouvoirs publics, et particulièrement le pouvoir judiciaire, cette clef de voûte du vieil édifice qu'on appelait la Constitution romaine.

---

(1) Autre exemple de l'influence des doctrines de la Nouvelle Académie sur les formules judiciaires. On trouve dans les Verrines (II, 38), la même formule pour la condamnation : *Sthenium litteras publicas corrupisse videri.*

Laissons parler Cicéron :

« Vous connaissez cette tête pelée, écrit-il à Atticus, ce Crassus, qui m'a si bien loué dans le sénat; eh
bien, en deux jours, et par l'intermédiaire d'un seul
esclave, cet homme a mené à fin toute l'affaire. Il a
mandé les juges chez lui, il a promis, il a cautionné,
il a donné. Bien plus, (où en sommes-nous, bons
Dieux!), des nuits de femmes et de nobles mignons
sont entrées comme appoint dans plusieurs marchés (1).» Sénèque, qui à la vérité n'écrivait que sur
les mémoires d'un temps déjà loin de lui, et particulièrement sur les impressions de Cicéron, a flétri ce
scandale avec une énergie où éclatent tous les mérites ou tous les défauts de son style. « On compta de
l'argent aux juges, dit-il, et, ce qui est plus abominable encore, on leur prostitua des matrones et de
jeunes garçons appartenant à des familles nobles.
L'absolution fut plus criminelle que le crime même.
L'homme accusé d'adultère fit une distribution d'a-
dultères entre ses juges, et ne se crut sûr de son salut qu'après les avoir rendus semblables à lui. Il leur
dit : Voulez-vous la femme de ce citoyen aux mœurs
austères? je vous la donnerai. Voulez-vous celle de ce
riche publicain? je vous ferai coucher avec elle. Si

(1) Nosti calvum ex Nanneianis illum, illum laudatorem meum, de cujus
oratione erga me honorifica ad te scripseram. Biduo per unum servum et
eum ex gladiatorio ludo, confecit totum negotium : arcessivit ad se, pro-
misit, intercessit, dedit. Jam vero (ô Dii boni, rem perditam!) etiam noc-
tis mulierum atque adolescentulorum nobilium introductiones nonnullis judicibus pro mercedis cumulo fuerunt (*Ad Attic.* I, 16).

je ne vous procure pas cet adultère, condamnez-moi. Cette belle dame excite vos désirs : assignez-lui un rendez-vous, elle s'y rendra. Vous voulez une nuit de cette autre : vous l'aurez, et sans tarder. En deux jours toutes mes promesses seront tenues. Vit-on jamais, poursuit l'écrivain, des mœurs plus dépravées! La question du procès était de savoir si celui qui a commis un adultère doit rester impuni : on jugea qu'il ne pouvait prétendre à l'impunité sans adultère. Le coupable niait l'adultère en face des juges, les juges le confessaient en face du coupable. Qui le croirait! un seul adultère eût fait condamner Clodius, plusieurs adultères le firent absoudre (1). »

Les faits avaient été si patents, et la démoralisation était arrivée à un tel degré d'impudeur, que les agents de la corruption allèrent jusqu'à s'en vanter. On nommait tout haut les juges prévaricateurs. Catulus dit à l'un d'eux : Pourquoi nous demandiez-vous donc des gardes? Aviez-vous peur qu'on vous volât votre argent (2)?

Le 15 mai, il y eut une réunion du sénat. Cicéron, qui, dès le commencement du procès, s'était promis de se tenir dans la plus grande réserve, ne put résister à l'entraînement de l'occasion et aux excitations, perfides peut-être, de son entourage. Il prit la parole pour flétrir les juges vendus, et ne fit grâce à per-

(1) *Epist ad Lucil.* 97.
(2) Cic. *Ad Attic.* I, 16. Senec. *loc cit.* Dio Cass. XXXVII : Plut. *in Cicer.* 38.

sonne, pas même au consul Pison qu'il traita fort durement. « Pères Conscrits, s'écria-t-il, pour une blessure vous ne devez point reculer ni vous laisser abat-
tre ; cette blessure est de telle nature, qu'on ne doit
ni la négliger, ni s'en exagérer la gravité. Il y aurait
démence à fermer les yeux sur le danger, mais il y aurait lâcheté à le grossir outre mesure. Lentulus et
Catilina ont été acquittés deux fois. Ce n'est qu'un
de plus que les juges ont lâché sur la République. Tu
te fais illusion, Clodius ; les juges t'ont donné Rome
pour prison ; en ne te condamnant pas, ils ont voulu
t'enlever la liberté de l'exil. Courage donc, Pères
Conscrits ! ne perdez rien de votre dignité. Les
hommes de bien ont encore foi dans les destinées de
la République : leur cœur a été navré de douleur,
mais leur courage est resté intact. Le mal n'est pas
nouveau, mais aujourd'hui il porte ses fruits : un misérable, chargé de crimes, a trouvé des juges à son
image (1). »

Clodius était présent. A cette violente apostrophe,
il se leva, et un colloque des plus piquants s'établit entre lui et son adversaire. « Jusques à quand,
dit-il, souffrirons-nous que ce roi vienne ici parler en
maître ? — M'appelles-tu *roi*, répondit Cicéron, parce
que tu en veux à ton beau-frère de t'avoir oublié
dans son testament ? (ce beau-frère se nommait Marcius *Rex*). — Tu as acheté une maison, reprit Clodius

(1) *Ad Attic.* 1, 16.

(on reprochait à Cicéron d'avoir payé cette maison
avec des deniers reçus de Publius Sylla son client,
contrairement à la loi Cincia, qui défendait d'accepter des honoraires).—Acheté, répartit Cicéron, est-ce
que tu parles de tes juges?—Mes juges, ajouta Clodius, ils n'ont pas voulu croire à ton témoignage,
malgré ton serment.—Vingt-cinq y ont cru, répliqua
Cicéron, et trente-un n'ont pas voulu croire à ta parole, puisqu'ils se sont fait payer d'avance (1). » Ce
dernier trait accabla Clodius ; il se rassit au milieu
des huées.

Cependant le sénat s'était alarmé des conséquences
que pouvait entraîner l'impunité du scandale : sur la
proposition d'un de ses membres, un décret ordonna
une information contre les juges qui s'étaient laissé
corrompre, mesure bonne en elle-même, mais intem-
pestive dans la situation de la République, et que Cicéron eût combattue s'il n'eût été absent (2). L'ordre
des chevaliers, apparemment le plus compromis dans
cette affaire, y vit une attaque directe contre ses prérogatives, et ne tarda pas à se séparer du sénat. Cette
information n'eut pas de suites, mais le mal était
fait. On y substitua un projet de loi contre la corruption des tribunaux : le peuple refusa de le sanctionner (3).

Clodius, dont le ressentiment contre le sénat et

(1) Cic. *Ad Attic.* 1, 16 ; *in Clod. et Cur.* fragm.
(2) Cic. *Ad Attic.* 1, 17.
(3) Cic. *Ad Attic.* 1, 18.

contre Cicéron était à son comble, s'agitait en tout
sens pour semer la division parmi les grands, et n'y
réussissait que trop. Le tribunat pouvait lui fournir
les moyens de satisfaire sa vengeance, il le brigua ;
mais comme sa qualité de patricien lui en fermait
l'entrée, il résolut de surmonter cet obstacle en descendant, par l'adoption, dans une famille plébéienne,
et cette prétention, combattue par les citoyens les
plus honorables, fut perfidement appuyée par César
et par Pompée. Les comices, qui devaient être appelés à la sanctionner, avaient été longtemps différés
par le consul Bibulus : un jour Cicéron laissa échapper au sénat quelques traits qui blessèrent César ; le
soir même, sur la proposition de ce dernier, le sénateur Clodius, en violation de la loi et des formes, devenait le fils adoptif du plébéien Fontéius qui n'avait
pas vingt ans (1). Quelques mois après, il était nommé tribun. Son premier acte, dans ces nouvelles
fonctions, fut de proposer une loi portant interdiction du feu et de l'eau contre toute personne qui aurait fait périr un citoyen romain sans jugement. Cicéron, qui, sur l'ordre du sénat, avait fait étrangler
cinq complices de Catilina, vit bien contre qui la loi
était dirigée : beaucoup de sénateurs, l'ordre des chevaliers tout entier, et plus de vingt mille citoyens
prirent comme lui des vêtements de deuil et se présentèrent en suppliants devant le peuple. Efforts inutiles ! La loi passa, et Cicéron, en s'exilant volontai-

_____

(1) Cic. *Ad Attic.* 1, 19; *Pro domo*, 13, 14 et 15. Suet. *in Cæs.* 20.

rement, devança l'exécution du décret qui le frappa quelques jours après. Clodius fit brûler ses maisons du mont Palatin, de Tusculum et de Formies, et mit ses biens en vente (1).

Dix-sept mois après, Cicéron rentrait à Rome en triomphateur, aux acclamations de toute l'Italie, et quatre ans plus tard, Clodius expirait sous les coups des gladiateurs de Milon.

Certes, il y aurait de l'exagération à dire que le procès de Clodius détermina, par ses conséquences, la chûte de la République romaine : les destinées des grands empires ne tiennent pas à des faits isolés ; mais on pourrait dire avec vérité qu'il hâta cette grande catastrophe dont plusieurs siècles avaient amoncelé les éléments. Les institutions si violemment ébranlées par les guerres de Marius et de Sylla, s'étaient raffermies sous le consulat de Cicéron, et le courage était revenu à ces hommes timides ou égoïstes que les proscriptions avaient rendus muets. La mort de Catilina et le châtiment de ses complices avaient porté un coup décisif à ce parti de nobles ruinés, qui, sous le masque démocratique, rêvait le meurtre et l'incendie pour refaire des positions perdues ; quant aux intérêts de la classe infime, ils pouvaient être légitimement satisfaits par la concession de quelques lois agraires sagement combinées ; enfin, la Constitution étant replacée sur sa base, il devenait

(1) Cic. *Ad. Attic* III, 15 ; *Pro Sext.* 14, 16, 22, 24 ; *Pro Planc.* 35, 37 ; *In Pison* 9.

possible de déjouer l'ambition des mauvais citoyens par la ferme exécution des lois sur la brigue, et des lois qui réglaient la durée des gouvernements militaires : le procès de Clodius, en ravivant la haine des pauvres contre les riches, en jetant la discorde entre le sénat et le corps des chevaliers, en divisant les hommes politiques qu'un danger commun paraissait avoir réunis, releva l'étendard des factions, donna un libre essor aux ambitions comprimées, et fut le signal d'une nouvelle guerre civile qui ne devait se terminer que par la victoire du petit-neveu de César sur Antoine, et par l'établissement définitif du gouvernement impérial.

FIN.

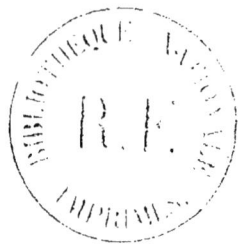

TABLE DES MATIÈRES.

TABLE ANALYTIQUE.

A.

V.

FIN DE LA TABLE.

Imp. de P.-A. DESROSIERS.

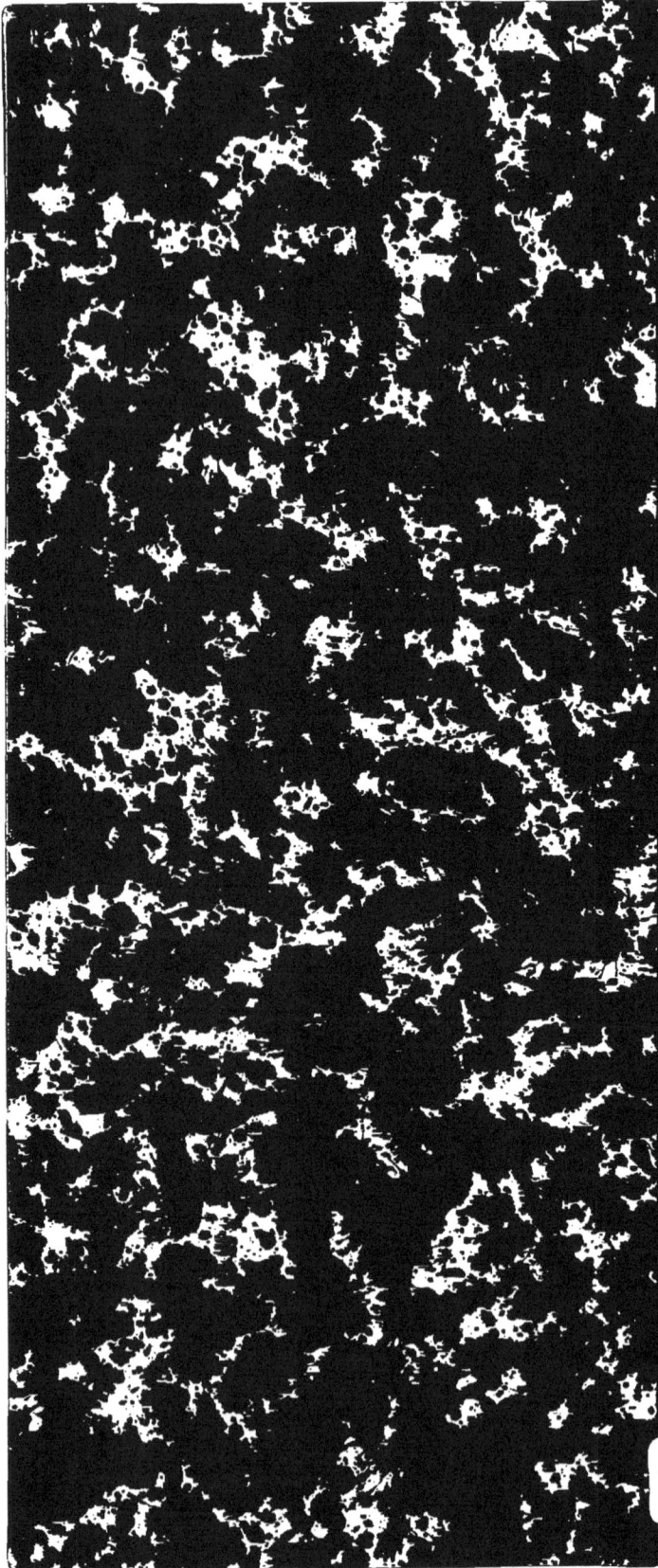

www.ingramcontent.com/pod-product-compliance
Lightning Source LLC
Chambersburg PA
CBHW031610210326
41599CB00021B/3129